SHEAN QIYE HEGUI GAIGE
JIANCHA SHIJIAN

涉案企业合规改革
检察实践

冯　键◎主编

中国检察出版社

图书在版编目（CIP）数据

涉案企业合规改革检察实践 / 冯键主编 . —北京：
中国检察出版社，2024.6
ISBN 978-7-5102-3077-6

Ⅰ . ①涉…　Ⅱ . ①冯…　Ⅲ . ①企业法－研究－中国
Ⅳ . ① D922.291.914

中国国家版本馆 CIP 数据核字（2024）第 090399 号

涉案企业合规改革检察实践

冯　键　主编

责任编辑：王　欢
技术编辑：王英英
封面设计：徐嘉武

出版发行：中国检察出版社
社　　址：北京市石景山区香山南路 109 号（100144）
网　　址：中国检察出版社（www.zgjccbs.com）
编辑电话：（010）86423780
发行电话：（010）86423726　86423727　86423728
　　　　　（010）86423730　86423732
经　　销：新华书店
印　　刷：唐山玺诚印务有限公司
开　　本：710 mm × 960 mm　16 开
印　　张：35
字　　数：549 千字
版　　次：2024 年 6 月第一版　　2024 年 6 月第一次印刷
书　　号：ISBN 978-7-5102-3077-6
定　　价：116.00 元

序　言

公司治理现代化是中国式现代化的重要内容。完善公司治理结构、健全高效协同的内控体系，依法依规治企，是依法治国在经济领域、企业层面的具体体现，是推进公司治理体系和治理能力现代化的重要实现路径。培养合规文化、凝聚法治共识、形成法治自觉是实现公司治理现代化力量之源，合规风险防控体系是经营管理的成事之基，确保未雨绸缪、防患于未然。检察机关办理涉企案件，既要"治已病"，也要"防未病"。

现代企业合规正式出现于 20 世纪五六十年代的美国反垄断大潮中，当时众多美国电气设备行业的龙头企业及其高管遭遇串通抬价、瓜分市场等反垄断指控。美国联邦交易委员会宣称，如果企业建设并执行严密的合规体系，证明其能够迅速纠正违规行为，那么该企业就是可信的。美国政府在反垄断领域的重拳出击加上美国监管部门对合规体系的重视，在当时促使很多企业开始建立反垄断合规。1972 年"水门事件"中，美国特别检察官乔沃斯基对在总统选举中进行违法捐款的数个企业及其董事会成员起诉。丑闻发生后，美国证券交易委员会要求企业以委托书或年度报告的形式对资金去向进行公示，并对企业是否遵守法规展开调查。结果造成大量企业掩饰财务报表，或制造虚假的支出项目以掩盖用于违法政治捐款与行贿的资金。为促使企业主动进行公示，证券交易委员会暗示只要按要求公示的，可以减少被强制提起公诉的可能性。在此政策影响下，有 300 家企业按要求公布了约 3 亿美元的违法支出，以降低被诉的可能性，但社会舆论对此并不买账。这些企业开始亡羊补牢，制定防止资产不正当支出的内控机制。1977年《反海外腐败法》确认企业有制定资产清单并予以妥善保存的义务，规定企业在履行此义务时必须在内部设置会计控制机制。我们看到，美国企业合规制度的兴起始终与行政机关强监管、应对各种丑闻和危机联系在一起。近年来，英、法、德等国也开始重视企业合规体系建设。在我国，"中兴事件"通常被认为是我国企业合规制度兴起的重要推动力。事实上，我国最早出现合规概念的是1992年审计署与人民银行联合发布的《对金融机构贷款合规性审计的实施方案》。随着越来越多的中国企业走出国门，如何遵守所在国家和地区的法律法规，规避现实的法律风险，成为摆在企业面前的一项重大课题。中国企业主动求变，率先在金融领域产生了较为系统的合规管理体系，积极适应国际市场竞争秩序。2001年之后，中、农、工、建"四大国有商业银行"以及交行、民生银行、浦发银行等陆续设立合规管理部门，统筹推动企业合规体系建设。之后，国家行政主管部门在保险、证券行业提出合规建设的要求。全国范围内开始重视合规，是在"中兴事件"之后。2018年，《中央企业合规管理指引（试行）》《企业境外经营合规管理指引》等一系列重要文件出台，是为中国企业合规"元年"。

2020年是涉案企业合规改革的"元年"，最高检在6家基层检察院启动首批涉案企业合规改革试点，深圳市南山区检察院和宝安区检察院作为首批试点院率先探索开展改革试点工作。2021年，在最高检统一部署下，深圳市两级院，广州、佛山、江门市院及下辖两个基层院成为第二批试点单位。2022年4月，广东全面推开改革试点工作。检察机关主动作为，推动涉案企业合规改革，并非历史的偶然，在美国合规建设发展中也经历了类似的历程。1991年，美国司法部下属的量刑委员会在《联邦量刑指南》中增加了第八章"美国组织量刑指南"，首次将企业合规纳入刑事责任制度。在公司被认定犯罪时，已制定有效合规计划可以减轻刑事责任，获得罚金刑的减免。与指南相配套,《美国检察官手册》规定,检察官可以基于起诉标准及公司合规计划是否有效、是否予以真诚善意实施、是否及时调整完善、与政府相关部门的合作等情况决定控告或者控辩协商,签订暂缓起诉协议或不起诉协议。

我国开展的涉案企业合规在理论推动和实践探索中已经形成了一系列有别于其他国家的"中国方案"。不同于其他国家司法机关独立发挥作用,我们的涉案企业合规改革始终在党的坚强领导下布局并深入推进。不同于美国主要适用于大型企业,我国企业合规试点依法平等保护各类企业尤其是中小企业。不同于"放过企业、严惩责任人"的传统思路,我国涉案企业合规改革更强调根据企业性质、企业责任人与企业发展、合规整改的关系,综合裁量决定对企业和责任人的惩处。不同于美国的合规监管人,也不同于法国的反腐败局负责监管,现阶段我国建立的第三方机制是"检察主导,各方参与,客观中立,强化监督"的合规监督评估机制。

本书既汇集了广东省涉案企业合规改革的制度文件、法律文书、合规标准,也有各地探索形成的经验做法、案事例,以及理论层面的成果。在汇编本书的过程中,广东省各级检察机关不仅提供素材,也选派办案骨干,积极参与本书的编撰工作。本书尽可能反映广东涉案企业合规改革的全貌,希望其中的经验做法可以为各地进一步深化涉案企业合规改革提供参考。

|目　录|

第二章 涉案企业合规典型案例

第三章　涉案企业合规机制建构

第四章　涉案企业合规文书范例

第五章　涉案企业合规调研成果

第六章　涉案企业合规制度完善

第一章

涉案企业合规实践样本

第一节　广东涉案企业合规改革综述

习近平总书记指出，"法治是最好的营商环境"。为全面贯彻习近平法治思想，认真贯彻党的二十大精神，落实最高检的决策部署，广东省检察机关学习贯彻中共中央、国务院《关于促进民营经济发展壮大的意见》，深化涉案企业合规改革，提升第三方机制适用率，积极推进刑事诉讼全流程适用，探索推动民事、行政和执行案件适用企业合规试点，更好地依法平等保护各类市场主体合法权益，推动民营企业合规守法经营，努力营造市场化、法治化、国际化营商环境，以高质量的检察能动履职助力广东经济社会高质量发展。

一、基本情况

截至 2023 年 6 月，广东省检察机关共办理企业合规案件 416 件，协助异地合规 32 件，其中适用第三方监督评估机制 262 件，对整改合规的 177 家企业、308 人依法作出不起诉决定。省市层面第三方机制管委会已全面建成，121 个基层院推动成立第三方机制管委会（覆盖率超过 96%）。全省共成立 31 个第三方专业人员名录库，共 99 个机构、2262 人入库。

（一）主动融入中心工作大局

会同省工商联开展民营企业合规建设和涉案企业合规改革专题调研，探索各方协同共进、促进民营经济高质量发展的广东路径，主动向省委省政府报告调研情况。总结提炼试点经验，向最高检报送信息 45 篇，最高检采用 14 篇。完成最高检应用理论课题"第三方机制实践问题研究"。中山市委书记对该市企业合规改革工作作出批示，市委政法委牵头协调建立第三方机制。揭阳市将管委会各成员单位参与涉案企业合规改革情况列入政府绩效考核的范围。云浮市检察院向市委报告涉案企业合规改革试点情况，市委市政府高度重视，大力支持，财政划拨 100 万元作为涉案企业合规改革工作经费。江门市检察机关将涉案企业合规改革作为服务保障江门"六大工程"的重要举措来抓。肇庆市检察院出台助力打造一流营商环境行动方案，明确将涉案企业合规改革作为安商助企的重要举措。

（二）强化配套制度机制建设

省、市、县层面管委会推动出台第三方机制配套文件，为企业合规案件适用第三方机制提供指引。省检察院明确企业合规案件审批报备的案件范围，制定企业合规案件审批、备案审查工作流程规定，将审批启动案件的工作流程、审核要点、注意事项加以明确，进一步压实各级办案、指导机关主体责任，严格把握适格企业准入标准，规范企业合规过程监管，确保检察机关严格依法作出处理决定。广州市检察院起草企业合规案件办理多元化模式的指导意见，探索建立繁简分流办案机制。韶关、汕尾等地出台简式合规、办理小微企业合规案件工作规定。中山出台办理逮捕、起诉民营企业负责人案件备案审查工作办法等配套制度机制，推动涉案企业合规改革试点工作走深走实。

（三）推动建立"事前合规"联动机制

广州市检察院推动出台跨境电商行业合规指引。深圳市检察机关推动出台商业秘密刑事保护、企业数据合规、快递行业防止走私漏洞、生物医药企业刑事合规、知识产权保护等领域合规指引。汕头市澄海区检察院出台玩具行业领域侵犯知识产权犯罪涉案企业合规整改的操作指引。深圳市检察院在办理"罗湖钻石行业系列走私案"过程中，向深圳市黄金珠宝首饰行业协会发出检察建议，督促行业协会推动钻石行业合规整改。珠海率先成立全国首家地市级企业合规促进会（由商会协会和会计师、税务师、律师事务所共同发起设立），协助第三方机制管委会制定和发布企业合规规范指引，开展合规交流，宣传合规理念，培养合规人才，为市场主体尤其是中小企业提供合规辅导等专业合规服务。深圳市南山区检察院结合办理的合规案件，打造企业合规体验中心。

（四）推动刑事诉讼全流程适用

立足新形势、新要求，积极会同人民法院、侦查机关加强对刑事诉讼全流程适用的实践探索和研究，共同做好企业违法犯罪诉源治理工作。珠海市检察院与市中级法院、市公安局、珠海海警局、拱北海关缉私局，联签在涉案企业合规工作中加强协作配合的意见。湛江市检察院与市中级法院联合制定协同推进涉案企业合规改革优化法治化营商环境的意见。广州市番禺区、增城区法检两院均签署联合推动涉案企业合规改革的意见。广州市检察院起草广州市企业合规案件办理诉讼全流程衔接的实施意见，拟会同市中级法院、市公安局联签后印发。清远市检察机关办理的企业合规案件中，有 5 件在提前介入阶段启动。肇庆市端州区检察院办理的一起企业合规案件，在审判阶段调整量刑建议，建议免予刑事处罚，得到法院采纳。

二、案件办理情况

（一）办理企业合规案件的特点

1. 案件类型多样，主要集中于生产经营活动中涉及的经济犯罪。广东省企业合规案件涉及 68 个罪名，集中在走私、涉税、扰乱市场秩序、破坏环境资源保护、妨害对公司企业的管理秩序和危害公共安全等类型犯罪。走私类企业合规案件涉及走私普通货物和走私废物，共 67 件。涉税类案件包括虚开增值税专用发票和虚开发票，共 67 件。扰乱市场秩序类案件涉及串通投标、非法经营、逃避商检，共 42 件。破坏环境资源保护类案件涉及污染环境、非法占用农用地、非法采矿，共 41 件。妨害对公司企业的管理秩序罪涉及对非国家工作人员行贿和非国家工作人员受贿，共 32 件。危害公共安全类案件涉及重大责任事故和重大劳动安全事故，共 32 件。

2. 涉案企业以民营企业为主，大部分案件犯罪情节轻微。涉案企业覆盖生产加工、服务贸易、高科技等多个领域，有国有大中型企业，也有拟上市的高科技成长型企业和小微企业。民营企业涉案 374 件，约占适用企业合规试点案件总数的 90%。可能判处 3 年以下刑罚的案件 355 件，占全部案件总数的 85%。在已办结的案件中，对 177 家企业、308 名涉案企业责任人员作出不起诉决定，约占作出处理决定案件中企业及其责任人员数量的 81%。

3. 案件集中在珠三角核心地区，基本符合刑事案件区域分布特点。珠三角 9 市办理企业合规案件 329 件，约占案件总数的 79%。广州、深圳、佛山、东莞、珠海、中山 6 市办理企业合规案件 300 件，约占案件总数的 72%。深圳办理 149 件，约占案件总数的 36%。个别涉企刑事案件量大的地区，办理企业合规案件数还有较大增长空间。

4. 各地案件类型具有鲜明的地方特色。深圳外向型经济比重大，走私类企业合规案件占比高达 28.47%，比第二位的行受贿类犯罪约高 15 个百分点。中山是"中国灯饰之都"，中山市检察机关办理企业合规案件中有 10 件涉及灯饰行业，约占案件总数的 66.7%。韶关地处粤北生态保护区，办理的企业合规案件中非法占用农用地的案件占比 40%。深圳市南山区国家级高新技术企业超过 4500 家，南山区检察院办理的合规案件 3 成以上涉及高新技术企业。

（二）检察机关发挥主导作用，确保涉案企业真整改真合规

1. 明确审批权限，严把合规"启动关"。广东省检察院加强办案指导，要求试点期间确定适用企业合规的案件，涉案企业责任人可能判处 3 年以上有期徒刑的涉企犯罪案件、涉职务犯罪案件、涉上市公司案件、涉外企业案件等重大、疑难、复杂案件需报省检察院审批，其他案件由市分院负责审批启动。中山市检察院在审查中山市某光电科技公司、刘某涉嫌虚开增值税专用发票案中，发现涉案企业（系开票方）虽已退缴违法所得，但该案给国家造成的税收损失并未弥补，根据相关规定，决定不启动企业合规。

2. 及时跟进检查，严把合规"整改关"。办案检察机关对涉案企业合规计划、评估报告除书面审查外，综合运用访谈、文本审阅、抽样检查、穿行测试等办法对第三方组织开展监督评估的效果进行考察。广州市天河区检察院明确规定合规案件经办人需至少 3 次前往涉案企业进行实地考察、整改复核。清远市检察院在办理某再生资源投资开发公司虚开增值税专用发票案中，通过调查发现该公司还存在新的涉税违法事实并涉嫌走私犯罪行为，决定终止合规程序。

3. 主动沟通，完善刑行衔接机制。检察机关在办理企业合规案件中发现涉案企业涉嫌违反行政法规需要对其进行行政处罚的，整改合格后向行政监管部门发出检察意见书，建议从轻处理。中山市第二市区检察院办理的邓某民、邓某辉重大责任事故案，在合规整改合格作出不起诉决定后，

该院检察长带队前往中山市市场监督管理局，专门就该涉案企业通过合规考察后的行政处罚问题进行合规互认座谈，建议将企业合规整改情况作为酌情从轻处罚情节予以充分考量，并当场送达《检察意见书》。

4. 能动履职，推进重点行业诉源治理。湛江市检察院办理走私种虾苗系列案，向湛江市农业农村局制发检察建议，督促该局在法律框架内简化相关进口报批手续。在湛江海关缉私局共同推动下，上级行政主管机关取消市一级对种虾进口审查环节，审批时限比原来的缩减了将近一半，从源头上解决了种虾进口审批难题。英德市某农业公司因非法占用农用地涉罪，检察机关依法对其开展涉案企业合规工作，企业整改合格后检察机关依法对其作出不起诉决定。同时，检察机关针对该案反映的茶企法律意识淡薄等问题，向英德市茶业行业协会制发检察建议，建议其发挥行业自律管理作用，制定行业合规规范，共同维护英德红茶产业健康有序发展。

5. 强化监督制约，防止检察裁量权滥用。充分发挥听证程序在办理企业合规案件中的作用，让"正义看得见"。检察机关对是否启动合规程序、第三方监督评估情况及拟不起诉决定进行公开听证，在充分听取意见的基础上作出决定，有效制约检察裁量权的行使，确保在法律规定的框架内进行改革探索。全省共有 186 件案件开展了听证，约占全部合规案件的45%。省检察院刘是否批准饶平县检察院办理的某殡葬礼仪服务公司、某建筑公司涉嫌单位行贿案是否启动合规程序组织开展听证，采纳听证员意见，作出不同意启动合规程序的决定。清远、云浮等地在简式合规中邀请行政监管部门参与。韶关抽取组建第三方组织时，要求管委办代表、涉案企业代表、案件承办检察官和市院代表在场见证。

三、第三方机制运行情况

（一）进一步完善第三方机制

参照国家层面第三方机制成员单位扩容有关要求，主动邀请法院、人力资源和社会保障、应急管理、海关、证监等相关单位加入本地第三方机制管委会。建立健全第三方机制管委会办理合规考察案件工作规程，明确监督评估费用标准，完善第三方机制管委会工作经费保障机制。适时组织开展培训，不断提升第三方专业人员的履职能力。会同省工商联对市县管委会办理合规监督评估案件进行巡回检查，推动完善第三方机制。

（二）优化第三方组织组建方式

以办案需求为导向，进一步完善第三方专业人员分类随机抽取方式。东莞一方面根据人员专业类别，将专业人员分为"生产安全、市场经营、环境资源、金融、财税、反不正当竞争、网络安全、知识产权、进出口监管和其他"共10个类别；另一方面，根据专业人员身份，区分为"行政事业类专业人员，专家学者，注册会计师、税务师、专利代理人、资产评估师、注册安全工程师等专业人员，商协会、企业专业人员，律师"共5个类别。承办检察官在商请管委会启动第三方机制时，可根据案件性质，建议抽选哪个类别的专业人员，在同一专业类别中可选择由政府工作人员、税务师、律师等人员组合，也可交由管委会办公室自行根据案件性质在相对应的人员类别中进行随机抽选。

（三）加强对第三方专业人员的管理培训

在全国工商联的指导下，由省检察院与省工商联承办，粤商学院、广东财经大学企业合规研究院协办，举办了涉案企业合规第三方监督评估专题培训班，提升广东省各级管委会办公室、第三方专业人员履职能力。部分地市也开展了第三方专业人员培训。深圳市采取书面审查和实地走访方式开展首批企业合规第三方监控人2022年度考核，市司法局对市检察院提出"不合格"考核建议的广东某律师事务所开展核实调查工作，最终决定对广东某律师事务所考核评定为"不合格"，并在6个月内限期整改，整改期内暂停企业合规案件第三方监控人抽选资格。

（四）加强系统治理、诉源治理

坚持治罪与治理并重，切实找准案件所反映的行业监管漏洞和社会治理方面存在的问题，加强与行政主管部门沟通，发动行业商会、协会等各方力量，推动开展行业合规建设，实现"办理一起案件，扶助一批企业、规范一个行业"。通过检察官以案释法，提升商会协会开展企业合规宣传培训的效果。借助第三方机制管委会这个平台，与行政监管部门加强互动，最大限度形成共同推进企业依法合规经营、提升法治化营商环境的合力。

第二节 珠海检察实践样本：
构建"大合规"工作格局

珠海检察机关全面贯彻习近平法治思想，认真落实《中共中央关于加强新时代检察机关法律监督工作的意见》，按照最高检和广东省检察院工作部署，依法能动履职，坚持守正创新，多措并举深化涉案企业合规改革，努力构建"大合规"工作格局，以合规改革成效服务保障高质量发展。截至目前，共办理企业合规案件20件，涉及企业26家，包括民营企业22家、国有企业4家，案件性质涵盖走私普通货物、走私固体废物、虚开增值税专用发票、重大责任事故、非法占用农用地、污染环境、贪污、挪用公款等多个罪名。

一、全省首推涉案企业合规全流程适用

为更加有效地惩治和预防企业犯罪，规范案件办理，确保合规整改效果，珠海市检察院率先推动将侦查机关、审判机关纳入第三方监督评估机制管委会，并在2023年5月召开的涉案企业合规改革工作推进会上与市中级法院、市公安局、珠海海警局、拱北海关缉私局联签《关于在开展涉案企业合规工作中加强协作配合的意见（试行）》，共同探索将合规程序端口适当前移和向后延展。在侦查阶段即对拟移送审查起诉的涉企犯罪案件开展合规前期的准备工作，在提起公诉时将企业开展合规建设情况作为提出量刑建议及判决的重要考量因素，在全省率先实现涉案企业合规制度在侦查、检察、审判环节全流程适用。2023年7月，珠海市检察院提起公诉的优某公司、恒某公司、韩某某涉嫌单位行贿罪合规案由市中级法院作出判决，法院全面采纳检察机关认定涉案企业合规整改合格并予以从宽处理的量刑建议，市检察院还会同市中级法院向企业发出全国首份《企业专项刑事合规证明书》，进一步拓展合规服务渠道。该案是珠海市推动涉案企

业合规刑事诉讼全流程适用后首例由法院作出判决的案件，取得良好的法律效果和社会效果。

二、积极探索涉案国有企业合规新模式

珠海检察机关在认真办理国有企业内部贪腐犯罪案件的同时，坚持治罪与治理并重，结合办案深入开展腐败问题溯源分析，针对企业在合规管理方面存在的制度性漏洞，通过提出检察建议等方式，督促企业建立规范透明、权责清晰、有效制衡的内部防范机制和监督制约机制，并建议国资管理部门以国资系统开展的"合规管理强化年"行动为契机，督促、指导涉案企业推进理念、制度、流程、机制重塑，不断提升依法合规经营管理水平。鉴于检察机关在遴选第三方监督评估组织专业人员、指引制定专项合规计划、对合规管理体系的有效性组织评估验收等方面有较为成熟的经验，为充分发挥检察机关惩治和预防职务犯罪、维护国有资产安全的职能作用及合规资源优势，2023 年，珠海市检察院与市国资委会签《关于协同推进市属国有企业合规整改工作的实施办法（试行）》，积极探索"国资委主导＋检察机关联动＋纪检监察机关支持"的涉案国有企业合规新模式，推动涉案国有企业开展专项合规，得到广东省检察院充分肯定和大力支持。

三、推动成立全国首个地市级企业合规促进会

为进一步建立健全协作配合机制，深入推进涉案企业合规改革，推动企业开展"事前合规"，在全社会营造企业合规浓厚氛围，2023 年 4 月，珠海市检察院联合市工商联、市民政局推动成立企业合规促进会。合规促进会由 9 家法务、财务、税务、环保、安全生产等领域的社会服务机构和社会组织发起设立，接受珠海市检察院的业务指导，下设 15 个专业委员会，现有包括珠海市主要商协会在内的会员单位 40 余家，涵盖企业逾千家，主要任务是协助第三方机制管委会宣传合规理念、开展合规交流、培养合规人才，制定和发布企业合规规范指引，为市场主体尤其是中小企业提供合规辅导等专业合规服务，为企业对标国际标准和国家规范开展合规建设搭建起信息化服务平台。合规促进会充分发挥专业优势及各商协会的广泛影响力，推动企业增强合规意识、防范合规风险、营造合规文化，提

供适合市场和社会所急需的合规事务性公共服务，引导市场主体依法合规经营，有效填补了检察机关和相关政府部门等公权力不宜介入的领域，与第三方机制管委会、检察机关及有关政府部门共同推进合规改革，形成共商共建共享的社会分层分级治理格局。

四、多措并举推动"事前合规"工作

制定行业合规指引。珠海市检察机关结合办案实际，联合相关行业主管机关、合规促进会等单位制定《出口企业报关业务合规建设指引》等合规标准文件，引导行业企业规范开展合规建设。建立"预防型合规"备案审查机制。将企业合规与犯罪预防结合起来，通过开展法治宣讲和走访调研，协助存在犯罪风险的企业查找治理结构、监督管理等方面存在的制度性漏洞，指导企业有针对性地开展合规工作，预防违法犯罪。实行合规案件"双听证"制度。邀请相关行政执法部门、人大代表、政协委员、人民监督员及企业家代表等出席听证会，通过涉案单位剖析犯罪原因、汇报整改计划及合规整改情况，第三方专业人员介绍合规考察情况，听证员发表听证意见，检察官阐述审查及拟处理意见，不仅确保开展合规的必要性及合规整改的真实性有效性，还能够收到以案普法、以检察听证促进合规建设的良好效果。建立合规宣导员制度。珠海市检察院充分发挥企业合规促进会的平台辐射效应，选任19家商协会的会长、秘书长担任宣导员，采取举办专家讲座、剖析典型案例、召开座谈会等形式，面向各商协会所属企业及广大市场主体开展合规宣导，并设立合规专家、合规讲师、合规顾问提升合规宣导的广度和深度，推动形成企业守法合规经营的浓厚氛围。

第三节 佛山检察实践样本：
专项合规加信用监管

佛山市检察机关坚持以习近平新时代中国特色社会主义思想为指导，认真贯彻落实上级检察机关关于涉案企业合规改革工作的部署和要求，将开展企业合规试点工作作为贯彻落实"六稳""六保"部署，服务保障民营经济健康发展，打造一流营商环境的重要抓手。

一、结合本地实际，探索合规改革模式

1. 引入 ISO 37301 标准并细化。顺德区检察院在企业合规考察中引入 ISO 37301 标准，并将该标准细化为可操作实施的七方面内容，即从基于价值观的领导力出发；建立合规管理组织架构；确定合规管理目标与评估风险；制定和实施措施；运用合规管理工具；发现不合规作出响应；评价和持续改进，形成合规文化。在办理企业合规案件中，该院探索一体适用 ISO 37301 标准开展合规整改。在企业制定合规整改计划时，检察官与企业充分沟通，明确企业应当遵守法律、法规、规章等规范性文件所确定的行为准则，详细说明 ISO 37301 七要素具体要求，要求企业以此为蓝本制定合规整改计划并落实整改。在与第三方监督评估组织沟通中，检察官向第三方监督评估组织提供合规监督考察报告目录，目录包括 ISO 37301 七要素内容及所含细目，要求第三方监督评估组织开展监督评估时逐项评价整改是否符合各要素的具体要求，得出继续整改、通过整改、不通过整改的结论意见。

2. 探索"专项合规＋信用监管"。南海区检察院结合该区中小微企业规模大的特点及其"信用全链条激励约束机制"建设的优势，创造性地探索"专项合规＋信用监管"涉案企业合规改革模式，既对企业经营状况、涉嫌犯罪性质和犯罪情节、是否自愿配合合规整改等情况进行审查，又通

过查询守信激励与失信惩戒名单信息、信用档案,全面了解掌握涉案企业及犯罪嫌疑人的信用情况,综合分析企业是否符合开展专项合规的条件及是否适宜采用"信用监管"。若属于守信激励名单,优先启动企业合规考察程序,若属于失信惩戒名单,则需在规定期限内提高信用等级后才能启动企业合规程序。

二、进行立体审查,保障合规考察评估实质化

顺德区检察院通过综合运用文书审查、飞行检查"超级通行证"制度与合规听证等审查方式,最大限度保证检察官对合规整改考察评估正确、精准、有效。

1. 规范文书审查。同步审查第三方监督评估组织报告与涉案企业合规工作台账,确保资料真实、依据准确、结论可信。文书审查重点审查全流程形成的台账资料。一是审查合规设计是否存在问题,考察企业是否成立了合规领导机构,设置了合规组织,委任有能力履职的人员承担合规管理职责;是否进行了充分的风险评估,针对业务环节设置了风险防范措施,在执行中风险点是否能受到重视并予以规避。二是审查合规运行是否良好,考察管理层是否经常对员工、相关方作出合规经营管理的要求与承诺,审查承诺内容的书面记录,进而考察是否根据承诺采取合规措施;考察新员工、关键晋升、全体员工日常性合规培训是否按计划进行,高风险岗位、重点领域培训是否达到预期目的。三是评估合规效果,考察企业开展合规管理后是否仍有不合规事件发生,企业是否建立起有效的不合规发现机制,不合规事件发生后是否能够及时作出应对、处置。

2. 建立飞行检查"超级通行证"制度。在开展文书审查的同时,顺德区检察院设立了"超级通行证"制度,在企业合规整改考察期间,检察官可以自主选择时间到企业开展检查,进行会见、询问、查阅资料,在最大限度上压缩企业造假空间,弥补文书审查的缺陷和不足。顺德区检察院在改革试点过程中,检察官根据合规整改方案,到场或线上检查企业合规培训19场,走访涉案企业27次,就合规工作与企业员工开展个别谈话14人次。

3. 开展合规听证。对于已完成企业合规整改的案件,通过召开听证会,就企业是否通过合规整改进行听证,通过组织听证员对企业合规的开

展情况、制度建设情况、不合规行为识别防范应对体系运行有效性等进行评议，以评议意见作为充分参考，促进更全面、科学、准确地对企业合规整改情况进行审查，提升决定的公正性和权威性。

三、出台工作指引，统一案件办理标准

为将改革试点相关经验进行体系化总结，保证办案人员在统一尺度下，更好地开展企业合规各项工作，顺德区检察院出台了《顺德区人民检察院企业合规工作指引》，明确了企业合规案件的适用条件、办理程序、决策权限、实体处理标准、刑行衔接要求，并且发布了企业合规相关关键节点文书模板，进一步为企业合规工作优化深化、公平公正运行提供清晰、明确的指引。针对本地涉企犯罪案件多发于小微企业的情况，该院积极探索适用简式合规以减轻涉案公司负担、推动公司经营尽快走上正轨。结合适用简式合规办理企业合规案件的改革实践经验，该院正在梳理简式合规业务流程，加紧制定相关办案指引、发布文书模板，确保简式合规工作长效化、规范化。立足于已办理的虚开增值税专用发票案件简式合规和范式合规实践，经深入研究税务合规领域法律法规、行业规范等，该院已制定虚开增值税专用发票罪合规检察建议模板，模板对税务合规中存在最高治理机构合规意识不足、企业组织架构合规职能缺失、公司税务管理、财务管理相关业务流程具有风险敞口等合规风险进行了系统性梳理，提出包含合规体系"七要素"共28个细目的整改建议供检察官参考，确保合规检察建议具有针对性、约束力、激励性，同时强化持续监管、督促整改，堵塞漏洞、消除隐患。

第四节　清远检察实践样本：启动简式合规

清远市检察机关积极探索涉案企业合规"清远模式"，多措并举，积极作为，切实让企业"活下来""留得住""经营得好"，有效服务保障法治化营商环境建设。2022 年以来，全市检察机关共开展涉案企业合规案件 28 件，其中适用第三方机制 23 件、简式合规 5 件，已完成整改 14 件，办案数量位居全省前列；适用企业类型涵盖国有企业、民营企业，大中小微企业；涉案罪名包括非法占用农用地、虚开增值税专用发票、走私废物、挪用资金、单位行贿、污染环境、重大责任事故、串通投标、失火等 9 个罪名。

一、精心谋篇布局，汇聚推动企业合规合力

一是强化组织领导，高位统筹推动。清远市检察院党组强化大局担当，将涉案企业合规工作作为重点工作予以强力推进，主动向市委、市人大、市政府、市委政法委汇报涉案企业合规工作进展，争取支持。专门成立专责办案组作为牵头部门，协同内部各条线部门加强指导，一体推进全市两级检察院落实涉案企业合规工作。

二是深化合作共建，完善运行体系。清远市检察院注重与市司法局等八部门沟通交流，于 2021 年 12 月成立全省非试点地市首个第三方监督评估机制管理委员会，制定实施方法及配套工作制度，组建第三方机制专业人员名录库，共有法律、税务、管理、环境、工程、知识产权、食药等 8 个领域专家 73 人。2022 年 6 月，主动邀请市农业农村局、市应急管理局、市医疗保障局、市林业局、清远海关、中国人民银行清远支行、中国银行保险监督管理委员会清远监管分局及清远鸡行业协会、英德茶业行业协会加入，"扩容"第三方机制管委会。各县（市、区）均已成立第三方机制管委会，清城区院、清新区院已成立第三方专业人员名录库。

三是优化配套机制，规范高效运转。清远市检察院牵头制定涉案企业

合规 36 项操作流程，形成程序模板。健全涉企案件提前介入机制，在侦查阶段开展合规激励和合规整改必要性评估，提前启动节点，破解期限不足问题。制定《清远市涉案企业合规案件报批报备工作规范（试行）》，细化不同案件审批报备流程，完善检察官联席会议咨询机制，为承办检察官审批提供参考。建立两级检察院同步审查机制，对于涉案企业合规案件的审查，实行点对点包案指导，确保涉企合规案件规范办理。建立前置办案影响评估机制，要求承办检察官充分发挥侦查、补充侦查、调查作用，全面评估开展涉案企业合规整改的必要性。建立常态化跟踪回访机制，对于经过合规整改作出不起诉的企业，主动关注、持续跟进企业生产经营、整改工作。

二、积极拓宽渠道摸排案源，积极稳慎抓好办案

一是全面梳理摸排，注重查找线索。针对检察干警存在对涉案企业合规改革适用的案件类型、主体范围拿不准的情况，建立"双审查"线索筛查机制。清远市检察院刑事检察部门对全市在办涉企刑事案件审查以筛查可能适用线索，及时指导督促承办检察官对具体案件进行实质审查，调查涉案企业开展企业合规的可行性和必要性；清远市检察院企业合规办案组不定期对基层检察院开展业务指导，帮助梳理企业合规线索，确保进入检察环节涉企案件一件不漏。通过"双审查"机制共发现 28 条可能适用涉案企业合规线索，目前已启动涉案企业合规程序案件 8 件。

二是深化协同协作，积极发现线索。主动协调侦查机关摸排、移送涉案企业合规线索，在开展提前介入工作的同时进行线索核查，全面评估启动企业合规的必要性、可行性。如佛冈县检察院在提前介入 D 公司非法占用农用地案时，主动引导公安机关开展侦查，查清涉案企业经营状况、人员就业、补缴税款等情况，为精准评估该案是否具有开展合规整改的必要奠定基础。

三是找准类案规律，深入挖掘线索。从全市首宗办理的涉税合规、涉非法占用农用地合规案件出发，通过"两法衔接"平台排查出税务机关已经移送公安机关但未移送检察机关的虚开增值税专用发票案 9 件，进行立案监督，逐案研究选择合适案件启动合规程序。开展非法占用农用地案专项清理工作，发现 12 条可适用涉案企业合规线索，就非法占用农用地案

启动合规程序 4 件。

三、突出检察主导，以严格监督促真整改

一是结合企业特点，促监管组织"真合身"。针对企业涉案情况、运营情况和管理方式等，明确考察方向、重点，综合考虑第三方人员名录库人员的专业能力、执业经历以及与案件利害关系，牵头协调组建专业第三方组织，确保监督评估的科学性、专业性和精准性。如清远市检察院办理的 H 公司虚开增值税专用发票、走私废物案，涉案企业为央企，企业规模大、涉及罪名多，第三方机制管委会即从名录库中选取了法学教授、财会人员、税务人员、海关工作人员、律师等 9 人组成第三方组织。又如清新区检察院办理的 J 公司虚开增值税专用发票用于抵扣税款发票案，企业规模较小，涉案企业主要问题在于财税管理制度不健全，经考察后认为应当围绕财税管理制度进行专项合规，遂委托第三方机制管委会从名录库中抽取 1 名律师、1 名税务专员组成第三方组织，围绕企业制度漏洞开展专项合规。

二是聚焦标本兼治，促合规计划"真对症"。主动支持协助第三方组织深入了解企业涉案情况，由承办检察官和第三方组织共同审查评估涉案企业提交合规计划的可行性、有效性与全面性，提出整改意见，确保合规计划符合企业实际。如阳山县检察院办理 Z 公司涉嫌非法占用农用地案过程中，支持第三方组织与该公司合规部门先后进行 3 次磋商，指导该公司制定合规经营计划，推动涉案企业内控管理构筑合规"防火墙"。

三是开展期中巡查，促第三方组织"真监督"。通过协调第三方机制管委会成立巡查小组，阶段性检查涉案企业整改情况，向第三方组织反馈涉案企业整改工作存在的问题，促进第三方组织监督实质化。通过开展企业合规期中巡查，现场向第三方组织反馈涉案企业合规工作存在的问题，要求涉案企业采取针对性措施落实合规整改计划，确保如期完成合规整改。目前已整改完成的企业合规案件均开展了期中巡查，巡查小组通过巡查共发现问题 35 项，均已督促涉案企业进行了有效整改。

四、探索简式合规，确保企业合规整改效果

一是明确适用范围，上下同步把关。对于规模小、犯罪情节轻、合规

难度小的小微企业，"因企制宜"启动简式合规。运用同步审查机制，清远市检察院专责办案组统一审核把关全市企业合规案件，全面考虑涉罪情节、内部管理漏洞、难易程度等因素，综合衡量合规整改效果、成本、企业承受能力，必要时指导承办检察官重新调查评估、适用简式合规。如清远市检察院专责办案组在审核连州市检察院提交的L公司非法占用农用地案相关材料时，发现该企业仅有员工22名、非法占用的林地面积36.79亩，且到案后获得了该林地《使用林地审核同意书》，符合规模小、犯罪情节轻等条件，及时建议承办检察官重新评估适用简式合规可行性。

二是深化行检合作，做实评估检查。对于确定开展简式合规的案件，充分发挥行业主管行政机关的专业作用，委托行政机关工作人员作为监督评估人员对企业整改情况进行监督。在验收环节，会同行政机关走访涉案企业，实地检查整改效果，评估涉案企业合规建设目标是否达成。如英德市检察院办理的C公司非法占用农业用地案，承办检察官联合英德市林业局、国土局，帮助涉案企业补办用地手续、完善企业管理制度、化解合规风险。

三是"双听证＋双验收"，确保合规效果。为防止简式合规沦为"纸面合规"，探索简式合规"双听证＋双验收"模式。双听证是指在合规启动和验收两个环节召开公开听证会，邀请市人大代表、政协委员、行政机关代表、专家代表等参与公开听证并充分发表意见，扩大社会公众对企业合规的知晓度、参与度。双验收是指在合规整改考察期间设置中期和终期两个验收环节，除了书面审查涉案企业提交的中期、终期报告和相关制度文件等，还邀请相关单位人员到现场实地验收整改成果，倒逼巩固合规成效。

五、拓展办案效果，实现治罪与治理双深化

一是探索涉案企业合规刑事诉讼全流程适用。依法向前、向后延伸涉案企业合规工作，探索涉案企业合规刑事诉讼全流程适用。一方面，主动协调侦查机关摸排、移送涉案企业合规线索，在开展提前介入工作的同时进行涉案企业合规启动工作。另一方面，联合人民法院探索审判阶段涉案企业合规适用，如清城区检察院在办理一起安全生产案件时，在审查起诉阶段主动邀请法官参加企业合规考察工作，并将企业合规考察结果作为量

刑依据在庭审中运用。

二是通过企业合规推动企业实现现代化管理。以帮助企业完善制度、推动企业科学发展为目标，主动延伸办案触角，以严格监督促企业真整改。如阳山县检察院办理的 M 公司非法占用农用地案，该公司注册资本金8.7 亿元、正式职工人数 2683 人、公司业务遍及 30 余个省市自治区并已进入国际市场，但存在合规体系欠缺、合规意识不强等问题，阳山县检察院在合规启动准备阶段，即要求该公司根据《ISO 37301 合规管理体系要求及使用指南》及《中央企业合规管理办法》自行整改，并对其正在全国推进的 40 余个项目开展自查，帮助完善合规管理体系建设。

三是以个案合规推动行业合规促进诉源治理。针对同一行业企业类案多发情况，注重发挥个案企业合规建设对同行企业起到的警醒示范效应，引导企业在涉案前主动合规，完善企业犯罪预防体系，推动行业合规建设。如连州市检察院在依法对本地两家非金属矿业公司涉嫌非法占用农用地案启动企业合规程序时，开展送法进企业、进商会工作，发挥警醒示范作用，引导行业加强自律，实现"办理一案、合规一企、引领一业"的良好效果。

第五节　韶关检察实践样本：
促合规机制"能用尽用"

2022 年 6 月以来，韶关市人民检察院党组强化大局担当，全面推进涉案企业合规改革，高质效办理合规案件，促进涉企业犯罪诉源治理与市场主体健康发展，优化法治化营商环境，服务保障韶关经济社会高质量发展和现代化建设。

一、全面筛查线索，促合规机制"能用尽用"

针对改革之初检察干警存在对企业合规适用案件类型、企业范围拿不准等情况，建立"双审查"线索筛查机制：一方面，市检察院刑事检察部门对全市在办涉企刑事案件审查以筛查可能适用线索，及时指导督促承办检察官对具体案件进行实质审查，调查涉案企业开展企业合规的可行性和必要性；另一方面，市检察院企业合规工作领导小组办公室不定期对基层检察院开展业务督导，帮助梳理企业合规线索，确保符合条件的涉企案件"能用尽用"第三方监督评估机制。目前，已筛查涉企业案件线索 21 条，启动涉案企业合规整改程序案件 10 件。

二、结合企业特点，促第三方组织"真合身"

坚持程序启动之前，充分听取办案机关意见，征求涉案企业意愿，提升合规整改合力。针对企业涉案情况、运营情况和管理方式等，明确考察方向、重点，为企业择优选任专业人员，"量身定制"第三方组织，确保监督评估的科学性、专业性和精准性。如武江区检察院办理的 G 公司非法占用农地案，第三方机制管委会根据企业情况和案件实际为涉案企业先确定市场监管、税务、国有资产管理、生态管理和律师等领域专业人员，再以分类随机方式抽取相应专业人员组建第三方组织，精准围绕企业合规意识薄弱、审批流程简单等问题开展监督评估。

三、严防"虚假整改"，促涉案企业"真合规"

在开展合规整改过程中，检察机关支持和主动协助第三方组织深入了解企业涉案情况，共同评估涉案企业提交合规计划的可行性、有效性与全面性，提出整改意见，确保合规计划符合企业实际。如曲江区检察院在办理 B 公司非法占用农用地案中，办案检察官和第三方组织专业人员先后 3 次深入企业现场巡查，与企业高管围绕生产管理、土地利用、矿产开采、环境保护等突出问题共同磋商，制定合规计划，推动企业内控管理，构筑合规"防火墙"。强化合规中期督查，阶段性检查整改情况，总结反馈整改存在问题，推动合规计划落实落细，确保如期完成合规整改。如翁源县检察院在办理 X 公司串通投标案中，积极创新优化合规考察模式，灵活运用"线上＋线下"模式，推行线上阅卷、访谈和测评，线下考察和评估，"线上＋线下"相结合开展公开听证，合规整改成效显著。该企业经营规范有序，生产效益更上一个台阶，纳税额相比整改前翻了 5 倍。

四、探索简式合规，促小微企业高效整改

简式合规，是在办理涉小微企业合规案件中，简化办案程序，以制发涉案企业合规检察建议的方式，督促涉案小微企业开展合规整改。这一合规模式胜在成本低、收效快，可以简捷高效的方式促进涉案企业合规建设。针对韶关市涉案企业多为小微企业的特点，2022 年 11 月 17 日，韶关市检察院在全省范围内首个制定实施《韶关市人民检察院办理涉案小微企业合规案件工作规定》，规范简式合规的适用。目前，已适用简式合规办理涉企案件 3 件，相关工作经验被省检察院在全省推广。为杜绝合规简单化、整改形式化，加强简式合规的监督评估，确保简式而不简单。如始兴县检察院在办理 M 建设公司虚开发票案中，充分发挥检察主导作用，会同行政主管部门跟踪考察，督促涉案小微企业定期报告整改进度；整改完成后，协同管委会其他成员单位组成联合评估工作组，通过座谈会、查阅资料、检查走访和公开听证等方式评估验收，确保监督评估的公正性和实效性。

第六节　惠州检察实践样本：
推动基层第三方机制管委会协同治理

惠州市检察机关高度重视企业合规改革试点工作，始终将其作为"一把手工程"狠抓落实，迅速推动市县两级 7 个涉案企业合规第三方监督评估机制管委会及其办公室同步建立，2 个月内实现市县两级第三方机制管委会及其办公室全覆盖。改革试点以来，全市共办理涉案企业合规案件 17 件，涉及 18 家企业，其中基层检察院办理的案件占比 94%，第三方机制适用率为 100%。在合规过程中，严格按照国家、省级相关改革文件指导精神和要求，坚持协同治理原则，加强机制建设，充分发挥市县两级特别是基层第三方机制管委会及其办公室在办理合规考察案件过程中的积极作用，确保高质效办理每一个涉案企业合规案件。

一、建立基层第三方机制管委会转呈机制

目前惠州已建立市级第三方机制专业人员名录库，基层检察院对认为符合企业合规第三方机制条件的涉企犯罪案件，向本县（区）第三方机制管委会提请启动适用，由基层第三方机制管委会办公室转呈基层检察院意见至市级第三方机制管委会办公室，申请从市级第三方机制专业人员名录库中抽取相关专业人员。改革试点以来，全市 6 个基层检察院办理的 16 个案件均通过基层第三方机制管委会办公室申请借用市级第三方机制专业人员名录库开展企业合规。

二、建立定向随机抽取专业人员机制

为了能够更加精准地为企业合规案件提供专业人员，基层第三方机制管委会办公室根据案件类型向市级第三方机制管委会办公室商请借库，市级第三方机制管委会办公室对专业人员采取先分类后随机的方式进行抽取。改革试点以来，基层第三方机制管委会办公室共商请抽取专业人员 49

人次。例如，对某公司虚开增值税发票案启动适用合规程序后，市级第三方机制管委会办公室根据商请意见，从管委会成员单位推荐的行政监管部门的涉税专业人员中随机挑选一名税务师，从向社会公开选任的专业人员中分别随机挑选一名注册会计师和律师。又比如，对某公司重大安全事故案启动适用合规程序后，市级第三方机制管委会办公室根据商请意见，从管委会成员单位推荐的行政监管部门的安全生产、人力资源领域专家中分别随机挑选一名专业人员，从向社会公开选任的专业人员中随机挑选两名律师组成第三方组织。这样的抽选方法既能确保第三方组织的人员构成包含体制内与体制外专业人员，同时又与案件类型相匹配，实现第三方组织人员构成的多样化。行政监管部门的专家参与，不收取相应监督评估费用，更有利于保障监督评估的客观中立性。市级第三方机制管委会办公室通过召开管委会办公室会议抽选专业人员，除市工商联、市检察院、市财政局、市国资委等办公室成员单位代表以外，还会根据案件涉及领域邀请该领域相关成员单位派员到场监督，同时进行全程同步录音录像，确保专业人员选取公平公正公开。

三、建立基层管委会工作会议机制

基层第三方机制管委会办公室根据需要组织召开工作会议，工作会议内容涉及第三方机制的推进或保障等内容。由基层第三方机制管委会办公室牵头，邀请涉案企业、办案检察官、第三方组织人员参加。在会上介绍案件情况，研讨案件的合规方向、目标、步骤、考察期，确定第三方组织组长等。由基层第三方机制管委会办公室向第三方组织送达《第三方组织专业人员履职承诺书》《第三方组织成立宣告书》，向企业发出《关于启动企业合规第三方机制的通知》等文书，并做好签收情况登记。

四、建立基层管委会联合督查机制

在合规案件考察期间，基层工商联与办理案件的检察机关结合案件实际情况，到企业进行实地检查，了解企业合规整改是否顺利开展。对于有重大社会影响的合规案件，办理案件的检察机关邀请基层第三方机制管委会成员单位参与听证，对第三方组织作出的考察意见以及检察机关依法对犯罪嫌疑人作出的从宽处罚决定进行监督。

第七节　深圳南山检察实践样本：
助力民营经济做大做强

深圳市南山区位于粤港澳大湾区核心地带，辖区现有上市企业210家，国家级高新技术企业超过4500家，被称为"中国硅谷"。身为"广东第一区"的基层检察机关，南山区检察院深入贯彻党的二十大精神和习近平总书记"从制度和法律上把对国企民企平等对待的要求落下来"的重要指示精神，认真落实《中共中央、国务院关于促进民营经济发展壮大的意见》、最高人民检察院《关于全面履行检察职能推动民营经济发展壮大的意见》等上级文件部署，充分发挥检察职能，以涉案企业合规改革试点为抓手，服务建设一流市场化、法治化、国际化营商环境。

一、夯实制度之基，保障营商环境有方向

南山区检察院全面落实中央和上级检察机关相关部署，紧贴辖区企业需求，明确具体举措，以更优检察履职服务保障民营企业健康长远发展。

1. 出意见，让保障民营经济意识树起来。2023年5月，深圳市检察机关率先出台《服务保障民营经济健康发展的若干意见》，立足检察机关法律监督职能主责主业，找准服务保障民营企业发展的切入点和着力点。聚焦重点，营造安全稳定可预期的市场环境；聚焦难点，营造监督与支持并重的法治环境；聚焦特点，营造知识产权综合保护的创新环境；聚焦试点，营造企业健康成长的发展环境；聚焦重点，营造安全稳定可预期的市场环境等。从上述五大方面，明确涵盖"四大检察"的18项具体举措，具有理念指引性和实务操作性，获南山区主要领导批示肯定。

2. 立制度，让服务企业具体举措落下去。作为第一批启动涉案企业合规改革的六家基层检察院之一，南山区检察院率先出台《企业犯罪相对不起诉适用机制试行办法》等制度文件并探索建立涵盖专业机构和个人的第三方监管人库，为后续改革试点提供南山经验。牵头区司法局等 11 家单位成立南山区涉案企业合规第三方监督评估机制管理委员会，促推涉案企业合规第三方机制在区级层面落地落实。贯彻落实最高检党组有关"涉案企业合规改革不能仅限于检察环节、检察工作，不能停留在审查起诉环节"要求，与公安、法院分别会签《办理涉企业合规案件侦检衔接的试行办法》《办理涉企业合规案件法检衔接的试行办法》，积极推进企业合规工作刑事诉讼全流程适用。

二、打通实践之路，输出合规样本有质量

南山区检察院坚持严格依法、规范适用要求，三年来在高新技术、金融等领域高质效办理企业合规案件 24 件，适用第三方机制 15 件，办案数量位列深圳区级检察机关首位。

1. 聚焦高新技术企业，助力提升核心竞争力。南山区检察院办理的合规案件中，3 成以上涉及高新技术企业。在贯彻知识产权"最严格保护"精神的同时，积极推动企业行业合规治理。如在办理某文化传媒有限公司、张某等 4 人侵犯著作权案中，促使涉案企业剥离违法业务，进行全面合规整改，会同深圳市版权协会开展知识产权刑事合规宣讲，引导视频播放 App 行业合规，该案入选最高检知识产权综合性司法保护典型案例。再如办理的王某某、林某某、刘某对非国家工作人员行贿案，涉案企业系南山区重点扶持的高新技术企业，因高管人员涉案导致上市计划搁浅，在依法作出不起诉处理之后，主动了解企业发展需求，从专业角度提出合规应对措施和建议，督促企业全面合规整改，企业成功重启上市程序，该案入选最高检首批企业合规改革试点典型案例。

2. 聚焦金融行业，助力资本市场有序健康发展。南山区检察院充分认识金融市场秩序在法治化营商环境中的重要性，在依法惩治非法吸收公众存款、集资诈骗等重大涉众型经济犯罪的同时，找准法律监督与防范金融风险的结合点，稳慎探索金融企业合规建设。办理 J 公司、张某某涉嫌非法吸收公众存款合规案件，组建由深圳市地方金融监管局、深圳私募基金业协会委派专家组成的第三方监控人，对涉案企业开展合规考察，邀请金融行业专家、深圳市投资基金同业公会、南山区金融协会及十余家会员单位代表旁听合规建设验收公开听证会，为民营金融行业规范经营敲响警

钟，将企业合规与行业管理有序衔接。合规建设验收后，该公司发展持续向好，2023年第一季度税收环比增长28%，2023年3月获得"深圳市专精特新中小企业"认定。该案入选最高检检察机关全面履行检察职能推动民营经济发展壮大典型案例。

三、架起交流之桥，助推安商惠企有阵地

南山区检察院创新提出建设企业合规讲习所、企业合规体验中心等设想并付诸行动，实现从"办一案""助一企"到"护一片"。

1.创建合规体验中心，打造合规宣传"主阵地"。在上级检察机关和区委、区政府的大力支持下，南山区检察院创建全省首家企业合规体验中心。体验中心线下设置合规改革综述、合规成果展示、合规操作指引、合规需求对接四个功能区及一个知识产权保护分馆，重点建设企业合规典型案例库、企业合规指引库和企业合规体检系统，让参观的企业经营管理者身临其境感受合规文化，推动形成企业合规生态。同时依托小程序、公众号等平台，实现线上企业邀约、报名参观和企业合规体检功能，并可通过"元宇宙体验"功能，方便企业人员足不出户开启移动、互动的沉浸式体验。南山区检察院致力于将其打造成合规文化的宣传基地、合规建设的体验中心、合规改革的交流平台。自9月21日体验中心揭牌以来，接待了包括德国科隆总检察院检察长等外宾，最高检党组成员、副检察长陈国庆，四川、安徽等省、市、区检察院来访人员以及深圳市两级人大代表、政协委员，辖区企业高管，社区居民等共计1000余人次。近日，南山区企业合规体验中心获评"深圳市法治宣传教育五星级基地"。

2.成立企业合规讲习所，培育合规治理"宣传队"。成立全省首家企业合规讲习所，挑选7名业务经验丰富的检察官作为讲师，并邀请9名专家学者、资深律师、企业高管担任特聘讲师，打造专业化、多元化、精准化的合规宣讲团队，深入腾讯、大疆等辖区企业开展合规宣讲20余次，受众9000余人。将合规建设纳入南山区拟上市企业合规监管培育和南山区高层次人才研修示范班课程，与区金融服务发展中心、区纪委监委等单位共同为相关企业开展合规指导。连续两年联合腾讯公司在世界知识产权日举办主题沙龙、业务培训等活动，与法学会、版权协会等相关人员同台研讨，共同提升知识产权领域合规能力水平。

第八节　广州天河检察实践样本：
精细化办理商业贿赂类涉案企业合规案件

近五年，广州市天河区检察院办理涉商业贿赂一审公诉案件近70件，目前正在办理的涉案企业合规案件中，有近六成涉及商业贿赂领域，为该院研究、处理该类案件提供较为丰富的样本。天河区院精耕细作，充分发挥法治在治国理政中的全局性、战略性、基础性作用，依法保障和服务民营企业健康发展，营造市场化、法治化、国际化营商环境。

一、制度精细化，办理类案增实效

广州市天河区检察院建立《广州市天河区人民检察院第三方机制企业合规案件工作规程》（以下简称《工作规程》）及《广州市天河区人民检察院涉商业贿赂企业合规案件工作指引》（以下简称《工作指引》）等，从现有涉案企业合规案件及以往刑事案件办理入手，总结办案经验，形成指引。

《工作指引》主要是对涉案企业考察要点进行细化提示，指引经办人对合规计划应注意审查涉案人员的职位更换与调整、企业员工是否做出反商业贿赂承诺、是否对涉案岗位或相关条线进行廉洁风险防控评估、企业相关培训是否设置反商业贿赂内容等；指引经办人对《合规整改综合报告》、第三方组织出具《监督评估综合报告》进行审查及现场复核询问工作等；指引经办人就案件情况制发社会治理类检察建议等。通过《工作指引》，为规范化办理商业贿赂类案件提质增效。

二、行业治理精细化，能动履职促提升

一是无禁区，行贿受贿同治。天河区检察院办理的单位行贿案件中受贿方虽然由于是个人犯罪无法作为涉案企业合规案件单独办理，但在

做好单位行贿案件的企业合规工作的同时，对于受贿个人所在企业同时进行反商业贿赂相关教育培训，根据受贿个人所在岗位对案发企业提出岗位廉洁相关建议，做好犯罪预防工作。案发企业对能受到专业指导、建议深表感激，案件社会效果良好。二是督履职，行业监管无死角。促进涉案企业所在行业可能存在的问题整改。《工作指引》规定在办理涉商业贿赂企业合规案件中，经办人应多方了解涉案企业所在行业中商业贿赂是否系偶发现象，若发现该类行为非偶发，将情况反馈行业监管部门，通过调查研究，就行业乱象发生原因、表现形式、治理方式等方面提出检察建议。三是共携手，企业行业齐发展。联合相关行政监管部门、行业协会等单位，就涉案企业、涉案行业的问题与不足共同协商探讨，针对企业、行业提出高可行性优化升级路径方案，实现由"案→企业→行业"的辐射模式，以点带面实现企业合规工作最大效能。

三、"一揽子"合规精细化，帮助企业治未病

"一揽子"合规模式是指虽然涉案企业规模有限，但该企业实际控制人另控制其他多家企业，总体规模较大，根据案件实际情况将该实际控制人控制的多家企业共同纳入合规整改的工作模式。天河区检察院办理黄某某单位行贿案时发现涉案公司规模较小，但涉案企业的实际控制人黄某某另控制6家其他类型企业，规模较大，仅解决涉案单位这冰山一角显然不能做到"真合规""真有效"，为防止"挂一漏万"或嫌疑人"狡兔三窟"，天河区人民检察院采取"一揽子"合规模式，对黄某某实际控制的多家企业共同进行合规整改，以达到纤悉无遗。该模式得到了第三方监管组织的高度认可，第三方监管组织成员均认为该院的做法在制度许可的框架内做到了符合客观实际，能更好地帮助各企业长远发展。

四、全流程监管精细化，避免"纸面合规""合规腐败"

天河区检察院涉案企业合规案件绝大部分采用第三方监管模式，该模式是涉案企业合规案件办理的完整样态，该院在检察官权力、第三方工作进行监管方面细致考量。一是实行"双审查"。刑检部门经办人在办案中发现涉案企业合规案件后，层报检察长审批同意后，报上级院审查，上级院批准启动企业合规后，该经办人将案件移交驻园室办理。驻园室经办

人在办理完企业合规案件后及时将情况反馈给原刑事案件经办人。用"双审查"的方式切实让检察官能动履职、廉洁自律等。二是从制度上有效规制第三方履职。《工作规程》明确规定第三方在各个阶段的具体工作内容，且假设有出现第三方组织或组织中的人员不适宜履职的情形下调整第三方组织或组织中的人员的机制。三是从机制上规定经办人实地考察。《工作规程》明确规定合规案件经办人需前往涉案企业进行实地考察、整改复核、就整改情况询问案发单位相关人员，并制作笔录附卷等工作要求，有效避免"纸面合规""虚假整改"等问题。

五、法治宣传精细化，社会治理添动力

天河区人民检察院结合各行业特色总结出专门的法治宣传工作模型，形成涉案企业—涉案行业法治宣传路径。涉案企业沉浸式法治宣传。结合涉案企业合规考察工作，在涉案企业同步进行法治宣传，针对涉案罪名、合规考察中发现企业廉洁风险点、相关合规风险点等进行全覆盖深度培训宣传。涉案行业交互式法治宣传。结合前述行业治理工作，在行业监管、行业协会等单位协助下，选取部分行业领军企业、优质企业、扶持企业等作为法治宣传延伸企业。针对这类企业，及时向企业、行业监管部门、行业协会征求法治宣传需求，为企业量身定制法治宣传课程。

涉案企业合规的本意在于为避免办一个案子、垮一个企业、下岗一批职工，稳企业稳预期、保就业保民生，在扩大企业合规影响范围，切实做到"六稳""六保"，提升区域营商环境。天河区检察院充分发挥党建引领、组织保障、制度先行作用，将涉案企业合规改革工作融入国家治理能力、治理体系现代化和服务保障经济社会高质量发展的工作大局中，推进法治国家、法治政府、法治社会一体建设。

第二章

涉案企业合规典型案例

案例一：全流程发挥检察主导作用

——广州 N 公司、A 公司串通投标案

【关键词】

检察主导作用　实质审查　专家意见　第三方机制　检察听证

【要　旨】

充分发挥检察机关在企业合规案件办理中的主导作用，全程监督指导，建立健全合规考察程序，既尊重专家学者、第三方组织和听证会意见，又坚持实质审查，确保涉案企业真整改、真合规。

【基本案情】

广州 N 公司成立于 2003 年，是　家科技型民营企业，先后被评定为"国家火炬计划重点高新技术企业""广东省优秀自主品牌"等。公司员工 1400 多人，2020 年产值超 5 亿元，连续三年缴纳税款超 2000 万元。杨某甲任公司法定代表人兼董事长、谢某任总经理，吉某、李某任副总经理，杨某乙任营销中心市场部经理、陈某甲任营销中心市场部主管、留某任营销中心大客户和项目部销售经理。

广州 A 公司成立于 2001 年，其研发项目已列入国家"十四五"规划，公司员工 1300 多人。2020 年产值 3.65 亿元，纳税额 1400 万元。陈某乙任公司董事长，姜某任副总经理、江某任公共事业部副部长、叶某任公共事业部副部长。

2015 年以来，犯罪嫌疑单位 N 公司与 A 公司互为利用或利用其他公司作为陪标公司进行串通投标，以确保在政府采购招标项目中顺利中标，谋取不正当利益。N 公司董事长杨某甲和 A 公司董事长陈某乙相互串通后，授意 N 公司谢某、A 公司姜某负责联系陪标公司提供协助，N 公司吉某和

A公司江某、叶某负责与相关陪标公司对接具体围标事宜，N公司李某、A公司相关员工为陪标公司代为支付保证金，N公司杨某乙、陈某甲、留某以及A公司相关员工统一制作标书、冒充授权代表、大幅降低陪标公司标书中的商务得分率等。

通过上述手段，N公司和A公司在广州市多个政府公共采购项目中相互串通投标，严重损害招标人合法权益。经统计，其中，N公司中标项目5个，中标金额共计人民币1759.6万元；A公司中标项目8个，中标金额共计人民币3658.6038万元；N公司、A公司均在对方公司中标的项目中实施了串通行为，帮助对方中标。

2021年9月，广州市公安局以N公司、A公司、谢某等12人涉嫌串通投标罪向广州市人民检察院移送审查起诉。广州市检察院决定依法适用认罪认罚从宽制度，对10名犯罪嫌疑人以无社会危险性不批准逮捕。审查起诉期间，又主动开展羁押必要性审查，将另外2名涉案的企业高管变更强制措施为取保候审。考虑到案件具有开展企业合规的意义价值，广州市检察院报请广东省检察院审批后，决定对两公司启动企业合规考察。广州市检察院以企业整改成效作为重要参考依法作出合规不起诉决定。

【企业合规整改情况及效果】

一是坚决贯彻宽严相济刑事政策，依法启动企业合规考察程序。承办检察官在审查中了解到，两公司经营业绩良好，都处于IPO上市辅导期，部分涉案人员是地理信息科技领域相关行业带头人，对公司生产经营至关重要，且认罪悔罪和合规整改意愿强烈。为贯彻宽严相济刑事政策，避免企业因案陷入困境，综合考虑各犯罪嫌疑人的地位作用及犯罪情节，广州市检察院决定依法适用认罪认罚从宽制度，对10名犯罪嫌疑人以无社会危险性不批准逮捕。审查起诉期间，又主动开展羁押必要性审查，将另外2名涉案的企业高管变更强制措施为取保候审，最大限度地降低了司法办案对企业正常生产经营活动的影响。经审查，承办检察官发现两公司实施串通投标行为，原因在于企业在经营过程中只关注经济效益不注重合规建设，企业管理人员、业务人员的法律意识不强、存在侥幸心理，没有抵制住行业内"潜规则"的不良诱惑。办案期间，两公司及12名犯罪嫌疑人均具结悔过，公司承诺建立和完善企业合规制度，自愿适用第三方机制进行合规考察。另外，N 公司和 A 公司作为高科技民营企业，在业界具有较大的影响力，案件发生后，涉案的管理人员、技术骨干等失去自由，企业人心浮动，上市进程受阻，企业遭遇生存危机。考虑到两公司对自身存在问题和犯罪原因已有深刻认识，并有通过合规整改，争取从宽处理的强烈愿望，且案件具有开展企业合规的意义价值，广州市检察院报请广东省检察院审批后，决定对两公司启动企业合规考察。合规整改之初，两家公司分别主动退缴违法所得 142 万元、181 万元，并对相关责任人进行了扣罚奖金、降级、取消相关审批职权等处理。

二是坚持检察主导与专家指导、第三方考察相结合，确保企业合规整改的真实性、有效性。企业合规考察程序启动后，承办检察官多次实地走访涉案企业，帮助企业查找管理漏洞和业务风险点。广州市检察院还邀请企业合规知名专家学者现场指导，了解涉案企业的行政架构、管理制度、运行方式，结合公司整改目标、整改期限等，提出了从"体检式"全面合规转向"手术式"专项合规的整改思路，从治理结构、人员配置、决策流程等方面提出切实可行的指导意见，为两公司修改完善合规计划奠定坚实基础。根据广州市检察院的建议，广州市涉案企业合规第三方机制管委会综合 N 公司、A 公司所涉罪名、案情、复杂程度，以及涉案企业类型、规模、主营业务等因素，从正当竞争类专业人员名录库中选任 3 名专业人员组成第三方组织（市场监管部门人员、专家学者、律师各 1 名），对涉案企业开展为期三个月的合规考察。为确保企业合规建设和第三方合规考察依法、规范、有序进行，广州市检察院始终发挥主导作用，要求每个月至少有一次阶段性监督评估意见，每次的企业整改报告、第三方评估意见都要提交检察机关和第三方机制管委会同步审查。考察期满，第三方组织认为两家涉案公司合规计划有效、可行、全面，企业整改到位且富有成效，达到了"三个效果"的统一，评定档次为优。为了确保真整改、真合规，广州市检察院协同市工商联、市场监管局等组成三个审查小组赴企业，采用提问考核、文本审阅、抽样检查、穿行测试、想定作业等多种方法，对两公司合规整改的真实性、有效性和第三方考察结论的客观公正性进行实质审查，多角度、全方位审查企业整改后的合规制度建设和实际运行情况，并现场向企业反馈了实地审查意见及持续改进方向。

三是统筹法律效果与社会效果，以企业整改成效作为重要参考依法作出合规不起诉决定。通过合规整改，两公司均设置了合规部与专职合规员独立负责合规制度的实施及监督管理工作，并保障合规部门预算充足；在招投标制度和流程中增设禁止行为、合规监督机制等合规内容，建立线上审批系统，增设合规员审批监督节点，完善业务流程和内控制度；制定《合规手册》和《员工手册》，针对公司内部不同人员开展有针对性的合规教育培训，开展合规文化建设，树立企业合规意识。合规整改期间，N 公司 2021 年营业收入 5.9 亿元，增长 10%，利润增长 20%，员工规模 1520 人，增长 15%；A 公司 2021 年营业收入 3.95 亿元，增长 8%，员工规模 1568 人，增长 34.6%，员工薪资 2.57 亿元，增长 53%。为确保合规整改的真实性、有效性和考察结论的客观公正性，广州市检察院坚持"应听证，尽听证"，组织专家学者、监管部门及工商联代表等作为听证员，并邀请人大代表、政协委员、人民监督员、侦查人员等旁听，公开审查企业合规报告和第三方组织结论，并作为案件处理决定的重要参考，让公平正义更加可触可及可感。在全面审查合规考察报告和案件情况的基础上，广州市检察院依法对两公司及相关个人作出相对不起诉决定。

案件办结后，两家公司均顺利重启了 IPO 上市辅导和申报工作。

【典型意义】

1. 服务保障高质量发展，依法适用涉案企业合规程序。坚决贯彻落实宽严相济刑事政策，积极探索检察履职与企业合规相结合的方式，最大限度降低司法办案对企业正常生产经营活动的影响。本案中，检察机关更新司法理念，改变以往构罪即捕、构罪即诉的简单处理模式，依法适用取保候审等非羁押性强制措施，切实保障涉案的企业负责人、技术骨干等回归企业继续经营并配合合规整改，要求其结合自身作案手法和犯罪经过，协助涉案企业查找犯罪原因、管理隐患和制度漏洞，并提出改进企业合规的合理化建议。通过能动履职，对企业涉嫌犯罪情节轻微的案件，在法律允许的范围内讲政策、给出路，让企业通过合规重获新生。

2. 发挥检察主导作用，探索健全涉案企业合规考察程序。办案过程中，广州市检察院及时总结经验，先后制定了涉案企业合规办案指引、工作规程、费用报酬标准等七份改革文件，形成了一套完整、规范的企业合规工作"八步法"：审查审批、提请启动、工作会议、考察宣告、监督考察、报告与评估、实质审查、案件处理，确保企业合规规范化运行，不让企业合规制度被滥用。在企业合规各步骤程序中，充分发挥检察机关在刑事诉讼和涉案企业合规改革中的主导作用，对涉案企业提交的合规整改报告、第三方组织提出的考察评估意见坚持实质审查原则，实地调查核实企业合规整改的有效性，严把企业合规考察结论的审查运用关，督促第三方组织履职尽责，确保涉案企业"真整改""真合规"。

3.加强全程监督指导，确保企业合规考察结论的公信力。从企业合规计划的制定、执行到考察结果运用，全流程引入专家、第三方组织、听证员等不同主体把关，确保合规建设的成效，增强司法决定的公信力。在企业合规计划制定时，引入企业合规知名专家把关，确保合规计划可行性。在合规计划执行期间，积极适用第三方机制，借助第三方组织的专业力量，对企业整改过程全面把关，确保企业合规计划的有效落实，要求第三方组织按期制作合规考察报告，协同市工商联、市市场监管局组成审查小组，对第三方组织考察进行"飞行监管"，促进第三方监督评估实质化、专业化。在整改结果运用阶段，召开检察听证会听取意见，由听证员对整改结果和第三方组织考察报告集体评议，为检察机关作出司法决定提供参考。

案例二：知识产权企业合规的实践探索

——广州中某电子商务有限公司、游某某销售假冒注册商标的商品案

【关键词】

企业合规　单位犯罪　公开听证

【要　旨】

检察机关在办理涉企业犯罪的案件中，应准确认定犯罪事实，把握企业合规的适用条件，依法启动企业合规程序。在合规考察过程中，检察机关发挥主导作用，监督企业合规整改，并通过监督第三方组织的履职行为，确保监督效果。在企业通过合规整改以后，依法举行公开听证，作出不起诉决定。同时，做好行刑反向衔接、跟踪回访涉案企业等后续工作，促使合规整改效果持续有效。

【基本案情】

2019 年起，广州中某电子商务有限公司（现已更名为佛山中某电子商务有限公司，以下简称中某公司）一直在广州市白云区某创意产业园内经营、销售正品的"如妃"注册商标的商品。2021 年 11 月，因"双十一"促销活动，正品的"如妃"注册商标的雾化仪无法及时供应。中某公司实际负责人游某某为非法牟利，采购假冒"如妃"注册商标的雾化仪，后以中某公司名义对外销售。2021 年 11 月 16 日，公安人员抓获游某某，并查获假冒"如妃"注册商标的雾化仪 327 台。经统计，被查获的假冒"如妃"注册商标的雾化仪共价值人民币 196200 元。

2022 年 2 月，广州市公安局白云区分局以游某某涉嫌销售假冒注册商标的商品罪移送审查起诉。在充分考虑全案的犯罪情节以及犯罪嫌疑人认

罪态度的情况下，检察机关对游某某作羁押必要性审查，将游某某的强制措施依法变更为取保候审。2022 年 3 月，检察机关依照企业合规工作程序向上级院请示，上级院同意对中某公司启动合规监督考察程序。

【企业合规整改情况及效果】

一是正确追加单位犯罪，主动适用羁押必要性审查。2022 年 2 月 21 日，广州市公安局白云区分局以游某某涉嫌销售假冒注册商标的商品罪移送审查起诉。经全面审查案件材料，查明中某公司系依法成立的有限责任公司，本案系公司实际负责人游某某直接指挥实施，通过销售假冒"如妃"注册商标的雾化仪获取不法所得，不法所得用于单位经营活动，是为单位利益实施的犯罪行为，因此依法追加认定单位犯罪。在办案过程中，检察机关调取并审查企业经营情况的相关证据、走访涉案企业、听取涉案企业人员的意见，发现游某某在中某公司的经营中起到极其重要的作用。在充分考虑全案的犯罪情节以及犯罪嫌疑人认罪态度的情况下，从保护民营企业正常经营的角度，检察机关对游某某作羁押必要性审查，将游某某的强制措施依法变更为取保候审。

二是准确认定犯罪事实，充分履行法律监督职能。侦查机关在移送审查起诉时，以涉案假冒注册商标的雾化仪对应的正品的市场价格认定犯罪数额为人民币 490500 元。经讯问犯罪嫌疑人、调取并审查犯罪嫌疑人的网店经营记录，发现在案证据显示涉案"如妃"注册商标雾化仪销售标价为每台人民币 600 元，依据相关司法解释，按照标价认定现场缴获的假冒注册商标雾化仪货值金额为人民币 196200 元，重新依法准确认定犯罪数额。检察机关在办理本案的同时，也对近段时间假冒注册商标、销售假冒注册商标的商品案进行了系统梳理，发现侦查机关办理的多个侵犯知识产权案件犯罪数额认定不符合相关司法解释的规定，在未充分调查假冒注册商标的商品标价或实际销售价格的情况下，直接以被侵权产品的鉴定价格认定犯罪数额。为此，检察机关及时向侦查机关制发检察建议，提出查清涉案假冒注册商标商品的标价或实际销售价格，严格按照相关司法解释规定及时查证等纠正意见，并与侦查机关举行联席会议，围绕上述问题的整改进行会商，检察建议得到了侦查机关的采纳。

三是依法启动企业合规程序，主动监督企业限期整改。在办案过程中，检察机关主动对企业开展合规的必要性进行审查。经调取、审查中某公司的营业执照、缴税证明等书证，并对涉案企业进行走访，发现该企业尚在经营并足额纳税，吸纳就业，但同时，该企业在文化建设、风险防控、机制建设等方面存在漏洞，有必要通过系统的合规管理体系构建，解决合规风险。因此，将中某公司纳入企业合规范围。2022 年 3 月 28 日，检察机关依照企业合规工作程序向上级院请示，上级院同意对中某公司启动合规监督考察程序。

首先，检察机关主动监督涉案企业作先期整改。2022 年 5 月至 8 月，在检察机关的指导及监督下，中某公司提交企业初步整改计划，每月向检察机关提交当月的合规自查报告。整改的内容包括完善公司内部人员设置、运营方式和审批流程、设立公司内部自查监督制度、建立《上游企业供应商数据库》等内容。上述期间，检察机关走访涉案企业，听取涉案企业管理人员意见、审查中某公司提交的自查报告，对中某公司合规整改的情况进行监督，并向中某公司提出进一步明晰企业员工职权划分范围、建立健全违法违规行为举报和调查制度、知识产权违法违规行为问责制度等整改意见。与此同时，为确保合规整改效果，检察机关向上级院提请启动第三方监督评估考察机制。2022 年 9 月至 12 月，在第三方监督评估企业合规整改期间，检察机关结合中某公司先期整改的情况，围绕企业进一步合规整改的方案多次与第三方成员、相关主管部门及涉案企业会商。此外，为确保第三方组织有效履职、企业有效整改，检察机关积极开展监督工作，包括督促中某公司及时汇报整改进展、监督第三方成员及时反馈审查意见，以及会同第三方成员以现场考察、听取相关主管部门意见等灵活多样的形式对企业的整改情况进行评估，从而防止"纸面合规"，确保企业合规整改效果。

四是依法举行公开听证，主动接受社会监督。经全面审查案件后，检察机关认为本案法定刑为三年以下有期徒刑，且为犯罪未遂，犯罪嫌疑单位及犯罪嫌疑人游某某是初犯、偶犯，企业已进行合规整改并通过第三方监督评估组织的合规考察，从有利于企业生产经营的角度考虑，拟对中某公司及游某某均作出相对不起诉处理。为保证不起诉决定的公信力和公正性，检察机关举行公开听证，邀请了工商部门以及律师等专业人员担任听证员，从行业监管以及法律适用的角度全面评议案件。听证会上，涉案的犯罪嫌疑单位代表、犯罪嫌疑人及第三方组织成员分别对企业合规的整改落实情况、评估情况进行了介绍,听证员围绕案情与企业整改情况进行了提问,并发表了意见,经充分听取各方意见,检察机关依法作出不起诉决定。

五是做好后续跟踪监督,督促企业合法经营。在作出不起诉决定以后,检察机关对涉案企业及犯罪嫌疑人予以训诫,让其以此为戒、牢记教训。同时,检察机关注重与行政单位的沟通协作,对于本案是否还需要进行行政处罚,听取了市场监督管理部门的意见。经综合审查,检察机关制发检察意见,建议行政单位对涉案企业作出行政处罚。此外,检察机关在对涉案企业作出不起诉决定一个月后,对涉案企业实地跟踪回访,再次向企业作知识产权方面的法制宣传,并了解企业的经营情况、内部机制的运行情况等,考察企业是否有持续合规经营,并对企业整改提出建议意见,助力企业持续合规经营。

【典型意义】

1.准确适用企业合规,能动履职,主动对涉案企业进行初步合规考察。检察机关在全面审查案件事实的基础上,以听取涉案企业相关人员的意见、调取缴税记录、走访企业等方式,深入了解企业经营状况、社会贡献、合规意愿以及违法犯罪既往历史等情况,评估涉案企业是否符合开展合规监督考察的条件,对符合条件的企业推进企业合规工作。在启动企业合规程序以后,成立第三方监督评估组织前,检察机关积极作为,发挥主导作用,依据企业的实际情况提出整改意见,并以督促企业提交整改报告、听取涉案企业人员意见等方式,监督企业及时整改,促使企业尽早填补经营模式的漏洞,合规经营。

2.发挥检察机关主导作用,确保企业真合规。在第三方监督评估期间,检察机关能动履职,结合涉案企业先期整改情况以及实际经营情况,与第三方组织进行沟通交流,对进一步的整改计划进行会商,并与第三方组织共同前往涉案企业实地考察,听取涉案企业人员意见,确保第三方组织监督评估到位,企业合规整改措施落实落细。

3.强化诉讼监督,促进办案质效提高。检察机关在办理案件的过程中,发现侦查机关指控的事实与证据存在明显矛盾,除了依法重新认定犯罪事实以外，应对侦查机关展开监督。针对发现的多个类似案件存在相同的违法情形，及时制发检察建议，针对侦查机关办案过程中存在的问题提出纠正意见。坚持在监督中办案，在办案中监督，进一步提升办案质效。

4.做好不起诉"后半篇文章"，促使整改持续有效。检察机关强化行刑衔接工作，在作出相对不起诉后，与行政单位进行了有效的沟通协作，依照行刑衔接的要求，对作出不起诉决定后仍需要行政处罚的案件，及时移送行政机关，由行政机关依法对犯罪嫌疑单位及犯罪嫌疑人进行行政处理，避免"不刑不罚"。同时，检察机关积极对案件开展跟踪工作，对涉案企业及人员予以训诫，对涉案企业进行回访，了解企业的经营情况，监督企业合规整改持续有效，做好不起诉的"后半篇文章"，实现法律效果与社会效果的统一。

案例三：第三方参与的简式合规
——陈某某重大责任事故案

【关键词】

简式合规　上下联动　现场听证　刑行衔接　行业治理

【要　旨】

在办理企业合规案件过程中，检察机关兼顾案件特点和企业经营模式，上下联动，积极适用第三方参与的简式合规，同时充分发挥人民监督员、公开听证、检察建议等作用，形成工作合力，促进涉案企业真合规、真整改。延伸检察职能，做好刑行衔接，推动行业治理，实现"办理一案、治理一片"效果。

【基本案情】

广州J酒店有限公司（以下简称J酒店）是某大型地产集团有限公司的控股子公司，成立于2003年4月，主要经营住宿业，2011年被评定为中国五星级饭店。该酒店目前有员工259人，2018年以来税费合计约9000万元。

2021年5月29日17时许，J酒店温泉区一凉亭发生坍塌，导致一人死亡、一人重伤和两人轻微伤。陈某某是J酒店的常务副总经理，是安全生产第一责任人，其未建立园林设施安全管理责任制，致使凉亭等园林设施安全管理职责分工不明确，未认真督促检查酒店安全生产工作，未发现并排除凉亭木柱基础受潮、腐烂的安全隐患，对事故的发生负有重要管理责任，涉嫌重大责任事故罪。后陈某某向公安机关投案，并如实供述犯罪事实，自愿认罪认罚。J酒店已赔偿被害方损失，并取得被害方谅解。

2022年5月25日，公安机关以陈某某涉嫌重大责任事故罪移送广州市增城区人民检察院（以下简称增城区院）审查起诉。2022年12月5日，J酒店书面申请适用涉案企业合规程序。后增城区院经报请广州市人民检察院审批同意后于2023年2月17日启动涉案企业合规程序，经过三个月的合规监督考察，2023年5月25日，经合规监督检察官与第三方组织人员组成联合考察组评估合规整改合格后，检察机关综合犯罪事实、涉案企业合规建设情况和认罪认罚从宽制度适用情况，对陈某某作出酌定不起诉决定。

【企业合规整改情况及效果】

一是准确把握涉案企业合规的适用条件，积极稳妥探索对重罪案件适用合规考察程序。本案中，犯罪嫌疑人陈某某涉嫌重大责任事故罪，虽然刑法对重大责任事故罪未规定单位犯罪，但陈某某是酒店的常务副总经理，是安全生产第一责任人，其行为与酒店的生产经营活动密切相关，根据最高检等九部门《关于建立涉案企业合规第三方监督评估机制的指导意见（试行）》的相关规定，符合涉案企业合规案件的适用范围。本案中陈某某的行为应按照重大责任事故罪来定罪处罚，属于危害公共安全的重罪案件，检察机关综合考虑其具有自首、赔偿被害方损失、取得被害方谅解、认罪认罚等法定、酌定量刑情节，同时对涉案企业是否具备合规整改的条件进行了认真分析，决定对涉案企业启动合规监督考察程序。

二是检察机关上下级联动，积极适用第三方参与的简式合规。启动合规程序前，增城区院积极争取上级院的支持，并就企业合规的相关问题多次沟通请示，最终根据案件性质特点、合规重点方向等，充分考虑本案的犯罪主体并非单位，以及出于减轻中小企业负担的考量，决定适用第三方参与的简式合规。按照J酒店的合规整改计划，J酒店分为四个阶段推进合规工作，每半个月向检察机关提交一次自查报告。在第二阶段、第四阶段整改工作完成后，检察机关分别组织第三方专业人员（区应急管理局工作人员）及行业主管部门人员（区文化广电旅游体育局工作人员）前往J酒店进行现场考察，并邀请人民监督员参与监督办案。现场考察主要检查J酒店的整改工作是否已落实到位，重点检查和评估J酒店实施合规计划的情况，是否消除再犯条件等，并对下一阶段的整改工作提出意见建议。

三是通过听取汇报、现场验收和现场听证等方式，对监督考察结果的客观性进行充分评估论证。增城区院经过对J酒店制定的合规计划、整改方案以及相关的阶段性考察报告、合规监督考察评估报告等进行全面审查，对整改情况进行实地调查核实，最终认定J酒店合规整改合格。2023年5月22日，增城区院组织人民监督员、法律学者、第三方专业人员名录库成员及相关职能部门代表到企业召开现场听证会。公开听证会上，听证员现场查看J酒店的合规建设情况后，对本案进行评议，一致同意对陈某某作酌定不起诉处理。2023年5月25日，增城区院对陈某某作出不起诉决定。

四是通过检察建议推进诉源治理，以个案推动行业合规。办理该案过程中，增城区院经现场走访了解到，增城区还有部分温泉酒店有类似的木结构建筑，存在类似的安全隐患，遂向区文化广电旅游体育局、区P镇人民政府制发检察建议，建议督促相关酒店对木结构建筑进行专业检测，并按照规定对木结构公共建筑建立健全检查和维护的技术档案，将酒店是否建立健全木结构建筑的检查和维护技术档案作为平时检查的重点之一。

【典型意义】

1.兼顾企业经营模式和案件特点，适用简式合规程序。J酒店属中小企业，三年疫情对酒店经营有一定影响，也曾作为入境人员的隔离酒店。增城区院在审查是否启动涉案企业合规程序时，考虑到凉亭坍塌主要由内部管理制度的缺陷造成，采取合规建设可以预防类似违法犯罪行为的发生。本案虽是自然人犯罪案件，但陈某某的行为与涉案企业的生产经营活动密切相关，涉案企业申请开展合规工作，增城区院经审查后决定启动对J酒店的合规工作，考虑到本案的犯罪主体不是单位以及减轻中小企业的负担，决定适用简式合规程序。

2.适用有第三方参与的简式合规程序，充分发挥检察机关在企业合规中的主导作用。考虑到合规监督检察官在园林设施、应急管理方面专业知识的局限性，检察院采用有第三方组织人员参与的简式合规程序。在中期考察和终期考察时，由合规监督检察官与第三方组织人员（区应急管理局工作人员）、行业主管部门人员（区文化广电旅游体育局工作人员）组成联合考察组前往J酒店进行现场考察，增城区院制定了考察方案，明确第三方组织人员考察重点，第三方组织人员将在考察中发现的问题反馈给增城区院，增城区院要求 J 酒店进行有针对性的整改，充分整合各方的专业力量，确保合规考察评估的专业性。

3. 坚持检察上下一体，联动办案。此案作为广州市检察机关在安全生产领域开展合规工作的第一案，上级检察机关与增城区院联动办案，特别是在适用何种类型合规程序方面，上下级检察机关进行了深入研讨。在办案过程中，上下两级检察机关多次会同第三方到涉案企业进行考察、座谈、评估，在园林设施检查和管理、极端天气的安全预案、员工的教育培训等方面，向涉案企业提出意见。企业合规整改完成后，上下两级检察机关精准开展合规监督评估，督促涉案企业认真落实安全管理责任，弥补了相关的制度漏洞，有效防止再次发生相同或类似的违法犯罪，助推企业合规文化建设。

4. 强化行刑衔接，促进行业合规治理。在该案办案过程中，检察机关深入落实"八号检察建议"，促进诉源治理，筑牢安全生产防线。合规考察过程中，邀请行业主管部门区文化广电旅游体育局现场考察，在对该企业的合规考察结束后，针对其他温泉酒店存在类似的安全隐患，向行业主管部门和属地主管部门制发书面检察建议，建议督促辖区内各酒店组建合规组织，确保各项业务在合规模式下运行。针对各酒店的经营内容建立健全企业合规管理防控体系，从"事后合规"向"事前合规"转变。建议加大执法检查力度，增强企业"风险即危险""隐患即事故"的责任意识，督促企业切实承担起企业发展过程中应当承担的社会责任。

案例四：持续开展合规引导，
做好刑事司法与行政管理、行业治理的衔接贯通
——深圳 X 集团走私普通货物案

【关键词】

合规激励　第三方监督评估　行刑衔接　合规传导

【要　旨】

积极探索检察履职与企业合规的结合方式，发挥宽严相济刑事政策和认罪认罚从宽制度的优势，激励企业加强合规管理。在涉案企业进行合规整改的过程中，检察机关应发挥程序性主导作用及保持中立性，推动企业真正依法合规经营。通过检察履职传导合规理念，加强与行政机关的沟通协作，促进"合规互认"，提升合规效果，增强参与力量，形成保护民营经济健康发展合力。

【基本案情】

X 股份有限公司（以下简称 X 公司）系国内水果行业的龙头企业。2018 年开始，X 公司从其收购的 T 公司进口榴莲销售给国内客户。张某某为 T 公司总经理，负责在泰国采购榴莲并包装、报关运输至香港；曲某某为 X 公司副总裁，分管公司进口业务；李某、程某分别为 X 公司业务经理，负责具体对接榴莲进口报关、财务记账、货款支付等。

X 公司进口榴莲海运主要委托深圳、珠海两地的 S 公司（另案处理）代理报关。在报关过程中，由 S 公司每月发布虚假"指导价"，X 公司根据指导价制作虚假采购合同及发票用于报关，报关价格低于实际成本价格。2018 年至 2019 年期间，X 公司多次要求以实际成本价报关，均被 S 公司以统一报价容易快速通关等行业惯例为由拒绝。2019 年 4 月后，经双方商

议最终决定以实际成本价报关。

2019 年 12 月 12 日，张某某、曲某某、李某、程某被抓获归案。经深圳海关计核，2018 年 3 月至 2019 年 4 月，X 公司通过 S 公司低报价格进口榴莲 415 柜，偷逃税款合计人民币 397 万余元。案发后，X 公司进一步规范了报关行为，主动补缴了税款。2020 年 1 月 17 日，深圳市检察院以走私普通货物罪对张某某、曲某某批准逮捕，以无新增社会危险性为由对程某、李某作出不批准逮捕决定。2020 年 3 月 3 日，为支持疫情期间企业复工复产，根据深圳市检察院建议，张某某、曲某某变更强制措施为取保候审。2020 年 6 月 17 日，深圳海关缉私局以 X 公司、张某某、曲某某、李某、程某涉嫌走私普通货物罪移送深圳市检察院审查起诉。深圳市检察院于 2020 年 9 月 9 日对 X 公司及涉案人员作出相对不起诉处理，X 公司被不起诉后继续进行合规整改。

【企业合规整改情况及效果】

一是精准问诊，指导涉案企业扎实开展合规建设。2020 年 3 月，在深圳市检察院的建议下，X 公司开始启动为期一年的进口业务合规整改工作。X 公司制定的合规计划主要针对与走私犯罪有密切联系的企业内部治理结构、规章制度、人员管理等方面存在的问题，制定可行的合规管理规范，构建有效的合规组织体系，完善相关业务管理流程，健全合规风险防范报告机制，弥补企业制度建设和监督管理漏洞，防止再次发生类似违法犯罪。经过前期合规整改，X 公司在集团层面设立了合规管理委员会，合规部、内控部与审计部形成合规风险管理的三道防线。加强代理报关公司合规管理，明确在合同履行时的责任划分。聘请进口合规领域的律师事务所、会计师事务所对重点法律风险及其防范措施提供专业意见，完善业务流程和内控制度。建立合规风险识别、合规培训、合规举报调查、合规绩效考核等合规体系运行机制，积极开展合规文化建设。X 公司还制定专项预算，为企业合规体系建设和维护提供持续的人力和资金保障。鉴于该公司积极开展企业合规整改，建立了较为完善的合规管理体系，实现合规管理对所有业务及流程的全覆盖，取得阶段性良好效果，为进一步支持民营企业复工复产，深圳市检察院于 2020 年 9 月 9 日对 X 公司及涉案人员作出相对不起诉处理，X 公司被不起诉后继续进行合规整改。

二是认真开展第三方监督评估，确保企业合规整改效果。为检验合规整改效果，避免"纸面合规""形式合规"，深圳市宝安区检察院受深圳市检察院委托，于2021年6月向宝安区促进企业合规建设委员会提出申请，宝安区合规委组织成立了企业合规第三方监督评估工作组，对X公司合规整改情况进行评估验收和回访考察。第三方工作组通过查阅资料、现场检查、听取汇报、针对性提问、调查问卷等方式进行考察评估并形成考察意见。工作组经考察认为，X集团的合规整改取得了明显效果，制定了可行的合规管理规范，在合规组织体系、制度体系、运行机制、合规文化建设等方面搭建起了基本有效的合规管理体系，弥补了企业违法违规行为的管理漏洞，从而能够有效防范企业再次发生相同或者类似的违法犯罪。通过合规互认的方式，相关考察意见将作为深圳海关对X公司作出行政处理决定的重要参考。为了确保合规整改的持续性，考察结束后，第三方工作组继续对X集团进行为期一年的回访考察。

三是强化合规引导，做好刑事司法与行政管理、行业治理的衔接贯通。深圳市检察院在该案办理过程中，在合规整改结果互认、合规从宽处理等方面加强与深圳海关的沟通协作，形成治理合力，共同指导X公司做好合规整改，发挥龙头企业在行业治理的示范作用。整改期间，X公司积极推动行业生态良性发展，不仅主动配合海关总署关税司工作，不定期提供公司进口水果的采购价格，作为海关总署出具验估价格参数的参照标准，还参与行业协会调研、探讨开展定期价格审查评估与监督机制。针对案件办理过程中发现的行政监管漏洞、价格低报等行业普遍性问题，深圳市检察院依法向深圳海关发出《检察建议书》并得到采纳。深圳海关已就完善进口水果价格管理机制向海关总署提出合理化建议，并对报关行业开展规范化管理以及加强普法宣讲，引导企业守法自律。

开展合规整改以来，X集团在合法合规的基础上，实现了年营业收入25%、年进口额60%的逆势同比增长。2021年8月10日X集团被评为深圳市宝安区"3A"（海关认证、纳税信用、公共信用）信用企业，同年9月9日被评为诚信合规示范企业。

【典型意义】

1.落实宽严相济刑事政策，降低办案对企业正常生产经营的影响。该案中，鉴于 X 公司长期以正规报关为主，不是低报走私犯意的提起者，系共同犯罪的从犯，案发后积极与海关、银行合作，探索水果进口合规经营模式，深圳市检察院经过社会危险性量化评估，对重要业务人员李某、程某作出不捕决定。在跟踪侦查进展，深入了解涉案企业复工复产状况的基础上，深圳市检察院对两名高管张某某、曲某某启动捕后羁押必要性审查。经审查，深圳市检察院认为该案事实已经查清，主要证据已收集完毕，建议侦查机关将两名高管变更强制措施回归企业。后侦查机关根据建议及时对张某某、曲某某变更为取保候审，有效避免企业生产停顿带来的严重影响。

2. 坚守法定办案期限，探索合规考察不局限于办案期限的模式。企业合规改革试点要依法有序推进，不能随意突破法律。改革试点中，如何处理合规考察期限和办案期限的关系是亟须厘清的重要问题。根据案件采取强制措施方式的不同，至多存在六个半月或一年的不同办案期限。本案中，涉案企业作为大型民营企业，其涉案合规风险点及合规管理体系建设较为复杂，合规整改时间无法在案件办理期限内完成。作为企业合规改革第一批试点地区，深圳检察机关根据涉案企业阶段性的合规整改情况作出不起诉决定后，持续督促其进行合规整改，合规考察期限届满后通过第三方工作组开展合规监督评估，确保合规整改充分开展、取得实效。

3. 积极促成"合规互认"，彰显企业合规程序价值。检察机关对涉案企业作出不起诉决定后，行政执法机关仍需对涉案企业行政处罚的，检察机关可以提出检察意见。在企业合规整改期限较长的情况下，合规程序往往横跨多个法律程序，前一法律程序中已经开展的企业合规能否得到下一法律程序的认可，是改革试点实践中普遍存在的问题。本案中，深圳市检察机关对涉案企业开展第三方监督评估后，积极促成"合规互认"，将企业合规计划、定期书面报告、合规考察报告等移送深圳海关，作为海关作出处理决定的重要参考，彰显了企业合规的程序价值。

4. 设置考察回访程序，确保合规监管延续性。企业合规监督评估后，涉案企业合规体系是否能实现持续有效地运转，直接关系到合规整改的实效。本案中，第三方工作组针对涉案企业合规管理体系建设尚待完善之处，再进行为期一年的企业合规跟踪回访，助力企业通过持续、全面合规打造核心竞争力。

案例五：广东金融企业合规第一案

——深圳 J 公司、张某某非法吸收公众存款案

【关键词】

民营金融企业　企业合规　完善监管　行业治理

【要　旨】

检察机关通过开展涉案企业合规改革，帮助民营金融企业完善资金募集业务管理，助力涉案民营企业及行业依法规范健康发展。充分发挥金融专家在第三方监督评估组织中的作用，着力破解金融企业合规监督考察专业性强、违法涉罪风险发现难等问题，并推动由点及面对保险、基金等金融行业开展延伸式治理。

【基本案情】

广东省深圳市 J 网络科技有限公司（以下简称 J 公司）注册成立于 2012 年 7 月，旗下子公司主营业务包括基金销售、保险销售、私募证券，2021 年度有员工 600 余人，纳税额连续三年 2000 余万元，张某某系该公司股东、实际控制人。

2014 年 1 月，J 公司成立深圳 G 财富管理有限公司（以下简称 G 公司）并 100% 控股，G 公司于 2015 年 2 月上线 G 网贷平台（以下简称 G 平台），在未经许可的情况下通过网络向社会不特定对象公开宣传，承诺集资参与人 6%—10% 的年化固定收益，并通过助贷机构寻找借款人在 G 平台发布从事 P2P 业务。2017 年 7 月，J 公司将 G 公司转让给唐某某等人并间接占股 10%，唐某某等人于 2018 年 11 月将 G 公司转让给钟某某等人。2019 年 6 月，G 平台因资金链断裂爆雷。经鉴定，G 平台在 J 公司经营期间共募集资金 29 亿余元，集资参与人全部金额兑付完毕，在 2017 年 7 月后共计

募集资金 14.37 亿元，集资参与人待兑付金额 7200 万余元。案发后，J 公司退还唐某某以集资款支付的股权转让款等 1340 万元，张某某主动到公安机关接受调查。同时，同案人唐某某退还集资款 1700 万余元，钟某某退还集资款 3900 万元，公安机关冻结银行账户 297 万余元，连同 J 公司退还的 1340 万元，G 平台自设立至爆雷期间募集资金全部兑付完毕。

2022 年 1 月，深圳市公安局南山分局以张某某、唐某某（另案处理）、钟某某（另案处理）等人涉嫌非法吸收公众存款罪移送南山区检察院审查起诉。南山区检察院于 2022 年 4 月将张某某涉嫌非法吸收公众存款罪一案分案处理，追加 J 公司作为犯罪嫌疑单位并启动涉案企业合规程序。2022 年 11 月，南山区检察院经召开企业合规验收公开听证会后并综合犯罪事实、企业合规整改情况和认罪认罚从宽制度适用情况，依法对 J 公司、张某某作出相对不起诉处理。

【企业合规整改情况及效果】

一是深入调研，稳慎启动涉案企业合规程序。南山区检察院会同深圳市地方金融监督管理局、深圳市投资基金同业公会开展实地调查。经调查认为，J 公司虽然在 2015 年设立 G 公司开展非法吸收公众存款业务，但 2017 年 7 月主动将 G 平台予以转让不再开展违法业务；J 公司实际控制人张某某认罪认罚，具有自首情节，案发后积极退赔；J 公司拥有国家级基金销售许可及保险代理双牌照，在业界较为稀缺，企业具有较好的发展势头，合规整改意愿强烈。经认真研究，南山区检察院对 J 公司作出适用第三方机制的合规监督考察决定。为确保监督考察的专业化水平和质效，检察机关商请第三方机制管委会邀请深圳市地方金融监管局、深圳私募基金业协会推荐具有金融实务经验的专家共同担任第三方专业人员，分别针对基金销售和私募证券经营业务进行考察。

二是严格过程，强化举措保证合规整改效果。检察机关前期会同第三方组织通过现场走访等方式畅通与企业的沟通渠道，多次审核完善企业出具的合规计划，确保合规计划科学合理；中期通过审查合规制度、现场突击检查、送法上门等方式压实企业责任，督促合规计划有效执行；后期通过随机"考试"、预演模拟违规行为、预验收等方式监督合规举措，夯实合规整改效果，有效避免虚假整改、"纸面合规"。

三是对症下药，精准切除民营金融企业涉罪"病灶"。检察机关经审查认为，J 公司虽然将 P2P 业务从主营业务中剥离，但公司运营的私募业务仍存在与之相同的非法募集资金风险，需重点开展合规监督考察，有效预防再犯罪。后经会同第三方专业人员和行业专家分别针对基金销售业务和私募证券业务进行重点考察，对企业建立资金募集业务合规经营制度进行针对性辅导，要求建立企业基金销售合规机制，对私募基金业务进行风险排查、专项整改。同时，通过引入行业协会参与合规考察，将企业合规与行业管理有序衔接，为行业协会加强日常合规建设和管理提供示范。

【典型意义】

1. 整改与预防并重，有力促进涉案民营企业健康可持续发展。通过启动涉案企业合规程序，围绕涉罪领域和潜在风险领域有针对性开展合规整改，J 公司实现良性有序发展，法律意识和风险防范意识进一步增强，经营能力进一步提升。该公司 2022 年第四季度营业收入较第三季度提升 13%，2022 年 12 月获颁"2022 年度金融科技公司奖"，2023 年 1 月入围"2022 金融科技双 50 榜单"。

2. 个案向行业延伸，助力优化民营金融企业行业生态。检察机关通过定期回访对合规制度及合规政策嵌入日常运营的情况进行分析研判，协助企业畅通制度运转，确保合规成效持续。在听证会特邀金融行业协会及 10 余家金融企业代表旁听公开听证，了解 J 公司展示的合规体系建设和私募风险防范处置工作等情况，深刻汲取涉案教训，为金融领域民营企业规范经营明确"红绿灯"，持续优化地区金融行业生态。

3. 平衡活力与秩序，探索金融领域民营企业合规有效途径。近年来，民营金融企业涉嫌证券期货犯罪、私募领域犯罪频发，严重扰乱金融管理秩序、侵害人民群众合法权益。从办案实践看，金融领域民营企业普遍合规经营意识较弱，容易陷入"野蛮生长"困局，亟须在治理结构和管理制度方面予以引导完善。本案采取的督促涉罪风险排查、商请专业人员辅导以及将合规与业务深度融合等监督考察模式，为以法治力量保障民营经济高质量发展作出了有益探索。

案例六：针对小微企业特点开展合规工作，探索小微企业有效合规标准

——深圳 L 公司、李某某等 3 人虚开发票案

【关键词】

民营经济保护　小微企业　有效合规　廉洁合规

【要　旨】

民营小微企业在"促经济、稳增长、保就业"中发挥着重要作用，因其规模小，普遍存在公司人格不独立、管理不健全、制度不完善等问题。针对小微企业开展涉案企业合规监督考察，检察机关应从三个侧重点发力：侧重于提升小微企业加强合规建设的积极性，侧重于针对小微企业的特点开展有效合规，侧重于向社会传导合规理念、融入社会治理。

【基本案情】

深圳市 L 医疗器械公司（以下简称 L 公司）于 2017 年 11 月 2 日成立，系一家主营医疗器械销售的民营小微企业，有多个产品独家代理权，其业务重心为麻醉重症领域产品，现有员工 15 人，2021 年、2022 年销售额均超过 1000 万元。李某某为公司总经理、实际控制人，陈某甲为该公司原财务。

2020 年 11 月至 2021 年期间，李某某为降低公司税负、解决无票报销等问题，在无真实交易的情况下，授意陈某甲通过虚开发票解决上述问题。后陈某甲通过中介陈某乙为 L 公司虚开发票 54 份，票面金额共计人民币 2572310 元。在 L 公司不知情的情况下，陈某甲、陈某乙均从 L 公司支付的手续费中抽取返点。案发后，L 公司向税务机关补缴企业所得税及滞纳金共计人民币 185147.11 元。

2021 年 11 月 23 日，深圳市公安局宝安分局在侦办其他案件时发现李某某等 3 人涉嫌虚开发票罪后进行立案侦查，李某某、陈某甲于同日投案，陈某乙于同日被抓归案。2021 年 12 月 7 日，L 公司补缴企业所得税共计人民币 96503.56 元。2021 年 12 月 24 日，深圳市公安局宝安分局以李某某等 3 人涉嫌虚开发票罪移送宝安区检察院审查逮捕，李某某的辩护人于同日向检察机关申请开展企业合规监督考察。2021 年 12 月 30 日，宝安区检察院经审查，认为 L 公司有合规整改意愿，本案无逮捕必要，依法决定不批准逮捕，后深圳市公安局宝安分局变更强制措施为取保候审，L 公司在检察机关的建议下进行先期阶段的合规自查。

2022 年 4 月 12 日，深圳市公安局宝安分局以李某某等 3 人涉嫌虚开发票罪移送宝安区检察院审查起诉。L 公司总经理李某某签署认罪认罚具结书，宝安区检察院经审查，以涉嫌虚开发票罪追加 L 公司为犯罪嫌疑单位。2022 年 4 月 20 日，L 公司经合规自查后，发现税务风险并补缴企业所得税共计人民币 88643.55 元。经 L 公司再次申请，宝安区检察院依法决定对 L 公司开展企业合规监督考察并适用第三方机制。2023 年 2 月 27 日，宝安区检察院对 L 公司合规整改情况召开听证会。2023 年 3 月 1 日，宝安区检察院依法对 L 公司、李某某、陈某甲、陈某乙作出不起诉决定。

【企业合规整改情况及效果】

一是精准"把脉"，全面审查启动企业合规。在审查逮捕阶段，L 公司即向检察机关提出企业合规考察申请并提交了合规承诺书。考虑到企业合规的严肃性以及 L 公司的规模，为提升小微企业合规整改的积极性，增强合规整改的效果，防止"纸面合规"，检察机关建议 L 公司先行开展自查。在审查起诉阶段，L 公司向检察机关提交了自查报告以及初拟的合规计划，并再次提出企业合规考察申请。检察机关经全面审查，了解到 L 公司主营医疗器械销售，其代理的产品在麻醉重症领域具有市场优势，具有开展企业合规的必要性。公司总经理、实际控制人李某某虽有外企工作经历，但其缺乏公司管理经验，导致公司在经营过程中产生了无票费用，案发后已注重合规建设。L 公司虽然体量小，但经营模式的调整难度相对较小，L 公司根据检察机关的建议，在自查阶段聘请专业律师辅助合规整改，具有开展企业合规的可行性。为落实平等保护的司法理念，促进小微企业健康发展，检察机关经审查决定对L公司开展企业合规监督考察。

二是专家"会诊"，精心组建第三方工作组，确定合规整改方向。虽然本案是涉税案件，但在持续调查过程中，检察机关发现L公司对费用及发票管理不规范，且L公司主营业务为医疗器械代理销售，该行业的行贿受贿风险较高；同时，L公司原财务人员陈某甲私下通过虚开发票收取返点费用，公司内部存在廉洁风险，经听取L公司意见后，确定合规整改方向为廉洁合规（兼容税务合规）。由于医疗器械领域涉及专业性知识，且L公司表示希望行政机关专业人员参与指导合规整改。为使合规整改更加有效、落到实处，检察机关提请宝安区促进企业合规建设委员会（以下简称区合规委）组建了由市场监督管理部门、税务管理部门执法专业人员及合规律师组成的第三方监督评估工作组（以下简称第三方工作组）。区合规委、检察机关、第三方工作组与L公司召开专家组会议，向L公司传达合规整改目标、明确整改重点。

三是"对症下药"，针对小微企业特点及业务实际开展合规工作。小微企业体量小，抗压能力较弱，在针对小微企业开展合规监督考察时，要针对企业特点确定相应的合规模式。第一，突出合规整改重点。小微企业体量较小，在找准方向的情况下更容易取得成效。考虑到廉洁合规风险，L公司在本案中的整改重点在于销售模式，经过多方指导，L公司探索出了"立足细分领域，以高质量服务留住老客户、挖掘新客户"的经营模式。第二，突出高层合规意识。公司总经理、实际控制人李某某不仅向公司全体员工致歉，还多次参与合规培训，提升自身的经营管理能力，并且主动提出设立合规管理委员会，通过会议"一致决定"赋予合规律师实质性参与公司决策的权力，保障合规工作开展。第三，突出合规建设可持续性。L公司根据自身特点选择合规部门组成人员，并在合规律师的指导下不断加强合规管理能力，实现"外部输血"向"内部造血"的转变。同时，公司将持续投入经费，确保合规管理委员会顺利运行。

四是"全身体检"，全流程考察指导，多方听证验收。检察机关会同第三方工作组专家，在通行评估标准之上，吸收国外成熟合规经验，共同研究制定了包含6大评价主题、14个评价要素、86项评价问题的评估指标清单，对合规要素进行适当调整，使其更加符合小微企业的现实特点，相关评估方法也被纳入《深圳市宝安区人民检察院合规管理体系有效性评价指引》。在合规整改过程中，检察机关除了审阅 L 公司提交的阶段性整改报告外，还多次会同第三方工作组对 L 公司进行实地考察，对公司总经理李某某、原财务陈某甲、现财务卓某、合规委主任陆某、合规辅导律师及公司员工开展访谈，了解公司合规计划推进情况，查阅出入库台账、培训记录及其他相关材料，并对 L 公司整改中存在的问题提出有关要求和建议。在公开听证会前，检察机关建议公司总经理李某某作为主汇报人、合规律师作为辅助汇报人，并对李某某等人进行了专门辅导，消除其焦虑感，提升汇报质量。在验收听证会上，检察机关邀请了人大代表及监察机关、税务部门、街道办的专业人员作为听证员，同时还邀请了区合规委、监察机关、税务部门等多家单位代表列席旁听。其间，听证员就合规委员会的独立性、合规整改的标准、企业合规的可持续性等关键问题，对 L 公司的合规整改情况进行全方位的"体检"并提出了针对性建议。最终，L 公司的合规建设情况得到参会人员的一致认可，被评定为合格。

【典型意义】

1. 坚持民营经济平等保护原则，激励企业提高认识，完善机制。小微企业承压能力不足，进行全流程合规整改的意愿较弱，需要通过内外结合、多方参与的方式提升其合规整改的积极性。首先，由于小微企业与责任人员的关联性更强，对涉案企业开展企业合规监督考察时，应充分考虑责任人员对于企业生产经营的影响，严格贯彻落实宽严相济刑事政策，对于符合非羁押条件的，应及时变更强制措施。其次，通过涉案企业先行自查的方式，不仅可以让涉案企业进一步加深对合规制度的认识，还可以通过其初查过程及结果，判断该企业是否有合规的真实意愿和合规能力。最后，通过"公司高层＋合规专员＋合规顾问""检察机关＋第三方工作组＋行政执法机关"双线并进的方式，在监督过程中加强对涉案企业的指导，切实解决企业合规能力不足的问题。

2. 探索小微企业有效合规标准，确保企业整改到位，合规经营。企业合规不是"套公式""背口诀"，应当根据小微企业规模小、人员少、业务范围较为单一的特点，选择合适的考察模式，简化相关程序。同时，在对其开展企业合规监督考察前期，应当明确评估考察标准，该标准既为涉案企业加强合规建设提供了方向，也为检察机关进行考察验收时提供具体指引。与针对大中型企业评估考察标准相比，小微企业在"合规领导机构设置""合规风险识别"等合规要素方面的要求要宽于大中型企业，但也应当包括"高层承诺""融入流程"等核心合规要素。检察机关在制定评估考察标准时，应充分考虑案件性质、复杂程度以及涉案企业类型、规模、主营业务等因素，合理确定必要的以及可拓展的合规要素，并根据具体情况适时调整。检察机关在开展企业合规监督考察过程中，应通过走访调查、审阅资料、穿行测试等方法增强司法亲历性，避免监督考察流于形式，以"真监督""真评估"促使企业"真整改""真合规"。

3. 践行司法为民能动履职理念，助力推进诉源治理、社会治理。检察机关在促进涉案企业合规整改的过程中，应发挥主导作用，推动多方主体参与企业合规，实现程序主导、标准主导、结果主导，确保合规整改取得实效，杜绝"纸面合规"。一方面，在多方参与的情况下，能有效提升涉案企业的参与感与认可度，激励其不断完善合规建设，实现"要我合规"到"我要合规"的积极转变。另一方面，通过多方力量的参与，促进行刑衔接机制的进一步优化，既向社会传导了"企业只有合规经营才能行稳致远"的理念，也促使更多社会力量了解小微企业开展企业合规的痛点、难点，推动末端处理与前端治理于一体，促进涉案企业守法经营、预防再犯，同时警示其他企业，促进诉源治理。

案例七：推动国企环保合规　促进行业绿色治理
——D公司非法占用农用地案

【关键词】

绿色治理　环保合规　行业治理　国企合规

【要　旨】

近年来，国家对企业环境犯罪的追责力度大幅增强，企业面临的环保风险越来越大，尤其是工程建筑施工类企业，可能触犯非法占用农用地罪等破坏生态资源类罪名。对于犯罪情节较轻的，对企业判处刑罚，严重影响企业参与以后的工程招投标项目，对于中小型企业，甚至面临停产停业风险。本案系深圳市对大型国企启动企业合规的案件，检察机关对涉案国有企业适用合规制度促进绿色治理的同时，对工程建筑行业涉嫌同类犯罪的涉案民营企业开展企业合规，能够兼顾企业发展价值与环境保护利益，并将企业合规的效果辐射工程施工行业内的更多企业，促使整个行业重视环保合规、履行企业环保责任。

【基本案情】

D公司系我国大型国有施工企业，注册成立于1996年，拥有国家级企业技术中心、交通运输部综合甲级试验室和CMA资质、国家工程研究中心，拥有工程设计公路行业甲级资质、工程测量甲级测绘资质，拥有公路工程施工总承包特级资质4项、一级资质5项，拥有市政公用工程、建筑工程、铁路工程、机电工程施工总承包一级资质以及160余项专业、专项承包资质。

2018年5月，D公司中标深圳外环高速某合同段，指定由其子公司负责具体施工，并成立了承担现场施工项目经理部。为方便搅拌站作业，

2019 年 10 月，现场施工项目部租用了搅拌站旁的林地，未经林业主管部门许可，擅自改变林地用途用作项目部堆放石料，非法占用林地面积共 17.601 亩，造成原有植被灭失，林业种植条件严重破坏。2019 年 12 月，涉案项目部被坪地街道执法队查处。2020 年 10 月 15 日，深圳市公安局森林分局以 D 公司涉嫌非法占用农用地罪移送龙岗区检察院审查起诉。2021 年 7 月，龙岗区检察院对 D 公司启动企业合规考察程序，2022 年 4 月，D 公司通过企业合规考察，龙岗区检察院对 D 公司作出相对不起诉处理。

【企业合规整改情况及效果】

一是启动企业合规，督促企业树立绿色环保合规理念。检察机关在审查过程中发现，D 公司作为国有企业，虽然在国资委出台的《中央企业合规管理指引（试行）》基础上已经建构了基本的合规体系，但企业在施工过程中仍然触犯了刑法。企业急于完成施工需求，临时租用林地堆放石料，导致土壤被破坏丧失林木种植条件，反映出企业为经济利益忽视生态利益，主观上企业对破坏生态行为具有侥幸、放任的态度，忽视企业发展过程中应当承担的社会责任。考虑到 D 公司悔改态度较好，积极修复被破坏的林地资源，龙岗区检察院认为本案符合企业合规考察条件，并且该企业具有建立健全内部控制体系的意愿，龙岗区检察院决定启动企业合规考察程序。

二是引入第三方监管人，帮助企业完成绿色环保合规的制度设计。涉案 D 公司具有一定经营规模，承担多个国内外工程项目，对其启动合规整改，梳理管理漏洞，健全内控机制，从风险识别到规范完善，从管理层责任延伸到合规文化建设是一个系统、复杂的工程。因此，龙岗区检察院引入专业第三方监管人参与合规治理，并多次与第三方监管人通过摸底访谈、审阅文件等方式分析原因、梳理风险点，发现企业在临时用地的使用上存在风险识别过低、审批层级不够、审批监管缺失、前期策划不足等高危风险点。针对风险点，对企业绿色环保合规提出停止违反临时用地决策程序、禁止违反财务支付审核规定等"纠错型"建议和建立临时用地专项合规管理体系、发布企业风险管理清单、建立生态保护工作领导小组办法等"规范型"建议。D 公司在最终向检察机关提交的合规计划书中，全面列出 18 条整改项目，通过制度设计，提升企业环保合规的意识和能力。

三是多手段促进真整改、真合规，确保合规评估效果客观、公正。针对合规建设，龙岗区检察院与第三方监管人密切合作，每周定期跟进、询问整改进度，检查 D 公司管理制度的建立和完善情况，对 D 公司项目部关键岗位员工开展访谈调查，确保合规制度的建立和员工对合规制度的了解。针对受损用地修复，龙岗区检察院多次对还在施工阶段的项目开展走访检查，对涉案占用地块的修复情况使用无人机技术进行检查，确保被破坏的林地已被恢复原有功能，监督企业对林地的修复效果。龙岗区检察院组织专业人员参与公开听证，确保合规评估效果客观、公正。听证会上，企业报告了合规整改措施和实施效果，听证员对企业补充、完善、升级的合规制度和企业风险管理方法表示认可，一致同意企业合规考察通过。最终龙岗区检察院综合涉案企业犯罪情节较轻、自愿认罪认罚、受损林地已获复绿、涉案企业合规整改效果良好等因素，对涉案企业作出相对不起诉处理的决定。

【典型意义】

1. 以合规管理促绿色治理，兼顾企业发展价值与环境保护利益。绿水青山就是金山银山。近年来，国家对企业环境犯罪的追责力度大幅增强，企业承受的环保风险越来越大。尤其是类似本案 D 公司的工程建筑施工类企业，对单位判处刑罚，将影响企业参与以后的工程招投标项目，影响企业经营和发展，对于中小型企业，甚至面临停产停业风险。检察机关及时启动企业合规，对于犯罪情节较轻的，运用企业合规手段进行企业环境犯罪的防控和治理，效果明显优于单纯地对犯罪企业进行刑事制裁。从事后合规角度看，以合规不起诉激励企业建立合规管理体系、加强环境风险评估和识别、推动企业环境合规文化建设，通过企业合规保护、促进企业发展，避免企业获罪对企业发展的不利影响；从企业发展角度看，合规管理帮助企业认识到施工过程中可能触发的环境污染、生态破坏等法律风险，及时完善企业内控机制，将绿色发展文化植根于企业发展本身，在以后的工程承接、项目施工方面遵守环境法规，实现企业可持续发展价值与环境保护价值的统一。

2. 针对管理漏洞精准合规，助力大型国有企业高质量发展。国有企业是我国国民经济的中流砥柱。涉案 D 公司工程项目承包量大、业务范围广，一旦触犯刑事法律，直接影响企业经营发展和国企形象。检察机关多次组织三方会议，与企业和第三方监管人深入研讨案发的深层次原因，发现涉案 D 公司总公司的海外合规体系建设较为完备，但对国内的合规总公司层面重视不足，尤其在临时用地的租用上存在管理漏洞，临时用地的管理因各地政策要求不同，可能带来不同的风险，这也是一直困惑工程建设类企业的难题。以本次合规为契机，D 公司根据第三方监管人提出的有针对性的整改意见，对 D 公司总公司、子公司名下的涉及十几个省份的 70 多个项目进行排查，建立台账，梳理临时用地管理的内部风险和外部风险，并进行合规整改。积极稳妥对国有企业进行合规，不仅帮助国有企业增强风险意识，减少违法犯罪风险，也使得国有企业更加重视企业合规的重要性，把企业合规作为企业稳健发展的生产力，尤其在外部环境不断变化的情况下，助力国有企业长期、健康、可持续发展。

3. 发挥个案合规示范效应，以检察建议促进同行业民营企业合规。本案系发生在施工建筑领域的破坏生态资源的单位犯罪，非法占用农用地罪在这一领域较为高发，主要体现在未批先建、少批多占、边批边建等违法行为。针对检察机关办理的施工建筑领域其他非法占用农用地案件，检察机关充分发挥 D 公司的合规示范效应，将合规经验和制度通过检察建议的形式推广到同行业的两家小型涉案民营企业，帮助两家小型涉案民营企业树立环境保护意识，健全企业租地用地合规管理制度，规范公司决策流程，设置合规岗位，开展合规培训，增强用地风险意识，消除两家涉案企业在经营中再次触发类似刑事风险的隐患。针对同领域、同罪名多家涉案企业开展企业合规，效果辐射工程建设行业内的更多企业，促使整个行业重视环保合规、履行企业环保责任。

案例八：探索合规阶段前移　整治建筑行业顽瘴痼疾
——周某某、黄某甲包庇案

【关键词】

"八号检察建议"　安全生产　国有企业　第三方机制

【要　旨】

大型国有企业是国民经济中的中流砥柱，起着调和国民经济各个方面发展的作用，检察机关积极稳妥办理涉国有企业合规案件过程中，针对企业处于专业性极强的安全生产领域这一特点，探索将涉案企业合规工作起点前移至侦查阶段，积极适用第三方监督评估机制，在第三方监控人履职过程中充分发挥合规主导责任，强化第三方履职情况监管，确保对涉案企业的监督评估公正性和有效性，利用企业的行业影响力实现"办理一案、治理一片"的效果。

【基本案情】

S市D公司（以下简称D公司）成立于1990年，系国有企业，具有建筑行业最高等级资质。现有员工300余人，近三年纳税额近1亿元，曾两次荣获国家建筑最高奖项鲁班奖、广东省建筑领域最高奖项金匠奖等，总包或参与建设了深圳市大量地标建筑。案件办理期间，该企业在深圳市有多个大型在建项目，投资额均为上亿元。周某某、黄某甲分别系D公司总经理和副总经理。

2020年10月，涉案企业D公司将中标的市政工程违法转包给黄某乙的个人施工队，并向发包方隐瞒了转包实情，仍以D公司名义施工。同年12月，因施工队违规作业，发生一人死亡的安全生产事故。事故发生后，D公司主要负责人周某某、黄某甲为逃避行政部门对D公司违法转包的行为进行处罚，要求挂名项目经理王某顶替黄某甲承担重大责任事故罪的刑事责任并给予王某好处费，后因王某反悔而案发。

2021年11月4日，侦查机关以周某某、黄某甲涉嫌包庇罪移送龙华区检察院审查起诉。经D公司申请，检察机关依法决定对D公司开展企业合规监督考察，并商请第三方机制管委会启动了第三方监督评估机制。2022年6月23日，检察机关对D公司的企业合规整改情况召开公开听证会。2022年10月28日，检察机关根据D公司的企业合规验收和后续的跟踪情况，依法对周某某、黄某甲作出不起诉决定。

【企业合规整改情况及效果】

一是牢固树立合规意识，将合规准备工作前移至侦查阶段。龙华区检察院充分发挥行政执法与刑事司法衔接工作机制作用，在介入重大事故调查和侦查期间，依法能动履职，敏锐地发现涉案D公司经营管理存在诸多管理漏洞，是引发本案的根本原因。针对上述情况，承办检察官引导侦查机关收集合规信息与材料，开展合规案件线索分析研判，为后续合规工作的顺利、高效开展夯实基础。

二是深入实地调查，积极稳妥对国有企业适用合规机制。案件移送检察机关后，龙华区检察院经多次实地走访D公司查看经营现状，并会同住建、社会保障、税务等部门研商公司运营情况发现，D公司规章制度较健全，内部管理较规范。但同时也反映出，涉案企业存在安全生产管理制度不健全、安全管理责任落实不到位、财务制度不完善等问题。考虑到D公司企业规模较大，具有较高的社会贡献度和影响力，周某某、黄某甲均认罪认罚，承办检察官主动向D公司、周某某、黄某甲进行企业合规政策宣讲，提升D公司合规整改积极性。D公司合规整改意愿强烈，在审查逮捕阶段即向检察机关提交了企业合规申请书及企业经营情况等书面证明材料，检察机关依法对周某某、黄某甲作出不批准逮捕决定，后经审查决定对D公司开展企业合规监督考察。

三是精准"把脉"开良方，积极借力第三方监督评估机制。经走访座谈、办案调研，龙华区检察院从合规风险排查、合规制度完善、合规文化培育、合规组织建设等方面提出整改意见，引导D公司作出合规承诺，形成了涵盖六大方面的三十八项整改计划，压实责任，列明时间表，确保计划的可行性和有效性。考虑到 D 公司是国有大型企业，合规整改工作针对性和专业性强等特点，在尊重涉案企业意愿的基础上，龙华区检察院向深圳市人民检察院和深圳市企业合规第三方机制管委会报告后，深圳市企业合规第三方机制管委会根据深圳市《企业合规第三方监控人名录库管理暂行办法》等规定，从市级第三方监控人名录库中分类随机抽选出北京市环球（深圳）律师事务所作为涉案企业的第三方监控人，负责跟踪涉案企业合规计划落实及合规评估验收等情况。第三方监控人和企业合规律师团队根据合规计划，制定、完善合规整改和考察沟通工作制度。合规整改考察期间，检察机关会同第三方监控人，通过座谈会议、电话联系、查阅资料、实地检查等方式，监督 D 公司的合规整改和建设情况。D 公司的企业合规团队、第三方监控人团队按照周报、月报的形式向检察机关报告了当周、当月的整改进度，检察人员通过不定期抽查的方式进入 D 公司办公场所和部分在建项目进行了突击检查，确保 D 公司按照合规计划进行实质性的整改。

　　四是公开听证依法作出不起诉决定，督促企业落实合规长效机制。合规整改考察期满后，龙华区检察院收到 D 公司合规整改验收申请及合规考察期内形成的 3000 余页文字、图片佐证材料。同时，第三方监控人北京市环球（深圳）律师事务所监管团队向龙华区检察院提交了第三方监控人监督考察意见书，全面阐述了 D 公司合规整改的具体工作和效果，并出具了建议验收合格的意见。为全面吸纳社会各界意见、确保合规效果，龙华区检察院组织召开公开听证会对 D 公司的企业合规整改情况进行评估，由人大代表、政协委员、人民监督员、行政监管部门及工商联代表担任听证员，同时邀请企业、律师、群众代表参加会议。听证会对 D 公司的整改情况进行了全面"会诊"，一致同意 D 公司的企业合规整改评定为合格。验收通过后，D 公司根据听证员提出的意见作了进一步的完善并向龙华区检察院提交了继续整改情况报告。龙华区检察院经审查认为，本案犯罪情节轻微，犯罪嫌疑人具有自首、认罪认罚等法定从宽处罚情节，且 D 公司合规整改经第三方考察评估合格，依法对周某某、黄某甲分别作出不起诉决定。

【典型意义】

1. 前移合规关口至侦查阶段，积极稳妥适用涉案企业合规。检察机关在提前介入调查、侦查阶段，引导公安机关围绕企业经营及合规情况收集证据，密切配合侦查机关，协力推进刑事诉讼全流程适用，凝聚抓实合规工作"公平与效率"合力。综合运用好介入侦查引导取证、审查逮捕、强制措施适用等法定职权，把促进合规的工作做在前面。以涉案企业合规改革精神为指导，积极审慎探索在涉大型国有企业案件中适用企业合规，从维护社会、促进企业合规经营发展、保障劳动力就业、优化行业生态等公共利益角度综合开展合规整改，实现"办理一案、治理一片"，也是深化涉案企业合规改革的应有之义。

2. 检察机关准确适用第三方机制，能动履职发挥合规主导责任。本案涉及建筑行业专业领域，为提升合规监督评估的针对性和有效性，在确保抽选工作公平原则的基础上，检察机关与深圳市企业合规第三方机制管委会沟通协调，在擅长安全生产领域的第三方监控人范围内随机抽取监控人，保证第三方监控人监督评估的专业性。但是，第三方监控人并不能替代检察机关行使监督职能，绝不能"一托了之"，在第三方监控人履职过程中，检察机关通过查阅书面材料、实地走访、询问等方式开展日常检查和不定期抽查，确保第三方监控人履职有效性，切实防止"纸面合规"。在第三方监控人向检察机关出具考察通过的验收意见后，检察机关结合检察办案情况及公开听证对涉案企业合规整改可信性、有效性进行实质性审查，做到"真合规"。

3. 由点及面推动"八号检察建议"落实，为整治建筑行业长期以来形成的顽瘴痼疾提供了参考。检察机关为遏制本地安全生产事故多发频发苗头，保护人民群众生命财产安全，教育警示相关企业建立健全安全生产管理制度，积极稳妥选择在安全生产领域关联案件开展企业合规，深入贯彻落实"八号检察建议"，坚持治罪与治理并重，推动安全生产溯源治理，助力安全生产治理现代化。涉案企业作为一家经营期限达三十余年的国有建筑领域企业，其违法挂证、挂靠、转包、安全意识淡薄的现象是建筑行业长期以来留存的历史遗留问题，一定程度上反映行业管理漏洞和不足，检察机关在对建筑领域其他安全事故原因进行分析时亦发现存在类似违法现象。检察机关积极延伸办案职能，主动作为，注重加强与相关行政主管部门的沟通协作，通过对 D 公司的企业合规整改，以个案办理作为行业治理的起点和蓝本，为建筑领域整治上述顽瘴痼疾、迈向行业合规提供了制度框架和实践支持，为推动区域行业现代化治理提供了实践样本，努力实现"办理一起案件、扶助一批企业、规范一个行业"的良好示范效应。

案例九：广东省互联网内容分发平台企业合规第一案

——广东H科技公司、张某某等7人帮助信息网络犯罪活动案

【关键词】

互联网内容分发平台　异地合规协作　集团合规　行业治理

【要　旨】

互联网行业发展日新月异，依托智能手机为载体的互联网内容分发业务带来巨大经济利益的同时，也极易因手机应用程序开发者的涉罪行为而触犯刑事法律，阻碍企业健康发展。检察机关针对互联网内容分发业务企业经营的特点，探索异地合规实质协作新模式，严把准入关、验收关、听证关，以案件办理为切入点，开启互联网内容分发平台企业的合规之路：从单一主体合规拓展到集团合规，从自身合规到商业合作伙伴合规，用专家把脉、不定期事后回访等方式实现合规长期延续性，保障合规效果。同时不止于案件办理，联合多方力量编写行业指引，力促行业整体合规。

【基本案情】

广东H科技有限公司（以下简称H公司）成立于2013年，系某手机生产企业集团旗下企业，该集团系全球市场占有率排名前列的某品牌手机生产企业，年产量超1亿部，年产值超1000亿元。H公司和集团紧密关联，系集团手机品牌的唯一互联网分发平台经营主体，且H公司人力资源、财务管理、法务、客服等职能由集团实行统一垂直管理。H公司近三年销售收入每年约人民币250亿元，承担集团游戏联运等重要业务，其中网络游戏及广告为其主要业务形式，通过游戏中心等形式为网络游戏提供应用程序发布、信息展示等功能，提供下载渠道，并收取技术服务费及渠道费等。

　　2019 年 1 月，H 公司与两家网络游戏开发公司签署合作协议，在公司经营的手机应用平台为两家公司开发的游戏提供下载、支付工具、广告推广等服务，在合作过程中，上述两家游戏开发公司推出的四款游戏涉嫌赌博，H 公司明知赌博类游戏涉赌风险高，在将该四款游戏审核上架后，未尽复测等责任，手机用户投诉游戏有涉赌元素后亦未及时有效处理。张某某等 7 人分别在 H 公司担任网络游戏内容分发部部长、内容管理团队负责人、手机 App 审核小组组长、处理组组长等相关职务，基于职务行为审核上架、运营推广上述游戏。基于此，H 公司及张某某等 7 名涉案人员被湖南省 Y 市 A 县公安机关立案侦查。

　　截至案发，H 公司为该四款游戏累计充值人民币 1.55 亿余元，从中获取运营分成、广告、支付通道等费用共计约 6960 万元。案发后，H 公司主动退还违法所得和未支付的分成款共计约 8676 万元。公司负责相关业务的 7 名员工也相继到案，并自愿认罪认罚。侦查机关以 H 公司及张某某等 7 名员工涉嫌帮助信息网络犯罪活动罪向检察机关移送审查起诉。

　　2022 年 7 月，湖南省 Y 市 A 县人民检察院（以下简称 A 检察院）商广东省深圳市人民检察院（以下简称深圳市院）对涉案 H 公司及相关人员进行企业合规监督考察，深圳市院将该案的合规监督考察工作指定深圳市盐田区人民检察院（以下简称盐田区院）办理。2022 年 8 月，盐田区院提请深圳市企业合规第三方监督评估机制管理委员会通过现场随机分类摇号的方式抽选出广东某律师事务所作为涉案 H 公司的第三方监管人，对 H 公司开展为期四个月的合规监督考察工作。2022 年 11 月底，合规监督考察期限届满，盐田区院应 A 检察院协作要求，就该案组织召开企业合规听证会，办案地侦查机关及 A 检察院通过线上视频方式全程参与。经公开听证，5 名听证员一致认为 H 公司合规整改合格。盐田区院经全面审查，也作出 H 公司合规整改合格的评定意见，并送达 A 检察院。2022 年 12 月，A 检察院对 H 公司及张某某等 7 名员工作出不起诉处理。

【企业合规整改情况及效果】

　　一是深入了解涉罪原因，审慎开展企业合规工作。该案并非深圳办案机关侦查和审查起诉的刑事案件，但 H 公司主要经营地位于深圳市，且经营国内知名手机品牌集团旗下的互联网分发业务平台，对行业乃至社会发展具有较大影响力。互联网内容分发业务依托手机生产销售业务量的提升而提高盈利，为扩大市场份额，手机生产商往往更偏重手机用户软硬件实用性、便捷性和娱乐性体验，一定程度上忽略企业合规和网络犯罪风险防范机制建设，最终导致涉嫌犯罪的后果，为企业发展埋下隐患。深圳市院和盐田区院收到 A 检察院的协作函后，全面了解行业特点，与 H 公司多次座谈并实地走访，经谨慎考察和评估，认为该公司的合规工作成效对该行业整体具有借鉴意义，有利于提高中国本土品牌的国际合规水平和竞争力。为此，深圳检察机关联合上下级院的办案力量，共同推动该案的合规监督考察工作。

二是自我合规与第三方监管人全面监督考察相结合，为合规拧上"双保险"。H 公司在案发后就主动退赔违法所得，在检察机关启动合规监督考察之前，已经在合规顾问机构的指导下完成了部分自我合规工作，且有较强的合规意愿。第三方监管人介入后，将工作重点放在确认合规成果和提升合规效果上。一方面，全方位地评估涉案企业前期的自我合规成果，对其成效予以肯定和确认，并对合规意识不足等问题提出了健全内部违规的举报与调查机制、培育企业合规文化的优化建议，引导督促涉案企业形成合规管理的常态化局面；另一方面，从不同视角对合规工作进行二次审视，拧上"双保险"，确保涉案公司的合规管理体系健全不留漏洞，合规效果更为显著和持久。经第三方监管人监督评估，H 公司已全面停止涉案违法违规行为并积极退缴违法违规所得，及时成立合规建设领导小组，开展合规培训、制定合规计划、完善网络游戏分发的准入、复测和客诉专项制度，有效阻断再犯风险，为合规管理机制的有效运行配备充足的人力物力财力保障，整体合规成效显著。

三是结合行业特点采取特色评估方法，进行"深度体验式"评估、验收。盐田区院在对 H 公司合规监督考察过程中，结合其业务特点和行业发展特色，多次会同第三方监管人修改、调整、完善合规考察评估方法，确保合规实效。H 公司作为互联网内容分发平台经营主体，不负责开发应用程序，主要业务是接受第三方开发的程序、提供相应服务和支持，同时面对广大手机用户并提供下载渠道等服务。监督评估伊始，第三方监管人采购品牌手机一台，从用户的角度全过程"深度体验式"监督考察。第三方监管人在考察验收环节还创造性运用飞行检查、模拟举报、抽样检查等评估方法，随机抽取该品牌手机商城中的游戏进行检测、注册账户进行长时间试玩体验，抽查 H 公司关于高危敏感游戏定期复测记录等，验证涉案企业合规整改的真实性，有效避免"纸面合规"。在作出监督考察结论前，第三方监管人还专门制定涉案企业合规整改评估指标，并由团队成员作为监督员独立评估及打分，全面评价整改成效。

四是切实发挥听证作用，坚决避免验收流于形式。涉案企业合规验收是企业合规案件办理的重要环节，对于专业性较强的企业合规案件，可引入听证程序。为避免听证会"走过场"，检察机关在本案中尝试做了以下工作：首先，在听证员选任时严格审查其知识背景和行业领域。经认真筛选，确定来自网络游戏的行政主管部门、互联网行业、企业合规专家学者组成专业化的听证员阵容。其次，结合行业特点，涉案企业进行合规整改汇报时，以 PPT 演示的形式，模拟运行一个应用程序上架手机应用平台、日常复测和巡检、客户投诉处理的过程，直观展示涉案企业在规章制度、组织架构、业务流程和文化理念等方面的各项合规建设举措，生动体现涉案企业经营过程的风险点和合规效果。最后，在现场听证环节，预留较多时间进行现场互动和探讨，确保听证会的现场效果。在听证会上，听证员的问题尖锐且具有针对性，H 公司高管和法定代表人真诚回应，达到了教育和震慑并行的良好效果。

【典型意义】

1. 探索异地合规协作、两级检察机关联动新模式，彰显企业合规检察力量。本案中 H 公司的犯罪地、经营地相距较远，A 检察院跨地域开展企业合规工作也存在困难，故全权委托深圳检察机关对 H 公司开展异地合规监督考察，系实质性异地合规协作新模式。盐田区院接受委托后，在企业合规监督考察中发挥主导作用，并加强与 A 检察院的沟通联系，邀请 A 检察院办案检察官和侦查机关代表线上参与听证发表意见，实地回访企业体验合规成效等。深圳市院创新企业合规案件管辖模式，打破地域局限，指定盐田区院办理该企业合规案件，并加强指导，以实战操作强化业务培训。通过异地、上下级检察机关无缝对接，共享信息和资源，最大限度发挥异地两级检察机关的力量，确保合规效果最大化。

2.以涉案企业合规为抓手，推动集团合规，助力企业健康发展。H公司隶属的手机制造商属于大型集团公司，市场占有率较高，集团公司对部分经营业务和职能部门采取条线管理、垂直管理模式，涉案企业的合规整改对推动集团公司合规具有积极意义，集团有多项跨国业务，合规需求和标准非常高，合规工作开展是否有效对其海外业务发展至关重要。合规整改前，集团公司虽然已经建立合规体系，但此次涉案暴露出整体合规体系尚不完整，对新兴业务模块有所忽视。因此，检察机关建议此次合规的范围不应仅仅限于涉案公司，应当和集团的合规工作紧密结合，才能达到全面合规整体合规的效果。检察机关督促企业在集团层面推动企业合规建设并全面适用H公司，H公司同时根据业务专业化特点有针对性地开展自己的企业合规工作，并将该合规模式推广运用到整个集团。

3.设定专家座谈把脉、事后回访等环节，确保合规整改长期效用。本案涉及智能手机制造和软硬件服务提供商的互联网内容分发业务，其业务模式专业性较强，企业合规考察验收工作具有一定难度。在企业合规验收听证前，检察机关邀请多名合规专家"问诊把脉"，借助专业的力量集思广益，多角度探讨企业合规工作，研讨合规整改要点、优化改进合规整改方法，确保合规整改更有针对性、更富有成效。合规验收合格之后，检察机关持续关注企业合规效果，会同第三方监管人等不定期回访企业，客观上促使企业绷紧合规这根弦，激励企业持续推进全面合规，维系长效合规机制。通过事后回访，盐田区院了解到，H公司通过合规整改，显著提升治理机制、运营效率、企业文化、员工安全感、企业形象和长期发展能力，企业合规整改成效明显。

4.结合行业特点，由点及面，推动行业治理新模式。互联网内容分发平台业务的发展，和智能手机生产行业、手机游戏开发等行业密切相关。深圳检察机关不止于该起企业合规个案的办理，而是深入思考，致力于最大范围地辐射推动相关行业合规。主要是：基于智能手机高度普及和手机生产企业占据市场份额的现状，涉案互联网内容分发平台企业的合规已经带动了整个行业合规水平的提升。而基于手机分发平台的类似"物业管理"职能，涉案公司在自我合规的同时，要求商业伙伴即游戏开发者等第三方主体遵循其自身合规准则，有效推动互联网内容分发行业的健康长效发展。2023年8月，深圳检察机关联合国内知名高校、律所、第三方研究机构发布《深圳市移动互联网应用程序分发业务合规指引》，将合规工作延伸至行业，侧重于事前，推动行业规范发展。在此基础上，深圳市检察机关还与多家数字科技头部企业签署《加强互联网平台权益保护备忘录》，助推深圳互联网行业合规自律生态。

案例十：广东省钻石行业合规第一案

——深圳市钻石企业走私普通货物系列案

【关键词】

钻石走私成因　行业合规整改计划　行业协会　检察建议

【要　旨】

积极探索行业合规模式，以钻石走私刑事案件为切入点，以行业协会为依托启动钻石行业反走私专项合规整改工作。联合多部门、多机构成立行业合规整改监督组，增强参与力量，通过多方协作、齐抓共管保证行业合规整改计划的有效实施，提升合规效果，凝聚优化法治化营商环境的合力。通过检察履职发现并致力于解决行业内共性问题，推进行业合规综合治理。在行业合规工作中同时对部分涉案企业启动个案合规，旨在形成合规样本，为钻石行业内所有企业主动合规提供参考。依托行业协会开展行业合规是深圳检察机关在企业合规改革实践过程中的重大探索，其既聚焦企业内部治理，亦有利于优化外部营商环境。

【基本案情】

深圳市是我国黄金珠宝行业规模最大的聚集区，而深圳 90% 的黄金珠宝企业集中在罗湖区。罗湖区水贝黄金珠宝行业作为辖区支柱产业，全区经营单位超过 1 万家，创造就业岗位超过 10 万个，年交易总额 1200 多亿元，对全市经济发展起到举足轻重的作用。

2020 年 9 月，海关总署开展"国门利剑 2020"专项行动，对钻石走私犯罪进行集中打击。深圳海关缉私局在此次专项行动中查处了大批钻石经营者，涉罪企业和人员大多为深圳罗湖水贝—布心片区经营者，给深圳钻石行业带来沉重打击。在该走私系列案中，被查处的钻石企业多为钻石进口批发商，基本作案方式为：涉案钻石企业与走私通关团伙合谋，由涉案钻石企业通过国际钻石交易平台从境外采购钻石并将订单信息（含取货时间、地点、钻石数量、等级、价值、编号等信息）发送给走私通关团伙，并向走私通关团伙支付钻石货值5‰—8‰的通关费用。走私通关团伙根据订单信息在香港完成取货并部分代为支付货款，后利用"水客"携带或粤港两地车司机夹藏等方式将钻石走私入境并交给涉案钻石企业。

截至2022年4月，深圳海关缉私局以走私普通货物罪向深圳市人民检察院移送审查起诉65件115人。深圳市人民检察院在办理罗湖区钻石走私系列案中发现，走私犯罪在深圳钻石行业具有普遍性，故委托罗湖区检察院对全市钻石行业积极开展行业合规整改探索，督促深圳市黄金珠宝首饰行业协会（以下简称行业协会）推动钻石行业合规整改，引导行业生态健康发展。

【企业合规整改情况及效果】

一是深入剖析钻石走私犯罪成因，明确合规风险点。合规的关键在于分析犯罪原因，找准风险点，确保后续合规方案及措施更具针对性和有效性。罗湖区检察院通过查阅办案材料，听取涉案钻石企业意见，组织区工信局、税务局、海关缉私局、行业协会等部门及组织开展调研、座谈，实地走访企业等方式，初步掌握钻石进口流程和行业经营现状。钻石走私犯罪在深圳黄金珠宝行业呈高发态势，除了经营者自身铤而走险的主观因素外，更大程度上源于钻石行业外部营商环境的限制。最为关键的原因有三：第一，现行钻石进口流程效率低下，企业资金占用成本高；第二，钻石行业内企业开具的发票和相应货物缺少唯一对应性，间接便利了票货分离交易；第三，钻石在市场流通环节缺乏相应身份甄别机制。确定合规风险点后，可以明确行业合规的工作重点一方面在于培育与提升钻石行业整体合规意识与文化，另一方面在于对钻石进口流程、钻石税票以及钻石身份甄别制度的优化，堵塞管理漏洞。

二是合理配置专业资源，探索行业合规监督评估机制。行业合规整改不同于个案合规，是一项系统性工程。整改过程涉及企业管理、行业治理、市场监管等众多专业领域，在本案启动合规探索之初，深圳市涉案企业合规第三方监督评估机制尚未建立健全，罗湖区检察院大胆破题、积极探索行业合规监督模式，与区人大常委会、罗湖海关缉私分局、市场监督管理局罗湖监管局、区司法局、工信局、税务局、工商联以及第三方监控人共同组建"深圳市钻石行业反走私专项合规专班"，并会签《专班工作规则》，明确各成员单位职责内容，通过多方协作审核行业合规整改计划的可行性和有效性，齐抓共管促进、监督、验收行业合规整改计划的实施和落地。同时，行业协会也聘请专业律师事务所作为其合规顾问，为其量身定制合规计划，帮助行业协会在全行业开展合规建设。由此，深圳检察机关针对本案首创了"专班整改监督组＋合规顾问"的合规建设模式，初步形成了行业合规第三方监管合力。

三是确定"行业合规＋个案合规"同步方案。该起走私系列案涉及钻石经营者众多，且大多遵循相对滞后的家庭式企业管理方式，与现代化企业治理结构相去甚远。倘若逐案对涉罪小微企业开展合规建设，效率低下且合规效果难以保证。深圳检察机关创新工作思路，基于罗湖区检察院长期与行业协会建立的联络协作机制，决定充分发挥行业协会在钻石行业的组织、指导和监督作用，通过行业协会来督促全市钻石行业进行合规整改。据此，罗湖区检察院向行业协会制发《检察建议书》，针对案件暴露出的行业合规风险点对行业协会提出行业合规整改的具体要求。行业协会在其聘请的合规顾问律所辅助及专班指导、监督下提交《深圳市钻石行业合规整改计划》，由专班对合规计划的履行情况进行调查、评估、监督和考察。同时，罗湖区检察院根据涉罪企业规模、经营情况、经营种类等，选取7家涉罪企业启动个案合规，由第三方监控人负责个案指导、监督整改。该7家涉罪企业分别为行业内中小型、小型、小微型企业，既有钻石批发商，也有零售商，还有钻石加工商。目前已有4家涉罪企业经过合规验收公开听证评定为合规监督考察。深圳检察机关拟将个案合规成果做成企业合规样本，供其他涉罪企业及行业内非涉罪企业主动合规参考借鉴，推动该行业从"被动合规"走向"主动合规"，以发挥企业合规的最大效能。

四是开展企业合规宣讲及培训，教育感化行业从业人员。为了让辖区企业更直观地了解深圳检察机关正在开展的涉案企业合规改革试点工作，罗湖区检察院联合专班成员单位及行业协会共同举办"深圳市钻石行业反走私专项合规宣讲会"。会前不仅逐一联系涉罪企业及相关人员务必参会，还通过行业协会向各大珠宝企业发出参会通知。检察机关、海关缉私局、税务机关分别从各自职能角度阐述企业守法经营、合规建设的现实重要意义。此次宣讲会取得了良好的预期成效，多家业内头部企业在宣讲会现场主动提出合规整改意愿，更有在逃犯罪嫌疑人家属在参加宣讲会后主动规劝犯罪嫌疑人投案自首。目前已有两名犯罪嫌疑人主动向罗湖区检察院投案自首并申请企业合规。行业协会也根据《检察建议书》要求，制定行业合规培训工作制度，确立常态化行业合规培训内容，现已组织完成三期合规培训，取得一定的行业认可度。

五是主动履职、敢于担当，努力解决钻石行业经营体制难题。钻石走私屡禁未止，背后有经营体制问题未破解，亟须从源头上遏制钻石走私现象。针对钻石进口周期过长的问题，深圳检察机关积极推进上钻（深圳）运营服务有限公司落地运营，该公司作为上海钻石交易所在深圳的职能延伸平台，将显著缩短钻石进口周期、有效提升钻石进口效率。针对钻石流转过程中出现的"货票分离"问题，罗湖区检察院已向罗湖区税务局制发《检察建议书》，建议税务机关完善钻石类商品的开票管理制度，强化对钻石行业的税务稽核，并提议必要时可联合检察机关、海关缉私局等单位共同立项形成调研报告层报税务总局决策。针对钻石在市场流通环节缺乏身份甄别机制问题，深圳市人民检察院向上海钻石交易所海关送达函件，提出运用现代科技手段对钻石生成身份识别标识及建立统一数据库的意见。深圳市人民检察院也将前述相关问题形成调研报告呈交深圳市依法治市办公室。检察机关有职责向社会发声，向有关主管部门发声，以最终推动行业治理工作。

【典型意义】

1. 积极探索，为行业合规监督评估机制开拓思路。本案中，检察机关在政府层面牵头组建行业合规监督评估组织，成立包括司法机关、行政机关、社会组织在内的合规专班，通过制定专班工作规则明晰各方权责义务，合力破解行业治理难题，保证行业合规整改效果。行业合规与个案企业合规不同，行业合规整改过程涉及众多专业领域，其合规监督评估机制与个案企业合规中的第三方监督评估组织不尽相同。司法、行政机关已经不单纯发挥第三方机制管委会的监管作用，不仅负责管理第三方监控人，其部分职能与行业合规整改内容密切相关，并且有可能成为制度优化的对象，应当与第三方监控人、检察机关一同深入参与行业合规整改计划的研究、制定和修改，督促并协助行业协会落实行业合规整改举措。

2. 以行业协会为依托，推进行业合规综合治理。本案中，检察机关充分利用并调动行业协会在行业中的组织、指导和监管作用，将抽象的行业合规工作具体化。行业协会作为行业内企业与政府之间的桥梁纽带，在行业合规整改工作中发挥上下贯通的重要作用，通过建立完善合规组织构架，实现行业科学系统化合规管理；通过制定发布《深圳市钻石行业反走私合规管理指引》，为行业合规经营提供指南与参考标准；通过采取多元化的措施培育行业合规文化，提升行业内各企业合规管理意识；通过定期开展钻石行业走私合规风险评估，及时识别和应对违法犯罪风险。本案中，行业协会聘请的合规顾问在行业合规整改工作的有效性和适用性方面也发挥着至关重要的作用。

3. 制定行业合规指引，形成行业合规治理规范。作为行业合规整改标志性成果，行业协会参照业界合规标准与实践，根据《检察建议书》内容，在第三方监控人的指导下，制定并发布了《深圳市钻石行业反走私合规管理指引》。该指引围绕合规组织架构、合规管理职责、合规承诺、合规计划、合规管理运行、合规管理保障等反走私合规管理体系建设内容，以及重点关注采购、批发、零售、加工、检测鉴定等环节和财务税收、商业伙伴等领域进行设计，旨在帮助行业内各企业结合自身实际情况建立适合自身、切实有效的合规管理体系，保障钻石企业持续健康发展，让合规经营成为企业发展的自然习惯，实现深圳市钻石行业良好合规生态。本次合规整改积极推动了深圳市钻石行业的发展，维护了行业利益及钻石企业合法利益。疫情之下中国钻石进口市场逆势大涨，据上海海关所属钻石交易所海关发布的统计数据显示，2021年通过上海钻石交易所进口的钻石货值333.27亿元人民币，同比增长76.11%，创历史新高。

4. 推动溯源治理，形成治理合力。钻石企业频繁走私的犯罪成因复杂，涉及经济社会系统性、深层次矛盾问题，单靠检察机关的"一腔热血"，难以从根本上预防企业违法犯罪、取得社会治理效果。本案中，检察机关通过企业合规试点工作，积极延伸办案职能，主动作为，以推动源头治理为目标，深入挖掘犯罪原因，充分发挥检察建议书、检察意见函的社会治理功能，强化与相关行政主管部门的沟通协作，助力在钻石反走私领域形成合规建设的法治氛围，努力实现"办理一个系列案、扶助一批企业、规范一个行业"的示范效应。

5.标本兼治，行业合规与企业合规并驾齐驱。本案中，检察机关同时启动行业合规和个案企业合规工作，共有19个涉案企业参与行业合规，其中7个涉案企业进一步参与个案企业合规，两者相辅相成，互相促进。行业合规成果包括反走私联合声明、合规承诺书以及合规管理指引等，能够为参与个案企业合规的涉案企业建立合规管理体系提供帮助，也为未参与个案企业合规的涉案企业主动合规提供指引，为企业通过合规整改获得从轻、减轻或免除行政处罚、刑事处罚提供坚实保障；同时，行业合规过程中对于营商环境的优化、行业制度的完善，也为个案企业合规建设持续有效运行提供保障。另外，检察机关在众多涉案企业中根据企业规模、经营类型等要素选择7家有代表性的企业启动合规监督考察程序，通过第三方监控人及检察机关的监督考察、验收，形成更为细致化的合规样本，为行业合规成果的补充和完善提供司法实践支撑，以发挥企业合规的最大效能。

案例十一：单位责任与自然人责任分离的实践探索

——8家打印机喷头应用企业走私普通货物系列案

【关键词】

系列案　合规建设指引　行业治理　责任分离

【要　旨】

检察机关对同行业8家涉案企业同时启动企业合规程序，调研行业共性问题及打印机喷头进口环节共性法律风险，以系列案合规整改推动行业合规治理。制定并发布行业合规建设指引，并与4家行业协会签署推动行业合规建设框架协议，借助行业协会的力量，指导、帮助行业企业建立合规体系。

【基本案情】

2017年9月至2020年12月期间，犯罪嫌疑单位深圳市D实业有限公司（以下简称D公司）、深圳市W机器人有限公司（以下简称W公司）、深圳市H数码有限公司（以下简称H公司）、深圳市M彩印科技有限公司（以下简称M公司）、深圳市S科技有限公司（以下简称S公司）、广东J数码科技有限公司（以下简称J公司）、广州市A实业有限公司（以下简称A公司）、东莞市Y科技有限公司（以下简称Y公司）等8家货主单位在香港购买打印机喷头，以"包税"方式委托王某、陈某某、康某某（另案处理）等揽货团伙通过郑某某等通关团伙（另案处理）走私打印机喷头入境，其中4家公司涉嫌偷逃税款人民币500万元以上，4家公司涉嫌偷逃税款人民币200万元以下。

2021年7月至10月，中华人民共和国海关缉私局先后以上述8家货主单位及相关涉案人员涉嫌走私普通货物罪移送深圳市人民检察院审查起诉。2021年9月至11月，深圳市检察院对8家货主单位决定启动企业合规监督考察，经6个月合规建设，检察机关于2022年6月16日对8家涉案企业的合规建设情况召开公开听证会。2022年7月5日，检察机关对8家货主单位均作出不起诉决定。对偷逃税款数额超过500万元的4家公司中直接负责的主管人员、直接责任人员张某芳等6人先行依法提起公诉；对剩余4家公司中直接负责的主管人员、直接责任人员罗某红等5人作出不起诉决定。

【企业合规整改情况及效果】

一是能动履职，严格把握企业合规启动的必要性条件。检察机关在提前介入阶段发现8家货主单位涉案，经进一步审查发现，多家货主单位为数码打印设备研发、生产、销售的新型企业，获得多项发明专利、实用新型专利和外观设计专利，是省级、市级高新技术企业，多项自主研发产品被评为省高新技术产品，部分企业员工人数多达数百人，规模较大，案发后8家货主单位均自愿认罪认罚，合规意愿强烈，综合上述要素，检察机关认为涉案8家企业具有启动合规程序的必要和价值。因案件尚处侦查环节，检察机关在与侦查机关的案件研讨会上专门对涉案8家货主单位启动合规程序的可行性、必要性进行论证，充分听取侦查机关的意见。

二是积极探索第三方监控人履行监督考察职责的具体方式。企业合规监督考察需要专业、有效的合规指导。但办案伊始，深圳市尚未建立企业合规第三方监控人名录库，为确保合规监督考察的质效，深圳市检察院于2021年10月决定委托北京金杜律师事务所对8家涉案企业进行合规监督考察，并深度指导企业合规计划的制定和落实。由此首次探索与第三方监控人、涉案企业签署《企业合规监督考察协议》，明确第三方监控人在检察机关指导下开展第三方监督考察工作，并指导涉案企业开展合规建设。第三方监控人通过现场走访、书面调查等必要方式，考察企业内部合规体系、外部监督机制的完善情况和执行情况，对涉案企业的整改方向提供指导，包括对涉案企业合规计划的可行性、有效性与全面性进行审查，并提出修改完善建议，由涉案企业修改完善后报检察机关审查确认。同时，《企业合规监督考察协议》规定：涉案企业对第三方监控人不当履职或违反协议内容的情形，有提出异议的权利。

三是注重合规监督考察过程的专业性，确保真合规。第三方监控人派出3个优秀团队，全面参与涉案企业合规整改。第一，对涉案企业进行全方位调研，对《企业合规计划》进行审查并提出完善意见。《企业合规计划》有针对性和系统性，特别包括了主要负责人及管理人员的承诺。第二，完善公司治理体系。召开股东会，决议按照《公司法》规定设置、落实监事、执行董事岗位职责。第三，搭建合规管理组织体系。设合规部或合规专员，明确其具体职能。第四，制定合规管理制度。建立合规管理基本制度和对风险较高重点领域建立合规管理专项制度。第五，制定进出口业务管理相关制度，建立反走私合规管理制度、财务管理制度、采购管理制度、重点业务合规手册，并持续落实。第六，制定合规审查机制，明确合规审查范围涵盖规章制度制定、重大事项决策、重要合同签订、重大项目运营等，对采购、进出口、收付汇业务建立审计机制。第七，建立违规行为上报机制和合规奖惩机制，并持续落实。第八，建立合规培训、合规文化培养机制。每一项合规计划，均有完成时限规定。在六个月合规监督考察期内，第三方监控人每月向检察机关提交《合规监督考察工作简报》，并敦促涉案企业反馈当月合规整改执行情况、相应合规制度文件及落实材料。

四是发布合规建设指引，助力行业健康持续发展。仅靠个案合规尚不足以防止行业内类似案件再次发生，"办理一类案件，规范一个行业"，也是涉案企业合规改革期望达到的效果。为此，在前期调研基础上，检察机关邀请行业专家、海关缉私部门人员、第三方监控人多次召开行业合规建设研讨会，结合前期对8家涉案企业合规整改的经验，制定出台了《打印机喷头应用企业进出口业务合规建设指引》(以下简称《合规建设指引》)，为行业企业提供具体的、可操作性强的制度指引，尽力防范全行业违法犯罪风险，规范全行业合规有序发展。《合规建设指引》包括总则、进出口业务合规风险及法律后果、进出口业务合规管理体系、进出口业务合规管理制度、打印机喷头进出口合规管理专项制度(包括境外合规采购专项管理制度、进出口业务专项管理制度、对外收付汇专项管理制度)、进出口业务合规管理运行机制、合规文化建设及附则共八章四十九条。

五是与行业协会签署框架协议，推动行业协会参与合规建设。检察机关与中国商务广告行业协会广告工程与展示专业委员会、中国印工协丝网与工业印刷分会、深圳市印刷行业协会、深圳市 3D 打印协会等四个行业协会深度合作，邀请行业协会专家参与前期行业调研、企业合规验收听证会、行业合规建设指引研讨，就开展打印机喷头应用行业合规建设达成共识。后检察机关与四个行业协会分别签署《打印机喷头应用企业进出口业务合规建设框架协议》，该框架协议的主要内容包括：介绍行业合规建设的必要性；确立框架协议的工作目标；规定工作措施，由行业协会在行业内发布、宣传《合规建设指引》，指导、帮助、监督行业内企业落实《合规建设指引》、建立合规体系，并在协议生效后一年内，向检察机关反馈落实情况。行业协会高度认同检察机关合规治理模式，将根据协议指导行业企业守法合规经营、安全经营，进一步促进公平竞争的市场环境，促进行业和企业健康可持续发展。

六是积极探索合规成果互认，确保合规效果持续有效。2022 年 9 月，深圳市检察院与深圳海关、深圳海关缉私局分别会签《关于涉税走私犯罪案件中企业合规互认的会议纪要》和《关于相对不起诉案件刑行衔接问题会议纪要》，由此在深圳确立了走私类犯罪企业合规成果互认规则。2022 年 10 月，深圳市检察院对 8 家涉案企业作出不起诉决定后，向深圳海关发出《检察意见书》，建议深圳海关对 8 家涉案企业免除行政处罚。

【典型意义】

1. 探索单位责任与自然人责任相分离办案机制。该系列案中有 4 起案件涉嫌偷逃税款数额超过 500 万元，根据案件情况，单位犯罪中直接负责的主管人员和其他直接责任人员可能被实际判处有期徒刑三年以上十年以下刑罚。该 4 起案件涉案企业均为高新技术企业，为行业产业链的中坚力量。且打印机喷头应用行业科技特征明显，还能带动其他行业数字化，涉案企业作为民营企业创业、发展均属不易，而且合规意愿强烈，合规整改有助于企业长远健康发展。鉴于此，检察机关决定将案件作分案处理，先行起诉 4 家涉案企业中直接负责的主管人员和其他直接责任人员，尝试对 4 家涉案企业决定合规监督考察。考察验收合格后，最终对上述 4 家涉案企业作相对不起诉处理。

2. 依托系列案个案合规经验，制定发布《合规建设指引》，由点及面推动行业治理。该案中结合前期对 8 家涉案企业合规整改的经验，制定出台了《合规建设指引》，为行业企业提供具体的、可操作性强的制度指引，尽力防范全行业违法犯罪风险，规范全行业合规有序发展。并通过检察机关与四个行业协会分别签署《框架协议》的方式，指导、帮助、监督行业内企业有效落实《合规建设指引》、建立合规体系，促进行业和企业健康可持续发展。

案例十二：集约式合规监督考察的实践探索
——国际船舶污油水接收企业走私废物系列案

【关键词】

走私废物　集约式合规监督考察　审判阶段启动　二次合规

【要　旨】

检察机关在办理本案过程中，首开深圳市审判环节启动涉案企业合规程序之先河，通过在审查起诉环节督促开展专项合规整改、起诉后基于合规整改情况提出宽缓的量刑建议，融通了审查起诉环节和审判环节中的合规工作。并适用集约式合规监督考察模式，在优化资源的同时确保合规进度的同步性和监督尺度的一致性。该案也是深圳检察机关首个启动二次企业合规整改的案例，向社会昭示合规改革司法政策红利并非随便释放，其前提是真正合规、有效合规。

【基本案情】

污油水又称"含油污水"，是船舶运营中产生的含有原油、燃油、润滑油和其他各种石油产品及其残余物的污水，包括机器处油污水和含货油残余物的油污水。污油水系国家禁止进口的固体废物。但我国作为《国际防止船舶造成污染公约》（又称《73/78 防污公约》）的缔约国，根据《附则I 防止油污规则》的相关规定，应当在港口配备污油水接收设施，不得拒绝接收来自国际船舶产生的污油水。

根据《中华人民共和国海关进出境运输工具监管办法》等相关法律法规规定，船舶污染物接收单位每次接收国际船舶污油水前均应向海关申报，然后将接收的污油水通过有资质的运输船舶运输至有资质的污水处理厂卸下作无害化处理，最后船舶污染物接收单位凭污水处理厂开具的无害化处理证明向海关办理核销。

在深圳港口，国际船舶产生的污油水均由具备船舶污油水接收资质的12家涉案企业向海关申报接收，再通过以谢某某、林某某为首的运输船方转运至广州的污水处理厂进行无害化处理。污油水中含有一定比例的污油，污油具有一定的经济价值，12家涉案企业为谋取非法利益，与谢某某、林某某合谋，欺瞒海关，将国际船舶上的污油水通过表面合法形式申报入境，然后将污油水按照含油量并参考国际油价在境内非法倒卖给谢某某、林某某团伙。谢某某、林某某团伙将污油水运输至在江门、东莞等地租赁的油库存储并进行油水分离，而后将分离出的污油非法出售给山东等地的买家。为完成海关核销，谢某某、林某某团伙将剩余含油量较低的污水通过添加江水、淡水等方式补齐总数量运至污水处理厂作无害化处理，12家涉案企业凭污水处理厂出具的无害化处理证明向海关办理虚假核销。

根据《中华人民共和国海关运输工具起卸／添加物料申报单》《船舶污染物接收联单》《污油水收集转移处理证明》等核算，经司法会计鉴定，自2018年1月至2020年6月，12家涉案企业以上述方式走私污油水99.85吨至88292.06吨不等。这即是全国首宗污油水走私案。

走私污油水入境倒卖，不仅给国内带来较大的环境污染隐患，也为其他国家轮船公司借此为名故意向我国卸载污油水提供了掩护，给海关监管秩序带来新的挑战。经进一步审查发现，本案并非个案，深圳所有的船舶污染物接收公司均卷入其中。不仅深圳，国内其他港口城市亦存在同样情况，却从未被刑事打击过。

该系列案第一批2家涉案企业由中华人民共和国海关缉私局于2020年7月移送至深圳市人民检察院审查起诉。深圳市检察院于2021年7月6日以走私废物罪对该2家涉案企业依法提起公诉。审判阶段，涉案企业的辩护人主动提出启动涉案企业合规的申请。经审慎研究，深圳市检察院于2021年12月正式决定对该2家涉案企业启动合规程序。2022年4月21日，深圳市检察院对该2家涉案企业合规整改情况进行听证验收，2家企业在对违法犯罪原因分析上避重就轻、推卸责任，有纸面合规嫌疑，绝大多数听证员认定合规整改不合格，未予通过。

2021年9月29日、10月11日，中华人民共和国海关缉私局将该系列案第二批10家涉案企业移送深圳市检察院审查起诉，相关企业均认罪认罚并主动申请开展企业合规，其中 8 家企业符合企业合规的适用范围和适用条件。考虑到第二批涉案企业与第一批涉案企业主体性质、犯罪模式相似，且第一批 2 家涉案企业规模较大且请求再次开展合规，检察机关决定引入第三方机制对上述 10 家涉案企业开展合规监督考察工作。

2022 年 9 月，检察机关对该系列案召开企业合规公开听证会，一致验收通过。检察机关综合全案对第二批 10 家企业作出不起诉决定，同时对其中未开展企业合规的 2 家企业提出建议行政处罚的检察意见。2022 年 12 月 5 日，深圳市中级人民法院对先行起诉的第一批 2 家涉案企业作出有罪判决，以走私废物罪对被告单位判处罚金，对各被告人判处有期徒刑二年六个月至六年不等的刑罚。该系列案历经长达两年半的诉讼过程，终获法院有罪判决。

【企业合规整改情况及效果】

一是高规格抽选第三方监控人，确保合规质量。该系列案涉及国际条约设定的国际义务，合规整改专业性极强。深圳市检察院在启动第三方机制之初，加强与第三方管委会的沟通协商，专门设定具有国际合规经验作为抽选条件，从第三方监控人名录库中高规格抽选第三方监控人，最终抽选出的第三方监控人具备国内外合规专业经验，具有深港两地律师身份、影响力较大的职业律师，并与其他国际船舶行业法律业务能力强的香港律师事务所有深度合作关系，有效为涉案企业合规整改找堵点、把方向、定标准。

二是集约式开展企业合规监督考察，确保合规评估标准一致。鉴于涉案企业均为船舶污染物接收单位，走私犯罪模式类似，且部分企业规模较大，检察机关根据最高检等九部门《〈关于建立涉案企业合规第三方监督评估机制的指导意见（试行）〉实施细则》第二十一条第三款的规定，决定由同一第三方监控人对涉案 10 家企业开展集约式合规监督考察，在优化资源的同时保证合规进度的同步性和监督尺度的一致性，并推动行业合规标准的制定。

三是依法"能用尽用"，坚持打击与保护并重。该系列案中，第一批两家涉案企业前期已开展合规但未通过验收，后主动请求适用第三方机制。经综合研判，检察机关同意通过专业力量监管对其开展第二次合规整改。此外，由于侦查机关分批移送审查起诉，时间间隔较长，合规启动时，部分涉案企业已经处于审判阶段。经法院同意，检察机关将处于审判阶段与审查起诉阶段的涉案企业共同启动合规，并将企业通过合规验收作为判处被告单位相关负责人缓刑的条件，这也是深圳检察机关首次尝试在审判阶段启动企业合规程序。

四是延伸企业合规内涵，切实承担法定责任。该系列案涉及国内 14 家船舶污染物接收单位，在扣污油水近万吨，在扣污油水的处置成为监管部门的棘手问题。本次合规整改过程中，深圳市院将在扣污油水的处置费用问题纳入合规流程，促进涉案企业主动承担法定处置责任，缴纳无害化处置费用人民币 692 万余元，帮助行政主管机关解决了扣缴污油水无害化处置费用来源问题，以合规带动污油水处置问题的妥善解决。

五是高标准要求第三方监控人，确保合规整改质量。检察机关不仅就个案合规监管对第三方监控人提出了高标准、高要求，还建议第三方监控人就行业治理问题作深度调研，对比国内外现状，提出建设性意见，为国内其他城市解决类似问题提供深圳样本、深圳方案。第三方监控人接收案件后迅速行动，一方面全面了解案件材料，收集、把握污油水入境的法律体系，从国际公约、国内法律、行业规范等诸多方面细致梳理。另一方面，深入走访涉案企业和相关企业，实地考察国内污油水运转环节，从前端的接收（国际船舶公司）到最后的处置（污水处理厂）。此外，第三方监控人还到交委、环保、海关、海事等与污油水监管有关的行政机关作了调研。在此基础上，第三方监控人指导涉案企业深刻剖析走私犯罪原因，结合各公司实际情况，制订详细的企业合规计划，并严格按照该合规计划，开展了为期近三个月的合规整改，建立了系统的合规管理制度，要求大部分涉案企业开展了穿行测试。为保证本案的合规成效，第三方监控人向检察机关承诺，在验收合格后会增加半年时间对涉案企业进行持续跟踪监管，待企业真正形成合规自觉，合规机制真正持续发挥作用后，再收取第三方监管费用。

六是综合发力，运用检察建议促进合规体系完善。检察机关在办案中发现，除了涉案企业追逐利益的因素，相关行政机关的监管不严，也是重要的案发诱因。如果仅仅依靠企业作合规整改，尚不足以保证未来合规的整体效果。鉴于此，深圳市院立足于预防犯罪，为促进社会治理科学化和现代化，体系性消除违法犯罪条件，主动发挥检察职能，延伸监督触角，多次与相关行政主管机关座谈研讨，并向四家行政主管机关发出检察建议书，提出了具体的意见，督促相关行政主管机关完善管理措施。目前，相关机关已经采取有力措施，如设计在深圳增加污水处理单位，将含油污水五联单相关内容进行修改，增加含油量相关内容，将海关纳入变为六联单，并研发实施电子联单制度，及推动深圳港口设置配套的船舶污染物接收处置设施等，以案为戒，切实以改善监管促行业规范。

七是以听证的专业性，检验合规整改成效。为保证验收的专业性，检察机关专门邀请了深圳海关、深圳海事局、深圳生态环境局的监管专家，以及具有集装箱拖车协会会长等专业职业背景身份的专家共 7 人，以听证员身份参加企业合规验收听证会。侦查机关深圳海关缉私局也派出侦查人员参加验收程序。听证会上，被所有听证员一致同意通过的涉案企业并不多，有个别企业的合规整改甚至被不止一个听证员有条件通过。听证员们不仅关注涉案企业合规体系建设，还有企业合规的内在驱动力问题，特别是合规后企业是否还有盈利能力的问题。专家的参与是污油水走私涉案企业合规体系有效性的重要保证。

八是开展深度调研，为行业治理提供深圳方案。检察机关在对涉案企业开展合规监督考察的同时，还对行业治理问题作深度调研，对比国内外现状，提出建设性意见，为国内其他城市解决类似问题提供"深圳方案"。第一，全面了解案件材料，以及污油水入境的法律体系，正确掌握法律适用"大前提"。第二，深入走访，切实掌握行业真实情况。第三，到交委、环保、海关、海事等行政机关开展调研，深入分析研究监管漏洞，指导涉案企业深刻剖析走私犯罪原因，"一案一策"制定合规计划，建立系统的合规管理制度，并开展穿行测试。第四，要求第三方监控人在验收后的半年时间对涉案企业进行跟踪监管，确保合规整改真落地、见长效。

九是对部分涉案企业依法提起公诉，充分发挥一般预防作用和合规整改后果的区分度作用。办理该系列案过程中，两家涉案企业将责任推卸给外部监管原因，不认为自己的行为构成犯罪，认为法不责众。检察机关认真研究国际公约以及国内法，从污油水的属性、海关的监管规定、社会危害性等进行分析论证，认定涉案企业的行为构成走私废物罪，并依法对该两家涉案企业提起公诉。其他涉案企业受到极大震慑，纷纷配合侦查机关的侦查，均自愿认罪认罚，并主动申请合规整改，取得良好效果。提起公诉后，该两家涉案企业自知罪责难逃，转而认罪认罚，申请启动合规。

十是开展行政合规互认，确保合规效果持续发挥作用。通过本次合规整改，涉案企业通过非法方法获取不正当利益的情况得以消除，行业规范得以初步确立。根据有关规定，对涉案企业作出相对不起诉后，应对其作50万元到500万元不等的行政罚款。在当前受疫情影响国际贸易关系复杂化和不确定性程度增加，大量企业适应环境能力下降的背景下，若执行行政处罚，涉案企业很可能难以生存。为切实保证企业合规效果持续发挥作用，让企业能够在合规的轨道上继续为社会提供服务，深圳市院依据与相关行政机关会签的行政合规互认文件，专门发出检察意见书，建议行政机关对涉案企业免除行政处罚。

【典型意义】

1. 积极稳妥探索可能判处较重刑罚案件适用合规改革的全流程贯通机制。本案中部分涉案企业及相关人员可能判处三年以上有期徒刑，但在涉案企业的经营活动中具有难以替代的作用，简单化起诉、判刑不利于涉案企业正常经营发展，且企业具有强烈的合规意愿。检察机关在办理本案过程中，首开深圳市审判环节启动涉案企业合规程序之先河，通过在审查起诉环节督促开展专项合规整改、起诉后基于合规整改情况提出宽缓的量刑建议，融通了审查起诉环节和审判环节中的合规工作。

2. 兼顾案件特点适用集约式合规监督考察，确保企业合规的专业性和科学性。该系列案在启动第三方机制时充分考虑案件类型特点，及时加强与第三方管委会的沟通衔接、注重第三方监控人的专业性和适配性，高规格抽选第三方监控人，最终抽选出有国际合规经验的第三方监控人。同时考虑到10家涉案企业在侦办主体、所涉罪名、逃避海关监管方式、作案手法及流程、销售污油水的对象等要素均高度一致，存在明显关联关系，符合《〈关于建立涉案企业合规第三方监督评估机制的指导意见（试行）〉实施细则》中所规定的"可以由同一个第三方组织负责监督评估"的情形。加之该系列案部分案件当时已处在审判阶段，导致留给涉案企业剩余的合规监督考察期间捉襟见肘，故检察机关在该案中创造性适用集约式合规监督考察模式，在优化资源的同时确保合规进度的同步性和监督尺度的一致性。

3.严把案件验收关，确保合规审查结果的公正性。该系列案中，有
两家涉案企业因合规建设成果不理想、在第一次企业合规验收听证会上未
被验收通过，经启动二次合规整改并引入专业第三方监管力量后方才二次
验收通过。该案也是深圳检察机关首个启动二次企业合规整改的案例，向
社会昭示合规改革司法政策红利并非随便释放，其前提是真正合规、有效
合规。

案例十三：对症下药力促合规"六真" 立体审查严保监督实效

——佛山市顺德区 G 公司、张某某虚开增值税专用发票案

【关键词】

依法诚信纳税　第三方监督评估　企业合规体系建设

【要　旨】

服务保障"六稳""六保"政策，针对涉案企业经营管理存在的漏洞，引导企业加强合规管理，在第三方监督评估组织的监督下对企业进行全面合规审查，以点带面，推动涉案企业设立合规部门及举报、调查、奖惩机制，促进涉案企业积极开拓新业务、助力"顺德村改"、创新高质量发展。

【基本案情】

2016 年 10 月至 2018 年 1 月期间，张某某经营佛山市顺德区 G 实业有限公司（以下简称 G 公司）期间，在没有真实交易的情况下，由时任公司财务部主管的钟某某（张某某之妻，已去世）操作，支付手续费，让佛山市 F 有限公司等七家公司为 G 公司虚开增值税专用发票 40 份，价税合计人民币 4203675 元，税额合计人民币 610790 元，G 公司已将上述发票向税务机关申报抵扣税款。案发后，G 公司向税务机关退缴全部税款。

2021 年 5 月 31 日，佛山市顺德区公安局以张某某涉嫌虚开增值税专用发票罪移送佛山市顺德区人民检察院审查起诉。顺德区检察院经审查，以涉嫌虚开增值税专用发票罪追加 G 公司为犯罪嫌疑单位。2022 年 3 月 9 日，顺德区检察院依法对 G 公司、张某某作出不起诉决定。

【企业合规整改情况及效果】

一是精准审查启动企业合规。检察机关先通过讯问张某某了解 G 公司的经营现状，后及时向区税务局、区市场监督管理局、区社会保险基金管理局等部门调取 G 公司的缴税情况、公司员工参保情况及有无行政违法等情况，并实地走访考察 G 公司的实际经营情况。经审查了解，G 公司系制造型企业，有完整的企业治理结构，能够依托其企业治理结构设立合规组织。G 公司现有缴纳社保员工 85 人，实际招用员工 188 人，2020 年全年缴纳税款 2335280.37 元，2021 年 1 月至 5 月缴纳税款 815469.42 元。2020 年 12 月，G 公司被广东省科技厅、财政厅、税务局评定为高新技术企业，共申请专利三十余项。2021 年 6 月，G 公司提交了开展合规申请书。本案发生主要源于 G 公司业务扩展过程中，由于上游供应商无法全面开具发票，从而导致 G 公司进项额不足，因此本案的发生具有一定的偶然性，且 G 公司此前并未发生类似刑事案件或遭受类似行政处罚，故 G 公司在本案中涉增值税发票问题，存在合规整改并解除风险点的可行性。为促进民营企业合法合规经营，保障民营企业健康发展，经审批检察机关启动合规整改程序。2021 年 8 月 12 日，G 公司、张某某虚开增值税专用发票案件被确定为企业合规案件。

二是精细开展第三方监督评估。2021 年 9 月 17 日，G 公司提交适用第三方机制申请，检察机关综合考虑案件性质、税务局意见、专业机构情况后，决定由佛山市某税务师事务所有限公司、广东某会计师事务所为 G 公司及张某某涉嫌虚开增值税专用发票罪一案的第三方监督评估组织。在第三方监督评估组织的监督考察评估下，G 公司对自身存在的合规性问题进行自查，并列出问题清单。经自查，除经税务稽查部门认定的虚开增值税专用发票行为外，不存在其他的虚开发票行为；成立合规部门，制定合规管理办法；召开公司全员参与的合规动员大会，对全体员工进行合规培训，员工签署合规承诺书；制定和完善公司财务制度，设立合规举报、监督及奖惩制度；开展合规文化建设，在公司办公场所内以文化墙的方式宣传包含税法在内的相关法律法规及公司相应规章制度。且在合规监管过程中，G 公司严格按照制定的合规整改工作时间表推进各项合规整改工作。

三是立体审查保证整改考察评估实效。合规整改完成后，检察官对第三方监督评估组织、G 公司提交的企业合规文件台账进行文书审查。就 G 公司企业合规规范问题，经查，企业成立了合规领导机构，设置了合规组织，委任有能力履职的人员承担合规管理职责；进行了充分的风险评估，针对业务环节设置了风险防范措施，合规风险得到有效规避。就 G 公司合规运行是否良好问题，经查，管理层经常对员工、相关方作出合规经营管理的要求与承诺，形成了承诺内容的书面记录，并且根据承诺采取了合规措施；新员工、关键人员、晋升人员、全体员工日常性的合规培训按计划进行，高风险岗位、重点领域培训达到预期目的。文书审查反映，G 公司已建立起不合规发现机制。

除文书审查外，检察官通过"超级通行证"制度开展飞行检查，自主选择时间到企业开展检查，进行会见、询问、查阅资料。2021 年 10 月 21 日，检察官到场抽查合规培训情况。2021 年 12 月 23 日，检察官联合区税务局再次对 G 公司进行专项合规检查，查阅了原始财务资料。同日，会见了公司合规关键岗位财务部门负责人及员工 2 人次。根据飞行检查情况反映，G 公司合规培训按计划进行，财务管理制度运行良好，关键岗位人员对合规风险、合规措施等了解较为全面，合规经营的文化在企业初步得到确立，G 公司已无明显涉税务合规风险。

四是公开听证依法作出不起诉决定。2021 年 12 月 30 日，检察机关就 G 公司合规整改是否通过，G 公司、张某某刑罚适用开展公开听证。检察机关邀请人民监督员、税务师、企业董事长作为听证员参与听证。"合规整改期有多久？""目前制造行业存在风险是什么？你们怎么避免？""公司制度怎样对公司高管进行有效监管？"面对听证员连珠炮似的提问，G 公司代表根据企业合规整改的具体情况一一作答。听证员就企业合规的开展情况、制度建设情况、不合规行为识别防范应对体系运行有效性方面进行了详细调查。听证员一致认为，G 公司合规计划合理、实施有序、落实到位，企业及其负责人对合规整改认识充分、高度重视，能够形成示范效应，一致认为 G 公司的企业合规整改可以通过，同意 G 公司完成合规整改，同意对 G 公司、张某某作出不起诉处理。2022 年 3 月 9 日，检察机关经审查认为，G 公司认罪认罚、全额补缴税款、合规整改合格，张某某认罪认罚、积极落实整改各项工作、主观恶意较小，遂依法对 G 公司、张某某作出不起诉决定。

【典型意义】

1. 检察机关"对症下药"，严格督促企业合规"六真"。开展企业合规前，G 公司管理较为混乱，各部门职责不明确，管理制度不健全，无相应的举报调查机制，导致 G 公司相关人员法律意识不强，最终触犯法律。针对 G 公司涉嫌的罪名为虚开增值税专用发票罪，检察机关依法能动履职，确立专业的税务师事务所、会计师事务所团队作为第三方监督评估组织，监督考察评估 G 公司开展整改工作，检察机关调动各方力量支持，通过文书审查、"超级通行证"检查等方式施加监管压力，做到"真监督""真评估"，确保 G 公司"真整改""真合规"，就公司财税方面的问题进行全面合规审查，并制作问题清单、整改清单；引导 G 公司全面核查公司自成立以来的财务账册，彻底清查除涉案虚开发票外，是否还存在其他虚开及偷漏税行为；以企业合规整改为切入点，科学谋划并促进 G 公司建立规范有效的财务制度、审计制度及相应的奖惩机制，最终让 G 公司的"规"做到"真合身""真管用"。

2. 检察机关严把企业合规有效性，带动企业高质量创新发展。检察机关在合规考察环节，针对涉案罪名，引入专业税务师事务所和会计师事务所作为第三方组织对合规整改过程严格调查、评估、监督和考察，联合区税务局对公司进行专项合规检查，在合规验收环节，又邀请人民监督员、税务师、企业董事长公开听证，推动 G 公司严格要求公司人员无论开具或接受增值税专用发票，均需保证资金流、发票流和货物流相互统一，在全公司树立依法诚信纳税观念，有效防范刑事风险。在合规开展过程中，G 公司助力"顺德村改"，不断适应市场经济发展需求，搬迁办公地址；研发服务老年人的日常生活辅助家具业务，在拓展业务的基础上设立了新的公司，实现了进一步发展壮大；研发的新产品多次参加大型展销会，得到潜在客户的充分认可。合规整改期间，G 公司在已有三十余项专利的情况下坚持不断创新，申请了四项国内实用新型专利，在行业内形成良好示范。

案例十四：促进良性竞争，合规后继续商业合作

——佛山市 Y 机械有限公司、周某对非国家工作人员行贿案

【关键词】

对非国家工作人员行贿　单位犯罪　科技创新型企业合规　知识产权保护

【要　旨】

涉案企业实际经营者为单位谋取不正当利益，实施违法犯罪行为，违法所得或者利益归属单位的，应当认定为单位犯罪。对于科技创新型涉案企业，要全面做好合规前调查，围绕企业特点、针对犯罪关联问题以及知识产权保护等重大风险漏洞提出合规整改建议。在企业合规整改过程中，检察机关应当充分发挥主导作用，关注企业的发展，注重修复受损的社会关系，优化法治化营商环境。

【基本案情】

佛山市 Y 机械有限公司（以下简称 Y 公司）是机械设备及零件的加工、生产和安装企业，拥有多项实用新型专利和发明专利，犯罪嫌疑人周某是该公司股东、实际经营者，是公司专利的主要发明人。Y 公司长期向知名跨国外资企业 A 公司供应机械设备及零部件。

2015 年至 2021 年底，犯罪嫌疑人周某在经营过程中为了让 Y 公司获得竞争优势，多次向 A 公司产品经理刘某支付贿赂款共计人民币 755094 元，让刘某透露 A 公司的采购信息和采购底价，或由刘某向采购部推荐 Y 公司等方式获取 A 公司的采购订单。

公安机关移送审查起诉，认定犯罪嫌疑人周某构成对非国家工作人员行贿罪。佛山市禅城区人民检察院（以下简称禅城区检察院）认定 Y 公司

构成单位犯罪，犯罪嫌疑人周某是直接负责的主管人员。经审查，Y公司犯罪情节轻微，周某认罪认罚，刑期为一年以下有期徒刑，可适用缓刑；该案属于企业经营活动中发生的经济犯罪，符合企业合规改革的案件类型和适用范围，遂层报广东省检察院对Y公司启动企业合规。2022年10月10日，广东省检察院批复同意对Y公司开展企业合规工作。

2023年5月，犯罪嫌疑人周某代表Y公司向A公司赔偿人民币10万元，获得A公司的谅解，A公司继续向Y公司采购设备及零部件。

【企业合规整改情况及效果】

一是全面审查案件，准确认定案件性质。公安机关移送审查起诉，认定犯罪嫌疑人周某为谋取竞争优势，给予A公司的员工财物共计人民币755094元，构成对非国家工作人员行贿罪。禅城区检察院经全面审查，认为犯罪嫌疑人周某系Y公司的股东、实际经营者，其在生产经营中为Y公司谋取不正当利益，代表单位意志实施商业贿赂行为，所获利益归属Y公司，应当认定Y公司构成单位犯罪，犯罪嫌疑人周某是直接负责的主管人员。公安机关定性错误，禅城区检察院依法纠正并追加犯罪单位Y公司。经审查，Y公司犯罪情节轻微，周某认罪认罚，刑期为一年以下有期徒刑，可适用缓刑；该案属于企业经营活动中发生的经济犯罪，符合企业合规改革的案件类型和适用范围。

二是深入实地调查，全面考察案件是否符合企业合规改革适用条件。为考察涉案企业是否符合企业合规改革条件，检察机关办案人员先后多次前往Y公司实地调查，了解到Y公司成立十几年以来，经营业务从陶瓷设备零配件焊接扩大到造纸、食品、新能源等各类机械设备及零件加工生产和安装，员工从10多人增加到90多人，从小微企业发展成规模以上企业。公司曾多次获得市、区奖励，对本地经济发展做出了一定贡献，还获得市政府的肯定。Y公司注重产品的创新研发，2021年全年投入研发费用达343万元，拥有11项实用新型专利、1项发明专利，4项专利还在申请当中，犯罪嫌疑人周某是主要发明人。Y公司属于一家科技创新型成长性企业，一旦受到刑事处罚，对公司的生产经营甚至生存会造成严重影响。经考察，Y公司存在经营管理制度不健全、执行不到位、风险防控机制缺失等问题，禅城区检察院初步审查认定Y公司存在合规整改并解除风险点的可行性。为促进企业合法合规经营，保障企业健康发展，遂层报广东省检察院对 Y 公司启动企业合规。2022 年 10 月 10 日，广东省检察院批复同意对 Y 公司开展企业合规工作。

三是两级检察机关联动，联合第三方组织监督考察。因禅城区未建立第三方专业人员库，禅城区检察院争取到佛山市检察院支持，根据案件性质从市专业人员库中抽取了经验较为丰富的工商联工作人员、市场监督管理局工作人员以及律师共 3 人组建成第三方组织。Y 公司成立专项合规建设领导小组，在检察机关以及第三方组织的监督指导下，围绕涉案企业特点制定了以全面合规为目标、"反商业贿赂"专项合规为重点的合规整改计划，针对与商业贿赂密切关联的内部治理结构、规章制度、人员管理等问题，制定可行的合规管理规范，完善业务管理流程，健全合规风险防范报告机制，弥补企业制度建设和监督管理漏洞，防止再次发生相同或者类似的违法违规行为。在合规考察期间，两级检察机关在保证第三方组织独立履职的基础上，与第三方组织和企业建立定期沟通会商机制，办案人员多次会同第三方组织到 Y 公司实地监督考察，指导 Y 公司开展合规工作，并要求公司加强合规文化的宣传和普及，务求要做到真整改真合规。

四是关注企业发展，建议同步开展知识产权模块合规。作为科技创新型企业，以先进技术为支撑的产品质量是 Y 公司的核心竞争力。在监督考察过程中，禅城区检察院发现 Y 公司虽然拥有多项专利，但欠缺知识产权保护制度，对自身知识产权保护以及防范侵犯他人知识产权的工作机制极不完善。为维护企业的核心竞争力，确保企业健康发展，禅城区检察院建议 Y 公司同步开展知识产权模块合规整改，Y 公司积极响应，及时开展知识产权模块合规工作，并与前期的合规工作同步完成。

五是修复社会关系，促进共同发展。商业贿赂是一种常见的破坏市场秩序的违法犯罪行为，打击商业贿赂、维护诚信公平高效的市场秩序，需要各方共同努力。除了对 Y 公司开展企业合规、依法追究 A 公司受贿员工刑事责任外，禅城区检察院还对 A 公司发出加强内部管理，防范商业贿赂损害企业利益的建议，A 公司采纳建议并修订了相关管理制度、与员工重新签订保密协议，进一步加强了公司内控管理。在检察机关的促成下，A 公司与 Y 公司达成和解，双方继续合作，共同发展。

【典型意义】

1. 准确定性，全面考察案件是否属于涉案企业合规改革的案件类型和适用范围。检察机关对于涉企案件必须及时、全面审查，准确定性，对属于生产经营活动中涉及的犯罪案件，应当主动、全面考察涉案企业情况，涉案企业能够正常生产经营、承诺建立或者完善企业合规制度、涉案企业及相关责任人员认罪认罚、自愿适用的，才能依法适用企业合规。

2. 两级检察机关上下联动，充分发挥检察机关的主导作用。禅城区检察院取得佛山市检察院的支持，依托市第三方机制管委会为涉案企业组建第三方组织。在办案过程中，检察机关加强与第三方组织的沟通联系，在监督指导涉案企业制定合规整改计划、执行落实整改方案、加强合规文化建设等方面，充分发挥检察机关的主导作用，确保涉案企业真整改真合规。

3. 能动履职，关注企业发展，对企业涉案之外的重大生产经营风险漏洞建议同步合规整改。检察机关要准确把握企业合规改革目的，不仅要推动企业依法守规经营，还要着眼于企业的发展成长。Y 公司作为科技创新型企业，在经历涉案侦查、疫情煎熬的艰难时期后，重新步入发展成长期。禅城区检察院不局限于涉案犯罪问题，对于 Y 公司知识产权保护方面存在的风险和漏洞，提出同步合规整改意见，以维护和提升涉案企业的核心竞争力，促进企业健康发展。

4. 积极修复受损的社会关系，优化法治营商环境，促进企业共同合作发展。案发前，A 公司与 Y 公司合作良好，Y 公司曾获得 A 公司颁发的"最佳供应商管理"称号，但本案的发生严重影响了双方的合作。禅城区检察院在办案中注重修复受损的社会关系，对 Y 公司适用涉案企业合规整改，对 A 公司发出加强内部管理的建议，促成双方达成和解并继续友好合作经营，案件办理实现了"三个效果"有机统一，实现了平等保护各类市场主体，优化法治营商环境的目标。

案例十五："国企＋跨省"企业合规实践

——清远L公路工程局公司、张某某、潘某某 非法占用农用地案

【关键词】

非法占用农用地　国企　跨省合规　生态修复

【要　旨】

针对企业在建设过程中非法占用农用地的行为，检察机关通过引导侦查准确区分单位犯罪和自然人犯罪，通过自行补充侦查查明非法占地面积、补充追诉漏犯，为涉案企业开展合规整改工作奠定基础。涉案企业为央企控股的国有企业，建议其参照《中央企业合规管理办法》高标准推进企业合规。探索"企业合规＋恢复性司法"一体融合，引导企业树立生态环境理念。

【基本案情】

清远L公路工程局公司（以下简称L公路工程局公司）创建于2004年，是中央企业F交通建设股份公司控股的大型国有企业，业务涵盖公路、铁路、房建、桥梁、隧道、市政工程等土木工程的设计、施工、咨询等。

2018年9月，L公路工程局公司中标广连高速项目L标段的建设工程，后交由其分公司承做，并成立了临时机构广连高速项目经理部负责施工管理，设置项目经理一职负责全面工作。2018年9月至2020年3月期间，广连高速项目经理部在承包修建广连高速项目L标段辅助设施工程过程中存在非法占用林地的行为。经调查，广连高速项目经理部在未取得使用林地审批同意书的情况下或超出审批范围，在清远市Y县某村村委会的山场

修建便道、钢筋加工场、废弃物堆放场、厂棚、拌合站等辅助设施占用林地面积 198.2 亩，造成林地原有植被或林业种植条件严重毁坏。其中，潘某某担任项目经理期间，非法占用林地 174.2 亩；张某某担任项目经理期间，非法占用林地 23.3 亩。

2022 年 3 月 31 日，Y 县公安局以 L 公路工程局公司、张某某涉嫌非法占用农用地罪移送 Y 县检察院审查起诉。后又对潘某某补充移送审查起诉。2022 年 5 月 5 日，L 公路工程局公司向 Y 县检察院提出开展涉案企业合规的书面申请。

Y 县检察院经审查后认为本案符合涉案企业合规的适用条件及范围，经层报广东省人民检察院审批同意后于 2022 年 9 月启动涉案企业合规程序。经过为期三个月的合规监督考察，第三方监督评估组织（以下简称第三方组织）认定 L 公路工程局公司合规整改合格。2023 年 3 月 16 日，Y 县检察院召开企业合规验收听证会，邀请人大代表、人民监督员、侦查人员、林业局代表及案发地镇政府代表等进行公开听证，一致同意第三方组织的评估意见。2023 年 3 月 31 日，Y 县检察院依法对 L 公路工程局公司、潘某某、张某某作出酌定不起诉决定。

【企业合规整改情况及效果】

一是引导侦查明确犯罪主体，将合规准备工作前移。2022 年 3 月 14 日，Y 县检察院受侦查机关邀请，提前介入本案。经审查材料，Y 县检察院发现该项目存在涉案单位层级复杂、先后经历多任项目经理、工程施工占用林地范围界定模糊等问题，后主要围绕如何确定犯罪嫌疑单位、直接责任人以及涉案土地性质、非法占用面积如何计算等方面提出侦查取证意见。侦查机关根据检察机关建议，通过调取书证、询问证人等侦查手段厘清了多个涉案主体之间的关系，确定本案为单位犯罪，L 公路工程局公司系本案的犯罪嫌疑单位，该公司所属分公司下设的广连高速项目部经理系直接责任人。Y 县检察院在提前介入阶段发现，L 公路工程局公司具有强烈的合规整改意愿，遂引导侦查机关收集该公司的犯罪根因、犯罪动机以及符合适用涉案企业合规条件的相关注册信息、材料等，将合规准备工作前移。

二是自行补充侦查核实占地面积，严格把握合规适用条件。案件移送审查起诉后，Y县检察院发现涉案项目经理部首任项目经理潘某某有非法占用农用地的犯罪事实，遂要求侦查机关补充移送审查起诉。同时，Y县检察院听取涉案单位和人员的意见后发现，有关鉴定机构对涉案地块的面积计算方法存在错误：第一，原鉴定报告未减除国家林业和草原局《行政许可决定书》批准的广连高速主线范围面积；第二，原鉴定报告未减除原有道路面积；第三，对于不同年份的督查图斑重叠部分可能存在重复计算的情形。鉴于此，Y县检察院要求侦查机关重新委托鉴定，最终通过以实际施工使用林地面积扣减已办理林地使用许可手续面积、广连高速主线用地面积及原有道路面积等的计算方法得出非法占用林地面积为198.2亩，比侦查机关侦查认定的290.77亩少了92.57亩，确保准确认定案件事实。

案件进入检察环节后，L公路工程局公司表达其强烈的合规整改意愿，主动递交关于适用涉案企业合规的书面申请以及关于其行业地位、业务能力、企业荣誉、纳税贡献、承担社会责任、修复生态等方面的证明材料。经检察机关审查查明，L公路工程局公司注册资本21.56亿元，下设有多家子公司、分公司、多个国内外区域总部及项目公司，拥有建筑工程施工总承包特级资质等，公司业务遍及全国近30个省（自治区、直辖市），所承建工程先后获得多项荣誉，现有员工5000余人，2021年纳税额超2000万元，是一家正在正常生产经营、具有良好企业形象及发展前景的企业。本次涉案主要源于企业合规意识不强，为了保质保量按时完成广连高速项目这一民生公益工程出现了违规用地现象，而广连高速作为广东省"十三五"高速公路路网规划重点工程，是粤北地区对接"粤港澳大湾区"的大型基础性工程设施，对促进粤北地区经济发展具有重要意义。此外，L公路工程局公司在海外十多个国家开辟了市场，一旦起诉将对L公路工程局公司海外市场造成重大冲击。Y县检察院调查后认为，L公路工程局公司非法占用农用地的主观恶性不大，且该公司和潘某某、张某某均自愿认罪认罚，主动对涉案林地进行复绿补种，在案发前该公司已着手开展合规体系的搭建工作，并计划聘请专业律师合规团队进行跟踪指导，具备开展企业合规的条件和价值，符合开展涉案企业合规的相关规定，遂层报广东省检察院申请对其开展涉案企业合规。2022年7月4日，广东省检察院同意对L公路工程局公司启动涉案企业合规程序。

三是结合企业特点制定合规方案，扎实开展第三方监督评估。Y县检察院经报请上级检察机关，委托清远市涉案企业合规第三方监督评估机制管委会（以下简称第三方机制管委会）按照分类随机抽选原则选出包括高校教授、专职律师、林业工程师等在内的五名专业人员组成第三方组织，对 L 公路工程局公司开展为期三个月的合规监督考察。针对涉案企业为国企的特点，Y 县检察院要求 L 公路工程局公司优先完成非法占地专项合规，同时建议参照 2022 年 10 月 1 日施行的《中央企业合规管理办法》高标准落实企业合规责任。在合规计划审查阶段，Y 县检察院及第三方组织从合规运行机制涉及的组织架构、办事流程、内控机制、风险防控、文化塑培等方面对该公司的《合规计划书》及系列整改措施提出细化建议，并要求 L 公路工程局公司严格按照合规计划的时间节点有序推进落实合规整改工作，将合规审查嵌入业务流程。为防止"纸面合规"，切实做到"真合规"，Y 县检察院联合第三方组织通过"定向＋随机"考察模式深入涉案公司北京总部、重庆分公司、项目部、案发现场进行实地检查监督，并结合"线上＋线下"见面会、汇报会等方式听取整改情况，确保合规整改在该公司自上而下不走过场。收到第三方组织出具的终期考察报告后，Y 县检察院分管副检察长带队亲赴 L 公路工程局公司进行调查核实，通过亲历性审查确保企业合规整改质效。

四是践行恢复性司法理念，督促承担生态修复责任。Y 县检察院在办案过程中着力构建"专业化监督＋恢复性司法＋社会化治理"为核心的生态检察模式，积极践行"绿水青山就是金山银山"理念。针对 L 公路工程局公司对被占用的林地进行复绿补种后自行委托验收的问题，Y 县检察院通过实地检查，发现涉案现场出现较多植株枯萎的现象，复绿验收报告不符合《广东省关于恢复植被和林业生产条件、树木补种标准有关问题的通知》的相关要求，要求进行适时补种，并通过向林业主管部门申请，由林业主管部门委托有资质的鉴定机构进行复绿验收。经整改，该公司对涉案林地的修复工作在整地阶段、种植阶段及第一次抚育阶段均达到验收标准，其整改成效也得到了第三方组织的肯定。

五是行刑衔接能动履职，接续写好合规"后半篇"文章。通过评估验收后，Y 县检察院接续用好听证制度，通过召开听证会以公开促公正，广泛听取人大代表、人民监督员、公安机关及相关行政主管部门、属地政府对 L 公路工程局公司合规整改的意见，听证员一致认可该公司的整改成效。Y县检察院经综合考察并听取各方意见后，依法对L公路工程局公司、潘某某、张某某作出酌定不起诉决定，并向相关主管部门提出检察意见，建议对L公路工程局公司、潘某某、张某某非法占用农用地的行为作出行政处罚。

【典型意义】

1. 积极主动发挥合规主导责任，服务保障经济社会高质量发展。检察机关在办理涉企犯罪案件时，深入贯彻落实最高检关于部署在全国全面推开涉案企业合规改革试点工作的要求，主动探索出"企业合规+恢复性司法"一体融合办案模式，积极贯彻落实习近平法治思想、助力营造安商惠企法治营商环境，推动履职创新。检察机关在办理该案时充分履行自行补充侦查职权，深入开展社会调查，全面查清案件事实，为适用企业合规提供充分依据；主动审查是否符合涉案企业合规试点适用条件，并及时征询涉案企业、个人的意见，做好合规前期准备。

2. "双听证+双验收"，确保合规整改效果。启动关和验收关是涉案企业合规工作的关键环节，Y县检察院采用"双听证+双验收"，进一步增强涉案企业合规整改的有效性和公开性。双听证是指在合规启动和验收两个环节召开公开听证会，邀请人大代表、政协委员、行政机关代表、专家代表等参与公开听证并充分发表意见，扩大社会公众对企业合规的知晓度、参与度。双验收是指在合规整改考察期间设置中期和终期两个验收环节，除了书面审查涉案企业提交的中期、终期报告和相关制度文件等，还邀请相关单位人员到现场实地验收整改成果，倒逼巩固合规成效。

3. 推动企业合规与不起诉决定、行刑衔接、检察意见等紧密结合，促进行业深层次问题解决。在企业合规监督考察过程中，检察机关会同林业及属地镇政府等行政机关，对涉案企业合规计划及实施情况进行检查、评估、考察，引导涉案企业实质化合规整改，取得明显成效。同时，检察机关结合企业合规情况，主动做好刑行衔接工作，提出检察意见移送有关主管机关处理，通报林业行政管理过程中存在的普遍性问题，防止不起诉后一放了之。专项合规验收合格后，建议企业继续参照《中央企业合规管理办法》高标准推进合规建设，并通过回访制度督促企业落实承诺。

案例十六：广东省跨区域跨层级合规第一案
——韶关 W 县 X 服务公司、谢某串通投标案

【关键词】

检察一体化　跨区域合规协作　公开听证　刑行衔接

【要　旨】

在启动涉案企业合规工作中，检察机关充分发挥检察一体化优势，破解第三方机制专业人员名录库缺位或特定专业人员不足等现实难题，积极探索跨区域调用专业人员，发挥第三方组织在涉案企业合规考察中的专业化作用。积极创新优化合规监督考察模式，灵活运用"线上 + 线下"合规模式，推行线上阅卷、访谈和测评，线下考察和评估，"线上 + 线下"相结合开展公开听证，兼顾办案公开与效率，主动延伸小案效果，做好刑行反向衔接工作，助力企业合规守法经营。

【基本案情】

2018 年 9 月 28 日，韶关市 W 县对该县森林资源管护服务进行政府采购项目招标，并于同年 10 月 8 日公开发布了招标公告。为确保该项目顺利中标以谋取不正当利益，韶关 W 县 X 服务公司（以下简称 W 县 X 服务公司）负责投标事宜的总经理谢某找到 B 服务公司、Y 服务公司参与围标。10 月 23 日、24 日，X 服务公司分别转账 12 万元至 B 服务公司、Y 服务公司作为投标保证金。随后，谢某取得 B 服务公司的标书，并指使公司员工刘某艺对照该标书内容修改 X 服务公司标书以串通投标报价。同年 11 月 30 日，X 服务公司最终以 600 万元价格中标，并从该项目中非法获利 24 万元。事后，B 服务公司、Y 服务公司分别将投标保证金退还给 X 服务公司。

2021年12月9日，W县公安局以X服务公司、谢某涉嫌串通投标罪向W县检察院移送审查起诉。审查起诉期间，X服务公司、谢某主动退缴违法所得，自愿认罪认罚，并申请启动涉案企业合规程序。2022年9月6日，W县检察院经层报广东省人民检察院同意后对X服务公司启动涉案企业合规程序并适用第三方监督评估机制，合规监督考察期三个月。考察期届满后，经第三方组织评估和公开听证认定，X服务公司已经全面、有效完成合规整改。同年12月9日，W县检察院依法对X服务公司和谢某作出酌定不起诉决定。

【企业合规整改情况及效果】

一是落实宽严相济刑事政策，降低对企业经营的影响。W县检察院经调查了解到涉案企业主要经营保安派遣业务，在当地广泛吸纳退伍军人、下岗人员就业，员工人数达200余人。该公司经营状况良好，能够足额纳税，对本地经济发展做出贡献，先后在抗洪救灾、抗击新冠疫情和保安行业中获得"表现突出集体"称号。谢某作为该公司总经理，对公司生产经营至关重要，若羁押则企业难免因案陷入困境。综合考虑上述因素，结合该案所涉犯罪法定刑为三年以下、涉案人员能够保证随时到案以及认罪认罚等情节，W县检察院对谢某采取取保候审的非羁押强制措施，有效避免了涉案企业生产停顿、员工下岗等情形发生。

二是准确把握第三方机制适用条件，坚持"能用尽用"。检察官全面审查了案卷材料，深入涉案企业进行实地走访，全面了解企业涉罪情况及犯罪根因，掌握企业生产经营现状。经调查发现，涉案企业实施串通投标行为，一方面，是由于在经营过程中只关注业绩不注重合规建设，公司制度建设存在疏漏，缺乏科学的决策机制和完善的财务管理制度；另一方面，是由于公司经营人员合规意识不强，在市场竞争中迷信潜规则而不思正当竞争，为求中标而不惜串通围标，最终导致公司和负责人双双触犯刑法。案发后，涉案企业深刻反思了自身存在问题，主动上缴违法所得24万元并自愿认罪认罚，争取从宽处理。W县检察院经审查认为，该案符合涉案企业合规及第三方机制的适用条件，且具有开展企业合规整改的必要和价值，经层报省检察院审批同意，依法决定对涉案企业启动合规整改程序并适用第三方机制。

三是组建跨区域第三方组织，探索专业人员共享模式。该案启动涉案企业合规及第三方机制时，韶关市涉案企业合规改革刚刚起步，第三方机制管委会和第三方机制专业人员名录库尚未组建。为确保按时高质效推进涉案企业合规监督考察工作，W县检察院大胆探索、勇于破题，根据《广东省涉案企业合规第三方监督评估组织运行规则（试行）》相关规定，逐级层报广东省检察院协助组建跨区域第三方组织。广东省检察院在充分研究企业合规改革相关文件和具体案情的基础上，同意调用省级名录库专业人员组建第三方组织开展合规监督考察，同时加强与第三方机制管委会沟通协调，完善办案流程，由W县检察院向广东省第三方机制管委会办公室直接发函商请组建第三方组织，并抄送省、市检察院。在组建过程中，充分考虑企业合规需要和专业性要求，通过分类随机抽选的方式，从广东省第三方机制专业人员名录库中产生2名市场经营类专业人员和1名城市建设开发类专业人员为候补的第三方组织，由此打破合规监督考察的地域限制，实现全省合规资源共享和异地合规监管。第三方组织成立后，采用"线上+线下"方式灵活开展合规监督考察，通过实地宣告第三方机制启动及走访涉案企业，线上阅卷、访谈企业高管和组织员工线上知识测试等方式，对涉案企业合规计划执行情况全面考察和评估。

四是公开听证与刑行反向衔接，助力企业守法经营。合规考察期届满后，W县检察院就涉案企业合规整改情况及案件处理意见举行了公开听证，组织监管部门人员和工商联代表作为听证员在线下实地参加，并邀请人民监督员、侦查人员和涉案企业合规顾问等在线上旁听，公开审查了企业合规报告和第三方组织结论。经评议，三名听证员一致认为涉案企业合规整改合格，同意检察机关作不起诉处理。W县检察院根据案件情况，综合涉案企业合规计划、第三方组织合规监督考察报告和公开听证意见等，依法对涉案企业和谢某作出酌定不起诉决定。同时，根据最高人民检察院《关于推进行政执法与刑事司法衔接工作的规定》第8条之规定，向W县财政局发出《检察意见书》，结合其合规整改情况，建议对涉案企业及谢某的恶意串标行为，从宽作出行政处罚。

【典型意义】

1.依托检察一体化机制破解改革难题。跨区域跨层级组建第三方组织开展企业合规监督考察，这在全省尚属首次，对于破解单一地区第三方机制专业人员数量不足、专业面不广以及中立性不够等难题，有着重要意义。广东省、市、县三级检察院充分发挥检察一体化优势，上下一心、协同发力，共同研判案件情况、企业状况和合规重点，准确把握涉案企业合规的适用条件和启动流程，为涉案企业量身订制"贴身"的第三方组织，避免了偏远地区检察院因缺乏专业人员无法及时开展合规监督考察的尴尬境地，保证了涉案企业合规的平等适用。

2. 探索"线上 + 线下"合规考察模式。针对第三方组织成员均在外地、受疫情影响往来不便等特点，本案的办理和合规考察积极探索"线上 + 线下"模式：通过"线上"完成案卷的审阅、相关人员的访谈和企业员工测评；而在"线下"，省、市、县三级检察院人员会同第三方组织共同前往涉案企业宣布第三方机制启动，实地考察涉案企业，与企业高管深入座谈和全面评估合规计划，定期检查整改进度。整改完成后，"线上 + 线下"相结合开展公开听证，兼顾办案公开与效率，既有利于发挥第三方组织专业化作用，也有利于纾困降费，减轻企业经济负担，确保合规整改质效。

3. 标本兼治推动真合规真整改。检察机关和第三方组织深入剖析企业发案原因，紧扣本地该行业常见违规问题，识别可能导致企业刑事责任的风险点，帮助企业完善制度 5 项，合规制度框架基本构建；设立合规部门，建立合规绩效评价机制，合规管理体系基本建立；开展多种形式的合规教育、培训和宣传 3 次，培育企业合规文化。合规整改完成后，该企业经营规范有序，未再出现违法违规投标行为；生产效益也更上一个台阶，纳税额相比整改前翻了 5 倍。检察机关积极延伸办案效果，主动做好刑行衔接工作，提出检察意见移送有关主管机关处理，防止不起诉后一放了之，进一步提升了合规整改实效。

案例十七：探索"检政社"联合办案新路，从个案合规到行业合规深化诉源治理

——湛江 H 公司、海南 H 公司、王某某、
黄某某走私普通货物案

【关键词】

提前介入　追诉漏犯　联合考察　检察建议　诉源治理

【要　旨】

检察机关办理企业合规案件，注重靠前发力，提前介入侦查，充分调查研究。结合当地实际，牵头组成联合考察组，监督评估合规整改成效，有效发挥联合优势。加强与行政机关的沟通协作，促进"合规互认"，提升合规效果，形成保护民营经济健康发展合力。以能动履职推动诉源治理，实现"办理一案、治理一片"的办案效果。

【基本案情】

湛江 H 水产种苗公司（以下简称湛江 H 公司）和海南 H 水产种苗公司（以下简称海南 H 公司）分别是广东、海南对虾种苗龙头企业。湛江 H 公司是海南 H 公司在湛江市徐闻县注册成立的子公司，在经营管理方面，湛江 H 公司、海南 H 公司是同一套领导班子成员，共同决策、统一执行生产经营计划。王某某同为湛江 H 公司、海南 H 公司的法定代表人、实际管理人。黄某某同为湛江 H 公司、海南 H 公司的副总经理，负责种苗采购业务。

根据国家规定，种虾进口需经农业农村部审批并经海关检验检疫许可后才能通关入境，享受进口免税政策优惠。自 2017 年 6 月起，因办理种虾进口批文手续繁琐不能及时满足生产经营的需求，湛江 H 公司、海南 H

公司明知邱某某（另案处理）没有合法手续进口种虾，仍召开高层会议决定高价委托邱某某走私种虾入境。经湛江海关计核，2017年6月至2020年5月期间，海南H公司共走私进口种虾10240尾，涉嫌偷逃应缴税额514655.32元；湛江H公司共走私进口种虾25234尾，涉嫌偷逃应缴税额共计1372315.98元。案发后，海南H公司积极配合侦查，黄某某如实供述有关犯罪事实，认罪认罚，于2020年5月17日被霞山海关缉私分局取保候审。2021年4月14日，霞山海关缉私分局以海南H公司、黄某某涉嫌走私普通货物罪移送湛江市检察院审查起诉。2021年10月14日，王某某自动投案，被霞山海关缉私分局取保候审。2021年10月18日，霞山海关缉私分局根据湛江市检察院的口头建议，补充追诉了湛江H公司为犯罪嫌疑单位，王某某为犯罪嫌疑人。案件移送审查起诉后，湛江市检察院继续对王某某和黄某某采取取保候审措施，并积极指导企业进行自查自纠，主动全额补缴税款。

【企业合规整改情况及效果】

一是综合审查案件，启动合规程序。湛江市检察院注重靠前发力，强化政策引导，依托检警协作机制，应侦查机关邀请提前介入，引导霞山海关缉私分局敦促涉案企业相关责任人员主动投案，积极配合调查，如实供述走私犯罪事实，并对相关责任人员采取非羁押措施，使得企业能正常生产经营，为涉案企业开展合规工作创造有利条件。为精确评估案件处理结果对涉案企业可能造成的影响，湛江市检察院联合霞山海关缉私分局、市农业农村局、对虾苗种协会等相关部门人员到涉案企业开展调查，召开座谈会充分听取各方意见，全面充分掌握两家涉案企业的生产经营状况、行业影响力、社会贡献度、合规意愿和条件等。湛江市检察院经综合审查认为，两家涉案企业走私普通货物的事实清楚，证据确实、充分。鉴于涉案企业及相关责任人员主观恶性不大，在走私共同犯罪中是从犯，且在案发后主动投案自首，补缴税款，认罪认罚，且涉案企业有适用企业合规整改的强烈意愿和良好基础条件，经报请省检察院同意，决定对两家涉案企业依法启动企业合规审查工作。

二是指导系列整改，确保整改成效。案发后，在湛江市检察院和霞山海关缉私分局的敦促下，涉案企业立即终止与中间代理商的全部合作关系、停止走私种虾犯罪，企业相关负责人投案自首，并严肃处理企业内部责任人员。案件移送审查起诉后，在湛江市检察院指导下，涉案企业进行自查自纠，全面梳理排查企业生产经营管理中的漏洞，完善相关机制，并且认罪认罚，主动全额补缴税款，为适用企业合规审查创造有利条件。在宣布合规审查决定后，涉案企业如期提交了合规整改承诺书和计划，成立合规整改小组，完善进口种虾业务流程管理，调整种虾采购策略，实施"购买部分国内优质种虾"的备选方案，举办系列普法培训、法律知识竞赛等活动，推动企业合规文化建设，将企业合规贯穿到业务决策、执行、监督、反馈等全流程。在合规整改过程中，湛江市检察院检察长与湛江海关缉私局局长高度重视，亲自带队实地走访涉案企业，通过察看育苗车间、召开座谈会听取汇报等形式，全面了解企业的生产经营状况、合规整改进度，督促涉案企业及时排查生产经营、财务管理和机制建设等风险，以查清问题、查准症结、查明责任为抓手，以查促改，做到"真整改"，实现"真合规"。

三是联合监督考察，接受社会监督。湛江市检察院结合涉案企业犯罪情节、办案时限等实际情况，牵头湛江海关缉私局、市农业农村局、市对虾苗种协会、市律师协会等部门派出代表，与市人大代表、市政协委员、人民监督员等不同专业背景人员组成相对独立的联合考察组，对涉案企业合规整改的有效性进行监督评估。在湛江市检察院的指导下，联合考察组对涉案企业合规整改计划进行多次修改，且实地考察监督涉案企业，增强合规整改的针对性、有效性。2022 年 4 月 11 日，联合考察组对两家涉案企业合规整改进行评估验收，并出具了整改合格的书面评估报告。2022 年 4 月 13 日，湛江市检察院举行公开听证会，邀请市人大代表、市政协委员和人民监督员对两家涉案企业合规拟不起诉案件进行听证和评议。全体听证员在充分听取侦查机关、涉案企业诉讼代表人、犯罪嫌疑人及其辩护律师的意见后，一致认为两家涉案企业犯罪情节较轻，能投案自首并全额补缴税款，合规整改成效明显，同意检察机关对涉案企业及其相关责任人员作出不起诉的处理意见。随后，湛江市检察院根据案件事实、证据和法律规定，对两家涉案企业及相关责任人员作出不起诉决定，并向两家涉案企业公开送达了不起诉决定文书。

四是注重衔接贯通，扩大办案效果。湛江市检察院在开展合规审查过程中发现，受限于国内技术水平，优质种虾目前主要依赖进口。虽然国家出台免税政策支持种虾进口，但现有种虾进口审批手续繁琐，未能充分考虑对虾养殖行业的季节特性和市场需求，严重影响产业健康发展。为推动诉源治理，湛江市检察院向市农业农村局发出检察建议，督促该局依法推动简化相关进口报批手续。收到检察建议后，该局立即向上级行政主管机关汇报和协调。在湛江海关缉私局的共同推动下，上级行政主管机关取消了市一级对种虾进口审查环节，进口种虾的审批时间比原来的缩减了将近一半，从源头上解决了种虾进口审批难题。此外，湛江市检察院对涉案企业作出不起诉决定后，及时向湛江海关提出检察意见，建议对两家涉案企业进行行政处罚，同时一并送达企业合规计划、中期整改报告、终期整改报告和合规考察报告等材料，推动涉案企业合规得到行政部门的认可并作为相关行政部门作出行政处罚的重要依据，注重在行刑衔接中促进企业合规整改互认，形成工作合力，扩大办案效果。

【典型意义】

1. 因地制宜，有效推动联合考察监督评估机制规范运行。作为非第一、二批试点地区，在尚未建立第三方监督评估机制管委会办公室的情况下，湛江市检察院牵头不同部门、不同专业背景人员组成相对独立的联合考察组（检察人员不参加），对涉案企业合规整改的有效性进行监督评估。坚持检察机关指导下的企业自查自纠和联合考察相结合，最大限度克服联合考察制度的局限性，有效发挥联合考察的专业性、中立性优势。同时，联合考察产生的费用较低，大大降低司法办案成本，也减轻了涉案企业的经济负担。

2. 做好事前引导、事中指导和事后疏导，实现刑事检察与刑事侦查、行政管理的衔接贯通。提前介入引导侦查，注重在侦查阶段传导合规理念，事前调查摸底，引导涉案企业自查自纠，打好开展企业合规工作的基础。多次联合侦查部门和行政主管部门实地走访涉案企业，监督指导企业合规整改，确保企业合规整改实质化，有效避免表面整改和"纸面合规"。对涉案企业作出不起诉决定后，及时向行政机关提出检察意见，注重在行刑衔接中促进企业合规整改结果互认，形成工作合力，共同推动保护民营经济合规健康发展。

3. 坚持"前端""末端"兼治，推动诉源治理。针对开展合规审查过程中发现的行业治理存在行政审批繁琐等系统性深层次问题，湛江市检察院主动延伸检察职能，积极参与社会治理，加强与行政机关沟通，通过制发社会治理检察建议，督促相关部门完善监管制度，简化行政审批程序，防范相关案件反复发生，促进个案合规提升为行业合规，努力实现"办理一起案件、扶助一批企业、规范一个行业"，以能动履职有效推动系统治理、诉源治理。

案例十八：准确识别小型企业风险点，
务实高效开展简式合规
——江门市 Y 市 X 食品公司、张某某、梁某某隐匿、
故意销毁会计凭证、会计账簿案

【关键词】

小型企业　简式合规　专业考察　公开听证

【要　旨】

针对民生领域小型企业合规整改，检察机关充分考虑涉案企业从事行业、经营规模和合规成本，准确把握涉案企业合规风险点，制定重点突出、要求明确的简式合规方案。结合企业行业特点，邀请行政监管部门和行业协会派员组成考察小组，共同参与合规整改验收评估，并组织公开听证，确保企业合规整改取得实效。

【基本案情】

江门市 Y 市 X 食品公司是一家主要从事生猪收购、屠宰加工、肉食供应及深加工的民营企业。2018 年 10 月至 2020 年 5 月，X 食品公司违规收取生猪屠宰场地使用费、场地租赁费、环保费等多项费用，用于股东分红，并设立账外账记录违规收费及分红情况。

2020 年 5 月，广东省委巡视组发现 X 食品公司没有按照发改部门核定的价格进行收费并违规设立生猪屠宰场地使用费。为掩饰、隐瞒其他违规经营收入，经公司股东集体研究决定后，公司会计梁某某等人重新整理会计凭证和账簿，只保留已被发现的生猪屠宰场地使用费一项违规收费相关凭证，将其他违规收费的会计凭证和原账簿销毁。销毁的会计凭证金额为人民币（以下币种同）16889972.02 元。

2020 年 6 月 8 日，Y 市监察委员会根据广东省委巡视组巡视反馈意见出具《调取证据通知书》，向 X 食品公司调取 2010 年以来的会计凭证、账簿。X 食品公司故意拖延，并只提供了部分会计凭证和账簿。同日，Y 市监察委向该市公安局移送本案犯罪线索。市公安局立案侦查后，涉案企业及相关责任人向市公安局退出全部非法所得，向市市场监督管理局补缴漏缴款项，合计 2385 多万元。

2021 年 8 月 30 日，Y 市公安局以 X 食品公司及公司法定代表人张某某、会计梁某某涉嫌隐匿、故意销毁会计凭证、会计账簿罪向 Y 市人民检察院（以下简称 Y 市检察院）移送审查起诉。2021 年 12 月 2 日，X 食品公司向 Y 市检察院提出适用涉案企业合规的申请。经广东省人民检察院批准同意，Y 市检察院决定，于 2022 年 4 月 15 日正式启动对 X 食品公司进行为期 3 个月的合规监督考察。2022 年 8 月 15 日，Y 市检察院依法对 X 食品公司及张某某、梁某某作出酌定不起诉决定。

【企业合规整改情况及效果】

一是依法能动履职，落实"严管厚爱"政策。X 食品公司作为 Y 市唯一定点屠宰企业，每年屠宰农户生猪超 20 万头，为市场供应肉类 18000 多吨，为 Y 市生猪产业发展、农民增收及市民"菜篮子"工程作出了积极贡献，对该市经济民生具有重要作用。案发后，涉案企业面临贷款难、留人难、经营难等困境。

为了让涉案企业更好地"活下来""发展好"，Y 市检察院积极探索对本案适用涉案企业合规程序，实地走访涉案企业及市市场监督管理局、市税务局、市工商联等单位，深入了解 X 食品公司的经营规模、发展情况、行业评价、社会贡献以及刑事处罚后可能造成的社会影响等。经社会调查，Y 市检察院了解到：X 食品公司注册资金 510 多万元，共有员工 100 多人，累计带动 2000 多户生猪养殖农户实现增收 3000 多万元，为国家创税近千万元，屡获"广东省肉类协会先进单位""广东省肉类协会诚信企业"等荣誉称号，并于 2020 年 12 月启动新建肉联厂项目建设。该项目是 Y 市市委市政府推动落实的一项民生实事工程和"菜篮子"工程。案发后，涉案企业信用评级严重受损，融资极为困难，运营资金链条出现严重断裂，项目建设遭受严重影响。

Y市检察院认为：本案为单位犯罪，涉案企业及相关责任人具有坦白、全额退赃、认罪认罚等从宽情节，符合"可能判处三年以下有期徒刑"的情形；涉案企业是当地猪肉及其制品的主要供应商，在保障肉类安全稳定供应方面具有重要作用，且正在建设重要民生实事工程，对其进行刑事处罚可能给当地食品供应造成负面影响，有必要通过系统构建合规体系，解决企业合规风险，保障企业经营发展，维护社会稳定。

二是深挖"病根病灶"，定制简式合规方案。经广东省人民检察院审核批准后，Y市检察院正式启动对涉案企业的合规整改。Y市检察院结合案件审查情况，对涉案企业及相关人员违法犯罪的原因进行深入剖析，发现涉案企业股东会多次违法违规决策，股东会决策缺乏合规审查，是导致犯罪的重要因素，企业在法治文化建设、财务管理、屠宰管理、业务运营建设等方面也存在多项漏洞，合规风险相对集中。涉案企业是典型的小型企业，人员规模在100人左右，组织架构共5层，管理层人员（股东）共8人，组织架构相对简单；主要从事生猪屠宰及肉制品加工，主营业务单一，产销链条简单，财务关系清晰。综合考虑涉案企业的合规风险、企业规模、主营业务和当前的效益状况，适用简式合规程序既能精准解决涉案企业关键领域合规风险，保证合规质效，又能压缩合规所需的人力财力成本，为企业减轻负担。

据此，Y市检察院在前期走访调查的基础上，由检察机关指导涉案企业制定简式合规整改方案，突出构建合规管理组织体系、建立健全合规管理制度、建立健全持续合规体系、强化企业合规意识等4项整改重点，提出了12项合规要求，并确定了三个月的整改期限。

三是严把整改评估，提升合规建设质效。Y市检察院严格把握涉案企业合规的考察评估与验收标准，防止走过场的"纸面合规"。第一，组建专业考察团队。该院立足整改考察及评估的专业性，结合X食品公司的合规风险点，邀请当地市场监督管理局、税务局、工商联合会与检察机关联合成立合规监督考察小组，指导X食品公司对合规体系运行涉及的组织架构、事项流程、内控机制、风险整改、文化培塑等进行分解细化，从提升合规意识到健全配套内部资金流向监管审计等层面落实整改，做到点面衔接，实现"合规入心"。第二，采取灵活高效考察方式。合规监督考察小组不拘泥于特定形式，在不影响正常生产经营的前提下，融合开展实地考察、听取汇报、查阅资料、组织座谈、走访经营场所等组合方式，推动合规建设，强化员工守法意识。第三，制定综合评估体系。针对此次合规整改特点，量身定制了包括检察建议完成情况、合规方案、合规文化培养等多个模块多项评价要素的综合评价体系，由监督考察小组每月到企业进行阶段性评估，将整改工作逐项拆解评分，逐条对照检视企业整改效果。第四，公开验收合规整改成果。经过综合评估，合规监督考察小组出具《合规考察报告》，认为 X 食品公司整改效果良好。随后，该院召集刑事检察、法律政策研究部门检察官召开联席会议，对涉案企业是否建成相应合规机制并保障有效运行等重点情况进行研究，经讨论，一致认可 X 食品公司通过合规整改验收，企业及相关管理人员符合酌定不起诉条件。2022 年8 月 14 日，该院邀请人民监督员、人大代表、政协委员作为听证员，对 X 食品公司合规整改成果进行公开听证验收，听证员一致认可 X 食品公司整改成效，同意检察机关依法对该公司及张某某、梁某某作出酌定不起诉决定。

四是构建现代化企业蓝本，迎接转型发展新机遇。通过开展合规整改，X 食品公司改变野蛮粗放的发展运营模式，逐步建立起完备的合规管理组织架构以及合规管理制度机制。企业管理人员和员工的合规意识和责任感明显增强，企业合规文化基本形成，成为 Y 市的现代化企业蓝本。第一，建立健全专项合规制度。涉案企业制定了《合规管理制度》《股东会决议合规制度》《财务部日常工作管理制度》《合规风险控制制度》等 9 部企业制度，并由专业合规顾问对企业股东、高管进行深入培训，促进合规制度落到实处。第二，建立合规经营模式。涉案企业在各屠宰工场设置收费标准公示牌，确保在经营中收费项目和相应价格合规透明，杜绝违规收费。第三，构建合规专业性外部支撑。与律师事务所、会计师事务所签订服务协议，由专业律师团队、会计师团队给予企业合规管理、财务管理持续的帮助与监督，为企业合规体系的持续运行提供充分外部保障。

X 食品公司在整改期间积极推进新建肉联厂项目建设，合规整改成果为其争取政府资金支持和银行贷款融资提供了有力的支撑。目前，项目已顺利建成投产，大大提升了企业肉品品质和供应能力，让市民吃上"放心肉""安心肉"。

【典型意义】

1. 积极适用企业合规整改，依法能动履职保障民生。在办理涉民生领域案件时，要充分考虑对涉案企业刑事处罚在社会稳定、民生保障方面可能造成的负面影响，准确把握法律政策界限及开展涉案企业合规的范围和条件，适时启动企业合规整改程序助企纾困，既促进涉案企业守法经营，又做实"保企业、保民生"。

2. 因案制宜选择简式合规，抓住关键制定合规计划。根据企业犯罪类型、治理结构、行业特点、违法犯罪根源，指导企业制定小而精的合规整改方案，将整改重点放在构建基本合规管理制度、弥补管理漏洞等方面，提出明确具体的验收要求，并设置较短的考察期，有效平衡合规成本和合规效果，实现合规法治效益和社会效益最大化。

3. 发挥检察机关主导作用，采取多种方式评估验收。对于合规风险集中、考察专业性相对不强的案件，由检察机关主导，从行业主管部门和行业协会中选取专业人员，成立合规监督考察小组。通过期中监督对涉案企业合规整改方案履行情况进行检查，通过期末验收对企业合规总体成果进行验收评估，通过公开听证公开审查全案并作出不起诉决定，实现对企业合规整改的全程跟踪和全面验收，确保合规整改扎实有效。

案例十九："检察主导 + 专业评估 + 飞行检查 + 公开听证"四位一体企业合规新模式
——珠海 Y 公司等 5 家公司、李某某等人串通投标案

【关键词】

串通投标 专业评估 "飞行检查" 公开听证

【要 旨】

针对招投标领域企业存在的合规漏洞，检察机关深入开展社会调查，积极引导涉案企业开展合规建设。综合考虑涉案企业行业属性，组建专业第三方组织，同步对五家涉案企业开展合规监督考察，在提升企业合规质效的同时，兼顾办案质量与效率。创新开展"飞行检查"，确保企业真合规真整改。科学优化合规考察方式，探索"检察主导 + 专业评估 + 飞行检查 + 公开听证"四位一体企业合规模式，突出检察机关在合规工作中的全流程主导作用，充分发挥第三方组织在合规有效性评估方面的作用，确保合规验收质效，推动涉案企业合规工作取得实效。

【基本案情】

2021 年 4 月，珠海市某 J5、S12 工程项目公开招标，珠海 Y 建设有限公司（以下简称 Y 公司）为了承建上述两个项目，公司法定代表人李某某通过洪某甲、郑某某等人组织 X 公司、Z 公司、H 公司、J 公司等逾 200 家公司，以串通投标报价的方式共同参与两个项目的投标，以便为 Y 公司获得上述两个工程项目的承建机会。洪某甲、郑某某等人确定参与围标的公司后，由李某某汇总围标公司的数量、计算确定每家公司投标价格，通过洪某甲、郑某某等组织人员将投标价格分发给余某某、洪某乙等人提供的各围标公司，由各参与围标的公司根据投标价格自行制作标书、支付投

标费用，并在网上参与投标。最终，S12 项目由余某某提供的某住宅公司以人民币 55268499.11 元中标，J5 项目由洪某乙实际控制的某建筑公司以人民币 61723995.67 元中标，两个项目最终转包给 Y 公司实际承建。组织人员根据提供的公司数量获得每家公司人民币 500 元至 1000 元不等的组织费用；参与围标的公司按照公司诚信等级和参与投标项目的数量获得人民币 10600 元至 15900 元不等的围标费用。案发后，涉案公司及相关人员退回违法所得共计人民币 2136300 元。

2022 年 4 月 7 日，珠海市公安局某分局以 Y 公司、X 公司、Z 公司、H 公司、J 公司等五家公司、李某某等人涉嫌串通投标罪移送珠海市斗门区人民检察院（以下简称斗门区检察院）审查起诉。2022 年 5 月，Y 公司等五家公司向斗门区检察院提出申请启动涉案企业合规程序，经层报广东省人民检察院审批同意后，斗门区检察院于 2022 年 12 月 12 日决定对 Y 公司等五家涉案企业启动合规程序并适用第三方监督评估机制，合规监督考察期为三个月。2023 年 4 月 26 日，斗门区检察院就该案召开公开听证会，听证员一致认为 Y 公司等五家涉案企业合规整改合格。后斗门区检察院依法对 Y 公司等五家公司、李某某等人作出不起诉决定。

【企业合规整改情况及效果】

一是提前介入侦查，把准案件定性。因本案涉及招投标金额上亿元，参与投标企业多达二百多家，覆盖面广、社会影响大，在侦查之初斗门区检察院应公安机关邀请提前介入案件，引导公安机关固定 Y 公司等多家企业制作标书、串通投标报价的证据，查清串通投标的模式。为准确把握案件定性，检察机关与公安机关一同走访该市招标办了解招投标情况，夯实下一步审查起诉和开展企业合规工作基础。最终认定本案涉案五家企业均是单位犯罪的适格主体，客观行为均系五家企业的法定代表人或实际责任人以企业的名义直接实施，所获利润归于企业，且本案两个项目的中标金额上亿元，情节严重，构成串通投标罪。

二是深入社会调查，审慎启动合规。在办理案件过程中，斗门区检察院了解到案发后涉案公司面临巨大危机，对企业发展和在建工程均产生一定的负面影响。检察机关经过社会调查、意见听取等方式，审慎评估涉案企业的犯罪行为危害性、认罪悔罪态度、社会影响及整改必要性等因素后认为，五家公司均认罪认罚、退还违法所得，有适用涉案企业合规的意愿并提交了企业合规申请书，且五家企业近年来经营状况良好，足额纳税，具备承建重大工程项目的多种资质，具有良好的发展前景；案发系因企业管理人员法律意识淡薄、风险防控及人员管理等方面存在漏洞，有必要构建系统的合规管理体系，以保障五家企业的可持续合法合规经营。据此，Y 公司等五家公司均符合企业合规的条件，依法向广东省人民检察院申请对 Y 公司等五家企业启动企业合规。

三是组建第三方组织，科学开展考察。斗门区检察院商请本地区第三方机制管委会启动涉案企业第三方监督评估机制，并从专业人员名录库中抽选五位专家组建第三方监督评估组织，专家组成涵盖工程专家、高校教授、企业合规师、律师、税务师等职业，为企业合规监督考察评估提供专业化、独立化、客观化服务。第三方组织深入五家涉案企业实地考察、访谈，细化企业合规计划，在考察期内对涉案企业的合规整改工作进行全流程、全方位监督、指导。斗门区检察院实时对涉案企业整改进度、第三方组织履职情况进行全程跟踪，通过查阅涉案企业提交的整改中期报告和终期报告，全面掌握整改进程，及时反馈整改意见，动态调整整改措施。

四是组织"飞行检查"，保障合规质效。创新开展"飞行检查"，科学优化合规考察模式。"飞行检查"是跟踪检查的一种形式，指事先不通知被检查企业实施的现场检查。斗门区检察院通过邀请市人大代表、区政协委员、区工商联代表共同组成检查小组，抽选部分涉案企业开展不定期"飞行检查"，有效防止"纸面合规""应付考察"的现象，及时反馈整改问题。监督整改过程中兼顾企业实际情况，保护企业正常经营，根据涉案企业的经营实际及整改进度适时调整考察期，对部分企业因受疫情及春节假日等原因影响而导致合规工作无法按时完成的情况，适时延长合规考察期半个月，切实保障企业合规整改质效。

五是组织公开听证，保障决策科学性。2023 年 4 月，斗门区检察院与第三方组织共同对涉案工程项目的建设情况开展实地考察，由第三方组织对 Y 公司等五家企业合规整改进行验收，经评估后第三方组织认定涉案企业均通过合规考察。随后，斗门区检察院组织召开听证会，邀请人大代表、政协委员、人民监督员作为听证员。会上，听证员在综合听取检察机关、第三方组织在合规中的履职情况以及涉案企业整改情况后，一致同意通过涉案企业的合规整改验收，认可检察机关对涉案企业作出不起诉处理决定。最终，检察机关依法对 Y 公司等五家企业、李某某等人作出不起诉决定。

六是持续跟踪回访，形成长效机制。斗门区检察院在作出不起诉决定后，要求 Y 公司等企业加强常态监管，对企业工程投标等核心经营环节进行整改完善。以"办理一个案件，救活一批企业，规范一个行业"为目标，与区工商联联合开展"法治保障发展，促企合规经营"斗门民企普法专题宣讲暨线上法律服务推广活动，邀请第三方组织专家代表对涉案企业持续开展宣传教育工作，同时举办企业代表同堂培训，引导和帮助民营企业合规合法经营，以法促企、以法促优，不断优化营商环境。目前，涉案的工程项目均已通过相关部门的工程验收，其中 J5 项目获评"珠海市建设工程优质结构奖"。

【典型意义】

1. 严格把握企业合规适用条件。检察机关在进行社会调查时，主动审查涉案公司是否符合涉案企业合规适用条件，通过查阅涉案企业纳税情况、工商登记、社会贡献等书面证明材料及征询涉案企业、个人的意见等方式，进一步调查核实企业经营情况。在了解到涉案企业合规整改意愿强烈，自愿认罪认罚的基础上，检察机关提前与本地区第三方机制管委会沟通，做好合规前期准备。检察机关经审查后认为涉案企业均符合企业合规适用条件，对涉案企业作出合规考察决定。

2. 组建专业化第三方组织。检察机关商请第三方机制管委会从全市专业人员库中抽取了工程专家、高校教授、企业合规师、税务师、律师组成的第三方组织，为第三方机制运转提供专业化支撑。检察机关依托第三方组织的专业优势，以实地考察评估、书面审阅材料的形式对涉案企业合规计划执行情况进行充分审查，第三方组织在考察期内对涉案企业的管理规范、组织体系、风险防范等方面进行全面审查，全面监督评估整改情况，同时督促涉案企业构建贴合自身实际的合规体系，做到"真合身""真管用"，并在考察期结束后向检察机关出具书面合规监督考察报告，为检察机关作出最终决定提供重要、科学、专业的参考依据。

3. 多措并举保障合规整改有效性。第一，强化检察主导，加强合规考察的审查把关，及时掌握第三方组织对企业合规整改的考察情况，确保第三方组织及时全面开展企业合规整改指导工作，避免出现"纸面合规""形式合规"。第二，强化阶段性检查工作。检察机关通过要求企业在考察期内分三个阶段按时汇报整改进度，每阶段制作书面材料并提交阶段整改报告。检察机关通过实地检查、书面审查的方式及时掌握涉案企业开展合规整改的具体进度。第三，开展"飞行检查"，邀请市人大代表、区政协委员、区工商联代表共同组成检查小组，在事先不通知涉案企业的情况下，对涉串通投标案企业的合规整改情况以及第三方组织履职情况开展"飞行检查"。检查小组实地走访涉案企业，听取涉案企业负责人汇报阶段性整改情况、听取第三方组织履职汇报及调阅企业合规整改台账的方式，对第三方组织的履职情况及企业的合规整改情况进行检查和监督，最大限度保证监督考察的效果，确保合规整改的有效性。

4. 依托合规整改推动企业完善治理结构。检察机关在办理本案过程中，针对涉案公司的经营活动提出以下建议：第一，开展合规风险自查识别，对公司经营涉及投标管理、劳动人事、税务、资产、采购、安全生产等方面，形成《风险识别自查报告》。第二，全面制定规章制度，包括合规咨询制度、合规举报制度、合规调查制度、合规问责制度以及其他专项合规制度等，为公司搭建了一套完整的管理制度。第三，解决家族式管理、"一言堂"、实际决策人与职权分离等民营企业常见的内控失调现象，要求涉案公司高层决策要从"个人决策"变更为"董事会议决策"，从根本上避开因实际控制人高度集权导致的各种经营雷区。第四，设立合规管理委员会，聘请合规法律顾问、财务顾问，设立合规专员岗位，通过董事会集体决策、合规管理委员会合规监督，根据制定的投标管理制度对投标行为进行规范，从制度上杜绝串通投标行为的再次发生。此外，检察机关积极推进诉源治理，联合行政职能部门，深入工业园区开展法治宣传，以"我管"促"都管"，助力强化企业合规意识，营造企业合规文化氛围，为企业防范风险、合规经营提供法律支持，从源头上防止类似违法犯罪再次发生。

案例二十：六字"诀"为小微企业"松绑减负"
——中山R公司、王某某虚开增值税专用发票案

【关键词】

小微企业　简式合规　合规整改有效性　合规互认

【要　旨】

为进一步规范市场经济主体的经营活动，积极实践大中小微型企业合规建设"差异化"模式，实现企业合规繁简分流，快慢分道，中山市第二市区人民检察院立足检察职能和涉案企业实际，聚焦"审""建""邀""验""听""衔"六字探索小微企业简式合规路径。检察机关主导开展合规监督考察和验收评估，以更低成本、更快捷流程帮助涉案小微企业"松绑减负"，助力企业建立完备的财务管理和合规内控体系，全链条增强企业的防控风险能力。

【基本案情】

2016年11月至2018年8月间，犯罪嫌疑人王某某与廖某某（另案处理）合谋以虚开增值税专用发票牟取非法利益，在无真实货物交易情况下，以收取开票费的方式，由中山市R公司（以下简称R公司）为中山市J公司（以下简称J公司）虚开增值税专用发票共计13份，其中虚开的增值税专用发票价税共计人民币996434.88元，税额共计人民币143979.64元，收取开票手续费共计人民币104625.44元，J公司向税务机关抵扣税款共计人民币110819.16元。

2021年7月6日，犯罪嫌疑人王某某接到公安机关电话通知后主动到案，并如实供述虚开增值税专用发票的犯罪事实，后将涉案赃款人民币110820元全额退缴。

中山市公安局于 2022 年 8 月 26 日将犯罪嫌疑人王某某涉嫌虚开增值税专用发票一案移送中山市第二市区人民检察院（以下简称中山二院）审查起诉。中山二院审查后追加 R 公司为犯罪嫌疑单位。2022 年 9 月 19 日，涉案企业向检察机关递交书面申请请求启动涉案企业合规程序。2022 年 11 月 10 日，中山二院经层报广东省人民检察院审批同意后，于 2023 年 1 月 10 日启动涉案企业合规程序，合规监督考察期限为 3 个月。2023 年 4 月 23 日，中山二院在 R 公司合规整改合格后，经听证验收程序，依法对 R 公司、王某某作出酌定不起诉决定。

【企业合规整改情况及效果】

一是"审"，小微企业有"定制"。检察机关受理案件后，及时调取涉案小微企业工商信息、纳税证明等资料，并实地走访考察企业经营情况，充分论证启动涉案企业合规的必要性、可行性。经审查，认定 R 公司系对本地经济发展做出贡献的小微企业，且符合业务规模小、犯罪情节轻、合规风险明确等情形，依法适用精简合规程序，对该企业"量身定制"适用简式企业合规整改程序。

二是"建"，督促整改有"章程"。为更好发挥企业合规服务保障经济社会高质量发展的功效，促进涉案企业"真整改""真合规"，启动合规程序后检察官通过翻阅卷宗、现场调查、讯问当事人、询问员工等方式深入剖析 R 公司存在的监管漏洞和涉罪起因，结合企业生产经营和人员管理实际，围绕增加风险预警机制、增强诚信纳税意识、完善合规管理制度等方面，制发《涉案企业合规检察建议》，为企业"把脉问诊"，指导其系统构建合规管理体系。

三是"邀"，精准合规有"外脑"。在企业合规监督考察过程中，检察机关引入特邀检察官助理这一"外脑"，会同税务机关的特邀检察官助理走访企业、共同监管、共同验收，多维度、深层次提升行刑司法协作水平和检察机关考核专业化水平，提升了涉案小微企业合规的针对性和精准性，避免出现"纸面合规""形式合规"，推进合规建设有智、有质、有效。

四是"验"，实地评估回"正轨"。中山二院结合小微型企业特点，简化考核程序，制定以检察官为主导的"一建一回复""一月一走访""一阶一验收"的简式评估方案,以"文对文 + 面对面"的方式对 R 公司提交的《合规计划书》《合规整改情况》进行实质审查,实地走访、科学评估,精准推进涉案企业合规体系建立,促使合规"效率"与"治理"双结合。

五是"听",直播听证见"效果"。为深化检务公开,检察机关通过"线上 + 线下"相结合的方式,在中国检察听证网召开首场企业合规公开听证网络直播会,邀请外部专家作为听证员对涉案企业合规评估情况及对 R 公司、王某某的拟不起诉决定发表意见。通过听证审查评议,听证员一致同意 R 公司合规整改有效、同意检察机关拟不起诉处理意见。该场听证会是中山二院转变司法理念、广泛听取意见、主动接受社会监督的生动体现,通过让检察权在阳光下运行,增强了合规考察的透明度和公信力,为人民群众提供了"零距离"的听证体验,让公平正义可见可感。

六是"衔",合规整改促"互认"。中山二院在对 R 公司作出不起诉决定后,持续开展合规引导,完善行刑衔接,推动构建"合规互认"。第一,及时向中山市公安局制发《检察意见书》,要求将本案移送国家税务总局中山市税务局处以行政处罚。第二,由分管院领导带队多次走访国家税务总局中山市税务局,达成合规互认共识,制发《合规互认建议函》提出从宽处理意见,并同步移送《不起诉决定书》《合规计划书》《合规整改情况》等合规整改验收材料,促进合规整改互认、合规行政从宽处理,提升合规效果。

【典型意义】

1. 因案施治,探索小微企业适用简式合规可行性。小微企业在业务范围、资金规模、员工人数、风险防控、合规治理等方面与大中型企业存在明显差异,检察机关立足检察职能和涉案企业合规适用的条件和范围,结合小微企业的自身特点,对涉案企业犯罪事实和情节、案发原因、社会危害性、经营风险和监管漏洞、企业对社会贡献、企业合规文化构建意愿和可能性等因素进行走访、调查,准确把握法律政策界限和开展企业合规范围条件,以治促救,为小微企业量身定制简式合规整改方案。

2. 能动履职,探索检察机关全流程主导合规路径。本案中,检察机关充分结合小微企业特点,通过简化程序、降低合规成本、发挥主导审查的简式合规监管模式,有序推进合规整改工作。为防止"外行"验收"内行"的风险，在不影响正常经营的前提下，检察机关充分利用"检察建议＋特邀助理""检察听证＋合规建设""节点审＋全回顾""书面审＋实地走"四个组合加法，依照时间进度表对涉案小微企业提交的合规计划和整改报告进行实质审查，借智借力主导合规监管和验收评估全流程，确保企业合规整改到位，从源头上消除企业违法犯罪风险。

3.有的放矢，探索行刑合规考察结果互认机制。针对合规不起诉后对涉案企业行政处罚过重的问题，为进一步强化合规考察结果的运用，检察机关探索构建行刑合力安商惠企新机制，通过联合相关行政主管部门介入合规整改流程、参与合规整改公开听证、座谈共研合规整改成效、制发合规互认建议文书等措施，推动行政机关将整改的成果作为行政机关进行行政处罚的从轻、减轻情节的重要参考，发挥企业合规激励最大化，护航企业行稳致远。

案例二十一：发出全国首份
《企业专项刑事合规证明书》
——广东 Y 信息系统有限公司、广东 H 办公用品有限公司、韩某某单位行贿案

【关键词】

简式合规　合规整改后起诉　从宽量刑建议　审判环节延伸适用　合规证明书

【要　旨】

检察机关严格依法规范办理职务犯罪领域的涉案企业合规案件，根据企业不同类型及涉嫌的罪名决定采取"简式合规"或者"范式合规"方式；避免涉案企业合规就是对企业和责任人员不起诉的误区，对符合合规条件但依法应当提起公诉的，综合考量合规审查情况提出从宽处罚的量刑建议；树立"涉案企业合规不限于检察环节、检察工作，不停留在审查起诉环节"的理念，做好诉审衔接工作，合力确保合规整改实效；同时，积极探索新的合规服务方式，从有利于企业合法规范经营出发出具《企业专项刑事合规证明书》。

【基本案情】

被告人韩某某，系被告单位广东 Y 信息系统有限公司（以下简称 Y 公司）法定代表人，被告单位广东 H 办公用品有限公司（原某市 H 电子科技有限公司，以下简称 H 公司）实际控制人。

2016 年底，韩某某向陈某甲提出请托，希望通过其找到时任某单位领导陈某乙帮忙承接该单位信息化工程项目，并承诺按工程量 10% 的比例给予陈某乙好处费，给予陈某甲一定报酬。2017 年至 2018 年，陈某乙授意

下属陈某丙等人通过控制招标技术参数等方法，使 Y 公司、H 公司顺利承接了该单位信息集控中心等多个信息化项目，合同价款约人民币 3000 万元（币种下同）。韩某某按照约定，于 2017 年中秋节前送给陈某甲 100 万元，并委托陈某甲转送 200 万元给陈某乙；于 2018 年初送给陈某甲 100 万元，并委托陈某甲转送 100 万元给陈某乙。此外，韩某某分别于 2017 年、2018 年送给陈某丙 2 万元、6 万元。

2017 年，韩某某向某单位领导聂某某提出请托，希望能承接该院的信息化项目，并承诺按照工程量 10% 的比例给予好处费。2018 年，聂某某帮助 Y 公司、H 公司顺利承接了该单位信息化工程三个项目，合同价款约 1100 万元。韩某某按照约定，分别于 2018 年、2019 年送给聂某某 50 万元、60 万元。

2022 年 4 月 12 日，监察机关以 Y 公司、H 公司、韩某某涉嫌单位行贿罪向珠海市检察院移送审查起诉。珠海市检察院经报请广东省人民检察院批准，对 Y 公司、H 公司启动涉案企业合规程序。2023 年 2 月 21 日，珠海市检察院对 Y 公司、H 公司、韩某某以单位行贿罪提起公诉，并根据合规整改结果提出从宽处罚的量刑建议。2023 年 7 月 18 日，珠海市中级法院采纳珠海市检察院的量刑建议，以单位行贿罪判处 Y 公司、H 公司罚金各十五万元；判处韩某某有期徒刑二年，缓刑二年，并处罚金十万元。

【企业合规整改情况及效果】

一是深入了解涉案企业，充分论证开展合规的必要性。珠海市检察院调取了涉案企业的工商登记信息、纳税情况等材料并开展实地走访，深入了解了企业的生产经营状况。Y 公司有员工 40 余人，具有优质的行业经营资质，H 公司为同一套人马的关联企业，2013 年至 2021 年 Y 公司共纳税 263 万余元，多年获评省级"守合同重信用企业""优秀安防企业"。2020 年至 2021 年，Y 公司与 10 家单位签订了标的额共 842 万元的维保服务合同，案发时大部分合同仍在履行期。2011 年至 2021 年，企业及韩某某积极履行社会义务，共计捐款 50 余万元用于乡村振兴、扶贫助困、抗击新冠疫情等公益事业，多次受到表彰。案发后，涉案企业和个人认罪认罚，主动提交合规整改计划，承诺建立企业合规制度。珠海市检察院经评估认为，涉案企业在管理机制、合规风险防控、企业文化建设等方面存在问题，有必要通过系统构建合规管理体系解决合规风险。经报请广东省检察院批准，决定对该案启动涉案企业合规程序。

二是立足案件实际，决定适用"简式合规"及认罪认罚从宽制度。鉴于涉案企业属于小微企业，合规问题明确，监督评估专业性要求较为简单，为降低合规成本、减轻企业负担，珠海市检察院决定采取检察机关自行监管的监督考察模式，包括指导企业对行贿犯罪发生的原因开展自查，找出企业经营管理的制度漏洞及公司治理结构缺陷，结合办案中发现的问题指导企业围绕六个风险点细化、完善合规整改计划。涉案企业根据整改计划，调整企业组织架构和管理人员岗位，举办合规管理制度培训，建立反商业贿赂合规管理团队，并积极开展反商业贿赂合规文化建设。在3个月的合规整改考察期内，珠海市检察院通过专项抽查、全面审查等方式，定期督促、检查、跟踪专项整改情况，确保合规整改落到实处、整改目的得以实现，最终对合规整改予以验收合格。鉴于被告单位多次行贿且数额巨大，依法仍应当提起公诉，珠海市检察院坚持"不是所有的涉案企业合规都要以对企业和责任人员不起诉为前提"的原则，决定对涉案企业及其负责人提起公诉并适用认罪认罚从宽制度，对涉案企业提出较小数额的罚金刑、对企业负责人提出适用缓刑的量刑建议。

三是加强与法院的衔接协作，在判决中对合规整改成果予以确认。珠海市检察院秉持涉案企业合规全流程适用的理念，坚持"涉案企业合规不限于检察环节、检察工作，不停留在审查起诉环节"，在案件提起公诉后，与珠海市中级法院加强衔接协作，既接力又协力，做好诉审衔接工作，多次共同派员到涉案企业实地查看企业经营情况及合规整改落实情况，并邀请律师、注册会计师、国企法务等第三方监督评估专业人员对合规整改情况进行核查，对企业的管理架构和监管体系方面存在的风险点提出更具专业性的意见，确保企业"真整改、真合规"。涉案企业积极听取和采纳专家意见，及时更换公司监事，增加合规专员，并表示结案后注销关联企业。评审专家经再次核查后，形成整改合格的评审报告提交法庭。最终，法院在判决中全面采纳了检察机关认定企业合规整改合格及从宽处理、对企业负责人判处缓刑的量刑建议。

【典型意义】

1.认真分析评估，推动涉案企业合规在职务犯罪案件中适用。本案中，涉案企业行贿数额巨大且向多人行贿，企业负责人可能判处三年以上有期徒刑，但其在企业经营活动中具有不可替代的作用，如果简单化地"一诉了之、一判了之"，企业的生产经营会陷入困境。在推进"受贿行贿一起查"的背景下，检察机关应审慎评估贿赂行为产生的原因及社会影响，严格把握职务犯罪案件适用涉案企业合规改革的条件，通过个案分析及规范化量刑限制从宽形式和幅度，依法提起公诉并基于合规整改情况提出宽缓的量刑建议，做到既不降低对行贿犯罪的打击力度，又体现合规改革应用尽用、对合规企业依法保护的法律温度。

2.汇聚改革合力，推进涉案企业合规诉审环节的有序有效衔接。珠海市检察院与法院、侦查机关联签了《关于在涉案企业合规工作中加强协作配合的意见（试行）》，在广东省首推涉案企业合规在侦查、检察、审判环节全流程适用。在案件提起公诉时，检察机关一并将企业合规整改材料作为证据提交，并在量刑建议书中阐明对企业合规整改验收合格的依据；在审判阶段，积极配合法院抽调第三方监督评估专业人员对企业合规整改情况进行核查，跟踪回访企业合规整改落实情况；在庭审前，联合法院共同召开合规整改现场评审会，听取各方当事人意见，综合检验合规整改的质量和效果，确保合规整改真实有效；最终，审判机关在判决书中认可合规整改成果并采纳检察机关的从宽量刑建议。

3.延伸合规服务，充分体现司法机关对民营企业的严管厚爱。为进一步提升涉案企业员工的合规意识，助力企业合规守法经营，检察机关与法院经商议，将法庭"搬进"200公里之外的涉案企业，邀请涉案企业全体员工旁听庭审，公诉人在法庭上以指控犯罪事实、出示证据、阐明警示教育意义等方式为企业员工上了一堂生动的合规法治教育课。考虑到行贿犯罪可能对企业市场准入资格带来的后续影响，根据涉案企业申请，检察机关与审判机关积极探索新的合规服务方式，向企业发出《企业专项刑事合规证明书》，帮助企业轻装上阵，最大限度减少给企业经营带来的负面影响。

案例二十二：打造合规范本　推动类案企业合规规范化
——河源市 R 公司、欧某某逃避商检案

【关键词】

逃避商检　第三方监督评估　类案合规

【要　旨】

检察机关办理企业刑事犯罪案件，应积极探索检察履职与企业合规的结合方式，注重治罪与治理并重，在涉案企业进行合规整改的过程中，发挥检察机关程序性主导作用，以个案为切入点，主动培育涉案企业合规典型案例和类案合规整改范本，探索推动类案合规，帮助企业建立健全合规管理体系，引导企业依法合规经营、健康发展。

【基本案情】

河源市 R 公司是专门从事 UV 光固化高新技术产品研发生产销售的企业，主营产品为 3D 打印材料、UV 胶、美甲胶等。欧某某为 R 公司总经理，负责公司所有业务。R 公司的产品之一甲油胶，根据《中华人民共和国进出口商品检验法》和进出口税则的规定，属于在进出口前必须向海关办理进出口商品检验的货品，出口环节，报检义务人为出口商品外贸合同的卖方或其代理人。为保持市场竞争力，R 公司应客户要求于 2016 年至 2021 年期间，违反进出口商品检验法的规定，通过国际货代公司以走"灰关"的形式将甲油胶未报经检验合格而擅自出口至境外。

河源海关缉私分局于 2021 年 12 月 8 日对此案立案侦查。2021 年 12 月 15 日，欧某某主动投案自首并自愿认罪认罚。河源海关缉私分局于 2022 年 2 月 22 日对欧某某采取取保候审强制措施。案发后 R 公司主动退回违法所得 6 万元，并检举揭发其他涉嫌逃避商检的企业。

经河源海关缉私分局查明：2016 年至 2021 年期间，R 公司通过国际货代公司以走"灰关"的形式将货值人民币 18532268 元的甲油胶未报经检验合格出口至境外。2022 年 9 月 7 日，河源海关缉私分局以 R 公司及欧某某涉嫌逃避商检罪移送河源市检察院审查起诉，同日河源市检察院决定对欧某某采取取保候审强制措施。R 公司主动提出合规整改申请，河源市检察院进行评估并听取 R 公司合规意愿后，依法启动涉案企业合规程序商请第三方机制管委会启动第三方机制。经过三个月的考察，第三方组织评审合规整改合格后，河源市检察院依法对 R 公司及欧某某作出不起诉决定。

【企业合规整改情况及效果】

一是审慎启动涉案企业合规程序。应河源海关缉私分局邀请，河源市检察院介入侦查引导取证，与海关侦查人员座谈，了解案发原因及案件办理情况，初步研判是否符合启动涉案企业合规条件。在移送审查起诉后，全面审查是否符合涉案企业合规以及第三方机制的适用条件，并及时听取 R 公司意见。经查，R 公司为当地提供 200 余个就业岗位，2021 年的年纳税额约 400 万元，先后获得"国家高新技术企业""广东省专精特新企业""科技中小型企业""河源市知识产权优势企业""河源市知识产权示范企业"等荣誉称号，但公司管理层及员工法律意识淡薄，尤其是外贸团队对逃避商检的法律后果缺乏认识，外贸业务流程过于简单且不完整，合规意识薄弱。案发后，R 公司主动向河源市检察院申请启动涉案企业合规程序。河源市检察院认为，R 公司具有良好发展前景，犯罪嫌疑人欧某某有自首、立功情节，并自愿认罪认罚退缴违法所得，涉案业务比重小，且该公司有强烈的合规建设意愿，具备启动第三方机制的基本条件。综合考虑涉案企业的案发原因、合规整改意愿、社会贡献、发展前景，决定启动涉案企业合规考察。

二是科学选任第三方组织。河源市检察院商请启动第三方机制后，提出建议并协助第三方机制管委会邀请河源海关缉私分局派员加入，与第三方机制管委会抽取的 4 名法律专业人士共同组成第三方组织，指导企业开展合规整改工作。对 R 公司提出的合规计划，河源市检察院会同第三方组织对合规计划进行全面评估研究，提出整改方向和建议，共同审核通过合规计划。R 公司严格按照合规计划完成整改，先后成立了合规组织委员会，签订《合规承诺书》，编制《外贸销售手册》《合规准则》，开展商检政策法律法规培训，建立《合规风险反馈举报管理制度》《合规调查、整改和主动披露程序》制度，增设报关员岗位及全面合规律师顾问岗位，聘请专业对口的第三方顾问开展合规排查与治理，每个月提交一次阶段性书面报告。

三是注重听取第三方组织意见。在第三方组织提交考察报告前，河源市检察院检察长带队深入企业了解企业生产经营状况，听取合规整改情况，并指派检察干警以授课的形式为 R 公司员工进行普法宣传，加强内部人员合规意识。案件承办人加强与第三方组织的沟通衔接，听取第三方组织对涉案企业合规整改评估意见，与第三方组织共同研究合规整改成效的评估方式方法，确定通过书面审查、约谈管理层、问卷调查、听取汇报等形式，对 R 公司合规成效进行监督检查，确保企业"真整改""真合规"。

四是主动接受监督。2023 年 7 月 17 日，河源市检察院就是否对 R 公司、欧某某作相对不起诉处理依法召开听证会，邀请听证员、人民监督员、侦查机关人员、第三方组织成员参会，与会听证员一致同意检察机关作相对不起诉处理。2023 年 7 月 18 日，河源市检察院第一检察部就是否对 R 公司、欧某某作相对不起诉处理召开检察官联席会议，与会检察官均同意作相对不起诉处理。

五是探索推动类案企业合规规范化。R 公司逃避商检案为河源海关缉私分局办理的逃避商检系列案之一，后续案件陆续进入诉讼程序，针对已进入审查起诉阶段案件，适用涉案企业合规第三方机制企业 1 家，检察机关指导帮助 4 家小微企业自行开展合规整改。为实现该类涉案企业规范开展涉案企业合规，帮助企业建立健全合规管理体系，引导企业依法合规经营、健康发展，检察机关以 R 公司涉案企业合规为切入点，与第三方组织加强研究，明晰了该类案件合规整改实施的方式和整改效果评价标准，打造该类案件涉案企业合规模板，提供合规指引。

【典型意义】

1. 充分考虑案件特点组建第三方组织，确保企业合规的专业性。该案在启动第三方机制时充分考虑专业性，河源市检察院建议并协助第三方机制管委会商请海关缉私部门指派人员，与从专业人员名录库抽取的法律专业人士组成第三方监督评估组织。合规考察结束后组织公开听证，邀请第三方组织成员及河源海关缉私分局从企业规范商检报关流程及监督管理的角度提出专业意见，确保合规考察结果运用的科学性。

2.强化审查把关，保障合规整改和案件办理同步推进。本案中，河源市检察院在依法适用第三方机制的基础上，因案制宜加强合规考察的审查把关，避免出现"纸面合规""形式合规"。针对R公司反映因企业涉案无法申请生产用地影响企业发展，希望加快案件办理进度及涉案企业合规考察进度的问题，承办检察官在考察期届满后及时与第三方组织沟通，主动听取第三方组织对企业合规整改的考察情况，及时反馈检察机关意见及涉案企业的诉求给第三方组织，并召开听证会，做到涉案企业完善整改落实与检察机关办案同步推进，加快案件办理，最大限度减少对涉案企业生产经营的影响。

3.依法能动履职，确保合规工作取得实效。河源市检察院应邀提前介入案件，及时引导侦查机关全面查清案件事实，并与侦查人员座谈研判涉案企业犯罪原因，研究启动涉案企业合规程序的可行性。案件进入诉讼程序后，河源市检察院及时自行开展涉案企业合规社会调查工作，为适用企业合规提供充分依据。将涉案企业合规与案件办理、检察听证等相关工作紧密结合，既推动对企业违法犯罪行为依法处罚，使企业能够改过自新、合规守法经营，又能减少和预防企业再犯罪，使企业更主动地承担社会责任，为出口逃避商检类案件开展涉案企业合规建设提供了生动的检察实践。

4.落实诉源治理，以个案办理推动类案整改。针对甲油胶生产企业逃避商检出口甲油胶的类型化犯罪案件，认真研究分析涉案企业犯罪原因，以个案办理为切入点，下大功夫将该案培育成涉案合规企业典型案例和企业合规整改范本，为该类涉案企业提供合规指引，实现治罪与治理并重。

第三章

涉案企业合规机制建构

第一节　合规有效性标准

1. 佛山顺德：引入 ISO 37301 标准，
围绕"七要素"保障涉案企业合规整改考察评估实质化

自 2021 年 4 月被省院确定为基层院企业合规改革试点单位以来，顺德区院保持高度政治站位，将开展企业合规试点工作作为服务保障民营经济健康发展、贯彻落实"六稳""六保"部署、打造一流营商环境的重要抓手。试点期间，顺德区院积极研究，在合规整改考察评估有效性标准上下功夫、作文章，引入《ISO 37301 合规管理体系要求及使用指南》（以下简称 ISO 37301 标准），作为合规整改考察评估的准据，精准围绕"七要素"合规管理体系要求，充分保障合规整改实质有效、考察评估标准统一。

一、创新思路，引他山之石筑合规之基

顺德区民营经济发达，企业众多，其中头部企业如美的集团、碧桂园集团企业合规管理起步较早，实践经验丰富。2021 年 4 月，顺德区院被确定为企业合规改革试点的同期，ISO 37301 标准正式颁行。美的集团率先开展 ISO 37301 标准合规管理体系建设，[①] 并于 2021 年 5 月邀请顺德区院检察官与美的集团合规部开展同堂培训，共同学习 ISO 37301 标准。

经过系统研究发现，ISO 37301 标准作为国际共同认可的标准，就合规管理的组织体系、制度体系、运行机制、保障机制等制定了可操作性标准，可作为司法机关考察企业合规是否合格的依据，但合规整改期限的有限性与合规管理体系要求的全面性具有高度紧张关系。结合实践，顺德区院明确思路，围绕 ISO 37301 标准的核心部分深入调研，将其具体内容总

---

① 2022 年 1 月 7 日，美的集团获中国首张 ISO 37301 认证证书。

结为"七要素"的合规管理体系：从基于价值观的领导力出发；建立合规管理组织架构；确定合规管理目标与评估风险；制定和实施措施；运用合规管理工具；发现不合规作出响应；评价和持续改进，形成合规文化。立足实践考察和学习调研，顺德区院决定在企业合规考察中引入了 ISO 37301 标准，要求企业遵守法律法规、规章等规范性文件所确定的行为准则，通过 PDCA 循环 ① 的"七要素"综合评定企业合规管理体系是否建立、是否符合合规管理标准。

二、因案明规，按"标"循"规"促整改落实

改革试点以来，顺德区院办理企业合规案件 4 件，涉案企业既包括年产值过亿元的高新技术企业，也包括从事低端制造的微型企业，企业犯罪涉及的合规类别包括税务合规、知识产权合规等。上述 4 件企业合规案件，顺德区院在针对企业类型、涉嫌犯罪做到个别化、差异化的同时，探索一体适用 ISO 37301 标准开展合规整改。在企业制定合规整改计划时，检察官与企业充分沟通，明确企业应当遵守法律、法规、规章等规范性文件所确定的行为准则，详细说明 ISO 37301 "七要素"具体要求，要求企业以此为蓝本制定合规整改计划并落实整改。在与第三方监督评估组织（以下简称第三方组织）沟通中，检察官向第三方组织提供合规监督考察报告目录，目录包括 ISO 37301 "七要素"内容及所含细目 ②，要求第三方组织开展监督评估时，逐项评价整改是否符合各要素的具体要求，得出继续整改、通过整改、不通过整改的结论意见。

---

① PDCA 循环，包括计划（P）包括作出合规公开承诺；划定合规方针的范围；明确角色和职责；确定合规义务和合规风险等。执行（D）包括对合规管理进行人力及物质保障；使组织具备合规的能力和意识；进行合规沟通和合规培训；运行；建立控制和程序；文件化做到全程留痕。检查（C）包括进行内部审计、管理评审、监督和测评；提出合规疑虑；开展调查等。改进（A）包括对于管理不合规的持续改进。持续改进仍以 PDCA 模式进行。

② ISO 37301 "七要素"内容及所含细目包括：（1）企业合规价值观立情况。（2）企业合规管理组织架构情况。通常，合规管理组织架构包括合规负责人；业务部门合规责任人；合规联络员网络。不同承担合规职能的组织应当明确其职责。（3）企业合规管理目标建立情况与合规风险评估情况。（4）合规措施采取情况。合规措施通常包括合规咨询、合规审查、业务伙伴合规管理、关注名单管理、合规关键岗位管理、激励机制的合规管理。（5）合规管理工具确定和使用情况。合规管理工具通常包括文件性约束、程序性控制、合规培训等。（6）不合规发现、举报制度建设情况。（7）合规文化建设情况。

三、客观评价，以指标化设定促合规评估规范化

在涉案企业合规监督工作中，顺德区院依据 ISO 37301 标准，通过构建标准化的审查模式，把合规整改考察评估工作做细、做实，相关指标体系初步建立。在第三方组织提供合规监督考察报告后，检察官对照 ISO 37301 标准审查考察报告，并实质化审查涉案企业合规体系建立和运行情况。具体审查内容包括：

一是企业价值观与合规文化考察。主要审查企业是否结合其经营情况、企业文化，建立符合社会主义核心价值观的企业愿景、使命、价值观，并考察其价值观是否得到最高管理层的公开主张，企业价值观是否通过适当方式传递给所有员工，企业员工是否接受企业的价值观，以及不符合价值观的言行是否能得到及时更正。

二是检查合规组织建构情况。主要审查合规组织是否建立。形式上，审查组织架构体系是否成形，首席合规官、牵头部门及专项部门、合规联络员网络相关组织是否建立，或者其职能是否由具有合规管理能力的专业组织或个人承担；实质上，审查合规的三道防线是否实质确立。其中，企业合规管理架构三道防线包括：第一道防线是业务，在业务工作中发现不合规事项，并及时作出反应，业务应当承担合规主责；第二道防线是合规部门，合规部门的主要功能为咨询、支持；第三道防线是纪检、监察、审计，承担合规监督作用。

三是审查企业合规风险。主要审查企业是否进行了充分的风险评估，是否针对业务环节设置了风险防范措施，在执行中风险点是否能受到重视并予以规避。因不同企业面对的合规风险各不相同，在审查合规风险时，检察人员充分发挥第三方监督评估机制的力量，通过第三方监督评估机构专业人员对合规风险评估进行审查，审查风险排布顺位、与业务流程关联度，确保合规风险评估的科学性。

四是审查合规措施及管理工具。重点审查是否出台了清晰、实用且易于遵循的文件化的工作指引；是否为合规措施配备适任员工；合规措施的实施效果是否纳入绩效考核；控制程序是否能够有效发现并反映合规问题；合规宣传、培训是否按计划进行，是否达到预期效果。

五是审查不合规响应机制建设情况。主要审查企业是否建构起完备

的不合规疑虑提出保障机制、不合规调查程序和上报程序。具体为当出现违反合规义务或存在违反合规义务风险时，企业员工应当有畅通的向合规组织提出其疑虑的通道，企业确保所有员工了解报告程序、途径，员工提出的合规疑虑得到保密，举报员工免于遭受报复。在不合规调查中，应由无利害关系的主管人员独立进行调查，并向最高管理层及时汇报。根据调查结果，企业应及时向检察机关通报不合规情况，构成犯罪的应当主动举报，并且根据不合规发生的具体情形，改进合规管理体系。

对照上述指标，检察机关在具备专业知识的第三方机构参与下，评价合规培训是否有效，业务流程风险是否得到控制，合规义务是否被有效分配及履行，是否解决先前发现的不合规问题，是否按计划进行了内部合规检查，仍存在的不合规情况，合规文化现状等，在综合上述评价的基础上得出企业是否已经建立健全了合规管理体系，形成报告，然后依据合规评估报告，确定在实体上是否提出从轻处罚建议或者作出不起诉决定。截至目前，办理的涉案企业合规案件中，佛山市某金属实业有限公司、佛山市顺德区某家具股份有限公司、中山市东凤镇某五金制品厂3家企业均已通过合规整改建立起健全的"七要素"合规管理体系，顺利通过合规整改考察评估。

四、全面审查，以立体化审查促整改考察实质化

顺德区院通过综合运用文书审查、"超级通行证"与合规听证等审查方式，最大限度保证检察官对合规整改考察评估正确、精准、有效。其中，以文书审查为基础，全景式了解企业合规整改情况，发现问题与不足；以"超级通行证"制度为辅助手段，压缩企业造假空间，弥补文书审查的缺陷和不足；以合规听证引入第三方视角，从案外人角度公正、客观评价合规效果，充分保障合规考察评估实质化。

一是文书审查。检察官进行审查时，同步审查第三方监督评估组织报告与涉案企业合规工作台账，确保资料真实、依据准确、结论可信。文书审查重点审查全流程形成的台账资料。首先，审查合规设计是否存在问题，考察企业是否成立合规领导机构，设置合规组织，委任有能力履职的人员承担合规管理职责；是否进行充分的风险评估，针对业务环节设置风险防范措施，在执行中风险点是否能受到重视并予以规避。其次，审查

合规运行是否良好，考察管理层是否经常对员工、相关方作出合规经营管理的要求与承诺，审查承诺内容的书面记录，进而考察是否根据承诺采取合规措施；考察新员工、关键晋升、全体员工日常性合规培训是否按计划进行，高风险岗位、重点领域培训是否达到预期目的。最后，评估合规效果，考察企业开展合规管理后是否仍有不合规事件发生，企业是否建立起有效的不合规发现机制，不合规事件发生后是否能够及时做出应对、处置。

二是飞行检查"超级通行证"制度。在开展文书审查的同时，顺德区院设立了"超级通行证"制度，在企业合规整改考察期间，检察官可以自主选择时间到企业开展检查，进行会见、询问、查阅资料，在最大限度上压缩企业造假空间，弥补文书审查的缺陷和不足。在改革试点中，顺德区院检察官根据合规整改方案，到场或线上检查企业合规培训3场，走访涉案企业13次，就合规工作与企业员工开展个别谈话5人次。

三是合规听证。在企业合规整改完成后，顺德区院召开听证会就企业是否通过合规整改进行听证，以听证的方式，促使检察机关有效、科学、正确地对企业合规整改情况进行审查，同时也增强社会对企业合规各项工作的认同感，提升决定的公正性和权威性。

（佛山市顺德区人民检察院）

2. 深圳宝安：合规管理体系有效性评价

检察机关对涉案企业合规开展监督评估过程中，判断及评价涉案企业整改落实后所建立或完善的合规管理体系是否符合"合规"标准、是否足以有效防范相关合规风险，是实践企业合规不起诉制度的核心方面。

不同企业、罪名对合规管理体系的要求不同，没有固定的公式用来判断某一特定合规管理体系是否有效，但结合国内对于刑事合规的有益探索、吸取域外主要国家开展企业合规的广阔执法实践经验，基于企业常见犯罪的共同特点，可以归纳得出，合规管理体系通常可从合规管理体系的设计、执行及其运行效果和可持续性等方面来评价其有效性。

合规管理体系的设计是执行的基础，设计好的合规管理体系也是其能够得以有效运作的关键。在评价一个企业的合规管理体系时，检察机关应首先了解企业所在行业及其业务模式，并进而了解该企业在业务运营中可能面临的合规风险。也因此，合规管理体系的设计以企业所面临的合规风险为基础和导向，在进行风险识别及评估后，形成一系列企业内部政策和程序。

合规管理体系执行的核心在于对"人员"投入和管理，包括企业中高级管理层的合规意识、合规组织架构的设立，对合规人员的投入和资源保障以及企业的管理层和员工在各个业务环节对企业的各项合规政策和流程的遵从情况等。

合规管理体系的运行效果和持续改进能力是对合规管理体系的综合评价，包括合规体系运行一段时间后，企业是否形成了良好的合规文化、是否能够有效遏制不当行为以及企业是否具备在合规领域持续改进的能力，包括是否能够通过对不当行为的调查和分析等，不断发现问题、解决问题和持续提升。

基于上述要求，深圳市宝安区人民检察院联合上海市方达（深圳）律师事务所制定了《合规管理体系有效性评价指引》，旨在帮助办理涉企合规案件的检察官在审阅及评价涉案企业合规管理体系的有效性时提供指引。

《合规管理体系有效性评价指引》分为两部分，第一部分围绕有效合规管理体系的重要构成要素，列举检察官在审阅及评价涉案企业合规管理体系时应关注的主要方面；第二部分结合实践中企业的主要合规风险点，对第一部分的重要构成要素进一步细化，为检察机关在实践中审阅及评价涉案企业合规管理体系的有效性时提供指引。

（深圳市宝安区人民检察院）

规范指引：

合规管理体系有效性评价指引（试行）

第一部分　有效合规管理体系的重要构成要素

本指引将企业有效合规体系的构成分为三个主要方面：一是合规管理体系的设计；二是合规管理体系的执行；三是合规管理体系的运行效果及持续改进能力。下文将对以上三个方面所包含的要素展开阐述。

一、合规管理体系的设计

（一）风险识别及评估

1. 合规风险管理流程，即关注企业采用什么方法来识别及评估其所面临的特定合规风险。

2. 与风险相适应的资源配置，即企业是否对不同等级的合规风险投入了相应比例的资源。

3. 定期更新和修正，即企业是否定期对合规风险识别及评估结果进行更新和修正，是否据此对其政策、流程和内控程序进行相应更新。

4. 吸取过往及行业经验教训，即企业是否有机制追踪其自身过往所发生的合规风险事件，以及同行业或同区域内其他企业所发生的合规风险事件，并将该等事件纳入定期合规风险评估范围。

（二）政策和程序

1. 制定的流程，即关注企业制定其内部政策和程序时的流程。

2. 全面性，即政策与程序是否能够反映包括法律及监管环境变化在内的、企业在经营过程中所可能面临的所有主要合规风险类型（此部分应着重关注其所涉违法犯罪领域的政策及流程）。

3. 公开性，即是否向员工下属企业及第三方等传达政策要求、政策是否被公开、是否容易被员工获取。

4. 是否将政策和程序融入企业日常业务流程中。

5. 针对政策及程序的关键执行人员，是否提供适当的指导以使其理解政策和程序要求，以及何为违规行为。

（三）合规培训

1.关注企业是否具备常态化的合规培训机制，关注其培训主体及培训内容的确定是否与相关人员所在岗位，以及所面临的合规风险相适应。

2.关注企业是否对特定人员开展合规培训，包括对合规内控人员提供指导和培训。

3.关注企业培训的形式和有效性，例如线上、线下培训中员工是否有途径提问，是否对培训的效果进行考核，如何处理未能通过全部或部分合规测试的员工。

（四）举报机制和调查流程

1.关注企业举报机制的有效性，包括是否建立举报信息和举报人保密机制、员工是否充分知晓举报途径、员工是否实际使用举报机制对违规行为进行举报、公司是否有反报复政策。

2.关注企业内部调查的启动机制，包括如何开展、调查范围的合理性，以及调查的独立性、客观性、调查文件留存、调查主体的确定等。

3.关注企业对举报和调查机制的资源投入情况，以及是否定期检测举报及调查机制的有效性。

（五）第三方管理

1.关注企业是否具备基于风险的第三方管理流程，以及该等第三方管理流程是否与企业的采购、供应商、代理商等管理流程相融合。

2.关注企业是否设置适当的管控措施，例如是否评估使用第三方的必要性和合理性、与第三方的合同是否具备合规条款（如反腐败反贿赂条款等）、对第三方的审计权、对第三方的全周期管控等。

3.关注企业是否设置适当的激励措施，即是否对第三方在防范合规风险方面做出的努力给予一定激励。

4.关注企业是否具备针对第三方相关的风险点的监督和处理机制。

二、合规管理体系的执行

（一）中高级管理层的合规意识及承诺

1.关注企业管理层人员言行的合规性、向员工传达的合规态度、如何处理获取业务机会与合规风险的关系。

2.关注企业中高级管理人员的合规承诺和行动，包括他们如何从管理层层面进行合规监督，在监督中审计了哪些信息。

（二）合规独立自主性及资源保障

1.关注企业的合规组织架构，包括合规人员的配置、合规人员的汇报线、选择当前合规架构的原因。

2.关注企业合规职能的权威和地位，在合规职能的级别、薪酬、头衔、资源等方面与其他职能部门的区别。

3.关注合规人员的经验和资历，以及对合规人员绩效的考核。

4.关注企业对合规职能部门的人员投入和资源支持。

5.关注企业赋予合规职能的数据资源及其他资源便利，包括合规人员在行使职能时利用和获取数据资源的便利性及障碍；如果存在障碍，如何解决。

6.关注企业合规职能的独立性，例如合规职能部门向董事会或审计委员会直接汇报的权力、汇报频率及合规部门的日常工作是否受到来自业务部门的干涉等。

（三）合规政策及流程的执行情况

1.关注企业针对相关合规风险所涉及的政策及流程是否能够得到实际执行（此部分应着重关注其所涉违法犯罪领域的政策及流程执行情况）。

2.上述政策和流程在实际执行过程中是否存在偏差及企业对于任何偏差是否有合理的解释。

（四）第三方管理

1.关注企业是否存在通过第三方从事违规行为的情况，比如借助第三方进行商业贿赂，虚构交易套现，要求第三方开具虚假的发票等。

2.关注企业是否有按照针对第三方合规管控的政策及流程对第三方进行合规管控，包括聘用前的风险筛查、聘用过程中的合规监督及对违规第三方的处理等。

（五）人事奖惩机制

1.关注企业是否对员工的违规行为进行处罚，以及相关处罚的适当性。

2.关注企业对员工的激励机制，即如何奖励合规行为。

3.关注企业在合规方面的奖惩措施的适用是否存在一致性，即在企业内对员工实施奖惩措施时是否适用同样的程序，是否存在例外，如有例外，原因是什么。

三、合规管理体系的运行效果及持续改进能力

（一）合规体系的运行效果

1.关注企业是否形成良好的合规文化，包括全员合规价值观，利益相关方的认同等。

2.关注企业的合规体系运行一段时间后，是否能够有效遏制不当行为的发生频率。

（二）合规审计、内控测试及持续改进

1.关注企业的内部合规审计机制，即企业进行内部合规审计的程序、频率、方法、结果处理等。

2.关注企业的内控测试机制，一般会进行哪些内控测试，测试的结果如何以及如何汇报。

3.关注企业对合规风险识别结果、其内部政策和程序等的持续性更新，是否基于自身不当行为和／或其他企业面临的类似风险和／或法律及监管环境的变化来更新企业合规机制。

（三）对任何不当行为的分析和纠正

1.关注企业是否对任何发现的不当行为进行根源分析，是否发现存在系统性问题。

2.对于已发生的不当行为，是否由于企业自身原有的管理缺陷所导致，例如付款流程漏洞、供应商管理的漏洞等。如是，该等管理缺陷是否已得到改善。

3.关注企业是否曾因忽略风险信号而未能更早发现不当行为，以及事后是如何分析和补救的。

4.关注企业采取了哪些补救措施来解决所发现的不当行为，以防止类似问题的再次发生，例如是否采取了系统性的改进措施、是否更新了政策流程、增加了相关环节的合规管控等。

第二部分　合规管理体系有效性评价指引细则

此部分为针对第一部分的细化，用于在评估涉案企业合规管理体系有效性时提供指引。在第三方监督评估工作组参与的案件中，第三方监督评估工作组对涉案企业的合规管理体系进行考察、验收时，应对照附表1《合

规管理体系有效性评价清单—第三方》（以下简称附表 1）中列明的评价问题进行逐项确认，并将经确认的附表 1 附在《合规管理体系有效性评估报告》后，供检察机关审阅评估。

合规管理体系有效性评价的评估结果区分为"合格"及"不合格"。检察机关可以根据第三方监督评估组织提交的附表 1、《合规管理体系有效性评估报告》等材料，并可以采取多种评估方法，逐项确认附表 2《合规管理体系有效性评价清单—通用版》（以下简称附表 2）中列明的评价问题，并逐级向上对各个评价要素、评价主体、评价方向以及合规管理体系有效性做出是否合格的综合性判断。

附表 1 和附表 2 中均列举了相同的 45 项评价要素，其中标注"★"的 25 项为更为核心的评价要素。在开展专项合规时，应当着重关注该等要素，并结合具体违法犯罪对应的合规风险，对专项合规管理体系有效性进行综合评价。供检察机关参考适用。

附表 1　《合规管理体系有效性评价清单—第三方》

序号	评价方向	评价主题	评价要素	评价问题清单
	合规管理体系是否设计良好	风险识别及评估	★风险管理流程	企业识别及评估其所面临特定合规风险的方法是什么？该方法是否能够充分地识别出相关合规风险的等级（高低）做出恰当的评价？
				企业收集及使用了哪些信息或指标，来帮助其监测相关的合规风险或不当行为？
			★基于风险的资源分配	企业是否对不同等级的合规风险投入了相应比例的资源？
			★更新与修正	企业当前的合规风险识别及评估结果是否与企业当前的业务型相吻合？
				是否会对合规风险识别及评估流程及结果进行定期更新和修正？定期更新和修正是如何进行的？
				是否会考虑外部监管环境可能发生的变化或企业内部业务调整可能对企业合规风险造成的影响？
				更新和修正后的结果是否会进一步使企业对其政策、流程和内控程序进行相应更新和修正？
			★过往经验教训	企业是否有机制追踪其自身过往所发生的合规风险事件，以及同行业或同区域内其他企业所发生的合规风险事件，并将该等事件纳入定期风险评估范围？
		政策和程序	★制定流程	企业制定和实施新的合规政策和程序的流程是什么？这个流程是否更新过？更新或设计有哪些新的原因？
				哪些人员会参与制定新的政策和流程？
				新的合规政策和流程实施之前，是否咨询企业各部门的意见？
			★全面性	企业的合规政策和程序是否涵盖其所面临的所有主要合规风险点？

续表

序号	评价方向	评价主题	评价要素	评价问题清单
		政策和程序	★公开性	企业如何向所有员工、下属企业及相关第三方传达其政策和程序？ 相关政策和程序是否容易被员工获取？ 若企业有海外子公司、海外员工是否容易获取与其相关的政策和程序？ 是否存在语言或其他方面的障碍？
			★融入业务流程	由谁负责将政策和程序融入日常业务流程？ 哪些业务流程融入了合规的政策和程序？ 融入过程中是否采取适当方式使员工能够理解相关政策和程序的要求？ 是否借助企业的内控机制来强化合规政策和程序？
	合规管理体 系是否设计 良好		★政策及程序关键执 行人员	针对政策及程序的关键执行人员（例如拥有交易审批权限、费用审批权限的人员），是 否提供适当的指导？ 政策及程序关键执行人员是否知晓哪些行为涉及违反政策和程序？ 哪些违规行为应当上报？ 是否清楚上报流程和要求？
		合规培训	★常规培训机制	企业是否具备常态化合规培训机制？ 培训的频率及时长如何？ 一般如何确定培训对象和主题？
			★基于风险的培训	企业具备管控职能的部门员工接受过何种培训？ 是否针对高风险岗位及不当行为高发领域进行针对性培训？ 是否专门向中高层管理人员提供培训？

续表

序号	评价方向	评价主题	评价要素	评价问题清单
	合规管理体系是否设计良好	合规培训	★培训的形式、内容和效果	培训的形式和语言是否适合培训对象？
				培训是否包括法律法规的要求、企业政策和程序的要求，以及对过往违规案例进行分析？
				员工是否能就培训内容进行提问？
				如何检查培训效果？
				企业如何激发员工参与培训的积极性？
		举报机制和调查流程	举报机制的有效性	是否建立匿名举报机制？若未建立，原因是什么？
				企业如何向员工及相关第三方告知其举报机制/途径？
				企业是否了解过员工是否知晓举报途径，以及是否放心使用该举报机制？
				针对所收到的举报信息，如何对其进行评估？
				企业合规部门是否有权限获取举报和调查信息？
			适当的调查范围及调查人员	如何确定举报或举报情况下可以触发调查程序？考虑因素是什么？
				如何确定调查范围，及确保调查范围是适当的？
				企业采取哪些措施来确保调查的独立性、客观性？
				如何确定由谁来进行调查，以及由谁作出前述决定？
				调查过程及结果是否进行妥善记录和留档？调查结果向谁汇报？

续表

序号	评价方向	评价主题	评价要素	评价问题清单
	合规管理体系是否设计良好	举报机制和调查流程	资源投入及结果追踪	是否为举报和调查机制提供足够的资金和人员支持?
				企业如何收集、分析、追踪、分析和使用调查结果或调查结果取得的信息? 企业是否定期对举报机制或调查结果进行分析，以发现可能存在的不当行为的模式或发现其他合规管理漏洞?
				企业是否定期测试其举报机制的有效性?
		第三方管理	基于风险的管理流程	企业是否有针对第三方的管理机制?
				企业的第三方管理机制和流程，是否与其识别的自身所面临的合规风险相适应? 企业是如何基于风险对其所聘用的第三方进行分类（分级）的?
				该基于风险的管理流程是否整合进企业采购及供应商、代理商管理相关程序中?
			适当的管控措施	企业是否有相关流程来评估聘用第三方的必要性?
				是否有针对聘用第三方之前的背景调查及风险筛查机制?
				企业是否有相关机制确保与第三方之间的合同的服务及支付条件适当、所支付价款与其所提供的服务相匹配?
				企业对第三方的风险管理是否贯穿其与第三方合作的整个周期，除聘用/入库阶段的背景调查和风险筛查机制，企业还有哪些针对第三方的管控措施? 对于不同风险等级的第三方，企业采用了怎样的不同管控措施? 对于长期合作的第三方，是否进行定期复查?
			适当的激励措施	对第三方就防控合规风险做出的努力，企业是否存在一定的激励机制?

154

续表

序号	评价方向	评价主题	评价要素	评价问题清单
	合规管理体系是否设计良好	第三方管理	不当第三方的处理机制	若在第三方尽职调查中发现危险信号，企业是否有机制进行追踪和处理? 对于未通过企业尽职调查的第三方，或被终止合作关系的第三方，企业是否要求保留记录? 是否拥有相关机制确保后续不会重新聘用该等第三方? 是否有相关第三方"黑名单"或"观察名单"机制?
	合规管理体系是否有效执行	中高级管理层的合规意识及承诺	★管理层的行为	高层领导如何通过其言行鼓励合规，或者阻碍合规? 高层领导是否曾主动要求对合规风险进行筛查、防控? 高层领导采取了哪些具体措施，以展示其在合规和整改措施方面的带头作用? 高层领导在开拓新业务或追求更多利润时，是否愿意承担更高的合规风险? 高层领导是否默许或鼓励员工为实现商业目标可以做出不当的行为，甚至阻碍合规人员有效履行其职责?
			★信守承诺	高层领导和中层管理者(例如业务、运营、财务、采购、法务、人力资源等部门)采取了哪些行动以表明他们对合规的承诺? 在商业利益/目标与合规承诺产生冲突时，高层领导和中层管理者是否仍坚持这一承诺?
			高层监督	企业董事会层面是否有具备合规知识的人员或合规专业人员? 企业董事会、高层领导和外部审计人员是否曾与合规及内控职能部门召开高层会议? 针对已经发现的不当行为，企业董事会及高层领导对相关领域进行监督时，审查了哪些信息?

序号	评价方向	评价主题	评价要素	评价问题清单
	合规管理体系是否有效执行	合规独立自主性及资源保障	★组织架构	企业内部的合规职能是如何设置的？
				合规部门由谁负责？例如由指定的首席合规官或由企业高管兼任？合规部门负责人是否在企业内部兼任其他职务？
				企业内部专职、兼职合规人员数量/比例如何？专职、兼职合规人员各自承担什么职责？兼职合规人员的合规职责与其他职责是否有利益冲突？
				企业选择目前的合规管理架构是出于什么原因？是否合理？
			资历和地位	与企业内部其他职能部门相比，合规部门在地位、薪资水平、级别/职位、汇报线、资源以及关键决策沟通渠道方面的状况如何？
				合规部门和相关内控部门员工的离职率是多少？是否高于/低于行业水平及其他部门水平？
				合规部门在企业战略决策和运营决策中扮演什么样的角色？哪些决策需要合规部门的参与？
				合规部门提出问题/疑虑时，企业管理层是否会合作作出回应？
			★经验和资质	合规和内控人员是否具备其职责所要求的相关经验和资质？
				企业在对合规和内控人员的培训和发展上的投入如何？
				谁来负责审阅及考核合规职能部门的表现？审阅及考核的程序是怎样的？以何种指标进行考核？
			★资金和人力资源	企业是否为合规部门配备了合规专业人员承担各项合规工作？
				企业是否为合规部门的运行和内控职能提供了足够的资金保障？
				是否发生过合规和内控部门的资源申请被拒绝批准的情况？如有，是出于什么原因？

续表

序号	评价方向	评价主题	评价要素	评价问题清单
	合规管理体系是否有效执行	合规独立自主性及资源保障	★数据资源的获取	合规及内控人员是否有充分的、直接或间接获取相关数据的途径/权限，以确保其能够及时且有效地履行监督职能和/或应对政策、内控措施进行测试等？
				是否存在任何阻碍获取该等数据资源的情况，如有，企业是如何解决的？
				合规与相关内控职能部门是否可以直接向董事会或审计委员会进行工作汇报？
			★自主权	合规与相关内控职能部门与董事会或审计委员会谈的频率如何？高层领导是否出席这些会议？
				由谁来决定合规人员的薪酬（包括奖金、惩处和晋升事宜？
				企业如何确保合规和内控职能相关人员的独立性？
			外包合规管理职能	企业是否将其全部或部分的合规管理职能外包给外部事务所或顾问？如果是，原因是什么？
				外部专业机构对企业信息的访问权限如何？
				外邻机构对企业的合规体系建设的有效性是否产生了积极的作用？
		合规政策及流程的执行情况	实际执行	企业是否严格按照审批流程进行审批？审批记录是否妥善完整留存？
			执行偏差	若执行情况与政策不符，原因是什么？
		第三方管理	通过第三方从事违规行为	企业是否为谋取交易机会或竞争优势，通过第三方给予政府官员/和其业务有影响力的第三方不正当的利益？
				企业是否存在与第三方签订虚假合同的情况（如通过第三方走账套现等）？

续表

序号	评价方向	评价主题	评价要素	评价问题清单
	合规管理体系是否有效执行	第三方管理	对第三方的合规管控	是否按照政策要求对拟聘用的第三方进行了相关风险筛查和必要性评估？
				与第三方的协议是否内容详尽，包括明确载明第三方所提供的产品／服务、支付条件及对价？
				与第三方协议中是否包含合规条款？
				企业对第三方是否拥有审计权（包括审阅其财务账簿）？是否行使过该等权利？
				是否发现使用的第三方存在违规行为？是否对相应从事违规行为的第三方进行了处理？
				企业是否对第三方的人员进行合规风险培训？
		人事奖惩机制	奖惩流程	由谁参与作出纪律处分决定？
				对于每项不当行为的处理，是否遵循相同的流程？如果不是，原因是什么？
				是否将处分结果的实际理由告知员工？如果不是，原因是什么？
			激励机制	是否考虑过激励措施可能对企业合规产生的影响？
				企业如何激励员工合规及符合商业操守的行为？
				是否发生过出于合规或商业操守方面的考虑而取消激励／奖励的情况？
			一致适用	是否在整个企业中公平一致地实施奖惩措施？
				如未能公平一致地实施措施，具体原因和实施标准是什么？
				合规部门是否监督人事奖惩制度的落实情况，以确保一致适用？

续表

序号	评价方向	评价主题	评价要素	评价问题清单
	合规管理体系的运行效果及持续改进能力	合规体系的运行效果	★合规文化	企业是否自上而下都形成了重视合规的文化？
				客户及业务伙伴（例如承包商、供应商、第三方中介机构等）是否认同企业已形成较好的合规文化？
				企业是否将其合规文化积极地传递给业务伙伴？
			★是否有效遏制违规行为的发生	在企业的合规体系运行一段时间后，企业在其主要合规风险系统性的风险之前是否仍然有违规事件发生？
				若违规行为仍然发生，相关违规事件系企业合规体系运作之前有明显降低？违规行为的发生频率是否较合规体系运行之前有明显降低？
		持续改进	内部合规审计	如何确定是否进行内部审计以及针对何等问题进行多长时间的审计？该流程制定的原则是什么？
				如何开展审计工作？
				何种审计能发现与不当行为相关的问题？是否进行过类似审计，结果如何？
				哪些审计的结果以及补救措施的进展需定期向管理层和董事会汇报？管理层和董事会如何跟进？
				针对高风险领域内部审计多久开展一次？是否在审计中发现了任何问题？
			内控测试	在不当行为发生的相关领域，企业是否会审查其相关合规政策或程序是否存在漏洞或缺陷？
				一般而言，企业会进行哪些内控测试？对哪些合规数据进行收集和分析？

159

续表

序号	评价方向	评价主题	评价要素	评价问题清单
	合规管理体系的运行成效及持续改进能力	持续改进	持续更新	企业的风险评估结果、合规政策、程序和操作手册多久审查或更新一次？
				是否进行差距分析，以确定在其政策、内控措施或培训中是否存在尚未被覆盖的特定风险领域？
				企业是否根据从其自身的不当行为和/或面临类似风险的其他企业的不当行为中吸取的教训，来审查和调整其合规计划？
		对任何不当行为的分析和纠正	★根本原因分析	企业对相关不当行为如何进行深入彻底分析，以查找根本成因？
			★既有管理缺陷	是否因此发现了任何系统漏洞或责任缺失问题？
				企业有哪些人参与了该等分析？
				哪些内控措施的作用失灵？失灵的原因是什么？
			★前期风险信号	是否有机会事先发现不当行为？
				对于错失发现相关问题的机会，企业事后是如何进行分析的？
			★改进及补救	企业采取了哪些具体改进措施以确保类似不当行为不再发生？由谁跟进具体的改进措施？
				对于根本成因中发现的问题，以及导致未能事先发现不当行为的系统漏洞或责任缺失等内控措施失灵问题，企业会采取哪些具体的补救措施？

附表2　《合规管理体系有效性评价清单—通用版》

序号	评价方向	评价主题	评价要素	评价问题清单
	合规管理体系是否设计良好	风险识别及评估	★风险管理流程	企业识别及评估其所面临特定合规风险的方法是什么？该方法是否能够充分地识别出相关合规风险并对合规风险的等级（高低）做出恰当的评价？该问题帮助评估公司制定下药制定公司政策流程及进行人员和资源配置。可采用的方法包括但不限于：风险自查问卷、文件抽查、审批流程抽查、第三方审计及尽职调查等。
				企业收集及使用了哪些信息或指标，来帮助其监测相关的合规风险或不当行为？该问题帮助评估企业用于监测/识别相关的信息或合规风险或不当行为的信息的变化、第三方所评估指标用包括但不限于：行业风险、执法趋势、法律法规、政府机构）。对外提供的招待/礼品价值、业务涉及的特定事项或领域等。
			★基于风险的资源分配	企业是否对不同等级的合规风险投入了相应比例的资源？在必要时对高风险节点而不是低风险节点给予更多的审查，针对较高风险领域投入更多的资源（人力及预算）或设置了更为严格的财务审批流程。
			★更新与修正	企业当前的合规风险识别及评估流程及评估结果是否与企业当前的业务类型相吻合？该问题帮助评估企业风险识别的可操作性、是否需要进行更新和修正。
				是否会对合规风险识别及评估流程及结果及评估企业内部业务的变化或结果进行定期更新修正？定期更新和修正是如何进行的？是否会考虑外部监管环境的变化对企业合规风险造成的影响？该问题帮助评估团评估企业风险识别的可操作性、更新和修正是否能够适应企业经营动态和监管变化。在评估后可以考虑其更新和修正频率、范围及步骤等。
				更新和修正后的结果是否会进一步促使企业对其政策、流程和内控程序进行相应更新和修正？
			★过往经验教训	企业是否有机制追踪其自身过往发生的合规风险事件，并将该等事件纳入定期风险评估范围？该问题帮助评估企业是否吸取过往经验教训，是否足够关注企业或行业或区域内其他企业所发生的合规风险。例如，可关注企业是否记录其违规违法事件并分析成因及管理漏洞等。

续表

序号	评价方向	评价主题	评价要素	评价问题清单
	合规管理体系是否设计良好	政策和程序	★制定流程	企业制定和实施新的合规政策和程序的流程是什么？这个流程是否更新过？更新或没有更新的原因？例如，可关注企业制定和实施新的合规政策和程序是否经过了内部/外部调研，是否咨询专业机构等。
				哪些人员会参与制定新的政策和流程？该问题帮助评估企业对制定流程的关注，以及流程是否贴近经营实际，是否具有合理性。
				新的合规政策和流程实施之前，是否咨询企业各部门的意见？
			★全面性	企业的合规政策和程序是否涵盖其所面临的所有主要合规风险点？
			★公平性	企业如何向所有员工、下属企业及相关第三方传达其政策和程序？
				相关政策和程序是否容易被员工获取？例如，是否公开发布在企业官网/内网，是否在员工入职时进行发放，是否获得过员工反馈等。
				若企业有海外子公司，海外员工是否容易获取与其相关的政策和程序？是否存在语言或其他方面的障碍？
			★融入业务流程	由谁负责将政策和程序要求融入日常业务流程？哪些业务流程融入了合规的政策和程序？
				融入业务流程过程中是否采取适当方式使员工能够理解相关政策和程序的要求？例如，提供具体的操作指引，培训等。
				是否借助企业的内控机制来强化合规政策和程序？例如，是否有相应的公司系统，流程支持政策的执行落地，企业的审计、审批检查、会计制度等的要求等。

续表

序号	评价方向	评价主题	评价要素	评价问题清单
	合规管理体系是否设计良好	政策和程序	★政策及程序关键执行人员	针对政策及程序的关键执行人员（例如拥有交易审批权限、费用审批权限的人员），是否提供适当的指导？例如，提供具体的操作指引、培训等。 政策及程序关键执行人员是否知晓哪些行为及违反政策和程序？哪些违规行为应当上报？是否清楚上报流程和要求？ 该问题帮助企业执行人员是否能够实际运用内部程序制止不当行为。可以采用的方式包括对相关人员进行定期考核等。
		合规培训	★常规培训机制	企业是否具备常态化合规培训机制？例如，实施入职培训、定期培训，制定培训计划并向员工发放等。 培训的频率及时长如何？ 一般如何确定培训对象和主题？
			★基于风险的培训	企业具备控制职能的部门员工接受过何种培训？ 是否针对高风险环节、高发领域进行针对性培训？ 是否专门向中高层管理人员提供培训？
			★培训的形式、内容和效果	培训的形式和语言是否适合培训对象？ 培训是否包括规律法规的要求、企业政策和程序的要求，以及对任违规案例进行分析？ 员工是否有就培训内容进行提问？ 如何检查培训效果？例如，测试员工对所培训内容的掌握情况？培训测试题/内容是如何设置？考核通过的标准是什么？ 企业如何激发员工参与培训的积极性：例如，将测试结果与员工绩效挂钩，或设置其他激励、惩罚措施；要求未通过测试的员工进行再次测试等。

序号	评价方向	评价主题	评价要素	评价问题清单
			举报机制的有效性	是否建立匿名举报机制？若未建立，原因是什么？
				企业如何向员工及相关第三方告知其举报机制/途径？例如，以通过企业官网/内网发布、邮件/通知公示、在企业内部张贴公告等方式，向员工及相关第三方传达。
				企业是否了解过员工是否知晓举报途径，以及是否放心使用该举报机制？
		举报机制和调查流程		该问题帮助评估企业是否希望举报机制有效开展。例如，从举报机制的使用频率、以及举报机制是否被员工经常使用的角度考虑，以及，员工是否可以匿名举报，公司是否设有保护举报人身份信息的机制，反馈复报机制等。
				针对所收到的举报信息，如何对其进行评估？
	合规管理体系是否设计良好			企业合规部门有权限获取哪些信息和调查信息？
			适当的调查范围及调查人员	如何确定哪些举报或哪些情况下可以触发调查程序？考虑因素是什么？例如，所收到举报信息的详细程度、是否对以进一步核实、是否涉及较高层级管理人员、发案大范围的影响，是否提供相关线索或证据，是否引发较大范围调查人员等。
				如何确定调查范围，及确保调查范围适当是什么？
				企业采取哪些措施来确保调查的独立性、客观性？例如，设置回避制度，保证调查人员的独立性、与被调查人员或调查事项无利益冲突，聘请第三方机构进行独立调查等。
				如何确定由谁作出调查，以及由谁作出前述决定、调查结果向谁作汇报？
				调查过程及结果是否进行妥善记录和留档？

续表

序号	评价方向	评价主题	评价要素	评价问题清单
		举报机制和调查流程	资源投入及结果追踪	是否为举报调查和调查机制提供足够的资金和人员支持？
				企业如何对举报进行收集、追踪、分析？企业是否定对举报或调查结果进行分析，以发现可能存在的模式或发现其他合规管理漏洞？
				企业是否定期测试其举报机制的有效性？
			基于风险的管理流程	企业是否有针对第三方的管理机制？企业的第三方管理机制和流程面临的合规风险适应？企业是如何对其所聘用的第三方进行分类（分级）的？
				该等基于风险的管理流程是否整合进企业采购及供应管理中？
				企业是否有相关流程来评估聘用第三方的必要性？
	合规管理体系是否设计良好	第三方管理	适当的管控措施	是否有针对聘用第三方之前的背景调查及风险筛查机制？
				企业是否有相关机制确保与第三方之间的合同约定的服务及支付价款、申请付款时向业务部门提交相应申请相关材料，财务部门对相关材料进行审查等？
				企业对第三方的风险管理是否贯穿其与第三方合作的整个周期，还是仅针对第三方聘用／入库阶段？除聘用／入库阶段的背景调查和风险筛查机制，企业还有哪些针对第三方的管控措施？对于长期合作关系的第三方，是否进行定期复查？
				对于第三方的不同风险级别，企业采用了怎样的不同管控方式？
			适当的激励措施	对于第三方就控合规风险做出的努力，企业是否存在一定的激励机制？例如，对于防控合规风险表现较好的第三方，设置"白名单"机制；给予更为优惠的便利条件等。
				若在第三方尽职调查中发现危险信号，企业是否有机制进行追踪和处理？
			不当第三方的处理机制	例如，启动补充尽职调查或内部调查的机制。
				对于未通过合规尽职调查的第三方，或被终止合作关系的第三方，企业是否要求保留记录？是否拥有相关机制确保不会重新聘用该类第三方？是否有相关黑名单或"观察名单"机制？

序号	评价方向	评价主题	评价要素	评价问题清单
	合规管理体系是否有效执行	中高级管理层的合规意识及承诺	★管理层的行为	高层领导如何通过其言行鼓励合规，或者阻碍合规，高层是否曾主动要求对合规风险进行筛查、防控？
				高层领导采取了哪些具体措施，以展示其在企业合规和整改措施方面的带头作用？
				高层领导在开拓新业务或追求更多利润时，是否愿意承担更高的合规风险？
				高层领导是否默许或鼓励员工为实现商业目标可以做出不当的行为，甚至阻碍合规人员有效履行其职责？
			★信守承诺	高层领导和中层管理者（例如业务、运营、财务、采购、法务、人力资源等部门负责人）采取了哪些行动以表明他们对合规的承诺？例如，主持开展培训、严格第三方审批、积极划拨合规相关资金、针对举报或指控开展内部调查，或积极开展违规整改等。
				在商业利益/目标与合规承诺产生冲突时，高层领导和中层管理者是否仍坚持这一承诺？
			高层监督	企业董事会面是否具备合规知识的人员或合规专业人员？
				企业董事会、高层领导和外部审计人员是否曾与合规及内控职能部门召开高层会议？
				针对已经发现的不当行为，企业董事会及高层领导对相关领域进行监督时，审查了哪些信息？
		合规独立自主性及资源保障	★组织架构	企业内部的合规职能如何设置的？例如，将合规部门设置在法务部或业务部门时，或作为一个独立职能部门并向首席执行官和/或董事会报告。
				合规部门由谁负责？例如如由指定的首席合规官或由企业高管兼任？合规部门负责人是否在企业内部兼任其他职务？
				企业内部合规专职、兼职合规人员数量/比例如何？专职、兼职合规人员各承担什么职责？兼职合规人员的合规职责与其他职责是否有利益冲突？
				企业选择目前的合规管理架构是出于什么原因？是否合理？

续表

序号	评价方向	评价主题	评价要素	评价问题清单
	合规管理体系是否有效执行	合规独立自主性及资源保障	资历和地位	与企业内部其他职能部门相比，合规部门在地位、薪资水平、级别/职位、汇报线、资源以及与关键决策者沟通渠道方面的状况如何？
				合规部门和相关内控部门员工的离职率是多少？是否高于/低于行业水平及公司其他部门水平？该问题旨在评估合规部门的待遇条件及其稳定性。
				合规部门在企业战略和运营决策中扮演什么样的角色？哪些决策需要合规部门的参与？
				合规部门提出问题/疑虑时，企业管理层是否合作出回应？
			★经验和资质	合规和内控人员是否具备其职责所要求的相关经验和资质？例如，法律、财务从业经验，在审计或合规部门的任职经历等。
				企业在对合规和内控人员的培训和发展上的投入如何？
				谁来负责审阅及考核合规职能部门的表现？审阅及考核的程序是怎样的？以何种标准进行考核？
			★资金和人力资源	企业是否为合规部门配备了合规专业人员承担各项合规工作？
				企业是否为合规部门的运行提供了足够的资金保障？例如，为内部调查、聘用第三方、开展合规培训等提供资金支持。
			★数据资源的获取	是否发生过合规和内控职能部门的资源申请被拒绝批准的情况？如有，是出于什么原因？
				合规及内控人员是否有充分的、直接或间接获取相关数据的途径/权限，以确保其能够及时且有效地履行监督职能和/或应对政策、内控措施进行测试的？
				是否存在任何阻碍获取数据资源的情况，如有，企业是如何解决的？

序号	评价方向	评价主题	评价要素	评价问题清单
	合规管理体系是否有效执行	合规独立性、自主性及资源保障	★自主权	合规与相关内控职能部门是否可以直接向董事会或审计委员会进行工作汇报？高层领导是否应出席这些会议？
				合规与相关内控职能部门与董事会或审计委员会会谈的频率如何？
				由谁来决定合规人员的薪酬（包括奖金）、惩处和晋升事宜？
				企业如何确保合规和内控职能相关人员的独立性？
			外包合规管理职能	企业是否将其全部或部分的合规管理职能外包给外部事务所或顾问？如果是，原因是什么？该问题帮助评估企业将合规事务外包的合理性；实践中存在初创企业或小微企业需要外包合规职能的情况，但需具备合理性且对企业有助益。
				外部机构对企业信息的访问权限如何？
				外部专业机构对企业的合规体系建设的有效性是否产生了积极的作用？
		合规政策及流程的执行情况	实际执行	企业是否严格按照审批流程进行审批？审批记录是否妥善完整留存？例如，前述审批流程是否嵌入至相应的系统或平台中，明确设置相应的审批权限、负责部门、管控节点等。
			执行偏差	若执行情况与政策不符，原因是什么？
		第三方管理	通过第三方从事违规行为	企业是否为谋取交易机会或竞争优势，通过第三方给予政府官员或/和对其业务有影响力的第三方不正当的利益？
			对第三方的合规管控	企业是否存在与第三方签订虚假合同的情况（如通过第三方走账套现等）？
				是否按照政策要求对拟聘用的第三方进行了相关风险筛查和必要性评估？
				与第三方的协议是否内容详尽，包括明确载明第三方所提供的产品/服务、支付条件及对价？
				与第三方协议中是否包含合规条款？例如，是否包含反腐败反贿赂条款等。

续表

序号	评价方向	评价主题	评价要素	评价问题清单
	合规管理体系是否有效执行	第三方管理	对第三方的合规管控	企业对第三方是否拥有审计权（包括审阅其财务账簿）？是否行使过这等权利？
				是否发现使用的第三方存在违规行为？是否对相应从事违规行为的第三方进行了处理？例如，将相应第三方纳入"黑名单"或"观察名单"等。
				企业是否对第三方的人员进行合规风险培训？
		人事奖惩机制	奖惩流程	由谁参与做出纪律处分决定？
				对于每项不当行为的处理，是否遵循相同的流程？如果不是，原因是什么？
				是否将处分的实际理由由告知员工？如果不是，原因是什么？
			激励机制	是否考虑激励措施可能对企业合规产生的影响？
				企业如何激励合规及符合商业操守的行为？例如，对相关行为予以精神奖励、物质奖励或职务晋升等。
			一致适用	是否发生过出于合规或商业操守方面的考虑而取消激励／奖励的情况？
				是否在整个企业中公平一致地实施奖惩措施？
				如未能公平一致地实施惩戒措施，具体原因和实施标准是什么？
				合规部门是否监督人事奖惩制度的落实情况，以确保一致适用？
	合规管理体系的运行效果及持续改进能力	合规体系的运行效果	★合规文化	企业是否自上而下都形成了重视合规的文化？例如，高管对合规的承诺、中层管理人员对合规文化的践行、基层员工对合规的遵从等。
				客户及业务伙伴（例如承包商、供应商、第三方中介机构等）是否认同企业已形成较好成效的合规文化？
				企业是否将其合规文化积极地传递给业务伙伴？

序号	评价方向	评价主题	评价要素	评价问题清单
		合规体系的运行效果	★是否有效遏制违规行为的发生	在企业的合规体系运行一段时间后，企业主要合规风险领域是否仍然有违规事件发生？
				若违规行为仍然发生，相关违规事件企业合规体系运行之前有明显降低？的发生频率是否较合规体系运行之前有明显降低？
				如何确定是否进行内部审计以及针对何等问题进行多长时间的审计？该流程制定的原理是什么？
	合规管理体系的运行效果及持续改进能力	持续改进	内部合规审计	如何开展审计工作？例如，是否聘请第三方独立机构进行独立审计，审计的频率和范围？
				何种审计能发现与不当行为相关的问题？是否进行过此类审计，结果如何？
				哪些审计的结果以及补救措施的进展需要定期向管理层和董事会汇报？管理层和董事会如何跟进？
				针对高风险风险领域内部审计多久开展一次？是否在审计中发现了任何问题？
			内控测试	在不当行为发生的相关领域，企业是否会审查其相关合规政策或程序能否有效遏制不当行为的发生以及相关政策和程序是否存在漏洞或缺陷？
				一般而言，企业会进行哪些内控测试？对哪些合规数据进行收集和分析？
			持续更新	企业的风险评估结果，合规政策、程序和操作手册多久审查或更新一次？
				是否会根据风险评估结果分析，合规政策、内控措施或培训中是否存在尚未被覆盖的特定风险领域？
				企业是否根从其自身的不当行为和/或面临类似风险的其他企业的特定风险来审查和调整其合规计划？

170

续表

序号	评价方向	评价主题	评价要素	评价问题清单
	合规管理体系的运行效果及持续改进能力	对任何不当行为的分析和纠正	★根本原因分析	企业对相关不当行为如何进行深入彻底分析，以查找根本成因？
				是否因此发现了任何系统漏洞或责任缺失问题？
			★既有管理缺陷	企业有哪些内控措施的作用失灵？ 哪些内控措施的作用失灵？失灵的原因是什么？
			★前期风险信号	是否有机会事先发现不当行为？ 该问题需重点关注现有的合规管理体系是否能够发现该不当行为的风险信号。例如，在审计报告中指出企业存在相关内控措施失灵等。 对于错失事先发现相关问题的机会，企业事后是如何进行分析的？
			★改进及补救	企业采取了哪些具体改进措施以确保类似的不当行为不再发生？ 由谁来跟进具体的改进措施？ 对于根本成因中发现的问题，以及导致未能事先发现不当行为的系统漏洞责任缺失等内控措施失灵问题，企业会采取哪些具体的补救措施？

第二节　第三方监督评估组织经费保障

1. 广州：托管银行模式

规范指引：

广州市涉案企业合规第三方监督评估机制管委会
财务管理暂行规定

为促进广州市涉案企业合规第三方监督评估机制（以下简称第三方机制）高效、有序运行，加强广州市涉案企业合规第三方监督评估机制管委会（以下简称第三方机制管委会）财务管理，规范财务工作，合理、有据支付涉案企业合规第三方监督评估组织专业人员（以下简称第三方组织）的履职费用和报酬，现根据《广州市市直党政机关事业单位"三公"经费管理办法》（穗财编〔2015〕192号）、《市直党政机关和事业单位会议费管理办法》（穗财编〔2018〕206号）、《市直党政机关和事业单位培训费管理办法》（穗财编〔2018〕4号）、《广州市涉案企业合规第三方监督评估机制实施办法（试行）》及三个配套规定等文件精神，制定本规定。

第一章　总　　则

第一条　第三方机制管委会的财务管理工作必须认真贯彻国家和省、市有关的方针、政策。一切会计事项和经费开支标准必须遵守财务制度和财经纪律，接受上级主管单位和财税、审计、银行等有关部门的指导，并主动接受市检察院监督。

第二条　经费安排和使用遵循以下原则：依法依规、公开透明；合理预算、总额控制；严格审批、按级负责；从严从紧、厉行节约。

第二章　第三方机制管委会日常经费

第三条　第三方机制管委会日常工作所需业务经费，由管委会办公室所在单位广州市工商业联合会纳入本单位的年度部门预算。

第四条　第三方机制管委会组织成员单位相关人员、第三方组织专业人员等召开会议、开展培训等活动，编印工作文件材料、宣传资料，组建巡回检查小组监督第三方组织履职工作，以及其他日常工作所产生的费用，按照《广州市工商联财务管理暂行规定》要求，在广州市工商联支出。

第三章　第三方组织履职费用及报酬

第五条　第三方机制管委会依照涉案企业合规工作文件要求，安排第三方组织专业人员开展监督评估工作，应当支付相应费用或者报酬。第三方组织履职费用和报酬，应当由涉案企业承担。

第六条　公职人员担任第三方组织专业人员的，不得领取报酬，但因开展异地合规考察等工作所产生的差旅费用等履职费用，由涉案企业承担。公职人员差旅费用等，不得超过市财政制度规定的有关公务活动标准。

第七条　第三方组织按照"尊重劳动、体现公益"原则，综合案件事实、企业状况和工作实际，拟定履职费用和报酬的预算明细及支付计划，由第三方机制管委会办公室及市检察院审查，必要时，可以向涉案企业征求意见。

第八条　涉案企业应当在参与合作的银行中选取一家开立保证金账户并预存相应款项。涉案企业合规监督评估期间，该账户由第三方机制管委会办公室、市检察院、涉案企业三方签订协议共同监管，账户资金专用于支付第三方组织专业人员履职费用及报酬。

第九条　涉案企业合规监督评估工作结束时，第三方组织就履职费用及报酬提出申请，并提供相关凭证或依据，由第三方机制管委会办公室及市检察院审核。第三方机制管委会办公室会同市检察院审核确认后，出具书面意见，指令银行一次性向第三方组织各专业人员支付。支付时应当扣除支付方（涉案企业）代扣代缴的个人所得税等相关税费。

第十条 第三方组织宣告解散后，涉案企业缴纳的费用有剩余的，应当全部返还涉案企业。

第四章 附 则

第十一条 本规定由广州市第三方机制管委会负责解释，自印发之日起执行。

（*广州市涉案企业合规第三方监督评估机制管委会*）

2. 深圳：检察院、司法局双重审查模式

规范指引：

深圳市企业合规第三方监督评估机制管理委员会及第三方监控人管理暂行规定

第一条 为建立健全我市企业合规第三方监督评估机制，规范企业合规第三方监控人（以下简称第三方监控人）的选任和管理工作，根据最高人民检察院、司法部等九部门《关于建立涉案企业合规第三方监督评估机制的指导意见（试行）》，以及相关法律法规，结合我市工作实际，制定本规定。

第二条 市人民检察院会同市司法局、市财政局、市生态环境局、市国资委、市税务局、市市场监督管理局、市工商业联合会、市贸促委成立企业合规第三方监督评估机制管理委员会（以下简称第三方机制管委会），由市检察院负责日常工作。第三方机制管委会履行下列职责：

（一）建立本地区第三方监控人名录库，并根据各方意见建议和工作实际进行动态管理；

（二）负责本地区第三方监控人的日常选任、培训、考核工作，确保其依法依规履行职责；

（三）对选任组成的第三方监控人开展日常监督和巡回检查；

（四）对第三方监控人违反本规定，或者实施其他违反社会公德、职业伦理的行为，严重损害第三方监控人形象或者公信力的，及时向有关主管机关、协会等提出惩戒建议，涉嫌违法犯罪的，及时向公安司法机关报案或者举报，并将其列入第三方监控人名录库黑名单。

（五）统筹协调本地区第三方机制的其他工作。

第三方机制管委会各成员单位建立联席会议机制，根据工作需要定期或者不定期召开会议，研究有关重大事项和规范性文件，确定阶段性重点工作和措施。

第三条　第三方机制管委会应当组建巡回检查小组，按照本规定第二条第三项的规定，对第三方监控人工作中的履职情况开展不预先告知的现场抽查和跟踪监督。

巡回检查小组可以由人大代表、政协委员、人民监督员、退休法官、检察官以及会计审计等相关领域的专家学者担任。

第四条　第三方监控人，是指经过一定程序产生的、参与企业刑事合规监督考察和对监督考察结果的评定等程序的专业机构或个人，包括但不限于律师事务所、会计师事务所、税务师事务所以及取得执业认证资格的企业合规师等。

第三方监控人名录库名单由市人民检察院会同市司法局提出，商第三方机制管委会其他成员共同决定。

第三方监控人名录库的日常管理，由市司法局负责。

第五条　选任和管理第三方监控人应当坚持平等自愿、公开公正、科学高效的原则。

第六条　机构第三方监控人应当具备下列条件：

（一）具有良好的诚信和市场形象；

（二）依法成立且连续执业三年以上；

（三）无刑事犯罪记录，近三年内无行政处罚和行业处分记录；

（四）具有完善的内部管理、项目监管和操作制度，并且执行规范；

（五）从事相关服务业务两年以上，具备承担独立监管职责的专业知识及技能。其中律师事务所还应当有企业刑事合规及法律风险防控的相关经验，专职执业人员二十人以上；

（六）与案件无利害关系。

第七条　个人第三方监控人应当取得专业领域执业资格二年以上，具备承担独立监管职责的专业知识及技能。其中律师还应当有企业刑事合规及法律风险防控的相关经验。

第八条　第三方监控人名录库应当定期更新，并逐步细分建立不同领域、专业名录。

第九条　市司法局应在选任工作开始三十日前，发布第三方监控人选任公告，接受报名。选任公告内容应包括：第三方监控人的选任名额、选任条件、报名方式、报名材料、意见反馈方式等相关事项。市人民检察院予以协助。

第十条　第三方监控人拟入选名单确定后，市司法局应当向社会公示，公示时间不少于五个工作日。公示期内，对拟入选名单有异议的，市司法局应当进行调查核实，并将调查结论报第三方机制管委会决定。

第三方监控人拟入选名单经过公示无异议或者经调查异议不成立的，由第三方机制管委会作出选任决定、颁发证书，并向社会公布。

第十一条　检察机关决定启动第三方机制对涉案企业开展合规监督考察的，应当向市司法局提出需求，由市司法局从第三方监控人名录库中选取人员名单。

第三方监控人名单应当报送负责办理案件的人民检察院备案。人民检察院或者涉案企业、个人、其他相关单位、人员对选任的第三方监控人提出异议的，市司法局应当调查核实并视情况做出调整。

第十二条　第三方监控人应向第三方机制管委会出具书面承诺，承诺书的内容应包括：诚信、保密、无利益冲突、积极履职等条款。

第十三条　涉案企业接受选任的第三方监控人的，应当支付相关费用。

第十四条　第三方监控人开展企业刑事合规监管工作，享有下列权利：

（一）对刑事合规案件，可以向检察机关了解相关案件情况；

（二）享有开展工作必要的工作条件和获取工作报酬；

（三）审查涉案企业刑事合规计划和书面报告，监督企业落实合规计划，涉案企业应当予以配合；

（四）第三方监控人因履职受到权利侵害的，可以向市人民检察院反映，也可以直接向第三方机制管委会投诉、举报。

第十五条　第三方监控人在履职期间，应当履行下列的义务：

（一）遵守法律法规和有关纪律规定；

（二）对涉案企业的合规建设进行检查、指导和监督；

（三）定期向检察机关报告合规监管情况；

（四）发现涉案企业曾隐匿的或者新出现的不合规行为，应及时向检察机关报告并督促整改；

（五）考察期限届满，对涉案企业履行企业刑事合规承诺、完成企业刑事合规计划的情况出具合规考察书面报告。

第十六条　第三方监控人在履职期间，不得有下列行为：

（一）泄露履职过程中知悉的国家秘密、商业秘密和个人隐私；

（二）利用履职便利，索取、收受贿赂或者非法侵占涉案企业、个人的财物；

（三）利用履职便利，干扰涉案企业正常生产经营活动。第三方监控人系律师、注册会计师、税务师（注册税务师）等中介组织人员的，在履行第三方监督评估职责期间不得违反规定接受可能有利益关系的业务。

第十七条　考察结束后，第三方监管人应当及时出具考察报告，并报检察机关进行验收。

专业性较强或重大复杂的，可以由第三方机制管委会选任组成第三方组织对企业合规考察报告进行复查，复查意见交检察机关验收。

第十八条　涉案企业在第三方机制运行期间，认为第三方监控人存在行为不当或者涉嫌违法犯罪的，可以向第三方机制管委会反映或者提出异议，或者向负责办理案件的人民检察院提出申诉、控告。

涉案企业及其人员应当按照时限要求认真履行合规计划，不得拒绝履行或者变相不履行合规计划、拒不配合第三方组织合规考察或者实施其他严重违反合规计划的行为。

第十九条　第三方机制管委会对第三方监控人的考核结果作为对其表彰奖励、免除或者续任的重要依据。

第二十条　第三方监控人具有下列情形之一的，经检察机关开展调查，提请第三方机制管理委员会决定，作出免除其职务的决定：

（一）具有本办法第十六条规定情形，情节严重的；

（二）违反本办法第十五条相关规定，情节严重的；

（三）利用第三方监控人身份发表、从事与履职无关的言行，造成一定负面影响或者后果的；

（四）违反社会公德、职业道德以及其他严重有损第三方监控人形象、社会公信力行为的。

（五）其他情节严重的情形。

第三方监控人因违反本条相关规定，情节严重的，由第三方机制管委会作出除名的决定。

第二十一条　第三方机制管委会成员单位发现第三方监控人有不再适宜担任第三方监控人的情形，可以提请第三方机制管委会直接免除其资格，并按照本办法相关规定另行选任第三方监控人。第三方监控人因客观原因不能履职的，或者出现其他影响履职的重大事项的，应当及时向第三方机制管委会报告，并辞去第三方监控人职务。

第二十二条　基层检察院开展企业合规工作，适用本暂行规定。

第二十三条　本规定按职责分工，由第三方机制管委会解释，自印发之日起施行。

（深圳市涉案企业合规第三方监督评估机制管委会）

3. 佛山：总商会账户结算模式

规范指引：

佛山市禅城区涉案企业合规第三方监督评估机制
管理委员会财务管理暂行规定

为促进佛山市禅城区涉案企业合规第三方监督评估机制（以下简称第三方机制）高效、有序运行，加强佛山市禅城区涉案企业合规第三方监督评估机制管理委员会（以下简称第三方机制管委会）财务管理，规范财务工作，合理、有据支付第三方监督评估组织（以下简称第三方组织）专业人员的履职费用和报酬，现根据《中华人民共和国会计法》《行政事业单位内部控制规范（试行）》《佛山市禅城区涉案企业合规第三方监督评估机制实施细则（试行）》等三份文件和相关法律法规和文件精神，并参照其他地区文件和做法，结合我区工作实际，制定本规定。

第一章 总 则

第一条 第三方机制管委会的财务管理工作必须认真贯彻国家和省、市、区有关方针、政策。一切会计事项和经费开支标准必须遵守财务制度和财经纪律，接受上级主管单位和财税、审计、银行等有关部门的指导，并主动接受区检察院监督。

第二条 经费安排和使用遵循以下原则：依法依规、公开透明；合理预算、总额控制；严格审批、按级负责；从严从紧、厉行节约。

第二章 第三方机制管委会日常经费

第三条 第三方机制管委会日常工作所需业务经费，由管委会办公室所在单位佛山市禅城区工商业联合会根据工作需要申报纳入本单位的年度部门预算。

第四条 第三方机制管委会组织成员单位相关人员召开会议、开展培训等活动，编印工作文件材料、宣传资料，组建巡回检查小组监督第三方组织履职工作，以及其他日常工作所产生的费用，按照有关要求，由参与活动人员所在的成员单位各自承担。

第三章　第三方组织履职费用和报酬

第五条　第三方机制管委会依照涉案企业合规工作文件要求，安排第三方组织专业人员开展监督评估工作，应当支付相应费用、报酬。

第六条　报酬是指第三方组织专业人员开展监督评估工作的劳动回报。费用是指第三方组织专业人员在监督评估过程中实际发生的工作性支出，包括差旅费（含误餐费、交通费、住宿费等）、文印费等。费用在报酬以外单列。

第七条　第三方组织履职费用和报酬由涉案企业承担，由第三方机制管委会办公室负责具体管理，并接受区检察院监督。

第八条　公职人员担任第三方组织专业人员的，不得领取报酬，但可以报销相关费用。其中，差旅费用不得超过区财政制度规定的有关公务活动标准，其他费用实报实销。

第四章　报酬标准及支付

第九条　参照工业和信息化部《中小企业划型标准规定》划分企业规模，并适度考虑前瞻性，确定不同类型企业第三方组织的报酬总额。

第三方组织对涉案企业开展合规工作，报酬总额分类确定为：小微型企业不超过3万元；中型企业不超过5万元；大型企业不超过7万元。

对于较为复杂的，如涉案企业需要第三方组织提供指导、协助整改的案件，经第三方组织提出，第三方机制管委会办公室与区检察院研究确定，可以在不超过上限50%范围内调整报酬总额。

对于特别复杂的案件，如涉及超大型企业、跨国公司和国际业务等因素的案件，报酬总额由第三方机制管委会办公室与区检察院另行研究确定。

第十条　第三方组织按照"尊重劳动、体现公益"原则，综合案件事实、企业状况和工作实际，拟定履职费用和报酬的预算明细及支付计划，形成书面预算方案交第三方机制管委会办公室和区检察院审查，必要时，可以向涉案企业征求意见。

第十一条 第三方组织履职费用和报酬预算方案经审核通过后，由第三方机制管委会办公室向涉案企业发出合规费用预存通知。涉案企业收到通知后，应当在7日内向第三方组织管委会办公室的专门设立的银行账户预存相应款项，用于支付第三方组织履职费用和报酬。

第十二条 第三方机制管委会委托区总商会设立企业合规专门银行账户，用于接收涉案企业预存合规费用和支付第三方组织履职费用和报酬。

第十三条 合规考察期届满后7个工作日内，第三方组织应确定第三方组织履职费用和专业人员各自报酬分配比例，形成书面申请后连同报销凭证、合规考察书面报告一并提交第三方机制管委会办公室和区检察院审核。履职费用和报酬申请，需第三方组织全体人员签名确认。第三方机制管委会办公室和区检察院审核确认后，由第三方机制管委会办公室委托区总商会从专门账户一次性支付第三方组织各专业人员的履职费用及报酬。

第十四条 第三方机制管委会办公室和区检察院共同审定第三方组织专业人员履职费用及报酬，应当综合考虑以下因素：

（一）案件重大复杂程度；

（二）合规考察期限；

（三）第三方组织专业人员数量；

（四）第三方组织专业人员所属行业执行或者参照执行的国家、行业收费标准；

（五）第三方组织专业人员勤勉程度和履职情况；

（六）第三方组织专业人员对企业合规体系建设的指导作用及实际成效；

（七）其他影响第三方组织专业人员报酬的情况。必要时，可以向涉案企业征求意见。

第十五条 第三方组织宣告解散后，涉案企业缴纳的费用有剩余的，应当全部返还涉案企业。

第五章 附 则

第十六条 本规定涉及的开设银行账户委托文书模板、报销表格模板详见附件。

第十七条　本规定由第三方机制管委会负责解释，自印发之日起执行。

涉案企业在本规定之前已开展合规工作，但未支付报酬费用的，参照本规定执行。

本规定执行期间，若上级出台了有关财务管理规定及第三方组织履职费用和报酬标准，与本规定不一致的，参照上级文件执行，第三方机制管委会视情对本规定进行相应修改。

附件：1.《关于开设涉案企业合规费用银行专户的委托函》

2.《第三方组织履职费用和酬金结算申请单》

附件1：

<h2 style="text-align:center">关于开设涉案企业合规费用银行专户的委托函</h2>

禅城区总商会：

根据佛山市禅城区涉案企业合规第三方监督评估机制管理委员会财务制度有关规定，特委托贵会代为开设专门银行账户，用于接收涉案企业预存的合规费用并支付第三方组织履职费用和报酬。账户资金的接收和使用依照《佛山市禅城区涉案企业合规第三方监督评估机制管委会财务管理暂行规定》执行相应审批手续。

佛山市禅城区涉案企业合规

第三方监督评估机制管委会

2023 年　　月　　日

附件2：

佛山市禅城区涉案企业合规第三方组织
履职费用和酬金结算申请单

填制时间：　　年　　月　　日

科目或开支内容	单据张数	金额	核准数
履职费用（如误餐费、交通费、住宿费、文印费等分别列支）			
酬金（第三方组织专家各人酬金分别列支）			
合计金额：　仟　佰　拾　万　仟　佰　拾　元　角　分			
核准金额：　仟　佰　拾　万　仟　佰　拾　元　角　分			

说明	案件名称：	领导批示	
	第三方组织人员：		
	涉案企业：		

证明人：　　　　　　　　　审核人：　　　　　　　　　　　　经办人：

说明：1. 证明人由涉案企业相关负责人和检察院案件承办人签名
　　　2. 经办人由第三方组织组长签名

（佛山市禅城区涉案企业合规第三方监督评估机制管理委员会）

第三节　行业合规的广东探索

1. 广州：跨境电商行业合规

为规范并引导跨境电商业务经营者合法合规经营、依法有序发展，广州市人民检察院牵头，会同中国国际贸易促进委员会广州市委员会、广州市商务局、广州市邮政管理局、国家税务总局广州市税务局、广州市市场监督管理局、广州海关、黄埔海关等部门，根据广州市跨境电商行业发展实际，结合司法办案和行政执法中发现的普遍性、制度性问题，制定《广州市跨境电商行业合规指引（试行）》（以下简称《指引》），以期助力跨境电商行业开展合规经营。该《指引》分为总则、跨境电商业务合规控制、跨境电商业务合规管理体系、附则四章，共五十四条。

第一章总则，列明指引的制定目的及依据、适用范围及效力和基本原则等内容。广州市各类跨境电商业务经营者从事跨境电商经营活动均可参考指引开展合规管理，跨境电商业务经营者从事经营活动，应当遵循依法有序、平等自愿、公平诚信原则，自觉遵守法律法规、商业道德和公序良俗，认真履行法定义务，积极承担主体责任。

第二章跨境电商业务合规控制，按照参与跨境电商行业的市场主体进行分类，共分为跨境电商平台、跨境电商企业、物流企业、支付企业和其他跨境电商业务经营者五类，分节从正面引导和反面禁止两个角度，对不同的市场主体提出针对性指引。

第三章跨境电商业务合规管理体系，指导企业建立跨境电商业务合规管理体系。指出企业出现违法情形往往是因为没有建立从上至下的合规管理体系，合规管理运行保障机制不健全，以及缺少对合规风险的识别、分析和应对。阐述了建立合规管理体系有利于企业实现自我监管、合理控制风险、塑造企业合规文化和良好的社会形象、实现可持续发展等意义。具体从明确合规责任人、合规管理部门及各自职责，制定合规管理规范性文件，出具合规承诺书，建立合规论证和咨询、合规考核、合规培训、合规审计、违规行为上报、合规风险处理、合规文化机制，加强合规管理协调、合作方管理和外部监管指导，建立合规管理信息化系统和合规文化宣贯制度等多个方面，提出建立合规管理体系的重点内容。

第四章附则，对《指引》中"跨境电商平台""跨境电商企业""跨境电商企业境内代理人""物流企业""跨境电商业务经营者"等基本概念进行了说明，并列明解释主体和施行日期。

（广州市人民检察院）

规范指引：

广州市跨境电商行业合规指引（试行）

根据最高人民检察院涉案企业合规改革试点的工作要求，为充分发挥检察监督职能和行政监管作用，预防和减少跨境电商领域违法犯罪，引导跨境电商业务经营者增强合规意识，规范经营行为，促进跨境电商行业健康有序发展，广州市人民检察院、中国国际贸易促进委员会广州市委员会、广州市商务局、广州市邮政管理局、国家税务总局广州市税务局、广州市市场监督管理局、广州海关和黄埔海关根据跨境电商行业发展情况，结合刑事司法和行政执法中发现行业内存在的普遍性、体制性问题，并吸收借鉴金杜研究院相关专家研究成果，制定本指引，为跨境电商行业依法合规经营提供参考。

第一章 总 则

第一条【目的及依据】 为引导跨境电商业务经营者加强合规管理，维护跨境电商行业秩序，规范跨境电商活动，根据《中华人民共和国电子商务法》《中华人民共和国海关法》《关于完善跨境电子商务零售进口监管有关工作的通知》《关于跨境电子商务零售进出口商品有关监管事宜的公告》《网络交易监督管理办法》等规定，制订本指引。

第二条【适用范围及效力】 广州市各类跨境电商业务经营者从事跨境电商经营活动均可参照本指引开展合规管理。

本指引仅对跨境电商业务经营者合规管理作出一般性指引，不具有强制性，相关法律法规和规范性文件另有规定的，从其规定。

第三条【基本原则】 跨境电商业务经营者从事经营活动，应当遵循依法有序、平等自愿、公平诚信原则，自觉遵守法律法规、商业道德和公序良俗，认真履行法定义务，积极承担主体责任。

第二章　跨境电商业务合规控制

第一节　跨境电商平台

第四条【备案和登记】 依照《电子商务法》和其他有关法律、法规的规定办理市场主体登记，并依据海关总署关于跨境电商和报关单位备案管理的相关规定依法办理海关信息登记或备案手续。

第五条【信息系统建立及单证保管】 建立真实、准确、完整并有效控制跨境电商经营活动的信息系统，具备与海关即时对接的条件并可满足海关风险防控、定期验核交易数据等管理要求。

按照完整性、准确性与安全性的要求，记录和留存与跨境电商有关的合作合同（协议）、委托代理协议等资料以及交易信息、支付信息和物流信息等。建议对平台上经营者身份信息及合作协议等资料、商品或者服务信息、支付记录、物流快递、退换货以及售后等交易信息的保存时间自交易完成之日起不少于三年。

第六条【准入资质审查】 对入驻平台的跨境电商企业及其境内代理人、物流企业、支付企业等相关方的身份、地址、联系方式、行政许可等信息真实性进行审核、验证、登记，并至少每六个月核验更新一次。

对进入平台销售的商品是否符合跨境电商有关监管要求进行必要审查，及时关闭禁止以跨境电商零售进口形式入境商品的展示及交易页面。对于根据法律法规或者国务院有关规定应当取得进口或销售环节行政许可或备案的商品，平台应当要求跨境电商企业提供相关证明并进行核验；对于禁止在境内生产但可以通过跨境电商进口的商品，应当要求跨境电商企业提供原产地证明和境外物流链路证明并进行核验。

建立对上述资质进行审核的机制，并就审核情况、备案资料建立电子或书面档案。

第七条【信息公示及亮照经营】 在网站首页持续公示平台主体信息、平台服务协议和交易规则及其修改变更情况；在平台内从事经营活动的页面显著位置公示跨境电商企业及其境内代理人的主体身份信息和消费者评价、投诉信息。公示的信息发生变更的，应及时完成更新公示。

对平台内的跨境电商企业和国内电商企业建立相互独立的区块或频道，并以明显标识对跨境电商商品和非跨境商品、自营产品和非自营产品予以区分，确保消费者能够清晰辨认。

自行终止从事网络交易活动的，应当提前三十日在网站首页显著位置持续公示终止网络交易活动公告等有关信息，并采取合理、必要、及时的措施保障消费者和相关经营者的合法权益。

第八条【商品质量管理及消费者保护】 建立商品质量安全和生物安全风险防控机制，对通过平台销售商品的质量安全和生物安全进行有效防控，及时发布商品质量安全和生物安全监测、预警信息。

与申请入驻平台的跨境电商企业及其境内代理人签署协议，就商品质量安全主体责任、消费者权益保障等方面明确双方责任、权利和义务。督促跨境电商企业加强质量安全风险防控，当商品发生质量安全问题时，敦促跨境电商企业做好商品召回、处理，并做好报告工作。对不采取主动召回处理措施的跨境电商企业可采取暂停其跨境电商业务等处罚措施。

建立消费纠纷处理和消费维权自律制度，消费者合法权益受到损害时，须积极协助消费者维护自身合法权益，并履行先行赔付责任。

收集、使用消费者个人信息，应当遵循合法、正当、必要的原则，明示收集、使用信息的目的、方式和范围，并经消费者同意。未经消费者同意或者请求，不得向其发送商业性信息。

设置专门客户服务部门，重点围绕交易规则评估、交易安全保障、消费者权益保护、不良信息处理等开展日常监控和服务，部门职责分工明确并有效落实。

第九条【知识产权保护】 建立知识产权保护机制，依照《中华人民共和国商标法》《中华人民共和国专利法》和其他有关法律、法规的规定，对平台上商品的知识产权来源进行必要审核，对平台内发生的侵犯知识产权行为应采取必要措施并及时向海关报告，配合海关对相关商品进行调查和处理。

第十条【反不正当竞争】 不得对平台内的跨境电商企业在交易、交易价格以及与其他经营者的交易等进行不合理限制或者附加不合理条件，干涉其自主经营。

第十一条【合规申报】 按照相关规定自行或委托其他经营者如实向海关监管部门实时传输施加电子签名的跨境电商零售进口交易电子数据。平台向海关监管部门开放支付相关原始数据供海关验核，并对数据真实性承担相应责任。

第十二条【交易安全】 建立防止虚假交易及二次销售的风险控制体系，包括：通过技术手段对短时间内同一购买人、同一支付账户、同一收货地址、同一收件电话反复大量订购以及盗用他人身份进行订购等非正常交易行为进行监控；采用定期检查和不定期抽查等方式对交易信息、支付信息和物流信息的真实性进行审核；建立具备境内订购人身份信息真实性校验功能并有效运行的系统；利用跨境电商平台运营所积累的数据对商品价格、归类等税收要素、产品质量和交易真实性进行监控；等等。

第十三条【税款代收代缴】 作为跨境电商税款代收代缴义务人时，如实申报跨境电商商品的税收征管要素，向海关提供税款担保，并承担相应的补税义务及相关法律责任。

由其他经营者承担代收代缴义务时，平台定期查验并归档跨境电商商品相关的进口纳税凭证，如发现有违规情形的，应及时向海关报告。

第十四条【禁止性规定】 跨境电商平台不得从事以下行为：

（一）禁止"推单"。虚假上架商品、自行或协助他人将非跨境电商平台上交易的商品订单信息导入跨境电商平台并伪造成在跨境电商平台上交易的订单信息向海关推送，或者将其他跨境电商平台的交易数据导入并向海关推送。

（二）禁止"刷单"。虚假上架商品、自行或协助他人将需要通过一般贸易方式进口的货物在跨境电商平台上生成虚假的个人消费者订单，将大宗货物拆分并伪报成跨境电商零售进口商品申报进口。

（三）禁止伪报商品要素。自行或协助他人向海关伪报商品申报要素，包括低报商品的实际成交价格、伪报商品税则号、将未列入《跨境电商零售进口商品清单》中的商品伪报为清单中的商品、通过夹藏等方式伪报商品数量等。

（四）禁止违法利用、泄露公民身份信息。通过非法途径收集消费者个人信息并利用其他公民身份信息非法从事跨境电商业务，或者将掌握的消费者个人信息泄露、出售或非法提供给他人。

（五）禁止二次销售。将通过跨境电商零售方式进口的商品再次在国内市场销售，或者将跨境电商零售进口渠道中消费者退货的商品存放在境内进行二次销售。

（六）禁止提供申报价格指导。为跨境电商零售进口商品的入境申报提供"备案价格"等申报价格指导。

（七）禁止篡改或删除数据。篡改或删除平台内订单中消费者身份信息、商品名称、价格、数量、支付金额、支付时间等核心要素。

违反上述禁止性规定的，将依法承担相应行政责任；构成走私、侵犯公民个人信息等犯罪的，将依法被追究刑事责任。

第二节　跨境电商企业

第十五条【备案和登记】 跨境电商企业及其从事跨境电商零售进口业务的境内代理人（如有）依照《电子商务法》和其他有关法律、法规的规定办理市场主体登记，并依据海关总署关于跨境电商和报关单位备案管理的相关规定依法办理海关信息登记或备案手续。

第十六条【商品质量管理及消费者保护】 承担商品质量安全主体责任，建立商品质量安全风险防控机制，包括收发货质量管理、库内质量管控、供应商管理等，建立健全网购保税进口商品质量追溯体系。对于已发生质量安全问题的跨境电商商品应立即停止销售，及时做好商品召回、处理及报告工作，并按照法律规定承担相关责任。

承担消费者权益保障责任，包括披露商品信息、提供退换货服务、建立召回制度、对商品质量侵害消费者权益的赔付责任等。会同跨境电商平台在商品订购网页或其他醒目位置向消费者提供风险告知书，履行对消费者的提醒告知义务。

第十七条【合规申报】 跨境电商企业及其从事跨境电商零售进口业务的境内代理人（如有）按照相关规定自行或委托其他经营者向海关如实传输跨境电商进出口交易电子数据、提交申报材料，依法接受相关部门监管，并对数据和申报材料的真实性承担相应责任。

第十八条【知识产权保护】 跨境电商商品应当符合商品销售所在地的知识产权法律法规及电子商务平台知识产权规则。跨境电商企业及其从事跨境电商零售进口业务的境内代理人（如有）应自觉提交并接受有关经营者资质、知识产权证明文件等的查验，谨慎甄别并降低产品的知识产权侵权风险。

第十九条【禁止性规定】 跨境电商企业及其从事跨境电商零售进口

业务的境内代理人（如有）不得从事以下行为：

（一）禁止"推单"。将通过其他平台或途径销售的商品订单信息导入跨境电商平台并作为跨境电商平台上交易的订单信息向海关推送。

（二）禁止"刷单"。通过导入虚假个人消费者订单信息的方式将需要通过一般贸易方式进口的货物伪报成跨境电商零售进口商品。

（三）禁止伪报申报要素。在跨境电商商品进口、出口或退货出入境申报时，自行或委托他人向海关虚假申报，或向代理人提供虚假信息，伪报商品成交价格、商品税则号、商品名称、商品数量等申报要素。

（四）禁止违法利用、泄露公民身份信息。通过非法途径收集消费者个人信息并利用其他公民身份信息非法从事跨境电商业务，或者将掌握的消费者个人信息泄露、出售或非法提供给他人。

（五）禁止二次销售。将通过跨境电商零售方式进口的商品再次在国内市场销售，或者将跨境电商零售进口渠道中消费者退货的商品存放在境内进行二次销售。

（六）禁止骗取出口退税。通过虚构、伪造或非法购买跨境电商出口订单、增值税专用发票、出口货物申报材料、收汇凭证等以假报出口或者其他欺骗手段，骗取国家出口退税款。

（七）禁止逃汇。以虚构跨境电商进口订单和海关进口申报材料等欺骗手段办理支付外汇手续。

违反上述禁止性规定的，将依法承担相应行政责任；构成走私、侵犯公民个人信息、骗取出口退税、逃汇等犯罪的，将依法被追究刑事责任。

第三节　物流企业

第二十条【备案登记及资质】 为跨境电子商务零售进口提供境内服务的物流企业，应当在境内办理市场主体登记，取得邮政管理部门颁发的《快递业务经营许可证》，并按照海关总署的相关规定依法办理信息登记或备案手续。其中，直购进口模式下，物流企业应为邮政企业或者已向海关办理代理报关登记手续的进出境快件运营人。

第二十一条【信息系统建立及单证保管】 建立具备全程实时跨境电商商品物流信息跟踪功能、实现对揽收跨境电商商品物流状态的实时查询的物流跟踪系统，并可以向海关开放物流实时跟踪信息共享接口、满足海关查询使用需求。

按照完整性、准确性与安全性的要求，记录和留存与跨境电商有关的合作合同（协议）、委托代理协议等资料以及物流信息。建议对全程物流信息、申报清单、有关证明文件、风险管理信息等系统数据的保存时间自办结海关手续之日起不少于三年。

第二十二条【合规申报】 如实向海关监管部门实时传输施加电子签名的跨境电商零售进口物流电子信息，并对数据真实性承担相应责任。

在直购进口模式下，接受跨境电商平台或跨境电商企业境内代理人、支付企业的委托，向海关传输交易、支付等电子信息时，应要求跨境电商平台或跨境电商企业境内代理人、支付企业提供原始数据，并对数据完整性、真实性承担相应责任。

第二十三条【税款代收代缴】 作为跨境电商税款代收代缴义务人时，如实申报跨境电商商品的税收征管要素，向海关提供税款担保，并承担相应的补税义务及相关法律责任。

第二十四条【货物安全控制措施】 建立符合法律法规要求的揽收跨境电商商品验视、复核制度，对限制类跨境电商商品应当要求跨境电商企业提供有关证明文件，对不符合法律法规要求的跨境电商商品不得揽收承运；建立跨境电商商品装卸、分拣、存储、境内运输全程监控制度并有效落实。

严格按照交易环节所制发的物流信息开展跨境电商商品的派送业务。对于国内实际派送与通关环节所申报物流信息（包括收件人和地址）不一致等有违法嫌疑或高风险跨境电商商品，应采取终止相关派送业务等处置措施，并向海关报告。

第二十五条【禁止性规定】 物流企业不得从事以下行为：

（一）禁止"推单"。揽收境外包裹后，委托跨境电商平台制造虚假"三单"信息向海关推送；或接受其他跨境电商业务经营者委托向海关推送由其他物流企业派送的物流信息。

（二）禁止"刷单"。向跨境电商业务经营者提供、销售虚假的物流信息并向海关推送；向跨境电商企业提供空白快递单号。

（三）禁止境内集货。通过对快递面单做特殊标记进行集中转运；接受跨境电商平台、跨境电商企业或其他经营者的委托，为境内集货之目的，利用海关备案车辆，将货物批量出仓并进行集中运输，以及为上述目的以其名义为物流企业进出保税仓的车辆办理海关备案。

（四）禁止不实申报。接受跨境电商平台或跨境电商企业或其他经营者的委托，在跨境电商商品进口、出口或退货出入境申报时推送虚假的交易、支付或物流信息，或伪报商品品名、税则号、数量等申报要素。

（五）禁止违法利用、泄露公民身份信息。利用、泄露、出售或非法向他人提供掌握的公民身份信息。

违反上述规定的，将依法承担相应行政责任；构成走私、侵犯公民个人信息等犯罪的，将依法被追究刑事责任。

第四节　支付企业

第二十六条【备案登记及资质】　在境内办理市场主体登记，并按照海关总署关于跨境电商和报关单位备案管理的相关规定依法办理海关信息登记或备案手续。支付企业为银行机构的，应具备银保监会或者原银监会颁发的《金融许可证》；支付企业为非银行支付机构的，应具备中国人民银行颁发的《支付业务许可证》，支付业务范围应当包括"互联网支付"。

第二十七条【单证保管】　按照完整性、准确性与安全性的要求，记录和留存与跨境电商有关的合作合同（协议）、委托代理协议等资料以及支付信息。建议对于跨境电商交易主体的真实性、合法性相关材料（含电子影像等）的保存时间自交易完成之日起不少于五年。

第二十八条【合规申报】　自行或根据法律规定委托代理人如实向海关监管部门实时传输施加电子签名的支付电子信息，并对数据真实性承担相应责任。

第二十九条【支付安全措施】　按照展业原则，完善跨境电商新业态下消费者身份识别和管理制度，持续开展消费者身份识别与交易抽查验证，对跨境电商平台发送的电子支付单进行必要审核，并采取必要措施防止虚假支付、批量支付。

第三十条【外汇合规】　支付企业在办理跨境电商平台和跨境电商企业付汇事项时，应当对其原始订单、支付数据、海关申报材料等基础资料的真实性进行必要审查，并确认付汇主体与跨境电商业务经营者的身份一致。

第三十一条【禁止性规定】 支付企业不得从事以下行为：

（一）禁止"推单"或"刷单"。向跨境电商业务经营者提供、销售虚假的支付信息并向海关推送；配合或使用跨境电商平台或跨境电商企业账户充值款、备付金账号等方式支付虚假订单；配合跨境电商平台或跨境电商企业进行虚拟支付、循环支付。

（二）禁止使用虚假订单对外付汇。配合跨境电商平台或跨境电商企业使用虚假的跨境电商零售进口订单办理对外付汇手续。

（三）禁止违法利用泄露公民身份信息。利用、泄露、出售或非法向他人提供掌握的公民身份信息。

违反上述规定的，将依法承担相应行政责任；构成走私、侵犯公民个人信息等犯罪的，将依法被追究刑事责任。

第五节　其他跨境电商业务经营者

第三十二条【备案登记及资质】 在境内办理市场主体登记，根据相关规定向海关提交相关资质证书并办理信息登记或备案手续。

第三十三条【合规申报和税款代收代缴】 报关企业接受委托向海关申报跨境电商商品进口清单的，应当要求查验原始数据，并承担如实申报责任。

报关企业作为跨境电商税款代收代缴义务人时，如实申报跨境电商商品的税收征管要素，向海关提供税款担保，并承担相应的补税义务及相关法律责任。

第三十四条【禁止性规定】 其他跨境电商业务经营者不得从事以下行为：

（一）禁止"推单"。将消费者通过其他平台或渠道成交的商品订单信息输入跨境电商平台并生成跨境电商订单信息。

（二）禁止伪报贸易方式。将一般贸易货物或个人行邮物品在跨境电商平台上生成虚假的个人消费者订单并伪报成跨境电商零售进口商品。

（三）禁止二次销售。为商业之目的在国内市场销售采购自跨境电商零售进口渠道的商品。

违反上述规定的，将依法承担相应行政责任；构成走私犯罪的，将依法被追究刑事责任。

第三章　跨境电商业务合规管理体系

第三十五条【合规管理体系】　跨境电商业务经营者建立有效的合规管理体系来防范合规风险，通过对合规风险的识别、分析和评价，建立并改进合规管理流程，从而达到对风险的有效应对和管控。

第三十六条【合规责任人】　企业的跨境电商业务最高管理者是该项业务合规的第一责任人，应当承担以下职责：

（一）分配并保证足够和适当资源来建立、维护和改进跨境电商业务合规管理体系；

（二）确保企业关于跨境电商方面的商业运营战略与业务合规义务之间的一致性；

（三）统筹解决合规管理部门和业务部门的相关冲突，并保证业务合规的优先性。

第三十七条【合规管理部门】　鼓励跨境电商业务经营者设置专门的合规管理部门。合规管理部门一般应履行以下职责：

（一）对公司规章制度和业务流程进行合规审查并予以调整和完善；

（二）审核评估企业的经营管理和业务行为，重点围绕商品合规、质量安全、生物安全、虚假交易、二次销售、知识产权等开展风险评估与日常监控；

（三）确保企业与相关合作方的业务活动符合跨境电商相关规定的要求；

（四）牵头负责公司内部合规审计；

（五）组织或协助管理部门、业务部门开展企业内部合规教育培训，并向管理层和各部门员工提供合规咨询；

（六）处理重大合规风险事项；

（七）持续关注国内及业务所涉国家（地区）跨境电商法规的发展动态，及时提供合规建议。

第三十八条【合规管理体系评估】　跨境电商业务经营者应采取适当方式评估其合规管理体系运行的适当性、有效性和充分性，并对评估结果进行自我审查、反馈和回应，持续改进和完善合规管理体系。

第三十九条【合规管理规范】　建议跨境电商业务经营者制定企业合

规政策、各核心部门和岗位工作流程规范、员工合规指引，并按照企业决策流程制定企业内部规范性文件。上述合规管理规范应当列入员工手册，并通过公司声明、公告或宣传等方式予以公布。

第四十条【合规承诺】　建议跨境电商业务经营者组织合规负责人、合规管理人员及核心部门和岗位工作人员出具合规承诺书，承诺按照其职权范围诚信开展业务及合规管理工作，如有违规或失职行为须承担个人责任。

第四十一条【合规论证和咨询机制】　跨境电商业务经营者在业务模式运行前及具体业务操作过程中可以由企业内部合规管理部门进行合规论证。合规管理部门应当及时学习主营业务所涉法律法规及政策监管要求，必要时可以引入外部专业机构开展跨境电商业务合规咨询。

第四十二条【合规考核机制】　建议跨境电商业务经营者将合规考核结果作为相关部门、岗位和人员的绩效考核的重要依据，与员工的评优评先、职务任免、职务晋升以及薪酬待遇等挂钩。

第四十三条【合规培训机制】　跨境电商业务经营者应当将合规培训纳入员工培训计划，自行或聘请外部专业机构定期为员工开展跨境电商关于政策法规、内部合规制度与业务岗位职责分工等方面的合规培训。合规培训记录应保存归档。员工完成合规培训的情况应作为合规考核的标准之一。

第四十四条【合规审计机制】　建议跨境电商业务经营者建立对企业业务模式、操作流程进行日常监测及定期内部审计制度。审计资料应归档保管。

第四十五条【违规行为上报机制】　建议跨境电商业务经营者建立内部违规行为上报机制，鼓励员工举报内部违规行为或主动报告自身违规行为并保障其合法权利和信息安全。有条件的企业可设立违规举报奖励标准，对符合要求的举报人给予奖励。对于主动报告自身违规行为的员工，企业也可在内部处罚上予以从宽考虑。

第四十六条【合规风险处理】　企业发现违规风险的，应当立即终止违规行为，采取调整业务模式、主动向有关部门报告等必要措施并制定合规整改计划。

第四十七条【合规管理协调】　合规管理部门应加强与业务部门的合

作，建立明确的协调配合机制和信息交流机制。相关业务部门应在跨境电商日常业务中主动进行合规管理，识别业务范围内的合规风险，配合合规管理部门进行合规风险审查、评估、调查、整改工作。

第四十八条【合作方管理】 跨境电商业务经营者应建立外部合作方管理制度，注意防范合作方及其他经营者的合规风险。跨境电商业务经营者应当与合作方签订规范的跨境电商合同（协议），在合同、协议或者其他书面资料中要求合作方按照海关监管要求优化和完善贸易安全管理。

跨境电商业务经营者可结合政府部门监管情况及企业内部掌握情况，对合作方进行动态评估，建立分级管理制度，并根据违法违规记录、风险评估结果等对有违法违规记录的合作方进行责任回溯，并采取相应管控措施，不建议为被列入联合惩戒对象的企业提供服务。

鼓励跨境电商业务经营者建立合作方应急方案和备选清单，在合作方出现合规风险时适用企业内部替换流程以及审批实施程序。

第四十九条【外部监管指导】 跨境电商业务经营者应加强与海关、外汇、商务、市场监管等外部监管部门的沟通，及时寻求监管指导，了解监管部门建议的合规流程、最新的政策变化和合规监管要求，并制定符合其要求的合规制度。

第五十条【合规管理信息化建设】 跨境电商业务经营者应建立内部合规管理信息系统，在资质审核、财务管理、进出口申报、业务风险管理等方面具备可记录、可追溯、可查询、可分析、可预警等功能并有效运行。

鼓励跨境电商业务经营者建立跨境电商知识产权库、价格数据库、历史交易库和企业信息库等后台业务风险管理数据库，并可以应海关等监管部门要求提供有关风险防控方面的信息和数据。

第五十一条【合规文化宣贯制度】 跨境电商业务经营者应当建立常态化的合规文化宣贯制度，通过线上线下多种方式宣传和倡导合规理念，将合规文化作为企业文化建设的重要内容，践行合规经营的价值观，提倡合规风气，不断增强员工的合规意识和行为自觉，营造依规办事、按章操作的合规文化氛围。

跨境电商业务经营者应将合规作为企业经营理念和社会责任的重要内容，并将合规文化传递至合作方。跨境电商业务经营者应树立积极正面的合规形象，促进行业合规文化发展，营造和谐健康的经营环境。

第四章 附 则

第五十二条【基本概念】 "跨境电商平台"是指在境内办理市场主体登记，为交易双方（消费者和跨境电商企业）提供网页空间、虚拟经营场所、交易规则、信息发布等服务，设立供交易双方独立开展交易活动的信息网络系统的经营者。

"跨境电商企业"是指自境外向境内消费者销售跨境电商零售进口商品的境外注册企业（不包括在海关特殊监管区域或保税物流中心内注册的企业），或者境内向境外销售跨境电商出口商品的企业，为商品的货权所有人。

"跨境电商企业境内代理人"是指开展跨境电商零售进口业务的境外注册企业所委托的境内代理企业，由其在海关办理注册登记，承担如实申报责任，依法接受相关部门监管，并承担民事责任。

"支付企业"是指在境内办理市场主体登记，接受跨境电商平台企业或跨境电商企业境内代理人委托为其提供跨境电商零售进口支付服务的银行、非银行支付机构以及银联等。

"物流企业"是指在境内办理市场主体登记，接受跨境电商平台企业、跨境电商企业或其代理人委托为其提供跨境电商进出口物流服务的企业。

"跨境电商业务经营者"是指包括跨境电商平台、跨境电商企业及其代理人、支付企业、物流企业、报关企业等参与跨境电商进出口业务的企业。

第五十三条【指引的解释】 本指引由广州市人民检察院负责解释。

第五十四条【施行日期】 本指引自发布之日起施行。

2. 深圳：移动互联网应用程序分发业务合规

　　近年来，随着网络强国和数字中国战略深入实施，我国互联网产业实现跨越式发展，在经济社会发展中作用日益凸显。2022年以来，我国互联网行业深入贯彻党的二十大报告中提出的"不断做强、做优、做大我国数字经济"的重要指示精神，坚决落实党中央、国务院重要决策部署，我国网络基础设施建设全球领先，数字技术创新能力持续提升，数据要素价值备受重视，网络法治建设逐步完善，网络文明建设稳步推进，网络综合治理体系更加健全，数据安全保护体系更趋完备，网络空间国际合作有所进展，数字中国建设取得显著成效。

　　深圳正在全力打造数字化、网格化、网络化、智能化的创新型城市；近年来，深圳市数字经济产业呈现迅猛增长态势，成为推动全市经济高质量发展的重要引擎；深圳互联网企业众多，互联网行业的发展既是深圳的名片，也是深圳经济竞争力的重要体现。随着智能手机的高度普及和信息网络技术的发展，移动互联网平台以其聚合、智能、普惠、便捷等突出优势，不断促进资源配置优化、市场效率提升和产业融合升级。移动互联网平台不仅在互联网行业中扮演着至关重要的角色，而且已成为数字经济发展的重要推动力。

　　然而，移动互联网平台经济的蓬勃发展，也对行业整体监管提出了挑战——非法利用网络数字技术、寄生于互联网平台的违法犯罪活动呈高发态势，企业也极易被卷入其中，极大地阻碍健康长效的经营发展。当前，互联网平台普遍面临着两个严峻的考验：一方面，传统领域的诈骗、赌博犯罪不断向网络空间蔓延；另一方面，非法利用信息网络、侵犯公民个人信息、非法获取计算机信息系统数据等新型的违法犯罪层出不穷。鉴于此，明确平台企业的责任义务承担的边界范围、规范互联网行业实现行稳致远的发展，迫在眉睫、意义重大。

　　在深圳市盐田区人民检察院近期办理的两起移动互联网应用程序分发平台企业涉嫌帮助信息网络犯罪活动罪的企业合规案件中，检察机关通过引导、督促涉案企业断绝违法犯罪、开展自查自纠、落实合规整改，有效推动涉案企业构筑合规体系、重回经营正轨的同时，探索并总结形成了良好的企业合规先进典范。案件办理过程中发现，移动互联网应用程序分发平台作为信息汇聚、供需串联、内容分发的枢纽，在为市场主体提供便捷信息技术服务的同时，也应当更好地履行平台监管义务、承担企业社会责任，既要防范自身触犯刑事犯罪的风险，还要不断肩负网络生态治理与监管的责任、避免平台沦为助长违法犯罪活动的工具。基于手机电子消费品市场规模、移动互联网产业不断发展壮大的现状，树立涉案移动互联网应用程序分发平台企业的合规建设范本，对于提升互联网行业的整体合规水平具有重要参考意义。

为进一步实现"办理一起案件、扶助一批企业、规范一个行业"的良好示范效应，深圳市人民检察院结合深圳市盐田区人民检察院办理企业合规案件的实践，借鉴金杜研究院、中山大学网络犯罪研究中心的相关理论，以及充分听取吸收行业代表性企业意见，针对司法实践过程中发现的行业普遍性问题，汇总企业合规的先进示范经验，制定《深圳市人民检察院移动互联网应用程序分发业务合规指引》。本指引的制定，立足于明确移动互联网应用程序分发平台的合规义务和责任，引导业内企业树立合规意识、培育合规文化，搭建全面有效的合规体系，全力封堵监管漏洞，助推行业规范发展。

（深圳市人民检察院）

规范指引：

深圳市人民检察院移动互联网应用程序分发业务合规指引

第一章 总 则

第一条【目的及依据】 为指导移动互联网应用程序分发（下称"应用程序分发"）平台企业开展合规管理工作，规范应用程序分发业务活动，促进应用程序分发行业持续健康发展，根据《中华人民共和国刑法》《中华人民共和国网络安全法》《中华人民共和国数据安全法》《中华人民共和国个人信息保护法》《中华人民共和国未成年人保护法》《移动互联网应用程序信息服务管理规定》《互联网信息服务管理办法》《互联网广告管理办法》等规定，制定本指引。

第二条【适用范围】 本指引适用于深圳市内各类应用程序分发平台经营者（下称"分发平台经营者"），分发平台经营者从事应用程序分发业务活动，可参照本指引开展合规管理建设工作。

第三条【适用效力】 本指引为推荐性标准，不具备强制性效力，分发平台经营者可在有关法律、行政法规规定的基础上，参照适用本指引，明确具体的法定权利、义务与责任。法律、行政法规另有规定的，从其规定。

第四条【基本原则】 分发平台经营者应当坚持引导正确价值取向、保障网络内容安全、维护用户合法权益，持续规范平台内经营者的业务经营活动，积极承担维护良好网络生态秩序的主体责任。

第五条【基本概念】 本指引所称的应用程序分发业务，是指基于互联网平台为移动互联网应用程序提供发布、下载、动态加载等服务。从事应用程序分发业务的分发平台，包括但不限于应用商店、快应用中心、互联网小程序平台、浏览器插件平台等类型。

本指引所称的移动互联网应用程序信息服务，是指在移动智能终端设备上，通过应用程序向用户提供文字、图片、语音、视频等信息制作、复制、发布、传播等服务的活动。移动互联网应用程序提供者，包括但不限于即时通讯、电子商务、网络音视频、游戏娱乐、新闻资讯、论坛社区等类型的应用程序开发者、所有者、运营者。

第二章　应用程序分发业务常见合规风险及法律后果

第六条【信息网络安全】 应用程序分发平台应当充分履行网络安全保障义务，不得具有下列情形：

（一）明知应用分发平台上的应用程序提供者利用应用程序实施违法犯罪活动，为其违法行为提供互联网接入、数据存储、广告推广、支付结算等技术支持和帮助的，或者未及时根据相关法律法规的规定，采取警示、暂停服务、下架等处置措施，未设置记录保存机制，未依法及时向有关主管部门报告的；

（二）未按照有关法律、行政法规的规定，履行建立健全网络安全等级保护制度、制定网络安全事件应急预案、开展网络安全检测评估、报告网络安全事件等信息网络安全管理义务，导致安全风险危害结果发生的。

违反《网络安全法》及其他有关法律、行政法规的规定，具有上述情形之一的，依法需要承担相应的行政责任；构成犯罪的，依法需要承担刑事责任。

第七条【数据安全与个人信息保护】 应用程序分发平台应当充分履行数据及信息安全保障义务，不得具有下列情形·

（一）未履行建立健全全流程数据安全管理制度、组织开展数据安全教育培训、采取相应的技术措施和其他必要措施等数据安全保护义务的；

（二）未按照有关法律、行政法规的规定，将在中华人民共和国境内收集和产生的个人信息和重要数据存储在境内的，或未经有关主管部门安全评估，向境外提供前述数据的；

（三）作为个人信息处理者，未履行有关法律、行政法规的规定的义务，非法处理用户个人信息的。

违反《数据安全法》《个人信息保护法》《网络安全法》等有关法律、行政法规的规定，具有上述情形之一的，依法需要承担相应的行政责任；构成犯罪的，依法需要承担刑事责任。

第八条【未成年人保护】 应用程序分发平台应当坚持有利于未成年人的原则，关注未成年人健康成长，建立健全信息内容审核管理机制，若发现平台内应用程序含有不利于未成年人的信息的，应及时按照有关法律、行政法规的规定采取相应的处置措施。

应用程序分发平台违反《未成年人保护法》等有关法律、行政法规的规定，未严格履行未成年人网络保护的义务的，依法可能需要承担相应的行政责任；构成犯罪的，依法需要承担刑事责任。

第九条【广告合规风险】 应用程序分发平台应当确保平台内呈现健康、真实、合法的广告内容，平台发布、发送的广告不得影响用户正常使用网络；应用程序分发平台若发现平台内应用程序含有违法违规的广告内容，应及时按照有关法律、行政法规的规定采取相应的处置措施。

应用程序分发平台违反《广告法》等有关法律、行政法规的规定，依法可能需要承担相应的行政责任；构成犯罪的，依法需要承担刑事责任。

第十条【知识产权保护】 应用程序分发平台知道或者应当知道应用程序提供者利用其网络服务侵害他人著作权、商标权等知识产权，而未采取删除、屏蔽、断开链接等必要措施的，依法需要承担连带赔偿责任；构成犯罪的，依法需要承担刑事责任。

第十一条【网络犯罪刑事责任】 违反本节第六条至第十条规定，涉嫌构成非法利用信息网络罪、帮助信息网络犯罪活动罪、拒不履行信息网络安全管理义务罪的，依法可能被判处三年以下有期徒刑或者拘役，并处或者单处罚金。

单位犯前款罪的，依法可能对单位判处罚金，对直接负责的主管人员和其他直接责任人员依照第一款规定处罚。

第三章 应用程序分发平台合规管理体系

第一节 合规管理制度

第十二条【合规管理制度体系】 分发平台经营者应当根据法律法规和监管政策的变化趋势，及时将外部有关合规要求转化为内部制度，建立健全完备的合规管理制度体系。

完备的合规管理制度体系可以包括全员遵守的合规基本制度、针对重点领域制定的合规管理专项制度、结合业务实际制定的业务操作指引等。

第十三条【合规基本制度】 分发平台经营者应当制定合规基本制度，作为指导企业一切经营活动的纲领性制度，明确经营管理的基本原则、战略发展的整体目标、合规管理的制度与组织体系、合规管理的运行与保障机制等重点内容。合规基本制度适用于企业的全体员工和全部业务。

第十四条【合规管理专项制度】 分发平台经营者可以根据业务经营特点，针对重点领域制定合规管理专项制度，合规管理专项制度是基于特定领域、环节的合规管理需要而制定的制度，包括但不限于合规培训与宣传、商业伙伴管理、内部违规调查与举报、合规检查、合规绩效考评等。

第十五条【业务操作指引】 分发平台经营者可以根据经营管理需要，针对包括但不限于针对与开发者商务洽谈、应用程序审核、合作推广、运营管理、投诉举报处理、违规处置等业务流程，制定标准化的流程操作指引及具体规则，为特定岗位员工提供具有实践参考意义的合规标准。

第二节　合规管理组织

第十六条【合规管理组织体系】 分发平台经营者应当综合考虑经营业务、管理模式、规模情况、发展战略、行业特征等因素，结合企业风险防范及合规管理现状，构建合理高效、运转协调的合规管理组织体系。

完备的合规管理组织体系由企业决策层、管理层与执行层共同组成，分发平台经营者可以分别设置合规管理委员会、合规管理负责人和合规管理部门，共同组成科学合理、权责分明的合规管理组织体系。

第十七条【合规管理委员会】 分发平台经营者可以组建合规管理委员会作为合规管理工作的议事机构。合规管理委员会一般由企业负责人、合规负责人、法务部门负责人、业务部门负责人、财务部门负责人等人员组成。合规管理委员会行使下列职权：

（一）规划合规管理体系建设工作，如审议、制定公司合规管理制度，统筹合规管理组织体系等，并提出有关建议；

（二）研究决策涉及合规管理的重大事项，提出相关的指导意见；

（三）指导、监督及评价合规管理工作的落实情况；

（四）统筹协调重大合规风险事件的处置和应对措施；

（五）向企业决策层提名合规负责人以外的合规管理部门其他负责人、主管人员的人选；

（六）其他涉及合规管理的重大事项。

第十八条【合规管理负责人】 分发平台经营者可以任命相关负责人、

总法律顾问或首席合规官作为企业的合规管理负责人。合规管理负责人应当独立开展合规工作，不受其他业务部门和企业管理人员的不当干扰。合规管理负责人行使下列职权：

（一）贯彻执行合规管理委员会、决策层对合规管理工作要求，全面负责企业合规管理工作；

（二）向合规管理委员会、决策层汇报涉及合规管理的重大事项；

（三）组织制定合规管理战略规划，参与企业重大决策并提出合规意见；

（四）领导合规管理部门，牵头开展合规管理工作，统筹加强合规管理队伍建设；

（五）统筹协调合规管理部门与各业务部门之间的关系，在合规管理工作与业务工作之间产生冲突时，确保合规管理工作的优先性。

第十九条【合规管理部门】 分发平台经营者可以建立合规管理部门作为合规管理工作的执行机构，组织、协调和监督合规管理工作，为其他部门提供合规支持。合规管理部门行使下列职权：

（一）起草合规基本制度及具体领域的专项合规制度，会同其他有关部门总结梳理业务操作指引；

（二）起草合规管理年度报告，制定年度合规管理工作计划，并推动合规管理工作贯彻落实；

（三）持续关注与应用程序分发业务相关的法律法规及监管要求变化，撰写合规研究报告，供公司决策层和合规委员会参考；

（四）审视经营业务流程的执行情况，提出合规建议；

（五）发生重大违规事件时，执行公司决策层和合规委员会的处置和应对措施；

（六）组织或协助业务部门开展合规培训。

第二十条【合规管理的沟通协作】 分发平台经营者应当确保各部门形成紧密结合、协同联动的合规管理机制，共同防范与控制生产经营中的合规风险。有效的企业合规管理沟通与协作包括：

（一）各职能部门与各业务部门，系其职责范围内的合规管理直接责任人；

（二）合规管理部门应当履行组织、执行、协调和监督合规管理工作等职责；

（三）审计、内控、纪检等监察部门，履行合规管理的监督职责。

第三节 合规管理运行保障机制

第二十一条【公开举报渠道】 分发平台经营者应当明确举报信息受理部门，设立并公开电话热线、电子邮箱等举报渠道，保障举报者的合法权利和信息安全，明确接到举报信息后的处理程序。

第二十二条【内部违规调查、处置机制】 分发平台经营者应当建立内部违规调查、处置机制，明确责任机构、调查的方式与流程等。

第二十三条【合规绩效评估机制】 分发平台经营者应当建立合规绩效评估机制，包括考核制度和奖惩制度，将员工的合规考核结果作为薪酬提高、职级晋升、选拔任用、评优评先等工作的重要参照指标。

第四章 应用程序分发平台资质与备案合规要求

第二十四条【经营者资质许可】 分发平台经营者应当根据有关法律法规的规定，结合应用程序分发平台自身运营特点，取得相应的经营性互联网信息服务许可，或向所在地省级通信管理部门进行非经营性互联网信息服务备案。

第二十五条【平台管理规则】 应用程序分发平台应当制定平台管理规则并向应用程序提供者公示，管理规则的内容可以包括应用程序的上架与审核、违规处置、安全隐私、广告投放、投诉处理、消费充值等重点内容。

第二十六条【服务协议】 应用程序分发平台应当与注册用户、应用程序提供者分别签订服务协议，就权利义务、服务范围、违规处置、隐私保护、法律适用、争议解决等方面内容进行约定。

第二十七条【分发平台备案】 应用程序分发平台上线运营三十日内，分发平台经营者需要向所在地省级网信部门备案，备案的内容包括分发平台经营者的基本情况、分发平台的有关信息、互联网信息服务许可或备案的情况，以及相关的制度文件、平台管理规则、服务协议等有关材料。

第五章 应用程序分发业务合规要求

第一节 应用程序审核上架

第二十八条【主体信息审核】 应用程序分发平台应当采取复合验证措施，通过主体身份证明文件、银行账户、移动电话号码等方式，认证应用程序提供者的真实主体信息。应用程序上架后，分发平台应当公示应用程序提供者的主体名称、统一社会信用代码等信息，方便社会监督查询。

第二十九条【经营资质审核】 应用程序分发平台应当核验应用程序提供者是否取得互联网信息服务业务经营许可证或非经营性互联网信息服务备案。

第三十条【特殊品类应用程序资质审核】 针对下列常见的特殊品类应用程序，依照有关法律、行政法规的规定须经有关主管部门审核同意或者取得相关许可的，应用程序分发平台应当额外核验其是否符合特定的资质要求，未依法取得相关资质的，分发平台不得为其提供服务：

（一）对于提供新闻信息服务的应用程序，应当额外审查其是否取得国家或省、自治区、直辖市互联网信息办公室核发的互联网新闻信息服务许可等行政许可；

（二）对于提供视频音乐、在线直播、电子书刊等服务的应用程序，应当额外审查其是否取得省、自治区、直辖市文化和旅游厅核发的网络文化经营许可证等行政许可；

（三）对于提供金融服务的应用程序，应当根据信息服务的类型和范围、应用程序提供者的主体性质等，额外审查其是否取得有关主管部门核发的提供网络借贷、金融理财、证券期货交易、支付结算等服务的行政许可；

（四）对于提供医药信息服务的应用程序，应当根据信息服务的类型和范围、应用程序提供者的主体性质等，额外审查其是否取得有关主管部门核发的提供医疗执业、药品器械交易等服务的行政许可；

（五）对于游戏类应用程序，应当额外审查其是否取得国家新闻出版署核发的出版物号，并核验游戏应用程序的实质内容是否与取得出版物号的游戏内容相符合。

除上述常见的特殊品类应用程序以外，根据有关法律、行政法规的规定，提供其他互联网信息服务的应用程序依法需要经有关主管部门批准或备案的，分发平台应当额外审查其批准或备案的情况。

第三十一条【特殊品类应用程序管理】　针对常见的特殊品类应用程序，应用程序分发平台应当建立分级分类管理制度，可以在公开的平台管理规则中，明确不同品类应用程序的特定资质审核要求，指导应用程序提供者按照拟申请上架的应用程序类别和属性，上传相应的资质证明材料，以便于履行审核监管义务。

第三十二条【特殊品类应用程序安全评估核验】　针对社交通讯、新闻信息类等具有舆论属性或社会动员能力的应用程序，以及涉及适用深度合成等新技术新应用的应用程序，按照有关规定需要开展安全评估，并将评估报告交由网信、公安等有关主管机关审查的，分发平台应当审核应用程序的安全评估报告，并核验主管机关对该应用程序的审查意见。

第三十三条【著作权审核】　应用程序分发平台可以核验应用程序的版权证明文件以确保提供者对应用程序享有正当版权。

第三十四条【基本信息审核】　应用程序分发平台应当审核应用程序的名称、图标、简介说明等基础信息，发现应用程序含有违法违规的内容及不良信息的，分发平台不得为其提供服务。

第三十五条【内容审核】　应用程序分发平台应当加强对应用程序内容的审核，审核流程中需要重点把控的合规要求如下：

（一）应用程序的内容应当坚持正确政治方向、舆论导向和价值取向，不得存在危害国家安全、扰乱社会秩序、侵犯他人合法权益的内容；

（二）应用程序不得涉及色情、赌博、毒品、暴力、诈骗等严重违法犯罪的内容；

（三）应用程序不得制作、复制、发布、传播含有危害未成年人身心健康内容的信息，不得含有组织、胁迫、引诱、教唆、欺骗、帮助未成年人实施不良行为或违法犯罪行为的非法内容。

第三十六条【功能审核】　应用程序分发平台应当加强审核应用程序的使用功能，功能审核过程中需要重点把控的要求如下：

（一）应用程序是否可以正常下载、安装、启动、使用、关闭和卸载；

（二）是否存在通过植入木马病毒等非法程序、恶意利用系统安全漏洞等方式，从事危害网络安全、侵犯用户权益等违法违规的活动；

（三）在未经用户同意的情况下，利用技术手段，擅自窃取用户的个人信息、隐私或其他相关的信息内容，或因用户不同意提供非必要个人信息，而拒绝用户使用其基本功能服务。

其他破坏、妨碍、扰乱终端设备系统或其他应用程序正常运行使用的违法违规行为。

第三十七条　应用程序提供者未能达到本节规定的审核要求的，应用程序分发平台应及时采取相应的警示、暂停服务、下架等处置措施，且平台应有权对审核出的风险及问题通过公示或其他途径予以展示，以此保护平台使用者的合法权益。

第二节　日常运营管理

第三十八条【网络与数据安全保障】　应用程序分发平台应当按照国家网络安全等级保护制度的要求，采取严格措施保障网络免受干扰、破坏或者未经授权的访问，防止网络数据泄露或者被窃取、篡改，履行下列网络安全保护义务：

（一）应当制定内部安全管理制度和操作规程，确定网络安全负责人，并落实安全保护责任；

（二）应当采取防范危害网络安全行为的技术措施，监测、记录网络运行状态，并留存不少于六个月的网络日志；

（三）应当采取数据分类、重要数据备份和加密等措施，防止网络数据泄露或者被窃取、篡改；

（四）针对潜在的网络安全事件，应当事先制定应急处置预案，并在系统漏洞、计算机病毒、网络攻击、网络侵入等安全风险发生时，采取相应的补救措施，按照规定及时向有关主管部门报告；

（五）设置专门安全管理机构，保障专门安全管理机构的运行经费并配备相应的人员。

第三十九条【个人信息安全保障义务】　应用程序分发平台应当建立健全用户信息保护制度，采取技术措施和其他必要措施，确保其收集的个人信息安全，防止信息泄露、毁损、丢失。在发生或者可能发生个人信息泄露、毁损、丢失的情况时，应当立即采取补救措施，按照规定及时告知用户并向有关主管部门报告。

第四十条【个人信息处理合规义务】　应用程序分发平台作为个人信息处理者时，应当按照《个人信息保护法》的规定，严格履行下列个人信息安全保障义务：

（一）收集、使用用户个人信息，应当遵循合法、正当、必要的原则，公开个人信息处理的具体规则，明示收集、使用信息的目的、方式和范围，并经被收集者同意；

（二）处理个人信息的过程中，不得泄露、篡改、毁损其收集的个人信息，不得在未经被收集者同意的情况下，向他人提供个人信息；

（三）处理敏感个人信息应当取得个人的单独同意；

（四）作为个人信息的共同处理者时，在应用程序提供者未取得用户针对个人信息处理目的、处理方式和个人信息种类的单独同意的情况下，分发平台不得接收、处理应用程序提供者所提供的个人信息。

第四十一条【未成年人保护】　应用程序分发平台应当建立健全未成年人保护管理制度，加强对未成年人保护工作的监督检查，依法保障未成年人在网络空间的合法权益。应用程序分发平台应当基于未成年人保护的原则，加强对应用程序履行未成年人保护义务的监督，需要重点把控的合规要求如下：

（一）应防止应用程序制作、复制、发布、传播含有危害未成年人身心健康内容的信息，或组织、胁迫、引诱、教唆、欺骗、帮助未成年人实施不良行为、严重不良行为或者违法犯罪行为；

（二）对于网络游戏类应用程序，应当监督其采取实名注册认证措施，建立健全防沉迷机制，落实适龄提示标准规范，明确游戏产品所适合的未成年人用户年龄阶段，并在用户下载、注册、登录界面等位置予以显著提示。

若发现应用程序提供者违反上述合规要求的，应用程序分发平台应及时依照有关法律、行政法规的规定采取相应的处置措施，并保存有关记录，依据有关法律、行政法规的规定，需要向有关主管部门报告的，应当及时报告。

第四十二条【广告推送合规义务】　应用程序分发平台提供广告服务的，应当坚持正确导向，遵循诚实信用、公平竞争的原则，确保广告内容符合社会主义精神文明建设要求，不得存在违法违规的广告内容。分发平台提供广告、推送服务过程中，应重点把控的合规要求如下：

（一）广告不得含有法律、行政法规禁止生产、销售的产品或者提供的服务，以及禁止在互联网发布广告的商品或者服务；

（二）广告应当有明显的广告标识，弹出等形式的广告应当设置显著的关闭标志，不得采取虚假标志、模糊辨识定位、要求二次点击等方式，为用户关闭广告设置障碍；

（三）对于竞价排名的广告、推送，应当采取显著的广告标识等方式与自然搜索结果明显区分，不得在涉及政务服务应用程序等的搜索结果中插入竞价排名广告；

（四）利用个性化推送、排序精选、检索过滤、调度决策等算法技术向用户提供信息时，应当严格遵守有关法律、行政法规的规定，落实算法安全主体责任，加强信息安全管理，积极传播正能量，促进算法应用向上向善。

第四十三条【应用程序分类管理及备案】 应用程序分发平台应当建立分类管理制度，对上架的应用程序实施分类管理，并按类别向其所在地省、自治区、直辖市网信部门备案应用程序。

第三节　应用程序违规处置

第四十四条【处置规则公示】 对于存在违法违规内容的应用程序，应用程序分发平台应当结合违法违规行为的性质、影响、危害等方面因素，分别制定相应的处置措施，并形成标准化的处置规则，以向应用程序提供者公示。

第四十五条【违规处置】 应用程序分发平台针对违法违规的应用程序，可以采取的处置措施包括但不限于：限期整改、下架或删除应用程序、暂停或关闭开发者账号、公示黑名单、监督检查、追究提供者的法律责任等。

第四节　投诉举报及客服受理

第四十六条【管理制度】 应用程序分发平台应当制定客诉管理的制度规则，明确客诉处理所应当秉持的基本原则，并规定具体的方式、流程、时限、反馈要求等客诉处理的程序性事项。

第四十七条【客诉部门】　应用程序分发平台应当设置专门的客诉处理部门、团队，并配备专业化的客服人员，负责收集、登记、受理、处置及反馈客户提出的投诉、举报、意见、建议等信息。

第四十八条【客诉受理】　应用程序分发平台应当建立健全投诉受理机制，设置专门的投诉受理人员，确保及时收取投诉、举报信息，并给予投诉举报的受理凭证。受理凭证应当说明客诉问题的内容，并明确预计的处理、反馈时限。

应用程序分发平台应当自觉接受社会监督，公开设置显著、便捷的投诉举报入口，公布投诉举报方式。

第四十九条【客诉分类】　应用程序分发平台可以制定具体的客诉分类规则，根据投诉、举报内容的具体事项、性质、原因设置相应的分类标准，并按照投诉、举报内容的具体类别，分别交由相应专业化的客服人员或团队处置。

第五十条【客诉分级】　应用程序分发平台可以针对用户的投诉、举报制定相应的分级管理规则，按照投诉、举报内容的性质和严重程度设置分级标准。针对不同级别的投诉、举报内容，应用程序分发平台可以分别设置相应的处置措施及响应流程：

（一）对于处理难度不高、影响程度较低的客诉问题，可以由基层客服人员采取快速响应、快速处理的策略，及时向用户反馈解决方案；

（二）对于具有一定复杂性、可能产生一定负面影响的客诉问题，可以采取问题上升机制，由较高层级的专业客服人员负责处理；

（三）对于影响范围较大、可能引起重大合规风险的客诉问题，除采取问题上升机制以外，客诉人员需及时将问题情况反馈管理层，并由管理层协调问题所涉的有关部门，共同形成问题处理的联动机制，商讨、制定问题解决对策及具体的合规风险控制措施。

第五十一条【客诉处置】　应用程序分发平台应当建立健全投诉处置机制，确保客诉处理人员结合事实情况，具体分析、研判客诉内容，核实、查明问题成因并制定解决方案，及时向客户反馈并了解进一步的需求。

经研判客诉内容属实，对于涉及应用程序违规的，应用程序分发平台应当及时按照违规处置操作指引规则给予处置措施；对于客诉内容涉及分发平台本身问题的，应用程序分发平台应当及时排查合规风险、填补管理漏洞，并启动相应的内部调查与问责。

第五十二条【客诉反馈】 应用程序分发平台应当建立健全投诉反馈机制，及时、准确地向客户反馈客诉问题的基本情况、问题的性质与成因，并提供相应的解决方案。

第六章　合规文化建设

第五十三条【合规培训】 分发平台经营者应开展合规培训和规范行为指导，定期落实合规培训计划并开展合规测试，确保员工合规履职，遵循商业道德，确保企业实现长久持续的合规经营。

第五十四条【高层重视】 分发平台经营者的高层领导应树立合规榜样，重视开展合规建设、带头参与合规实践，积极倡导、引领企业培育合规文化氛围。

第五十五条【合规宣贯】 分发平台经营者可以通过内部刊物、宣传栏、会议指导和合规培训等形式，全面宣传合规理念，加强员工的合规教育和培训，增强合规意识，降低违规风险。

第五十六条【合规文化】 分发平台经营者应当建立健全合规文化，以强化全体员工的合规意识，规范员工的行为，提高合规管理效率。

第七章　附　则

第五十七条【解释权】 本指引由深圳市人民检察院负责解释。

第五十八条【施行日期】 本指引自发布之日起施行。

3. 深圳：打印机喷头应用企业进出口业务合规

深圳市人民检察院开展涉案企业合规改革试点以来，办理了8家打印机喷头应用企业涉嫌走私犯罪的企业合规案件。近日，为进一步预防和减少打印机喷头应用企业在进出口环节的违法犯罪，推动该类企业切实加强进出口业务合规管理，促进行业健康发展，结合对前期涉案企业合规整改的经验，该院出台了《打印机喷头应用企业进出口业务合规建设指引》，并与中国商务广告协会广告工程与展示专业委员会、中国印工协丝网与工业印刷分会、深圳市印刷行业协会、深圳市3D打印协会分别签署《打印机喷头应用企业进出口业务合规建设框架协议》。

（深圳市人民检察院）

规范指引：

深圳市人民检察院打印机喷头应用企业
进出口业务合规建设指引

第一章　总　则

第一条　为引导打印机喷头应用企业加强合规建设，推动该类企业持续提升合规经营管理水平，根据国家有关法律法规和政策规定，制定本指引。

第二条　打印机喷头应用企业开展进出口业务合规管理的目标是，以提升依法依规经营管理水平为导向、通过开展合规管理体系建设、合规管理制度建设、重点领域专项合规建设、合规管理运行机制建设等管理活动，使企业及其员工的经营管理行为符合国家进出口业务相关法律法规、监管规定、行业准则和企业依法制定的章程、规章制度等要求，达到有效预防合规风险、预防犯罪的目的。

第三条　打印机喷头应用企业进出口业务合规管理的基本原则是：

（一）在体系建立、制度设计、岗位安排等方面应保证独立客观，合规管理机构及合规管理人员的合规职责与其他职责之间不应产生利益冲突；

（二）立足于企业的经营范围、业务规模、人员规模等实际情况，保证进出口业务合规管理的可操作性和有效性，并根据内外部环境变化和企业发展需求持续改进，确保合规管理发挥实际作用；

（三）合规管理应作为企业主要负责人和合规管理人员的重要工作内容之一。企业应明确与进出口业务相关员工的合规责任并督促有效落实。

第二章　进出口业务合规风险及法律后果

第四条　打印机喷头应用企业进出口业务合规风险主要包括走私和违反海关监管规定。

第五条　走私行为是指打印机喷头应用企业违反海关法及其他有关法律、行政法规，逃避海关监管，偷逃应纳税款、逃避国家有关进出境的禁止性或者限制性管理，有下列情形之一的：

（一）未经国务院或者国务院授权的机关批准，从未设立海关的地点运输、携带国家禁止或者限制进出境的货物、物品或者依法应当缴纳税款的货物、物品进出境的；

（二）经过设立海关的地点，以藏匿、伪装、瞒报、伪报或者其他方式逃避海关监管，运输、携带、邮寄国家禁止或者限制进出境的货物、物品或者依法应当缴纳税款的货物、物品进出境的；

（三）使用伪造、变造的手册、单证、印章、账册、电子数据或者以其他方式逃避海关监管，擅自将海关监管货物、物品、进境的境外运输工具，在境内销售的；

（四）使用伪造、变造的手册、单证、印章、账册、电子数据或者伪报加工贸易制成品单位耗料量等方式，致使海关监管货物、物品脱离监管的；

（五）以藏匿、伪装、瞒报、伪报或者其他方式逃避海关监管，擅自将保税区、出口加工区等海关特殊监管区域内的海关监管货物、物品，运出区外的；

（六）有逃避海关监管，构成走私的其他行为的。

第六条 打印机喷头应用企业有下列行为之一的，按走私行为论处：

（一）明知是走私进口的货物、物品，直接向走私人非法收购的；

（二）在内海、领海、界河、界湖，船舶及所载人员运输、收购、贩卖国家禁止或者限制进出境的货物、物品，或者运输、收购、贩卖依法应当缴纳税款的货物，没有合法证明的。

第七条 违反海关监管规定的行为是指违反海关法及其他有关法律、行政法规和规章但不构成走私行为的。

第八条 打印机喷头应用企业违反海关法及其他有关法律、行政法规相关规定，构成走私或违反海关监管规定的，将依法承担相应行政责任；构成犯罪的，将依法被追究刑事责任。

第三章 进出口业务合规管理体系

第九条 打印机喷头应用企业应结合实际情况，任命企业主要负责人或者其他高级管理人员担任企业合规负责人并作为第一责任人。承担该职责的人员应当具有独立性、权威性和专业性。

第十条 合规负责人一般应履行以下关于进出口业务管理的职责：

（一）全面负责企业进出口业务合规管理工作，领导合规管理部门或岗位（如有）；

（二）确保企业每年度对进出口业务合规建设投入相对充足的资源，包括但不限于人力、资金、战略规划支持；

（三）协调进出口业务合规管理与其他各项业务之间的关系，保证合规的优先性；

（四）监督企业进出口业务合规管理的执行情况并及时解决合规管理中出现的问题。

第十一条 企业应设立专职的合规管理岗位，鼓励有条件的企业设立合规管理部门。合规管理岗位或部门一般应履行以下关于进出口业务合规管理的职责：

（一）对企业规章制度和业务流程进行合规审查，并组织协调相关业务部门（岗位）调整和完善规章制度和业务流程；

（二）制定企业进出口业务合规管理制度和合规计划并推动贯彻落实；

（三）持续关注进出口业务相关的法律法规、监管要求的最新发展，及时提供合规建议；

（四）组织或协助进出口业务部门（岗位）开展企业内部合规培训；

（五）处理重大进出口业务合规风险事项。

第十二条 企业主要负责人、高级管理人员、合规负责人、合规管理岗位和部门人员、进出口业务核心岗位员工应当高度重视企业合规情况并出具合规承诺书，承诺按照其职权范围开展合规管理工作和企业业务，并应当明确说明其违反承诺的不利后果。

其他企业员工应通过员工制度、用工协议等方式承诺熟知企业的规章制度、合规要求和岗位职责并遵守企业各项规定、承诺自觉接受合规培训并就合规培训内容接受考察，并明确说明其违反承诺的不利后果。

第四章 进出口业务合规管理制度

第十三条 打印机喷头应用企业应当根据我国现行有效的进出口管理相关法律法规和部门规章（详见附件）等规定，建立以合规管理基本制度、进出口业务领域合规管理专项制度、合规操作手册为主体的进出口业务合规管理制度体系。

第十四条 合规管理基本制度是企业最重要、最基本的合规制度，是其他合规制度的基础和依据。合规管理基本制度应明确企业合规管理的基本原则、总体目标、合规负责人和合规管理部门及相应职责、管理流程、考核监督、奖惩方式等。

第十五条 打印机喷头应用企业应在合规管理基本制度的基础上，针对打印机喷头所涉及的进出口业务制定具体的合规管理专项制度，强化该领域的合规风险防范，包括但不限于进出口业务合规管理制度、财务合规管理制度、采购合规管理制度等。

第十六条 鼓励打印机喷头应用企业根据生产经营实际情况，在合规管理基本制度和进出口业务合规管理专项制度的基础上，进一步细化标准，规范业务流程，将具体的标准和要求融入打印机喷头的采购和销售出口等业务流程中，制定进出口业务合规操作手册，便于员工理解和落实。

第十七条 打印机喷头应用企业应定期追踪进出口业务相关的外部法律法规、规章制度和监管政策的变化，对企业内部规章制度进行修订完善，将外部合规要求转化为内部规章制度。

第五章　打印机喷头进出口合规管理专项制度

第一节　境外合规采购专项管理制度

第十八条 将打印机喷头作为生产经营中价值较高的重要核心部件的企业应专门针对打印机喷头的境外合规采购建立书面专项制度，并应设立独立的采购部门（岗位）负责打印机喷头的境外采购，与进出口业务、财务部门（岗位）相分离、在业务流程中形成互相监督制约关系。

第十九条 打印机喷头应用企业应明确向境外采购打印机喷头的业务流程以及授权和审批层级，包括：喷头选购需求的提起、选购数量和金额的审批确认、境外采购合同的签署、采购事项的执行等。鼓励有条件的企业建立上述事项的书面制度，并根据采购规模的大小确定企业内部审批层级以及审查文件清单。

第二十条 企业在采购境外品牌打印机喷头之前，应当对生产厂商及品牌供应商、经销商的品牌代理权限、许可范围及经营资质等进行必要的合规背景调查。

第二十一条 打印机喷头应用企业应当对境外采购的常规生产厂商及品牌供应商、经销商出现合规风险或其他经营风险而导致打印机喷头境外采购异常的风险制定应对措施。企业应当明确选用替补采购对象及采购路径时，相应流程的提起、审批和实施程序、对应的审批层级以及审查文件清单。

第二十二条 建议企业对生产经营所需的打印机喷头在同等条件下进行境内采购，以避免出现进口申报违规风险。如确有必要进行境外采购的，建议企业与境外供应商、经销商通过书面协议方式确定在境内交货并由境外供应商、经销商承担交货前的全部进口申报义务。

第二十三条 建议企业与具有合法授权资质的境外打印机喷头供应商、经销商建立直接采购关系。如确有必要委托第三方代为采购，应当与境外供应商或经销商、第三方代理人订立三方书面协议以明确各方权利义务。

第二十四条 打印机喷头应用企业应建立采购单证保管制度。所有向境外采购的相关单证以及内部审批流程文件应当保管3年以上。境外采购的相关单证包括但不限于打印机喷头采购合同、往来邮件、采购发票、入库凭证等。

第二节 进出口业务专项管理制度

第二十五条 企业存在进出口打印机喷头的实际需求的，根据法律规定可以以自身名义或者以其他主体名义办理进出口申报。其中以自身名义办理进出口申报的企业应依据《对外贸易法》及相关规定办理对外贸易经营者备案登记，并进行海关进出口收发货人备案登记。

第二十六条 打印机喷头应用企业自行办理进出口申报的，应当按照我国进出口管理相关法律法规和部门规章进行申报；委托第三方进出口报关代理商进行申报的，应通过书面协议方式确定该第三方代理商采用的报关流程和方式，审核其是否符合相关法律法规及政策规定，并确定双方在委托和代理报关过程中的相应权利义务。

第二十七条 企业存在进出口打印机喷头情形的，应当确立专门负责进出口业务的相关部门（岗位），鼓励有条件的企业指定高级管理人员负责进出口业务管理。

第二十八条　企业应当明确在企业内部提起、审批、实施进出口事项的各环节相关部门（岗位）业务权限和流程，包括但不限于：

（一）明确提起、审批、实施等各环节对应的负责部门（岗位）和具体工作职责；

（二）明确企业决定申报材料、进出口模式、通关口岸、选择进出口报关代理人、物流合作公司等不同事项的审批流程。鼓励有条件的企业针对进出口的金额、数量等因素建立不同级别的审批事项清单。

第二十九条　企业应在打印机喷头进口申报前或者委托第三方申报前，由进出口业务部门（岗位）对申报所涉的商品编号、商品名称及规格型号、价格、数量、原产地等申报要素以及是否涉及许可证等情形进行审核，并建立审核机制。鼓励有条件的企业建立对申报价格、申报数量、特殊关系、运保费等重要申报要素的二次复核机制。

第三十条　企业应由进出口业务部门（岗位）负责进口打印机喷头的查验接收，查验内容包括运抵的打印机喷头是否与买卖合同、采购发票、报关单证的申报信息相符。对于由委托的第三方报关进口的货物，还应当核对其申报文件和纳税凭证等报关证明材料。在和物流方交接进口打印机喷头环节实行签名、盖章等保护制度。

第三十一条　鼓励有条件的企业建立对打印机喷头境外采购数据、出口数据、收付汇数据之间是否相互匹配进行核对校验的交叉复核机制，形成文字记录并作为进出口业务相关资料进行保存。

第三十二条　企业应建立进出口活动数据和单证保管的制度，确保与进出口业务相关的归档信息的及时性、完整性和准确性。进出口业务相关单证、数据及内部审批全流程记录应当储存3年以上。

第三节　对外收付汇专项管理制度

第三十三条　打印机喷头应用企业对于进口及出口行为应当建立合规的收付汇制度。企业对外收付汇应当基于真实的贸易往来事实。

第三十四条　企业应通过制度明确财务部门（岗位）对外收付汇的业务流程，并明确需要审查的文件清单。鼓励有条件的企业通过书面制度明确支付和收取不同额度外汇的相应审批层级以及非常规付汇的专项逐级审批流程。

第三十五条 企业进出口业务相关的收付汇资料、数据、内部审批全流程记录应当保管 3 年以上。收付汇资料包括但不限于进出口合同、发票、报关材料、收付汇凭证等。

第六章 进出口业务合规管理运行机制

第三十六条 打印机喷头应用企业应明确在选择境外供应商、经销商、进出口报关代理商、物流商等外部合作主体时，应当对其进行必要的尽职调查，重点评估守法合规、贸易安全、供货资质以及海关信用情况，并应当审核与该外部合作主体之间的书面合同、协议是否合规。

企业在与外部合作主体之间的书面合同、协议或者其他书面资料中应列明企业相关的合规规定，并要求该外部合作主体认可和遵守该合规规定。

第三十七条 打印机喷头应用企业应当建立进出口业务合规风险识别、评估和预警机制，定期梳理、分析、识别企业进出口业务活动中存在的合规风险，对风险发生的可能性、影响程度及潜在后果进行系统评估，对于典型性、普遍性和可能产生严重后果的风险及时发布预警。

如企业的组织架构、战略、业务方向、经营模式等发生重大调整或者外部环境和法律法规发生重要变化，企业应对进出口业务的合规风险重新进行识别和评估。

第三十八条 打印机喷头应用企业应建立进出口业务合规风险应对机制，对识别评估的进出口业务合规风险及时制定预案并采取有效措施。发生重大合规风险时，企业合规负责人或企业合规管理部门应联合相关部门（岗位）按照应急预案采取措施，最大限度降低损失。

第三十九条 打印机喷头应用企业应当每年实施 1 次以上关于境外采购、进出口业务的内部合规审计，必要时开展不定时的外部审计。

企业应当以制度方式明确审计时间、审计范围、审计流程、各部门配合职责、如需引入外部审计机构的决定程序等；明确经审计发现违规问题的处理方式及后续评估方法；明确对相关责任主体追究内部管理责任、对已构成违法违规情形的及时移送相关执法和司法部门的程序；明确审计活动相关的书面或者电子资料档案应当保管 3 年以上。

第四十条　打印机喷头应用企业应将合规审查作为境外采购、进出口业务规章制度制定、重大事项决策、重要合同签订、重大项目运营等经营管理行为的必经程序，未经合规审查不得实施，并应当以书面制度明确进出口业务合规审查范围、审查依据和要点、负责合规审查的部门（岗位）、审查发现违规问题的处理方式及后续评估方法等。

第四十一条　打印机喷头应用企业应当建立关于境外采购、进出口业务违规行为举报制度，包括但不限于：

（一）明确线索的管理、调查、汇报、答复、立卷归档等方面的相关流程；

（二）根据实际情况设立电话热线、电子邮箱等举报违规行为的渠道，明确受理举报的部门，并在企业内部和外部进行公开，全体员工及与企业存在经济往来的各方均有权向企业进行举报；

（三）明确线索受理部门经调查形成结论后的处理流程；

（四）明确对举报人进行充分保护，任何单位和个人不得违规泄露检举人员信息或采取任何形式对举报人员打击报复。

第四十二条　打印机喷头应用企业应当定期对境外采购、进出口业务合规管理体系的有效性进行评估分析，对发现的漏洞予以完善，持续优化进出口业务合规管理体系。对重大或反复出现的合规风险和违规问题，深入分析成因，完善相关制度。

企业进行合规管理评价时应综合考虑企业的生产经营现状、合规目标以及外部监管要求的变化等因素，及时更新合规管理制度，以满足内外部合规要求。

第四十三条　企业应当将进出口业务的合规培训纳入员工培训计划，并明确合规培训的范围、频率、内容、负责牵头部门（岗位）等。鼓励企业针对主要负责人、高级管理人员、合规负责人、关键岗位员工等不同培训主体制定专项合规培训计划。

我国现行有效的进出口管理相关法律法规和部门规章（详见附件）应当作为进出口业务合规培训的重点内容，并根据其修订情况同步更新培训内容。企业负责合规培训的部门（岗位）应完整保存培训记录。

第四十四条　鼓励企业建立定期对进出口业务相关负责人和岗位员工

进行合规考核与奖惩制度，将员工的合规履职情况、参加合规培训情况等纳入员工考核，作为选拔任用、评选优先、提高薪酬等工作的重要依据，同时明确进出口业务相关的违法违规行为的处罚措施。

第四十五条　鼓励打印机喷头应用企业定期与相关行政机关和行业协会沟通联系，及时向行业协会反映日常经营中遇到的困难和诉求，遵守行政机关和行业协会制定的行规行约等制度，积极参加行业协会组织的各项进出口合规培训活动。

第七章　合规文化建设

第四十六条　企业应大力推进法治文化、合规文化建设。企业通过网站、电子邮件、定期简报、年度（或其他定期）报告、非正式讨论、制定合规手册、签订合规承诺书等多种方式，宣传和倡导合规理念，鼓励员工理解和接受合规要求，提倡合规风气。宣贯方式应具有针对性、创新性和知识性，达到合规文化宣传效果。

第四十七条　企业在与外部主体合作时，应注意树立正面合规形象，营造合规氛围，践行合规制度，传达合规文化，促进本行业及上下游行业合规文化发展，营造和谐健康可持续的经营环境。

第八章　附　则

第四十八条　本指引由深圳市人民检察院负责解释。

第四十九条　本指引自发布之日起施行。

4. 汕头：玩具行业侵犯知识产权犯罪涉案企业合规

　　汕头市澄海区是"中国玩具之都"，现有玩具产业市场主体近5万户、年产值超500亿元，产品出口至全球90多个国家和地区。近期，汕头市澄海区检察院结合玩具产业特点，以知识产权保护为切入点，牵头召开涉案企业合规第三方监督评估机制管理委员会联席会议，推动第三方监督评估机制管委会成员单位会签《关于玩具行业领域侵犯知识产权犯罪涉案企业合规整改的操作指引》（以下简称《指引》），凝聚合力推进玩具行业涉案企业合规改革试点工作，促进企业提升市场竞争力，树立良好品牌形象，实现可持续发展。《指引》一共四章28条，包括了适用范围、整改程序、原则、实施、效果评估等内容。

　　《指引》从合规章程制度制定、合规组织设立和保障、合规文化构筑及合规审查、内部监察、线索调查等方面明确合规整改实施的方式，同时要求企业建立健全知识产权取得、维护、使用合规体系，实现玩具采购、生产、研发、营销等各个生产经营环节对知识产权的科学管理和合规使用。《指引》针对澄海玩具出口规模大的情况，专门揭出涉外知识产权审查机制，如涉及向境外销售与知识产权相关的产品或服务，应调查目的地的知识产权法律、政策及其执行情况，适时在目的地进行知识产权申请、注册、登记，对境外涉及知识产权的产品采取相应的边境保护措施。

　　《指引》从组织体系、制度体系、运行体系、风险识别处置体系等方面明确整改效果评价标准，要求整改后应当满足各项合规要素，包括是否建立了适当的合规组织体系，如成立独立运行的合规管理组织、授予合规管理组织相应的权利；是否制定了基本的企业合规管理规范，如建立健全合规管理制度、规范化的知识产权事务管理和决策流程、工作责任清单、合规监察制度等制度机制；是否对知识产权的获取、使用、维护等运行方式进行合规管理，如建立文件信息化管理制度、保密管理制度、供应商审查制度、出入库清单制度；是否形成风险信息收集机制，如建立合规风险台账、持续改进机制。《指引》针对小微玩具企业多的实际，确定小型、微型企业的组织体系、制度体系、运行体系和风险识别处置体系评价标准可予以适当降低，重点围绕预防企业涉嫌具体犯罪罪名的相关情况建立简明扼要的规范、体系、机制，注重企业合规整改计划的效果，通过实施合规整改，达到避免再次发生同类犯罪的效果。

（汕头市人民检察院　汕头市澄海区人民检察院）

规范指引:

关于玩具行业领域侵犯知识产权犯罪涉案企业
合规整改的操作指引(试行)

第一章　总　则

第一条【制定目的与依据】 为规范澄海区玩具行业领域侵犯知识产权犯罪涉案企业合规整改工作,帮助企业建立健全知识产权合规管理体系,引导企业依法合规经营、健康发展,根据《涉案企业合规建设、评估和审查办法(试行)》《汕头市人民检察院关于全面推开涉案企业合规改革试点工作方案》等文件精神,结合工作实际,制定本指引。

第二条【适用范围】 本指引适用于公司、企业等市场主体(以下简称"企业")或者企业实际控制人、经营管理人员、关键技术人员等(以下简称"企业重点人员")侵犯知识产权犯罪的案件,具体包括:

(一)侵犯商标权利犯罪,包括假冒注册商标罪、销售假冒注册商标的商品罪、非法制造、销售非法制造的注册商标标识罪。

(二)侵犯专利权利犯罪,包括假冒专利罪。

(三)侵犯著作权权利犯罪,包括侵犯著作权罪、销售侵权复制品罪。

(四)侵犯商业秘密犯罪,包括侵犯商业秘密罪、为境外窃取、刺探、收买、非法提供商业秘密罪。

以下涉企侵犯知识产权犯罪案件,一般不适用企业合规试点机制:

1.个人为进行违法犯罪活动而设立公司、企业的;

2.公司、企业设立后以实施犯罪为主要活动的;

3.公司、企业人员盗用单位名义实施犯罪的;

4.其他不宜适用的情形。

第三条【合规整改程序】 涉案企业合规整改需经过以下程序:

(一)制定合规整改计划;

(二)实施合规整改;

(三)合规整改效果评估。

第四条【合规整改原则】 企业合规整改应当坚持独立性、有效性、

227

全面性、动态性和可查性原则。

第二章　合规整改实施

第五条【合规章程和制度】 根据经营、行业特点和环境差别，结合涉嫌侵犯知识产权犯罪具体罪名，由企业权力机构制定以知识产权合规为目的的合规章程、行为准则、专项管理办法等管理类制度，并定期更新上述文件，将外部的法律法规变化和监管动态及时纳入其中。

第六条【合规组织设立】 根据经营规模、行业特点、业务范围等条件，合理选择和设置知识产权合规管理部门或合规人员。该部门或人员，应根据合规章程和合规制度负责本企业合规整改的具体实施，合规管理的职责必须明确、具体、可考核。

第七条【合规组织保障】 企业实际控制人应书面作出合规支持承诺，并在内部予以公开；给予合规管理部门或合规人员足够的支持，包括配备专门的知识产权合规人员、划拨知识产权合规专项资金、委托有资质的外部第三方机构协助开展知识产权合规整改等；由企业实际控制人担任合规管理部门负责人或合规人员，保障合规整改机制运行。

第八条【合规文化构筑】 企业应建立对技术人员、知识产权管理人员、全体员工分层级合规培训制度。对企业全体人员进行知识产权合规制度宣传，营造崇尚创新、尊重知识产权的氛围，确保全体人员对知识产权合规制度内容知晓、理解并严格遵守。

第九条【合规审查】 合规管理部门或人员根据合规制度对涉及知识产权事务进行管理，将知识产权合规审查作为规章制度制定、事项决策、合同签订、项目运营等经营管理行为的首要决策程序，及时对不合规的内容提出修改建议，未经合规审查不得实施，合规管理组织具有一票否决权。

第十条【内部监察】 企业应定期或不定期对知识产权合规体系进行合规监察，由合规管理部门人员实施，监察内容主要包括对知识产权合规体系运行有效性的评价和对知识产权合规绩效进行评价，同时可形成相关书面报告，并呈交企业权力机构，以确保知识产权合规制度真实实施。

第十一条【线索调查】 根据自身经营规模设立不合规线索提供方式，设立举报机制、求助热线、情况反馈、建议箱等举报系统，及时发现生产经营活动中出现的不合规情况，并根据线索情况，决定启动对应的调查机制。调查应坚持公平、公正、及时、彻底的原则。

第十二条【知识产权取得合规】 及时申请注册登记各类知识产权，明确取得各类知识产权权利的相关措施，包括商标、专利、著作权、商业秘密的具体取得及后续维护或主动放弃等的具体措施规定。

第十三条【知识产权维护合规】 对已取得的处于有效保护期或有效许可期的知识产权权利，制定相关措施以确保可及时支付相关费用、签署相关合同，进而实现权利维护。

第十四条【知识产权使用合规】 结合经营规模、行业特点，通过合规制度设定，实现采购、研发、制造、销售、发行、复制、传播等各个生产经营环节对知识产权的使用进行管理，确保合规使用知识产权。

（一）在采购活动中的知识产权管理：企业应要求供方提供权属证明，在采购合同中明确知识产权权属、许可使用范围、侵权责任承担等内容；做好供方信息、进货渠道、进价策略等信息资料的管理和保密工作。

（二）在生产活动中的知识产权管理：注意发现有知识产权价值的创新成果并及时采取相应保护措施；对生产过程不宜公开的操作规程、各种报表和试验记录、检验检测记录等，应建立相应的保密制度；承揽委托加工、来料加工、贴牌生产等加工业务时，注意规避对外加工业务中的知识产权风险，明确双方知识产权义务、保密责任。

（三）在研发活动中的知识产权管理：建立研发活动的知识产权跟踪检索分析与监控制度；明确对研发成果的知识产权归属管理；加强对研发活动的档案和保密管理，建立技术研发档案、记录管理制度，确保研发活动具有可溯性；加强对研发成果申请专利的挖掘与质量的管控。

（四）在营销活动中的知识产权管理：正确使用注册商标或专利号等知识产权标志，对消费者和有关市场主体进行必要提醒；建立产品销售市场监控机制，多渠道监控同类产品的市场情况；发现侵权的应当进行重点信息收集，必要时进行公证。

第十五条【涉外知识产权审查机制】 如涉及在向境外销售与知识产权相关的产品或服务，应调查目的地的知识产权法律、政策及其执行情况，适时在目的地进行知识产权申请、注册、登记，对境外涉及知识产权的产品采取相应的边境保护措施。

第十六条【风险预警】 合规组织可有效应用合规制度，准确收集相关风险线索，系统且全面地判断可能存在的合规风险，并及时根据风险大小发布预警信息。

第十七条【风险整改】 合规部门或人员，应根据预警信息开展风险排查工作，并向风险发生部门提出整改建议，由风险发生部门提出整改方案并予以整改。

第十八条【风险报告】 企业应根据已发生的合规风险具体情况，作出具体应对方案。针对特定种类知识产权不合规的风险，应制定专项应对措施，将不合规结果给企业带来损失降至最低，并将合规风险的产生、识别、排查、应对的全面情况向企业权力机构书面汇报。

第三章　合规整改效果评估

第十九条【总体要求】 涉案企业已全面、按时、有效完成企业合规整改计划。整改期间，能够主动接受检察机关、第三方组织的监督、检查。整改后，应当满足各项合规要素的要求。

第二十条【组织体系评价】 根据企业规模，建立了适当的合规组织体系。

（一）已经成立独立运行的合规管理组织，不依附于董事会或董事长等相关决策人员。大型企业应当设立独立的合规部门及首席合规官，中型企业至少应设置合规部门，小、微企业应至少设置合规专员，合规部门及合规专员不承担经营和财务等管理工作。

（二）已经授予合规管理组织相应的权利，使其具有独立性并能够直接接触包括最高管理者在内的企业所有层级的工作人员，充分开展整改工作，使合规管理制度在企业生产经营活动中得以贯彻实施。对涉及重大知识产权合规风险的决策，合规管理组织具有一票否决权。

第二十一条【制度体系评价】 根据合规整改的需要，应当制定了基本的企业合规管理规范，具体可参照以下标准：

（一）已经建立健全合规管理制度，并确保合规管理制度符合法律法规、监管规定等要求，保证企业合规工作开展有规可依；

（二）已经建立健全规范化的知识产权事务管理和决策流程，将知识产权合规审查作为规章制度制定、重大事项决策、合同签订、项目运营等经营管理行为的必经程序，及时对不合规的内容提出修改建议，未经合规

审查不得实施;

（三）已经建立工作责任清单，设立合规部门或合规专员，明确企业各岗位员工知识产权合规责任，明晰岗位知识产权侵权风险点，制定员工手册，指导企业员工在履职过程中可能涉及合规风险时进行正确的判断和合法的选择;

（四）已经建立合规监察制度，由合规管理部门人员落实实施，并形成合规监察报告，监察内容主要包括对知识产权合规体系运行有效性进行评价和对知识产权合规绩效进行评价，以确保知识产权合规目标的实现;

（五）已经建立举报机制，对企业在生产经营活动中存在的知识产权侵权情况，可直接向合规部门或合规专员报告，并对举报者进行保护，举报由无利益冲突的合规专员进行独立调查，并将调查结果和处理建议向决策层进行汇报、记录，对举报属实者予以奖励;

（六）已经建立合规培训制度，对技术人员、知识产权管理人员、全体员工分层级合规培训，营造崇尚创新、尊重知识产权的氛围、重视知识产权宣传教育等方式进行知识产权文化的建设，结合知识产权管理制度建设和人才建设，构建有利于调动企业员工知识产权工作积极性的激励机制，树立尊重和保护知识产权的企业形象;

（七）已经完善问责与惩戒机制，对违反企业合规义务、政策、流程和程序的人员（包括决策层、各级管理人员和普通员工）采取适当的纪律处分，如训诫、警告、降级、降职、调离、解雇、向执法部门报告违法情况等。

第二十二条【运行体系评价】 在生产经营中，对知识产权的获取、使用、维护等运行方式进行合规管理，具体可参照以下标准:

（一）已经建立文件信息化管理制度，确保对企业管理中形成的相关知识产权的重要过程予以记录、标识、贮存、保护、检索、保存和处置，对行政决定、司法判决、律师函等外来文件进行有效管理，确保其来源与取得时间的准确性，外来文件和记录文件应当完整，明确保管方式和保存期限，文件管理体系的载体，不限于纸质文件，也包括电子文件;

（二）已经建立保密管理制度，明确涉密人员，设定保密登记和接触权限，对容易造成企业知识产权秘密流失的设备，规范其使用人员、目的、方式和流通，明确涉密信息范围，规定保密等级、期限和传递、保存及销毁的要求，明确涉密区域，规定客户及参访人员活动范围等;

（三）已经建立供应商审查制度，采购时核查供应商是否具备特定商品销售资质，是否提供一年内工商检查记录，供应商是否开具正规发票，货款支付渠道是否合法等；

（四）已经建立出入库清单制度，出入库清单实现精细化管理，内容涵盖出（退）货单号码、产品名、数量、单价、销货总额、退货总额、质检情况以及备注栏等细项，对出入库全流程监控。

第二十三条【风险识别处置体系评价】 企业应形成风险信息收集机制，具体可参照以下标准：

（一）已经建立合规风险台账，对风险源、风险类别、风险形成因素、可能发生的后果及发生的概率等开展系统分析，及时发布预警；

（二）已经建立持续改进机制，知识产权专项合规制度实施期间，合规部门针对企业外部法律和政策的调整、企业内部制度、执行问题带来的合规风险等进行定期审查，并向决策层汇报，以及时修正，确保合规制度合法有效。

第二十四条【小微企业评价标准】 小型、微型企业的组织体系、制度体系、运行体系和风险识别处置体系评价标准可参照以上标准予以适当降低，重点围绕预防企业涉嫌具体犯罪罪名的相关情况建立简明扼要的规范、体系、机制，注重企业合规整改计划的效果，通过实施合规整改，达到避免再次发生同类犯罪的效果。

第四章　附　则

第二十五条【企业类型划分依据】 本指引所称涉案企业的类型划分，参照《工业和信息化部、国家统计局、国家发展和改革委员会、财政部关于印发中小企业划型标准规定的通知》（工信部联企业〔2011〕300号）的认定标准。

第二十六条【指引的解释和规范冲突解决】 本指引由澄海区人民检察院解释，若本指引的相关规定与上级单位的相关规定不一致，按照上级单位规定执行。

第二十七条【参照适用】 其他行业领域侵犯知识产权犯罪涉案企业合规整改可以参照本指引。

第二十八条【施行日期】 本指引自发布之日起施行。

第四章

涉案企业合规文书范例

范例一：合规计划书范例

1. D公司企业合规计划书

（走私普通货物）

G市人民检察院：

D公司及董事长Y涉嫌走私普通货物一案，D公司及董事长Y因涉嫌本次犯罪行为受到深刻的教训，为促进及保证后续公司合规经营，预防再次发生违法犯罪行为，以便让企业更好地创造价值、服务于社会、贡献于地方经济发展，根据最高人民检察院及其他各部门发布的有关涉案企业合规工作机制的规定，D公司及董事长Y在认罪认罚和真诚悔过的基础上，深刻认识到合规经营在企业经营管理、长远发展过程中的重要性，另外，D公司是J集团旗下的公司，J集团在广州地区投资设立有其他七家公司，分别开展不同业务。J集团认为，集团旗下的企业一起参与本合规整改，可以使整改更完整、更彻底，更有利于集团的发展，特制订本合规整改计划书。

一、集团各公司基本情况

（略）

二、案件基本案情、成因分析及应对处理

（一）案件基本案情

（略）

（二）涉案原因分析

本次犯罪行为是为了追求更高的利润，采取低价报关的方式进行的涉税犯罪行为。我公司对实施犯罪行为的原因分析如下：

1. 公司的实际控制人Y为了公司的不法利润，采取明暗两笔分开支付货款，以低报货物价格报关进口货物，主观上明知违反海关如实申报的规定，在案件中负有主要责任，Y 没有守住企业合规合法经营的底线。

2. 当公司的实际控制人或者管理层出现违法犯罪决策时，公司未完善对违法犯罪决策的抵制和纠错一系列合规合法管理制度，没有发挥公司董事会、监事会的决策、监督职能。

3. 在与客户的交易中，对客户提出的不法要求，为了利润和保住与客户生意往来，未能抵制和拒绝，甚至予以配合。

4. 公司缺乏规范的公司业务流程，公司在业务管理、财务管理、人员管理、资料保管制度等公司制度上均存在漏洞，责任划分不清，未落实到实际责任人。我公司未对员工进行合规培训，未在公司建立合规绩效考核机制，容易引发违规违法操作问题。

5. 关联公司交易未向海关申报价格评估，增加关联交易风险。

（三）涉案后公司的应对处理

公司收到相关海关缉私部门关于公司涉嫌走私普通货物罪调查告知后，积极配合调查，如实供述犯罪事实，安排相关员工接受询问，提供有关真实涉案资料。公司董事长 Y 主动入境配合调查，主动交代犯罪事实并提供相关单据材料。公司在案件侦查期间，主动退缴违法所得，在检察院审查起诉期间，又继续退缴违法所得，公司及董事长 Y 均同意该退缴款项作为本案涉税处罚的补缴税款和罚款等。

（四）深刻教训

案件发生后，公司的实际控制人及公司管理层引起了很大的震动和反响。经过公司上下对案件经过和犯罪行为的反省，深刻地认识到：

1. 案件是涉税犯罪，是以偷逃国家税收为作案手段的犯罪，以国家税收受到损失为代价而实现企业的不法利益。为避免公司再次犯罪，公司的经营者应当以国家利益为重。树立"依法纳税光荣，偷逃税收可耻"的大局观，坚守守法合规的底线。

2. 深刻地认识到所有的违法犯罪成本是巨大和必然性。如一旦定罪，公司会构成走私犯罪，判处罚金，罚金为偷逃应缴税额一倍以上五倍以下。主要责任人会处三年以下有期徒刑或者拘役，后果非常严重。

3. 公司和主要责任人应当十分珍惜检察机关给予从宽处理的机会，认真贯彻落实合规管理要求，不断健全合规内控体系，筑牢合规意识，厚植合规文化，引领公司全员自觉守法、审慎经营，推动公司筑牢可持续发展的根基。

三、企业合规整改方案

（一）完善公司内部治理结构，设立合规组织体系

1.合规管理机构的组织架构

企业合规管理组织架构由合规委员会、合规负责人和合规管理部组成。

设立合规委员会，作为企业合规管理体系的最高负责机构，制定合规管理的目标、方针和制度，统领公司合规管理工作。合规委员会设立在董事会之下，委员由公司董事会成员和公司总经理组成，主席由独立的执行董事担任。合规委员会履行以下职责：（1）确立合规管理战略，明确合规管理目标。（2）建立和完善企业合规管理体系，审批合规管理制度、合规风险管理方案。（3）听取合规管理工作汇报，指导、监督和评价工作。（4）负责重大合规事项的决策和合规机构人员的任免。

合规负责人由公司董事会指派，是企业合规管理工作的实施者和日常监督者，负责履行全面的日常合规管理职责。合规负责人履行以下职责：（1）贯彻执行企业决策层对合规管理工作的各项要求，全面负责企业的合规管理工作。（2）协调合规管理与企业各项业务之间的关系，监督合规管理执行情况，及时解决合规管理中出现的重大问题。（3）领导合规管理部，加强合规管理队伍建设，做好人员选聘培养，监督合规管理部门认真有效地开展工作。

设立合规管理部，在合规负责人的领导下负责合规管理的落实与实行。合规管理部的职责：（1）持续关注报关、货代所涉及国家及地区法律法规、监管要求和国际规则的最新发展，及时提供合规建议。（2）制定企业的合规管理制度和年度合规管理计划，并推动其贯彻落实。（3）审查评价企业规章制度和业务流程的合规性，组织、协调和监督各部门对规章制度和业务流程进行梳理和修订。（4）组织或协助人事部门开展合规培训，向报关员提供合规咨询。（5）积极主动识别与企业报关相关的合规风险，并识别和评估新业务的拓展、新客户关系的建立以及客户关系发生重大变化所产生的合规风险，制订应对措施。（6）查找规章制度和业务流程的缺陷，并进行调查，提出对应的解决方案并监督有关部门进行整改。（7）针对合规举报信息制定调查方案并开展调查。（8）推动将合规责任纳入报关员岗位职责和绩效管理流程。（9）建立合规报告和记录的台账，制定合规

资料管理流程。（10）跟踪和评估监管意见和监管要求的落实情况。

2.合规管理机构的职权

合规管理机构（合规委员会、合规负责人和合规管理部）可行使以下职权：（1）信息权。合规管理机构有权获得公司财务、采购、销售等一系列真实信息数据，以保证能够随时根据需要进行合规风险的识别和预判。（2）调查权。合规管理机构有权对违规事件进行内部调查。合规管理部门有权与企业任何部门、任何职位上的员工进行沟通谈话，并有权获取任何相关记录或档案资料，在适当情况下也有权委托外部专业机构或者聘请外部专业人员进行调查。（3）汇报权。合规管理机构有权直接向企业的最高权力机构汇报工作。（4）否决权。合规委员会在合规管理政策和制度的推行及合规风险预判方面具有否决权。（5）管理权。合规管理机构负责人对合规部门的工作人员的管理不受其他部门影响，有独立的管理权限。（6）资源保障权。合规管理机构负责人有权获得企业提供的足够的人力、物力、财力的支持。

（二）建立和完善公司合规管理制度及日常管理制度

1.由董事会制定合规管理制度

（1）制定《合规管理制度》作为公司合规管理工作的基础性合规管理指引。

（2）制定《合规委员会议事规则》，明确合规委员会议事流程、规则、职责。

（3）审批《合规咨询管理制度》《合规举报管理制度》《合规文化宣传培训制度》。

2.由报关部完善、规范报关流程

（1）报关员初审进出口收发货人的资料、进出口货物的情况（包括进出口货物的品名、规格、用途、产地、贸易方式，有关进出口货物的合同、发票、运输单据、装箱单等商业单据，进出口所需的许可证件及随附单证）等。

（2）报关员将有关报关资料递交核单员审核，审核通过后，核单员签名确认后，报关员才可申请用章，为客户办理报关手续。

（3）与进出口货物收发货人签订有明确委托事项的委托协议，要求进出口货物收发货人出具书面承诺书承诺如实申报价格，明确不履行如实申报义务的责任由进出口货物收发货人承担。

（4）核单员将审核通过的报关资料和承诺函扫描存档，录入报关单证资料库。

（5）如报关单证需要修改、撤销，则要求进出口货物收发货人如实填报《进出口货物报关单修改／撤销表》，报关员将有关的报关资料和《进出口货物报关单修改／撤销表》重新递交给核单员审核，审核通过后，再重新办理报关手续。

3. 由人事部制定公司人员管理制度和合规考核制度

（1）公司报关员工办理入职手续之日起三十日内到海关办理备案手续，海关予以核发证明后从事报关业务。报关人员备案内容发生变更的，应当在变更事实发生之日起三十日内，向注册地海关办理变更手续。

（2）对员工进行与其职责所涉及的合规风险及任务相符合的合规培训，让员工了解和熟悉政策、制度及流程。定期对合规培训内容进行考核，合规考核的内容包括按时完成合规培训，抽查遵守合规政策的情况，员工违规行为一旦证实，企业必须立即处理。出现不合规行为时应当及时处理，应该查明违规行为的根源，对于合规管理体系进行重新审视、改进、重新设计，杜绝违规行为发生。

4. 由人事部完善公司证照管理及用章制度

（1）公司的证照由人事部经理负责各种证照的设立、变更、年检、备案、注销等办理事务；银行及财务类证件由人事部经理统筹监督公司财务人员具体办理。

（2）公司公章、合同专用章由人事部专人负责保管，财务专用章由财务部专人负责保管，所有印章的使用均适用用章登记制度，违规用章责任由用章人和印章保管人共同负责。

5. 由财务部建立和完善会计账簿、会计凭证等财务制度

（1）会计凭证、会计账簿、财务会计报告和其他会计资料，必须符合国家统一的会计制度的规定。

（2）原始凭证记载的各项内容均不得涂改；原始凭证有错误的，应当由出具单位重开或者更正，更正处应当加盖出具单位印章。原始凭证金额有错误的，应当由出具单位重开，不得在原始凭证上更正。

（3）记账凭证应当根据经过审核的原始凭证及有关资料编制。

（4）会计账簿登记，必须以经过审核的会计凭证为依据，并符合有关法律、行政法规和国家统一的会计制度的规定。会计账簿包括总账、明细账、日记账和其他辅助性账簿。会计账簿应当按照连续编号的页码顺序登记。会计账簿记录发生错误或者隔页、缺号、跳行的，应当按照国家统一的会计制度规定的方法更正，并由会计人员和主管人员在更正处盖章。使用电子计算机进行会计核算的，其会计账簿的登记、更正，应当符合国家统一的会计制度的规定。

（5）定期将会计账簿记录与实物、款项及有关资料相互核对，保证会计账簿记录与实物及款项的实际数额相符、会计账簿记录与会计凭证的有关内容相符、会计账簿之间相对应的记录相符、会计账簿记录与会计报表的有关内容相符。

（6）财务会计报告应当由单位负责人和主管会计工作的负责人、会计机构负责人（会计主管人员）签名并盖章。单位负责人应当保证财务会计报告真实、完整，保证会计机构、会计人员依法履行职责，不得授意、指使、强令会计机构、会计人员违法办理会计事项。

（7）下列经济业务事项，应当办理会计手续，进行会计核算：

①款项和有价证券的收付；

②财物的收发、增减和使用；

③债权债务的发生和结算；

④资本、基金的增减；

⑤收入、支出、费用、成本的计算；

⑥财务成果的计算和处理；

⑦需要办理会计手续、进行会计核算的其他事项。

（8）应当建立、健全公司内部会计监督制度：

①记账人员与经济业务事项和会计事项的审批人员、经办人员、财物保管人员的职责权限应当明确，并相互分离、相互制约；

②重大对外投资、资产处置、资金调度和其他重要经济业务事项的决策和执行的相互监督、相互制约程序应当明确；

③财产清查的范围、期限和组织程序应当明确；

④对会计资料定期进行内部审计的办法和程序应当明确。

（9）财务人员发现会计账簿记录与实物、款项及有关资料不相符的，按照国家统一的会计制度的规定有权自行处理的，应当及时处理；无权处理的，应当立即向财务总监、总经理报告，请求查明原因，作出处理。

（10）财务人员调岗或者离职，必须与接管人员办清交接手续。财务总监（经理）的交接，由公司监事及总经理负责监交，其他财务人员的交接由总经理及财务总监（经理）负责监交。

（11）会计档案保管期限严格遵守《会计档案管理办法》的规定。

6. 由财务部建立资料库，制定资料保管制度

（1）建立报关单证资料库，进出口货物的情况（包括进出口货物的品名、规格、用途、产地、贸易方式，有关进出口货物的合同、发票、运输单据、装箱单等商业单据，进出口所需的许可证件及随附单证）进行登记，登记资料保存期为自办结报关手续之日起三年。

（2）建立合同资料库，对报关委托协议、授权书、承诺书进行扫描保存，保存期为自办结报关手续之日起三年以上。

（三）开展合规企业文化宣传及合规宣传培训活动

树立合规经营理念应从管理层开始，上至管理层，下至各员工都要有明确的价值观，要从根本上认同合规，相信合规的价值。管理层从上而下地讲解、传播、推广合规的价值理念，推动合规文化，确保合规价值观在所有员工中得到传达，让员工了解企业合规底线，企业管理层和各部门一致认同且遵守合规管理制度。在合规法律宣传方面，公司法律顾问对公司管理层、员工开展法治宣传和业务培训，提升公司和员工的法律意识、税务意识，组织全体员工签署合规承诺书，在各部门开展合规标兵活动。

（四）建立经营风险预测、评估机制

1. 对商业伙伴的筛选

公司在与相关商业合作伙伴进行合作经营中，如商业合作伙伴存在法律纠纷、违规经营、诚信危机或其他侵权行为隐患的，如选择有此类企业客户作为公司的合作伙伴，很有可能会使公司处于不规范合作经营的氛围环境，或者受到其负面影响牵及，可能影响合作的健康开展及履约，这将会存在给公司造成名誉损害及经济损失，同时也可能使公司陷入纠纷甚至会陷入违法违规案件中的不合规隐患。对商业伙伴公司在选择合作前应开展基本的合规调查，通过审核对方公司的资质证照、审查对方公司的诉讼仲裁、被执行或其他违规不良记录情况等。确定合作的应签订合作协议约

定双方权利义务、要求作出有关委托进口产品来源合法、价格真实、依法经营，依法纳税、反商业贿赂合规承诺等方式促进商业伙伴行为合规健康发展。

2. 定期对各部门的业务进行合规风险评估

企业应全面系统梳理经营管理活动中存在的合规风险，对风险发生的可能性、影响程度和后果进行分析，预测、评估合规风险，及时制定处理方案。每季度抽查核心业务办理流程的合规程度，对各部门业务进行风险评估。

3. 委托专业律师团队和会计师团队开展进口业务风险评估，根据公司的业务法律风险制定防范措施。

委托律师团队在合规整改过程中对公司进口业务进行风险评估并出具风险预测和防范的报告，针对企业进口业务的进口商（或代理商）的经营风险（包括但不限于企业自身风险、关联公司风险、法律诉讼风险等）等进行分析，协助企业制定合同模板，协助企业成立合规组织及制定相应的规章制度。

委托会计师事务所在企业合规整改过程中对企业的税务、财务账目进行一次审核。

（五）建立风险防范措施

1. 及时更新法律、法规、政策的变化，并按指引执行

鉴于公司主要经营代理进口境外商品，而国家间贸易政策或进口产品准入政策、进口业务规范要求等会发生变动，促使公司业务开展的规定指引必须要随时更新以执行。为此，公司合规管理部门及对应部门负责人应随时关注国内外与本公司经营相关的政治、法律规定的变动，收集与公司经营相关的新的法律法规和政策，检查公司经营行为与现有法律法规是否相冲突或模糊不清，是否存在不合法不规范的情形。同时要及时监督组织员工对新政策变动进行培训学习。

2. 避免关联公司管理重叠风险

公司与其实际控制人 Y 投资的其他公司之间存在管理重叠，很容易出现业务经营混乱。为避免出现不合规经营风险，确保关联公司之间的交易有合同为依据，明确各公司的责任。各公司必须完善各公司自身经营人员组织管理架构，完善各自经营业务管理流程、审批权限流程及财务管理制

度。各公司间应独立经营，独立核算，自负盈亏，通过各公司独立审批流程独立对各自经营业务进行审批，明确各业务环节人员的职责及权限，实行岗位责任制，各司其职，避免同一业务出现分开不同公司操作而避开海关等部门监控，避免出现偷税漏税等违法违规操作的行为，同时公司间独立经营也可避免关联公司主体资产混合，避免损害合作客户的合法权益。

3. 进出口活动纠正预防及责任追究管理制度

为监督公司进出口业务经营政策、方针以及公司管理制度、纪律在进出口业务开展过程中的贯彻执行，防范公司的违法乱纪行为，规避公司进出口业务经营风险，维护公司的经济秩序，保护公司资金、财产的安全，特对公司进出口活动中涉及各部门人员及部门负责人的权责进行划分，明确责任追究的情形、方式、责任追究的流程及改进程序进行规范。

4. 公司内部举报投诉制度

为有效防范公司经营管理风险，鼓励公司员工主动参与公司管理，及时监督和举报公司经营过程中的缺陷或违规行为，确保公司依法合规稳健经营。公司对内部举报投诉的方式、受理部门及职责、处理程序要求、对举报对象保密要求等作了规范，以保障公司内部举报投诉机制的有序运行。

5. 控制营运风险

（1）对进出口业务的单证控制、保管

为规范进口单证管理，确保企业保存的进口纸质和电子报关单证、物流信息档案的及时性、完整性、准确性与安全性，公司将针对性制定完善《进出口单证管理制度》及《进出口业务流程》，明确单证制作录入、单证复核纠错流程、单证保管要求、单证档案管理期限等；明确进出口业务贸易报关付汇等流程。

严格审查进出口货物收发货人提供的资料，如审核产品进口价格、数量、关税缴纳金额、进口代理服务费的真实性、合法性、完整性。对报关货物与海关指导价格存在明显差距的，应对货物的数量、保险费、运费等进行仔细分析，对无法判断是否存在瞒报、低报的业务转交上级主管复核，层层上报。

（2）信息系统控制和数据管理

在日常流程管理及控制上，公司使用某办公软件系统，完善及确定日常管理事务的审批流程并对应在某办公软件系统上进行流程表单设置，要求公司的日常内部管理事务全部使用某办公软件系统进行审批。公司在执行各项具体事务时，需按某办公软件系统已审批完的表单，方可按最终审批人的意见办理。

在财务及进出口业务管理及控制上，进出口业务操作全部在海关系统上操作录入申报，同时公司建立及使用某财务系统，开发设置总账系统、报表系统、采购管理系统、库存管理系统、应收款管理系统、销售管理系统等，要求真实、准确、完整地记录客户信息、进口关务等财务数据、货物信息、货物采购入库及出库等。实现公司所有经营数据以及进出口业务有关数据实现系统记录、检索、跟踪追溯等。

（3）加强对员工进行法律培训

公司会不定期（每年至少2次）组织公司员工对相关法律法规、政策、海关新规定等进行培训，提高员工的专业知识，加强员工法律意识及合规意识，遵守法律法规。

（4）加强场所安全控制措施

为加强公司办公场所的使用管理，确保人员和财物安全，在办公场所安全方面，公司制定及完善《公司办公场所安全管理规定》及《公司监控室视频监控管理制度》，明确公司办公区域人员安全、财产安全、消防安全、安全应急处理、卫生与秩序等管理要求；明确监控管理要求及人员职责、监控资料的保存及查阅调用、确保办公场所区域24小时监控等。

（5）制定商业伙伴评审及选用制度

对于与公司合作的供应商、销售商、报关单位、运输物流服务单位等商业伙伴，制定《商业伙伴评审及选用制度》，明确商业伙伴选用审查要求及审查人员，对新合作的商业伙伴在合作前进行主体资格、企业信誉、不良经营记录等进行合作风险审查，并填写审查表，审查评估合格方可签订合作协议正式开展合作，合作协议要明确双方的权利义务，约定反商业贿赂条款及合作伙伴贸易安全条款等。对于已选用的商业合作伙伴，公司每年年初进行一次全面评审及不定期现场检查，对商业伙伴的场所安全、人员安全、进入安全、货物安全、商业合作伙伴、集装箱安全、运输工作安全、危机管理等过程进行安全查看评估。

（6）控制货物物品储存及运输安全

公司的货物运输、储存由仓储物流服务合作伙伴提供服务，对于货品的安全，要求仓储物流服务商对装运和接收的货物进行验收并向公司提供收货报告及货物照片，审核接收货物与物品单证的货物名称、数量、规格等信息的一致性。对于送货的运输车辆应在收货时同时对司机身份进行核实，对运输工具的密闭性、车厢是否干净及消毒、是否防雨防水防晒等安全情况进行检查记录。对于货柜集装箱要求装柜前对集装箱的外观结构进行检查记录，已装货货柜施加封条及登记，对于货柜装卸区域确保有监控、人员定时巡逻等配置，确保装柜卸柜的安全。

公司与仓储物流服务商共同制定相应的仓储场所、货品、集装箱及运输工具的安全管理及安全检查工作程序流程规则，公司有权不定时对仓储物流服务商的场所安全、货物安全、人员安全、服务操作安全等进行检查并提出整改建议。

6. 避免诉讼风险

由法律顾问梳理公司合同类型，制定合同模板，制定合同签订流程、审批流程，明确审批权限，完善审批制度。合作伙伴提供的合同模板需经法律顾问或公司法务审核后才能使用。

（六）建立违规追责机制

公司合规应对体系机制是发现问题及完善公司体制的基础和保证，公司应严格按照企业内控要求，结合内部审计、内控监督、外部监督等过程，及时完善公司制度设计的缺陷，及时采取补救措施，更好地促进公司健康合规运行。

1. 违规调查体系

违规调查包括公司内部主动调查和外部相关单位部门的各种调查。建立该项制度体系是为了规范公司在调查程序中主动调查和配合调查的行为，防止在调查程序中出现违规违法的问题，保证调查程序的顺利进行和调查结果的真实有效性。

（1）内部调查

公司内部调查是指公司在经营过程中发现内部人员存在违规行为而启动的调查程序，其目的是通过了解违规行为具体情况，搜集有关证明资料，以确认违规行为是否真实发生，以及分析发生的原因及产生的危害后果，便于在之后的经营过程中吸取教训，不断完善相关管理制度。

公司内部调查由合规管理部门主导，并应严格遵循调查程序。由合规管理部门根据掌握的违规事件线索，经合规管理部门负责人同意后立即启动调查程序，确定调查小组成员，确定被调查对象和调查范围，合理选择秘密调查或公开调查方式。采取秘密调查的，应当注意保密。

合规管理部门应在掌握违规事件线索后，不得拖延或不调查，应确保调查程序启动及开展的及时性和彻底性，保障被调查对象申辩的权利，并搜集及论证被调查对象反馈的信息。调查期间公司应结合实际情况对合规管理部门足够的调查权限，确保合规管理部门调查的独立性。

各部门人员应具有配合调查的义务，应当客观、及时、全面地向调查小组提供资料和反映情况，不得有包庇行为，一经发现予以严惩。

（2）外部调查

外部调查是企业或员工行为存在违规嫌疑被监管部门发现，监管部门启动的调查程序，企业应当予以全力配合。监管部门要求企业自查的，根据内部调查程序进行处理，并及时向监管部门汇报。

合规管理部门负责与监管部门对接，应当主动及时向监管部门了解企业应当配合的工作，及时收集提供相关资料文件，不得毁灭或篡改。

监管部门对调查程序有保密要求的，企业及相关对接人员应当建立保密措施，履行保密义务，严防通风报信或故意包庇的行为。

公司应当根据调查结果发现的问题，及时对合规制度进行完善和改进，同时根据要求进行限期整改，对类似问题做出识别及防范方法措施以避免再次出现。

2. 违规问责体系

违规问责制度体系的建设，主要是为了强化公司制度的运行，促使公司各项经营业务均遵守合规义务。建设该体系可限制和减少违规行为的发生，同时对已发生的违规行为进行处罚，也具有警示作用，杜绝违规行为的再次发生。

违规问责体系应遵循实事求是，责罚对应、全面充分、教育与惩罚相结合的原则。违规问责的责任承担主体应遵循"谁主管谁负责"与"谁实行谁负责"相结合的原则，即违规行为人应承担相应的违规责任，而违规行为人的上级领导应承担管理责任。

　　违规问责体系针对的对象应包括公司实际控制人、监事、高级管理人员、合规管理部门、各部门负责人及全体职员，以及包括关联公司负责人在内的所有人员。出现以下情形的，应启动责任问责体系进行处罚：

　　（1）企业合规管理规章制度未落实，或落实不到位，员工对公司制度未接收到，或已接收但未能完全理解制度内容要求；

　　（2）未按公司规定的业务工作流程规范进行操作履行岗位职责的；

　　（3）未及时发现合规风险，或发现未及时采取应对措施的；

　　（4）国际国内规章政策变动，未能及时更新完善公司制度及流程，未能及时向公司人员发布宣导的；

　　（5）发现违规行为或线索，未及时上报；

　　（6）拒不配合合规调查，或在调查程序中弄虚作假，或故意隐瞒相关信息及资料的；

　　（7）不履行或不正确履行公司规定的合规管理职责的；

　　（8）其他违反国家、政府及公司规定的合规义务的行为。

　　违规问责方式，公司将视实际事项情节严重程度进行惩罚，问责方式包括责令书面检查、给予口头或书面警告、岗位降级、辞退。一般尚未造成损失及影响的违规行为，可以责令进行书面检查；违规行为给公司造成损失较小，情节较轻的，给予警告；违规行为给公司造成较大经济损失，情节严重的，进行岗位降级处分；违规行为给企业造成重大经济损失，情节特别严重，或已触犯刑法的，进行辞退。

　　（七）关联公司配合合规整改

　　（略）

　　四、合规管理实施计划时间表

　　根据上述合规管理工作重点，公司将按照《合规管理实施计划时间表》完善和优化管理组织架构建设、合规管理制度体系建设、开展合规文化宣传，开展合规学习培训，组织开展合规检测，优化法务工作，推进和落实合规管理制度和各项专项合规指引，实现对合规风险的有效识别、监测和管理，确保合规覆盖全部业务、所有部门、每个流程，确保公司各项业务合规经营。

　　（时间表略）

五、合规实施保障机制

（一）无条件接受第三方监督评估组织的指导、检查、评估

第三方监督评估组织具有较强的对政策规定的理解度及专业度，对于企业经营过程中存在的各种不合规操作情况具有非常丰富的经验，第三方监督评估组织介入指导、检查、评估对公司合规建设具有非常大的帮助，对公司今后合规风险预防工作也具有很好的指导意义。

（二）邀请相关专业人士进行合规建设指导

鉴于合规建设工作的复杂性和专业性，第三方专业人员（如律师、财务审计师、相关单位政策宣传员）参与到公司合规建设指导中，对公司合规建设及运行过程的合规性及可操作性提供更强更规范的支持保障。

六、合规目标

（一）公司合规建设的短期目标

在深刻分析 D 公司及董事长 Y 涉嫌走私普通货物一案中公司所存在的问题前提下，全面完善公司合规管理制度及公司业务流程规范，培养及增强所有员工的合规意识及合规识别能力，防止再次发生类似的违规、违法犯罪行为。

（二）公司合规建设的终极目标

确保公司合规经营，依法有序运行，履行道德义务和承担社会责任，建立积极向上的社会形象，通过公司合规建设，提高企业经营效率，防范和化解市场风险，提高商业信誉，提升企业市场竞争力，实现可持续发展。

2. J公司合规计划书

（走私普通货物）

G市人民检察院：

涉案企业J公司（下称"涉案企业"）、Y涉嫌走私普通货物罪一案，现正处于贵院审查起诉阶段。

根据《最高人民检察院关于开展企业合规改革试点工作方案》《关于建立涉案企业合规第三方监督评估机制的指导意见（试行）》《G市检察机关开展企业合规改革试点办案指引（试行）》等相关法律法规和政策文件的规定，基于本次犯罪事实及成因，结合公司的实际经营情况，涉案企业特制定本合规计划书，请贵院依法审查。

第一部分　背景及成因

一、涉案企业涉嫌犯罪的基本事实

（略）

二、犯罪成因自查及初步分析

案发后，涉案企业委托律师事务所作为合规顾问团队，与公司共同针对涉案事实开展自查，从业务流程、企业治理等方面对此次犯罪成因进行了深入的检讨分析，认为主要犯罪成因如下：

（一）涉案企业及其管理者法律意识淡薄，缺乏合规知识及合规意识，对以"包税"方式代理进口所存在的走私风险缺少基本的防范意识

涉案企业在高速发展的过程中，只注重业绩，自管理层到员工均没有足够的法律合规知识及意识。在合规知识和合规意识严重缺失的情况下，公司经营行为触碰法律底线，发生了此次犯罪行为。

对此，企业管理者具有不可推卸的责任。管理者遵纪守法意识不足，规矩意识丧失，为便宜行事、实现企业经营利润最大化，忽视进口货物过程中存在的走私风险，不仅损害了法律尊严，也给企业带来了严重危害。

具体而言：

在合规知识层面，涉案企业及管理者对于税收征收管理法、企业所得税法、发票管理办法、营业税管理办法等相关涉税法律知识及法律风险、法律后果学习、理解和贯彻不深入、不彻底。在公司经营管理过程中，只重视员工给公司带来的经济效益，忽视了对员工进行相关法律法规的学习和培训，也未在员工手册中列明有关合规理念，导致员工缺乏基本的报关知识，陷入"包税"走私风险。

在合规意识层面，涉案企业、企业管理者以及员工没有树立起法律风险防控意识。为便宜行事、降低生产成本、提高经营效率，涉案企业在选择以"包税"这种高风险方式委托代理商进口货物时，没有对签署的协议、报关单证等文件进行全面有效的监督和审核，导致代理商具有随意修改货物进口价格的空间，从而引发此次走私犯罪。此外，涉案企业在明知代理进口公司无法提供合法报关单证的情况下，还多次委托该家公司代理进口货物，多次触碰法律底线。

（二）涉案企业委托进口报关业务流程存在严重缺陷，流程过简、监督不足，导致极易发生走私法律风险

涉案企业委托进口报关时存在流程过简、审批缺失、监督不力等问题，存在严重的合规隐患。具体如下：

一是在委托代理报关过程中，涉案企业缺少层级审批及合理的业务风险评估机制及决策机制，导致采购人员通常仅凭口头报告企业管理者确认后，即可对外签署委托代理协议。而且，在明确固定的代理商后，无特殊情况，采购人员通常会按照以往的代理价格、代理方式签署协议，涉案企业对此也没有进行审核和监督。涉案企业、管理者及其员工既缺乏对报关流程的基本了解，也未建立起对代理报关业务基本的监督体系和机制，无法在关键的代理报关环节准确识别并及时制止走私犯罪风险的发生。

二是涉案企业既未建立事后复查机制，也未建立风险上报、应对及违规事件处置机制。在单项业务报关完成后，涉案企业对于报关单、税单等关键单据原件未进行常规性的复核，在发现法律风险后，无法有效组织相关部门或人员进行应对、调查，无法对企业违规行为及其所造成的严重后果进行及时的挽救，也失去了向海关争取从宽处理的条件，最终陷入犯罪的泥沼。

（三）涉案企业缺乏法务、合规等专职监督人员，也轻视制度建设，内部业务规范、监督制度缺失

1. 涉案企业没有法务、合规等专职监督人员

涉案企业存在业务快速增长，但制度建设落后的明显特征。公司部门分类结构简单，除了监事外，没有设立法务岗或者合规岗等监督部门，无法对公司日常业务行为进行法律风险的防控。也即，公司在业务快速增长的阶段，缺乏专门的监督部门对企业的决策和经营活动进行监管、对其中的法律风险进行识别、对违法行为进行监控与制止，导致了此次犯罪行为的发生。

2. 涉案企业轻视对业务管理的制度建设

目前，涉案企业对业务流程仅以规定的形式进行规制，且规定的内容简单、指引性弱。具体而言，针对采购流程，涉案企业制定了《采购管理规定》，但该规定中仅有七条内容，未能全面规制采购过程中可能出现的所有情况。同时，涉案企业员工大都不了解规定内容，也未严格按具体规定进行采购。此外，涉案企业没有针对委托代理报关企业代理运输进口货物形成制度规定予以规制，导致业务人员没有具体的操作依据，给委托代理进口货物留下走私隐患。

可见，当前涉案企业缺乏事前风险防范、事中风险识别和事后违规处置机制，导致涉案企业对以包税的方式进口货物没有任何的风险意识，且缺少对业务流程进行监督的机构和人员，同时也未对管理层的审批权力和业务员的操作权限形成制约，对违法违规行为导致的严重后果也无法实现及时、有效地补救，也就难以避免走私等犯罪行为的发生。

第二部分　具体合规计划

一、调整涉案企业治理结构，增设合规监督部门及人员

此前，涉案企业的部门架构级别不清，较为混乱，缺乏必要的监督部门和人员。具体而言：首先，涉案企业缺乏法务、合规等监督人员，以至于公司业务缺乏有效的监督和制衡。其次，职能部门设置级别不清，业务部门设置冗杂，不符合企业实际情况。作为小型企业，副总经理下设的部门过多，共有6个职能部门，且生产部、技术部、仓库职能类似，应当予

以合并。

为了规范公司的经营管理，进行实质性的合规整改，涉案企业拟完善公司管理体系、建立合规监督部门，具体包括以下几点：

（一）调整公司原有部门架构，完善层级体系

为了规范公司部门、岗位的设置，并明确其各自的职责与权限，以实现各部门之间的分工合作、相互制衡，涉案企业拟设置以下组织架构：

1. 最高权力机构：股东会

股东会由公司股东组成，是公司最高权力机构。

2. 经营管理机构：执行董事、总经理

公司不设董事会，设执行董事一人，由股东会选举产生。同时，为进一步分散涉案企业集中的经营管理权力、匹配合适的职位人选，涉案企业决定不再由执行董事兼任总经理，即执行董事和总经理分别由两人担任，撤销公司副总经理职位。

3. 监督检查机构：监事

公司不设监事会，设职工代表监事一名，由公司全体职工选举产生。公司董事、高级管理人员不得兼任监事。

4. 职能部门：办公室、生产技术部、采购部、售后服务部、财务部

涉案企业将调整原有部门架构，整合为办公室、生产技术部、采购部、售后服务部、财务部五个一级职能部门，直接由总经理管辖。

（二）增设合规管理机构，加强对公司整体的合规监管

涉案企业缺乏进行合规、风险管理的必要监督部门，导致对业务风险缺乏认知，进而疏于防范，最终导致犯罪发生。为了对公司的经营风险进行全面的把控，涉案企业拟在调整公司组织架构的同时，充分结合涉案企业的业务发展规模及特点，为公司增设了合规管理机构，履行风险防控及监督职责。

为了让合规管理机构能够有效发挥合规监督作用，涉案企业拟构建如下合规管理机构：

1. 最高决策机构：合规领导小组

涉案企业拟增设合规领导小组为公司合规管理的最高决策机构，指导和监督公司合规管理工作的开展。合规领导小组由股东会选举产生。涉案企业的合规领导小组成员有三名：执行董事、监事及合规负责人。其中，

执行董事为公司合规管理的第一责任人。

2.合规执行机构：合规负责人及合规员

合规领导小组下设合规负责人和合规员，其中合规员分为专职合规员与兼职合规员。合规负责人分管公司合规管理工作，专职合规员拟从公司业务人员中选任，专门负责公司采购业务和销售业务的合规性审查，履行日常监督职责；因财务部风险相对较低，设置兼职合规员负责财务部的合规管理工作，由财务部人员兼任。其他部门因风险相对较小，暂不设合规员。

涉案企业在选任合规工作人员前，拟对选任人员逐一进行背景调查，明确合规工作人员不是涉案人员、与涉案人员之间不存在亲属关系、没有参与或分管与合规管理相冲突的工作内容等。对合规工作人员进行基本的背景调查后，结合该人员的入职年限、工作经历、任职背景、项目经验等内容，选任了以下三人为合规工作人员，具体如下：（略）

涉案企业的主营业务是机械设备生产，大多数在职员工为技术工人，平均学历是高中。具体而言，涉案企业共有72名员工，而参与企业管理的人员仅有12人，且这部分人员的平均教育水平为大专。由此可见，即便是合规工作人员，相较其他企业员工而言，也是严重欠缺合规法律管理知识和经验。因此，如何落实合规培训、合规制度等工作，让合规经营的观念深入每位员工，成为了合规整改的重点和难点。针对这一情况，涉案企业拟在合规整改期内加强有关知识的培训，督促全体员工自我提升和学习，并确保合规工作人员具备相应的知识储备与能力。具体计划如下：

1.合规顾问律师拟对合规工作人员开展合规管理、进口业务等专业领域的培训工作；

2.为更进一步提升合规工作人员履职的专业性、有效性，涉案企业拟号召合规工作人员报考企业合规师考试，以考促学，全面提升合规工作人员的职业能力和水平；

3.涉案企业拟组织合规考试，全面测试合规工作人员对合规、法律知识的熟知和理解程度，并基于考试情况就薄弱部分加强培训学习。

调整、优化后的涉案企业组织架构及相关人选拟通过公司股东会决议的形式来确定。同时，涉案企业将据此修改公司章程，以固定公司新的组织机构设置，并在修订后的公司章程中明确各机构人员的选任规则与权责分工等内容。

二、规范采购、销售业务管理流程，加强风险监控

（一）实现对企业采购业务全流程规范

1.规范委托代理进口业务管理，加强走私风险监控。

首先，加强代理报关业务过程的合规审查与监督。此前，采购人员在委托代理商进口时只需向企业法人口头请示，经其同意后，采购人员即可自行委托代理商进口货物。现将单一审批扩展至以下多环节审批流程，具体为：（略）

其中，以下3个环节，需要由专职合规员参与审批和监督。

（1）签订委托代理合同

涉案企业与代理商签订正式的业务委托代理合同，需增设合规条款，一是代理商必须依据涉案企业提供的真实货物信息如实申报，要求代理商合法进口货物，履行正确申报的义务，如有低报、伪报、瞒报情况，由代理商承担全部的法律责任。二是在合同中让代理商在合同列明各项费用及具体的计算方式，尤其是税费。

委托代理合同需经由以下人员进行审批：

采购人员初审→专职合规员审批→总经理审批

在签订委托代理合同时，需经由专职合规员审批，明确代理方式、代理价格是否存在违规违法风险。例如，代理方式采用"包税"的方式时，专职合规员需向采购人员核实包税费用包含的各项具体费用、具体的计算方式，合规员需要核查代理商的计算方式是否有违规操作，明确包税费用是否已经实际含税，以最大限度降低"包税"方式带来的走私风险。

经过审批后的合同，需有唯一的合同项目编号。所有与该项合同业务相关的单证资料、财务结算资料均沿用统一的项目编号。

（2）审查并监督向代理商提供的货物信息

先前，代理商要求涉案企业提供报关资料时，让涉案企业向代理商提供有关货物信息，代理商自行填写报关草单。但代理商要求提供的报关货物信息中，没有真实价格一栏，均系受代理商控制填写，留下了走私的隐患。因此，在调整后的业务流程中，专职合规员将注重审查业务人员向代理商提供的货物信息是否完整、真实，比如业务人员在提供报关业务信息前，需要提交给合规员复核。同时，业务人员必须通过规范的企业邮箱向代理商发送报关货物信息，合规员有权审查业务邮件内容是否与真实货物信息一致。业务人员在发送邮件时，在邮件内容上必须要求代理商完全按照涉案企业提供的货物信息予以申报。

（3）单证存档

采购人员发起业务完结申请，办公室将该项业务相关的资料归档，包括委托代理合同、发票、报关资料（报关单、合同、发票、产地证明、运输单据等）、客户往来函件、财务结算账单及其他相关的资料统一归档。一个业务合同编号对应一个业务档案，自业务完结之日起保存三年。专职合规员有权定期查看业务档案。

其次，赋予合规员在审批中享有一票否决权。为了严防犯罪行为的再次发生，涉案企业在签订委托代理合同、向代理商提供报关货物信息、业务结算的环节，增设了合规员监管节点，严格审查违规申报的行为。如发现有任何违规申报的走私风险，合规员有一票否决权，有关委托代理商报关操作需立即停止。

最后，建立规范的公司邮箱，要求员工统一使用公司邮箱联系客户。案发前，采购人员一般使用个人邮箱或个人微信接收代理商的材料，公司没有统一规范的企业邮箱。为了实施合规监管，涉案企业设置公司的官方邮箱，要求员工统一使用官方邮箱与代理商、客户对接，包括发送委托代理进口协议、发送报关货物信息、接收报关单据、对账单等。发送邮件时需注明合同项目编号，以便专职合规员筛查。

2. 加强国内采购业务的合规监管。

除了进口采购业务外，涉案企业的采购很大一部分会在国内进行。尤其涉案以后，涉案企业决心杜绝走私犯罪的发生，原本很多需要从国外进口的原材料，涉案企业也转向国内供应商采购入货。可见，在未来业务的发展中，涉案企业的国内采购会占据绝大部分，因此有必要规范国内采购业务审批流程，加入合规监管节点，确保公司业务依法依规开展。

涉案企业的国内采购环节涉及四方面：申请采购、下发订单、验收入库以及付款。其中，合规员拟在以下 3 个环节加强合规监管工作：

（1）申请采购

目前，涉案企业的申请采购环节风险较低，但由于涉案企业没有编制预算，因此很多时候都是按需采购，容易超出成本，不利于公司的经营发展。因此，在财务部编制预算后，专职合规员对于拟申请的采购项目，需要核实采购人员是否已经把采购价格控制在预算以内。此外，合规员还需要核实该批采购属于企业计划内的采购。

（2）下发订单

目前，涉案企业通常都会与固定的供应商进行合作。对于这些供应商，除了一开始签订购销合同以外，当有其他采购需求时，涉案企业会以简单版的"采购订单"形式与供应商下发采购订单。对于长期合作的供应商而言，这种模式较为便捷高效，但专职合规员也需要定期抽查有关合同，及时识别风险并予以处理。此外，对于新的合作方，在签订购销合同时，涉案企业拟嵌入专职合规员的监管。比如，定期抽查合同信息，通过登记的联系方式，与合同相对方联系，核查交易的真实性。合规员还需审核对方是否有开票资质，同时向经办人、财务核实发票的情况，留意是否有虚开的情形。

（3）付款环节

涉案企业也拟在国内采购付款环节嵌入合规员的监管，具体而言，合规员在每单业务需要付款前，核查购销合同（或采购订单）、请购单、运输单据、入库单据、增值税专用进项发票等来确定该笔交易的真实性、合规性。

（二）实现对国内销售业务的全流程合规监控

目前，涉案企业的销售业务尚未出现违法犯罪情况，风险较低，但其属于公司的主营业务，也是公司收入的主要来源，因此有必要设置专职合规员对国内销售业务进行重点监督，及时识别犯罪风险并进行相应处理。

此前，涉案企业有着自己一套固定的销售流程。公司销售与客户磋商设备价格，双方合意后，由公司与客户签订合同。客户先行支付一定比例的订金，涉案企业收到预付款后，指令工厂进行生产，直至设备生产完成，会向客户出具出货通知书。客户需要支付一定比例的尾款，公司才会出货并运送至客户指定地点。客户明确收到货后，会支付剩余尾款。

为防止在没有真实交易的情况下，业务人员通过制作虚假的交易合同、出货通知单等，伪造涉案企业销售设备的假象，从而实施一系列违法犯罪行为，涉案企业拟设置专职合规员对每单销售业务进行合规监控。专职合规员具体将在以下两个环节加强合规监管工作：

1. 就合同的签订，专职合规员有权定期抽查合同信息，通过登记的客户联系方式，与合同相对方联系，核查交易的真实性。

2. 就款项的支付，专职合规员可以通过核对销售合同、销售清单、设备生产通知、出货通知书、出库单、货物出库照片等材料来确认交易的真实性、合规性。

三、规范财务合规管理工作，加强资金监控

虽然涉案企业的财务风险较低，但收入、支出及报销流程较为简略，通常仅需简单审核即可完成，同样可能引发走私或逃税风险。具体而言，在支出和报销流程中，经手人提出支出和报销申请后，经由副经理审批，再由财务审批，总经理审批通过后，即可对外支付款项。且在具体的审批环节中，副经理、财务以及总经理仅作形式审批，查看基本符合支出条件，即会同意对外付款。在资金收入环节，涉案企业不作审批，但所有的收款均通过企业公账收取。至于预算管理，涉案企业先前没有做过任何预算计划。由此，结合案情，针对上述问题，涉案企业拟全面规范公司资金收入、支付及报销流程，以及财务预算和财务会计档案管理等，严格监控公司的资金流动，以防范任何可能因监管疏忽而导致的走私或税务风险。具体如下：

（一）规范财务预算管理

财务预算管理要求公司各部门对资金的使用提前进行规划，并说明理由，能够有效提高公司资金使用的效率和透明度，是控制资金风险的有力举措。因此，涉案企业拟新设财务预算，要求各部门制作年度预算。财务部汇总各部门预算后，编制预算报告上报总经理，由总经理制定公司年度财务预算方案。年度财务预算方案由合规领导小组、执行董事审核后须上报至股东会，由股东会审批后方可执行。年度合规预算方案由合规负责人根据公司合规管理情况制定，报合规领导小组审核后提交财务部汇总。

（二）完善及规范资金支出与报销流程

涉案企业拟完善资金支出审批及费用报销审批流程，资金支出审批须经过多级审批，层层把关。主要规范和重构的财务支出流程有两种，一是资金支出流程，二是财务报销流程。

在资金支出流程中，区分预算内和预算外支出设置不同的审批流程。这是因为两种支出的风险程度不同，预算内支出相较预算外支出风险小，

审批流程可以较为简化。具体流程设置如下：

1. 预算内支出的审批流程：经办部门主管→财务部→合规员→总经理

2. 预算外支出的审批流程：经办部门主管→财务部→合规员→总经理→合规领导小组

在财务报销流程中，报销费用支出原则上经过经办部门主管、财务部、总经理三级审批即可支付，但金额超过一万元的，增设合规员的复核。具体审批流程如下：

1. 报销审批流程（一万元以下）：经办部门主管→财务部→总经理

2. 报销审批流程（一万元以上）：经办部门主管→财务部→合规员→总经理

以上审批流程的设置使各管理岗位之间形成制约，能够有效限制公司领导层的资金支配权，确保财务支出的合法合规性，得以防止行受贿等腐败行为的发生。

同时，财务支出审批需形成规范的申请文件及审批单据，要求每一项支出申请后附发票或原始凭证，做到每一笔支出有项目、有凭证，保证涉案企业的财务规范性。此外，财务兼职合规员需定期对公司的资金支出和费用报销流程进行抽查，定期查验公司账簿及各项审批单据、发票的真实性、完整性，以确保财务支出的合法合规性。

（三）规范收入管理

涉案企业保证各项收入均通过公司公账收取，并及时、准确、完整入账，不截留到账外或作其他处理，所有随附单据、凭证均会完整保留。同时，涉案企业将赋予财务兼职合规员不定期抽检公司公账收入明细及公司账簿的权力，确保收入与记账相符、收入与单据相符。

（四）规范财务单据、印鉴的使用及会计档案管理

涉案企业拟将财务表单、票据和印鉴按不同用途进行分类管理、使用，且均在制度中明确须经过财务部的批准。先前，涉案企业没有财务档案，由此，在本次整改中，涉案企业拟将会计档案按要求进行装订和归档，其查阅、复制、摘录均须经过财务部批准。

四、结合自建工厂的特点，建立安全生产责任体系和资金投入机制，排除生产隐患，强化事故应急管理

多年来，涉案企业注重安全生产和劳动保护，暂未出现过重大安全生

产事故。但考虑到企业生产经营的特点，涉案企业拟在合规整改过程中，加强对安全生产的管理和监督。

（一）建立安全生产责任体系和资金投入机制

涉案企业拟建立从企业主要负责人至基层岗位人员的安全生产责任制并保障落实情况，与单位全员、合作单位签订安全生产责任书，明确安全生产工作任务、责任范围、考核标准及奖惩措施，做到定岗位、定人员、定安全责任。

此外，涉案企业拟建立资金使用专项制度，保证安全生产所需资金，规范安全生产资金的提取和使用相关的程序、职责及权限，资金用途包括安全技术改造、安全设备设施更新改造和维护、安全生产教育培训、劳动防护用品购买、作业现场职业危害治理、安全责任保险购买等事项。

（二）加强安全生产检查与隐患排查治理

为加强安全检查和隐患排查工作，涉案企业拟实行安全生产日常检查、定期排查的工作机制，比如按年度定期检查，按年度召开安全生产工作会议，开展安全生产月、消防宣传月等主题活动。

此外，涉案企业还将畅通安全生产信息反馈渠道，及时向合规员报告安全生产相关信息。同时，企业拟建立隐患排查工作台账，并严格按要求对隐患落实整改，确保整改到位。

（二）强化安全生产事故和突发事件应急处置管理

针对可能发生的事故类别、类型、特点和范围等，涉案企业拟制定应急处置措施，比如，开展专项应急处置演练，比如每年至少进行 1 次专项应急预案演练；监控重大危险源等。

五、建立并完善企业内部制度体系，实现"一事一制"，让员工做到有规可循，有章可依

（一）制定合规管理制度

涉案企业拟制定《合规管理制度》，以明确公司的合规管理基本原则和要求，并规定合规工作人员的岗位、职责和权限，包括以下方面：

1. 合规管理基本原则和要求

2. 合规管理组织体系与岗位职责

3. 合规工作汇报

4. 合规员常规抽查

5. 合规风险事项的识别、评估与处置

6. 聘请常年法律顾问

7. 合规培训

8. 合规管理履职保障

9. 合规工作人员绩效考核

在《合规管理制度》中，还将详细规定合规员在业务审批和监管过程中的职责，以明确合规员对企业的业务管理工作具有审批、监管的权限。

（二）建立体系化的业务管理制度

此前，涉案企业针对生产经营中发生的生产、采购、仓库管理、售后服务等内容各自制定了基本的管理规定。但上述规定内容简略、针对性不强且较为零散，对员工的指导性有限。因此，为重点防范和控制委托代理进口业务开展所可能引发的走私风险，针对重构的委托代理进口报关流程、企业生产经营可能涉及的安全问题、投标事宜、销售风险等内容，涉案企业拟制定体系化的《业务管理制度》。具体而言，除了原则性的制度目的、适用范围、职责权限等内容外，该制度将囊括安全生产、采购管理、投标管理、仓库管理、销售服务等篇章的内容，具体规范涉案企业在进行生产经营时的各类流程，以避免相关的法律风险。

其中，针对重点涉案的委托代理进口业务流程，该制度将明确具体的审批流程和审批负责人，列明在对外委托代理进口时，合规员需重点审核的环节、信息和单据，规范各岗位职责及禁止实施的行为，包括放任低报价格、明知对方伪造变造单证、伪报品名、价格、数量、原产地、夹藏走私等，依然委托对方代理进口等违规行为。

（三）制定合同管理制度

此前，涉案企业并未形成完整的合同管理制度，存在合同管理体系不完善，审批流程不明确，法律风险把控不严密等问题。为了切实执行合规计划，进一步防止在业务领域的法律风险，涉案企业计划制定《合同管理制度》，从制度上进行规范和完善。该制度拟明确合同管理的基本原则、合同授权管理机制、合同管理机构的职责划分、合同签订过程的管理、合同档案的管理与违规处罚，重点内容包括职权划分、合同审批流程、合同争议解决等。

（四）制定财务管理制度

为规范财务收款，防范走私和税务犯罪，涉案企业拟对规范后的财务管理流程，制定全新的《财务管理制度》，规定了财务部人员岗位职责，并全面规范公司银行账户管理、财务收付款流程、费用报销流程，以及财务预算和财务会计档案管理等，严格监控公司的资金流动，以防范任何可能因监管疏忽而导致的走私或税务风险。

涉案企业拟将合规义务全面落实到公司具体的财务管理工作制度中，主要篇章包括：

1. 总则

2. 财务管理岗位和职责

3. 银行账户管理

4. 收入管理规定

5. 单据填写规定

6. 支出与报销管理规定

7. 财务预算和财务会计档案管理规定

（五）制定合规手册、员工手册

为保证合规顺利运行，涉案企业需自上而下树立合规意识，营造合规风气，因此，完善的《合规手册》及《员工手册》必不可少。

涉案企业以教育和普及合规知识、宣传合规政策及文化为目的，计划制定主要针对走私犯罪的《合规手册》，促使公司全员学习合规知识，树立合规意识。具体内容包括：

1. 公司的合规文化理念

2. 公司合规管理体系

3. 法律规定（结合涉案情况，重点介绍走私犯罪构成）

4. 一般行为准则

5. 法律后果

为了进一步明确员工日常履职行为规范，增强员工合规意识，涉案企业拟制定全面的《员工手册》。主要内容包括：

1. 员工行为规范

2. 劳动人事管理规范

3. 薪酬与福利制度

4. 员工的培训与发展制度

5. 保密制度

6. 奖惩制度

7. 企业合规政策、合规文化、合规行为守则相关合规内容

其中，涉案企业拟在薪酬与福利制度中设置"合规表现系数"评价机制，将员工参与合规活动、配合合规管理工作的表现与员工绩效奖金挂钩，纳入员工的工资结构，使得员工薪酬与公司合规管理情况直接挂钩，促使员工自觉遵守相关制度规范要求、自发参与公司合规管理，推动公司合规、稳健经营。

六、开展合规文化宣传培训，加强企业合规文化建设

（一）合规宣传培训

合规培训是合规体系建设的重要内容，有利于增强员工的守法意识及合规经营意识，潜移默化地建立企业合规文化。本案中，涉案企业之所以实施犯罪行为，业务人员和管理人员的法律意识及合规意识薄弱也是主要原因之一。因此，合规培训将成为涉案企业合规体系建设的重点内容，明确合规管理系统管理人员、重点岗位人员、新入职员工必修的培训内容。针对企业特点，涉案企业拟与合规顾问团队从两大方面开展合规培训：一类是企业内部自行开展合规培训学习，另一类是合规顾问律师围绕报关进口、安全生产等业务内容进行法律专题培训。具体培训计划如下：

企业内部拟自行开展的合规培训内容包括：

1. 带领员工进行犯罪原因自查，了解合规整改必要性，并熟悉公示的举报专线电话、专用邮箱及合规负责人联系方式；

2. 学习有关合规政策法律文件；

3. 学习企业整改阶段制定的各类合规管理制度等制度文件。

合规顾问律师拟开展的合规培训内容包括：

1. 为公司全体员工介绍企业刑事合规的概念和意义，普及合规知识；

2. 专门为合规工作人员、业务人员等有关人员讲解《合规管理制度》，告知其职责、权限与工作内容；

3. 为业务人员、财务人员讲解《业务管理制度》《财务管理制度》；

4. 为企业采购人员、财务人员围绕报关进口、安全生产等业务内容进行法律专题培训。

（二）营造企业合规工作氛围

合规建设的思想不应只停留在纸面的制度文件，还应深入到涉案企业经营管理活动中，并对涉案企业每一位员工的工作思维模式以及行动方式产生潜移默化的影响。为此，涉案企业拟积极营造合规文化工作氛围，确保企业员工将合规文化内化于心，外化于行。

主要工作包括：

1. 制作并张贴合规文化宣传海报、警示标语、合规政策及制度等；

2. 在企业官网上公布举报投诉方式，在公司内部设置合规举报箱，畅通反映问题的渠道；

3. 布置学习园地，定期张贴合规政策文件、制度供全体员工学习，并张贴与合规相关的活动照片。

七、重视、加强并监督企业员工对合规整改工作的落实

无论计划再完好，若不狠抓落实，计划只能是"空中楼阁"。因此，涉案企业高度重视合规整改工作的落实情况，知道只有将每一项计划都落实到位，才能真正阻隔犯罪风险，为涉案企业长期平稳发展保驾护航。为此，涉案企业拟采取如下措施来确保整改工作落实到位：

1. 合规顾问律师团队拟在合规整改期内，定期考察全体员工合规知识的掌握情况，监督涉案企业员工尤其是合规工作人员的履职情况；

2. 涉案企业在调整公司制度以及具体申请流程后，会尽快运行新的业务审批、合同审批及财务支出审批流程等，并同步收集合规运行数据，实时监督审批过程中可能存在的合规风险；

3. 合规整改结束后，涉案企业拟继续聘任专业律师团队担任合规顾问，接受顾问团队的长期督导，通过合规顾问团队来审查和检验企业合规经营情况，以确保企业实现长效合规经营。

八、定期合规工作汇报及接受回访监督考察

涉案企业承诺将按时执行完毕以上整改内容，坚决地执行检察机关及第三方专家出具的每一项整改意见。

涉案企业考察期限为3个月，自2023年6月12日至9月11日止。根据合规宣告会现场汇报情况，涉案企业确定在考察期间内定期以工作汇总表及附件形式向第三方组织专家报告合规整改进度。具体汇报时间如下：

1. 企业合规考察期：2023 年 6 月 12 日至 9 月 11 日

2. 提交修改后的合规计划：2023 年 6 月 19 日

3. 提交第一阶段整改汇报：2023 年 6 月 30 日

4. 提交第二阶段整改汇报：2023 年 7 月 31 日

5. 提交第三阶段整改汇报：2023 年 8 月 31 日

6. 提交整改总结报告：2023 年 9 月 11 日

同时，涉案企业承诺积极配合检察机关和第三方专家的工作安排，接受有关部门或组织的定期回访监督考察。

以上为涉案企业的合规计划内容，请贵院依法审查。涉案企业承诺将严格执行合规计划，认真、坚决地落实每一项整改意见，彻底预防企业的违法犯罪，保证企业持续合法合规经营。

3. Y 公司合规计划书

（串通投标）

G 市人民检察院：

我公司因涉嫌串通投标罪由贵院依法审查起诉，公司自愿认罪认罚，并承诺建立合规制度。为申请启动企业合规第三方监督评估机制，特撰写本合规计划书，以便指导整体合规建设工作。

一、企业基本情况

（一）企业概况

（略）

（二）企业经营能力及社会责任履行情况

（略）

二、企业涉案的经过、成因分析

（一）犯罪事实

（略）

（二）成因分析

1. 公司经营基本由唯一股东 S 一人决策，缺乏决策权限制机制；

2. 公司法定代表人招投标相关的法律意识淡薄，缺少专业的法律顾问、无完善的企业合规体系；

3. 公司缺少招投标管理制度、印章管理制度，且财务管理制度也未执行到位，没有形成规范的业务流程。

经过此次事件，我公司从决策层到基层员工开展了广泛的自我检讨、自我批评，以投标业务为切入点，深刻审查了我公司内部治理结构、经营合规的缺陷。借鉴同类型合规案例和行业领域成熟完善的合规制度，拟对我公司进行深刻的合规整改活动。

三、合规整改计划

（一）建立企业合规的基础通用体系

1. 新设一名股东，建立公司内部合规管理组织体系。新设一名股东，破除公司"一言堂"的局面，设立股东会，设立一名监事，对应变更公司章程，建立决策权限制机制。公司未来重大经营决策、招投标业务开展、重大合同签订等均需两名股东一致同意。

我公司股东会决议通过我公司的合规制度建设和体系构建方案，我公司法定代表人兼执行董事Y作为合规管理第一责任人，积极推动公司内部合规制度建设。公司承诺合规至上，未来依法依规经营，不做不合规的业务，并将合规至上原则写入公司章程。公司增设一名合规员，引入招投标行业或者法律行业的专家作为合规员，负责组织、协调和监督公司的合规制度建设工作；合规员对公司涉及重大经营决策、招投标业务开展、重大合同签订等提供合规审核意见，及时向两名股东汇报合规管理事项，当决策意见出现分歧时，合规员拥有一票否决权。各业务板块负责人作为本业务板块合规责任人，按照合规要求完善业务管理制度和流程，主动开展合规风险识别、分析和隐患排查，及时向合规员通报风险事项，妥善应对合规风险事件。

2. 开展主要业务单元的合规风险排查。落实"排查先行、预防为主"的合规体系建设原则，全方面、多维度的检测企业内各个环节、各业务板块的运营，深化相关法律法规、行业标准在企业相应环节中的要求和体现，将内部细化的运营责任落实到各个业务板块负责人，以识别企业经营风险、建立相应整改措施、完善对应的合规制度。在风险排查过程中，要及时反馈、广泛商讨，既要全方位认识企业运营风险，又要精准识别漏洞，实施多措并举、多管齐下的合规建设。

3. 建立风险识别、处置机制。公司各业务板块负责人应按照合规要求完善各业务板块的制度和流程，按照规范业务流程开展工作，主动开展日常工作中的合规风险识别，分析和隐患排查，并定期向合规员报告相关风险事项。合规员定期开展合规评估，抽查企业内部制度的执行情况，提出整改意见并汇报给执行董事。同时在全公司建立合规风险举报、投诉制度，保证渠道畅通，让员工发现合规风险可以在第一时间向合规员报告，让风险揭露在萌芽、处置在初始。

4. 定期开展合规有效性评估工作。就合规体系建设和合规制度建设定期针对有效性进行评估，可引入第三方评估机制，就专项评估进行委托，并责成专人负责配合评估工作。待收到第三方评估报告后，及时进行对照整改，针对已形成的合规体系中的负面部分进行改善，并将第三方评估报告作为合规体系的一部分进行融入，实现评估报告结果的内化机制，充分发挥评估结果的利用价值。

5. 制定第三方管理机制。在修订的各项制度中，增设第三方管理机制条款，例如在采购业务中，公司应根据《采购管理制度》要求对供货商进行考察，符合要求的方可合作，选择合法合规的优质合作伙伴，避免可能涉及的交易违规风险。

（二）重点强化涉案领域的业务合规改造

我公司将针对投标领域进行重点整改，具体方案如下：

1. 制定《投标业务管理制度》。我公司将聘请专业的律师事务所、会计师事务所、招投标领域专家等，会同我公司执行董事、合规员共同制定《投标业务管理制度》，明确岗位职责、规范招投标业务的审批流程、保证金的支付方式（结合《财务管理制度》进行规范）、招标文件的购买流程、投标文件的编制要求，从上述几个方面规避串通投标的风险。在我公司未来的投标业务中，严格遵循该制度，由合规员负责监督实施情况，定期通报。

2. 建立完善的企业投标机制。根据我公司《招投标管理制度》，在项目投标前，设立该项目的小组，由我公司执行董事领导、合规员监督、小组组长负责、两名股东决策的责任管理体系。经两名股东研究决定参加投标的，投标小组组长应将相关文件送交我公司合规员处审核及备案，投标小组组长凭借我公司领导、合规员审批通过的文件去报名购买招标文件，未得到我公司领导及合规员的批准任何人不得擅自进行后续的工作；合规员全程参与应标文件的审查；财务负责人在支付投标保证金的过程中，合规员要全程参与监督；投标小组组长负责保证金的后续跟催工作，并由合规员进行监督检查。

3. 制定《公章使用、管理制度》。明确岗位职责，规范公章的刻制、保管、使用的审批流程，禁止未经审批而擅自使用公章。在投标业务中，财务负责人需审查相应材料齐备后方可批准使用公章，避免滥用公章导致的风险。

4. 完善《员工手册》，制定合规绩效考核评价体系、奖惩制度。将合规绩效纳入员工升职加薪的考核要素中，并进一步完善设立奖惩条件及措施，结合违反各项制度的违规行为，根据不同类型、不同等级的违规行为，配套设定相应的惩处机制，以匹配其他规章制度的落实。

5.制定《反商业贿赂手册》，明令禁止商业贿赂。制定违规行为对应的惩处措施，规定正常业务费用的审批和报销流程。合规顾问对全体员工进行反商业贿赂培训，提高员工对反商业贿赂的认识，并指导员工开展自我监督。合规专员定期抽查，定期开展反商业贿赂执行情况考核评价工作。

6.合规顾问根据上述制度涉及的关键岗位主体，进行专项的制度培训，便于关键岗位人员深入了解制度的内容、风险防范点，有效推动制度落地执行。

（三）对企业其他存在涉税风险的领域进行完善

除涉案领域外，针对企业可能存在涉税风险的农副产品采购领域、可能存在食品安全风险的食品配送领域，合规顾问通过调查走访，了解公司经营模式等方式发现和分析风险，制定并完善相应的规章制度，规范业务流程。

1.制定《采购管理制度》。根据历史交易情况、纳税信用等级、有无涉诉、涉行政处罚等因素筛选优质的供货商，制定供货商管理名录。采购业务负责人未来在选择供货商时，应优先在名录中挑选；在付款方面，财务负责人应严格履行《财务管理制度》，合规付款、并跟进收集相应的发票凭据，依法抵税。

2.完善《财务管理制度》。规范收付款审批流程及审批资料、开具发票及接收发票均应严格审查四流一致，符合条件的方可入账、抵扣。

3.完善《食品配送流程》。落实具体环节责任到人，及时接收买方的反馈，各环节责任人负责收集整理好各环节的票据、资料等，由行政部人员统一登记、保管。

（四）建立检举通道，落实奖惩措施，保障公司各项制度的有效执行

建立有效的检举通道。设立举报电话，鼓励公司内部员工或外部人员检举揭发，发现公司内部存在经营风险隐患，或者其他员工存在违法违规行为的，可进行匿名举报，合规员负责调查，并做好相应的保密工作。经过查证属实的，若构成犯罪，将相关材料移送司法机关。若不构成犯罪，则根据具体情形来认定过错程度，依据《员工手册》对责任人给予处罚，

并且对举报人给予适当奖励。企业根据发现的违规行为，定期更新规章制度和合规计划、奖惩措施，在未来将合规培训集中在相关问题上。

（五）着力培养企业良好、持续的合规文化

树立合规常态化的企业发展理念，将合规制度建设固化到企业的发展思维中，深入到全体员工的发展意识中，并就合规文化进行如下的建设：

1. 深入员工合规意识的建立。牢固树立员工对于企业合规文化建设的意识；树立风险意识和大局意识；牢固树立员工在日常的企业运营机制中，合规经营、合规发展、合规开展相关业务；定期开展企业合规机制培训、合规体系建设培训、下发相应的合规文化手册和合规制度建设手册。

2. 法律法规宣传。定期对公司全体员工进行法律法规宣传，让员工深刻理解合规的意义和必要。尤其针对涉案的招投标领域、公司主要经营的食品安全领域、反商业贿赂领域、涉税领域等进行普法宣传，增强守法意识。

3. 对外进行合规的宣传。对于企业已经建立的合规制度，要积极对外宣传，在企业日常运营交流中，加强书面的宣传，例如给业务合作伙伴、招标机构进行发放和宣传，一方面达到拓展合规文化的目的，另一方面也能够择优选择合适的合作伙伴、交易对象，降低交易风险。

（六）加强合规，塑造良好企业公民形象

在企业日后的投标活动中，树立合规投标、合法投标、廉洁投标的企业形象。未来在与机关单位、行政单位、国有企事业单位投标业务中，形成软性的企业名片，可获得更大的中标机会。并且在投标活动中，将企业合规体系建设作为企业核心价值观之一与其他公司进行良性竞争，可有效提升我公司企业形象。

四、实施方案的机制和措施

（一）风险评估、应对机制

1. 针对已发现的投标领域风险进行评估、汇总、整改：由合规员对历次的投标文件进行收集和审核，并约谈相关投标项目负责人，汇总历次投标报价、标书文本、参与投标公司和企业名录等信息，进行分析、研判，找出投标业务存在的漏洞和隐患，由企业制定《投标业务管理制度》来进行规范。

2. 由合规员和企业外聘的律师对企业进行尽职调查，审查企业各业务领域相关规章制度、约谈各业务板块负责人，评估企业其他风险，制作风险清单，由企业制定或完善相关规章制度来进行规范。

3. 各业务板块负责人作为合规业务的具体责任人，每1—2个月需要向合规员书面汇报业务具体经营情况及可能存在的风险、隐患，合规员负责审查分析并提出整改意见、汇报给执行董事，各业务板块负责人需执行整改意见，并于下次汇报时向合规员汇报整改情况。合规员负责监督整改意见执行情况，不定期抽查。

4. 企业设立向合规员匿名举报的热线电话，并公告张贴，鼓励企业内部员工或外部人员举报企业存在的违规、违法行为，合规员收到举报线索后，应积极展开调查，并做好举报人信息的保密工作，各业务板块负责人有义务协助合规员调查，调查完毕后，若发现存在违法行为，合规员直接将相关证据移送给司法机关。若发现仅存在违规行为，合规员应上报给执行董事，并根据违规行为人的情节轻重、主观恶性程度评定违规等级，直接依据《员工手册》对其采取相应的惩罚措施。

（二）合规文化培训、宣传机制

1. 企业执行董事在合规员的协助下，召开员工大会，届时全体员工均应出席，执行董事在大会上宣传企业合规制度、组织体系，并告知全体员工本企业未来将严格贯彻执行合规制度。合规员负责向员工宣传具体的合规举措，包括风险评估、应对机制、企业新的规章制度、奖惩机制、举报机制等。在合规员的组织安排下，企业未来每年至少3次召开员工大会，对企业历史发现的风险及应对的措施进行总结、通报，让全体员工深刻认识到合规的重要性并严格遵循履行。

2. 企业将上述具体的合规举措纳入员工手册中，下发给每一个员工。

3. 企业聘请律师为全体员工开展投标领域、财税领域、食品安全领域的法律法规专题讲座，并邀请其他商业合作伙伴参加，每年1—2次。

（三）第三方管理机制

1. 企业采购业务负责人在选择新的供货商时，合规员应进行审核。合规员应通过外聘律师的方式对供货商进行尽职调查，包括但不限于其主体资质、有无存在涉诉情况、财务状况如何、有无隐藏的实际控制人等，由律师给出书面的调查报告及是否建议合作的结论，合规员根据律师的建议作出最终决定并通报给采购业务负责人。

2.在合规员的监督下，企业采购业务负责人制定供货商名录库，选择优质的商业合作伙伴，未来在与名录库内的企业合作时，如果该企业基本情况没有发生大变更、大变动，可以不用再进行尽职调查，该名录库应定期进行更新。

3.企业邀请商业合作伙伴来参加法律法规专题讲座、员工大会，向其宣传本企业合规制度的建设，树立良好的企业形象。

五、合规整改期限

我公司将在3个月的考察期通过3个阶段完成上述企业合规建设：

第一阶段（30天）：设立合规岗位，引入合规员，建设合规组织体系；对历次的投标文件进行收集和审核，并约谈相关投标负责人，汇总历次投标报价、标书文本、参与投标公司和企业名录等信息，进行分析、研判，找出投标业务存在的漏洞和隐患，为制定《投标业务管理制度》奠定基础；聘请律师会同合规员对企业在其他业务领域可能存在的漏洞进行调查，形成书面的风险清单；

第二阶段（30天）：根据风险清单，针对性制定《投标业务管理制度》、《公章使用、管理制度》、完善《员工手册》等企业内部规章制度，规范业务流程，建设合规管理制度及相应的奖惩措施；

第三阶段（30天）：向公司全体员工普及已建成的合规组织体系、管理制度及新的规章制度，召开员工大会，进行首次的培训和宣讲，下发新的《员工手册》，形成固化的机制，在日后的业务中严格遵守。

六、合规目标

本企业的主营业务是食品的供销，大部分通过投标的形式开展业务，在本案中，本企业执行董事S一方面因为担心投标项目因人数不足而流标，另一方面又缺少法律意识，导致触犯了法律。本企业在此深刻意识到错误，拟通过上述整改方案对企业进行全面性的整改，有效执行整改举措。执行上述合规制度能够保证本企业未来涉及重大经营决策时，有效避免一言堂的情形，并保证未来企业投标流程合法，不再触犯法律。

另外，针对企业未来经营中可能存在的其他风险，有效的风险识别、应对机制也会使企业及时发现、及时应对、持续整改，保证合规制度能够长期、有效落实执行。本企业未来会依法依规经营，树立良好的企业形象，实现合规创造价值的目的。

范例二：合规整改监督评估报告范例

1. G 公司合规整改监督评估报告
（虚开增值税专用发票）

G 市涉案企业合规第三方机制管委会、G 市人民检察院：

根据《G 市涉案企业合规第三方监督评估机制实施办法（试行）》的相关规定，G 公司针对与虚开增值税专用发票违法行为有密切联系的企业内部治理结构、规章制度、人员管理等方面存在的问题，制定了可行的合规管理规范。同时，就 G 公司整体的业务进行了全面的合规整改，构建了有效的合规组织体系，完善了相关业务管理流程，健全了合规风险防范报告机制，防范企业制度建设和监督管理漏洞，防止再次发生相同或者类似的违法犯罪行为。

第三方专家组对 G 公司出具的《G 公司合规计划》（以下简称《合规计划》）、《G 公司第一阶段合规整改进度报告》《G 公司第二阶段合规整改进度报告》《G 公司第三阶段合规整改进度报告》《G 公司关于第三方专家组审查意见的整改落实情况报告》《G 公司关于第三方专家组 2022 年 2 月 21 日审查意见的整改落实情况报告》《G 公司合规整改报告》及合规整改过程中的各类制度措施的可行性、有效性、全面性进行了审查，并提出相应的书面审查意见。G 公司在听取意见后，与第三方专家组多次沟通汇报，积极地作出了相应的整改。目前，G 公司合规整改工作已完毕，在规定的合规整改期限内完成了合规计划中的事项整改，第三方专家组就 G 公司的合规整改情况作出如下报告。

一、关于第三方专家组监督情况

2021 年 11 月 26 日，前往 G 公司考察，并对 G 公司《合规计划》提出审查意见。

2021年12月23日，前往G公司考察，并对G公司《第一阶段合规整改报告》提出审查意见。

2022年1月6日，前往G公司考察，监督其对整改报告审查意见的落实情况。

2022年1月12日，完成中期（第一、第二阶段）监督评估报告，并报送管委会及检察机关。

2022年1月26日，第三方专家组成员开会、研讨G公司合规整改事宜。

2022年2月16日，对G公司出具的《第三阶段合规整改报告》提出审查意见。

2022年2月17日，根据检察机关要求，参加G公司贵金属交易合规考察初步评估工作会，就G公司合规整改监督情况，向与会的检察机关、管委会办公室、国资委、交易所相关领导汇报第三方专家组初步评估意见。

2022年2月21日，前往G公司考察，传达《G公司贵金属交易合规考察评估工作会》的意见和建议，重点强调G公司须重点落实交易所对G公司合规整改工作的具体意见、建议。

二、关于G公司合规整改情况

G公司根据第三方专家组所提出的《关于G公司合规计划的审查意见》进行修改后，于2021年11月30日重新出具了更为全面、可行的《合规计划》，并依据《合规计划》积极开展整改工作。针对第三方专家组提出的《关于G公司第一阶段合规整改进度报告的审查意见》《关于G公司第一、二阶段合规整改的监督评估报告》《关于G公司第三阶段合规整改进度报告的审查意见》等当面以及书面审查意见，G公司高度重视，对第三方专家组出具的监督评估意见进行逐项解析与明确整改落实，形成了《G公司关于第三方专家组审查意见的整改落实情况报告》。

在合规整改工作后期，检察机关、管委会办公室、国资委、交易所、第三方专家组召开了《G公司贵金属交易合规考察评估工作会》，会上对G公司最后阶段的合规整改提出了意见和建议。G公司就该意见和建议，出具了《G公司关于第三方专家组2022年2月21日审查意见的整改落实情况报告》，对审计报告、整改计划进度表、整改主体、制度建设学习交易所制度等方面进行了整改、回应。

总体概括来说，G公司全面、按时、按量地完成各项整改工作具体如下：

（一）体现合规责任、可持续发展、领导垂范、合规优先理念

1. 关于合规责任理念

合规经营是企业的责任和员工的义务。G公司建立合规企业文化，制定合规行为准则，加强合规教育培训，签订员工合规承诺书，营造合规经营氛围，提高思想认识，合规经营既是企业的责任，也是员工的义务。

2. 关于可持续发展理念

合规管理是涉案企业可持续发展和长期成功的基础。G公司在贵金属贸易管理制度、贵金属贸易业务交易环节管理、规范贵金属贸易从业人员管理等方面进行全面、细致的合规整改，确保业务环节不出问题，保障企业的长期可持续发展。

3. 关于领导垂范理念

G公司主要负责人率先垂范，将合规纳入企业价值观并融入企业管理和全体员工的行为，确保合规管理措施的落实和合规管理体系的持续改进。针对本次违法行为的整改，企业组织成立了以上级公司党委书记为组长、党委副书记、副总经理为副主任、相关部门负责人为组员的合规整改专项领导小组，全面领导合规各项工作，对合规工作负责，专项领导小组下设四个工作小组：合规整改协调工作组、税务自查工作组、贵金属贸易业务自查整改工作组、公司治理自查整改工作组。

4. 关于合规优先理念

合规优先理念，即在企业价值观中合规是优先考虑的价值标准。G公司合规管理部门具有独立性，公司对合规管理团队充分授权，对重大贸易风险业务具有一票否决权。

（二）进行专项合规整改，突出重点

1. 全面停止涉案违规业务并积极退缴全部违法所得

（1）G公司就涉嫌虚开增值税专用发票犯罪的相关业务，已积极采取有效措施，全面停止涉案违规业务。

（2）G公司已对责任人员作出辞退、调整等内部处理，同时积极配合司法机关，于2022年1月28日向检察机关退缴违法所得，弥补国家

损失。

2. 深度剖析违法行为的原因，积极进行专项合规整改

关于违法原因的认识问题，G 公司于 2021 年 11 月 30 日制定并提交了合规计划。在合规计划中，G 公司从认知、制度、交易模式、治理等四个层面深刻剖析了虚开增值税专用发票违法行为发生的原因，公司上下已经全面、深刻认识到该违法行为所带来的恶劣影响，并积极作出相应的合规整改。

（1）组织保障

组建合规整改领导小组，及时研究合规整改事项，明确分工和职责，从而保证合规工作的高效、有序开展。

（2）纠正政绩观

合规绩效考核纳入政绩考核，纠正全员的政绩观。纠正公司领导"重业绩增长、轻风险防控"的政绩观。将合规履职情况与员工考核、干部任用、选优评先等工作直接挂钩，从制度上促使员工树立正确的政绩观。

（3）合规文化宣贯制度

建立常态化的合规文化宣贯制度，通过多种方式宣传和倡导合规理念，鼓励员工理解和接受合规要求，提倡合规风气。第一，通过组织员工、管理人员、班子成员进行多场合规培训的方式，提升全员合规意识，把合规操作具体落实到日常工作的每个细节，加快形成合规文化氛围。第二，通过开展全员合规承诺的方式，提醒全体员工警钟长鸣，增强合规意识和底线意识，对员工进行自我约束。

（4）一票否决制

合规整改后，合规风控部门对贵金属交易业务有一票否决权，加大对业务营销部门的制约。

第一，检查、修订现有贵金属业务制度，整改后重新发布《贵金属原材料贸易风险管控管理制度》，从供应商、客户准入资质两个方面进行合规审查，对于不合规的，合规风控部门有一票否决权。

第二，关于供应商企业审查机制。对于供应商资质、材料不齐（包括材料具有重大瑕疵），风控、合规部门对该供应商的准入或与该供应商的交易业务可行使一票否决权。

第三，关于客户准入及资质审查。对于客户资质、材料不齐（包括材

料具有重大瑕疵)、风控、合规部门对该客户的准入或与该客户的交易业务可行使一票否决权；如存在失信、涉及司法案件、税务违法违规等重大风险事件，影响交易安全或交易的合规性的，风控、合规部门对该客户的准入或与该客户的交易业务应行使一票否决权，被否决的客户不得准入或需暂停与其发生交易。

（5）发票管理制度

为加强财务监督，进一步规范公司的发票管理，G 公司结合公司实际情况，修订了发票管理制度。发票管理制度的合规整改，是本次整改工作的重点内容之一。在听取第三方专家组意见的基础上，进行针对性地整改完善。具体如下：

第一，在合规整改之前，增值税专用发票由贵金属交易部开具，没有公司财务部进行把关，因此存在交易资料中仅有交易相对方出具的领取发票的授权委托书，但无被授权人的发票签收记录的情况。在合规整改后，贵金属大宗贸易业务由公司财务部开票，财务部门在开具发票时根据业务部门上传的授权委托书、出库单、交接单等对货物流、发票流和现金流的数据流向进行审查，开具发票后上传相应的发票签收单据，追踪发票去向。

第二，修订了原有发票管理制度，增加了违反规定虚开发票，但未对企业造成经济损失的处罚措施。

例如，该规定第十一条的修改情况：给予相关责任人通报、批评、责令整改、调离工作岗位等内部处罚，并在员工绩效考核中予以扣分；对于情节严重、造成企业经济损失的，企业给予相关责任人降职、免职、辞退等内部处罚，并要求其赔偿企业经济损失；涉嫌违纪或职务违法的问题和线索，按干部管理权限移送纪检监察机构；涉嫌构成犯罪的问题和线索，依法移交司法机关处理。体现出 G 公司在合规整改后，G 公司对于违规、违纪、违法的行为零容忍，一经发现，必须做出严肃处理。

第三，该规定的第八条，根据第三方专家组审查意见，补充了规定："如涉及贵金属原料或大宗贸易业务，业务部门在申请开具发票时应上传合同、授权委托书、出库申请单（贵金属原料）、货物交接单等，财务部在开具发票时根据业务部门上传的资料对货物流、发票流和资金流的数据流向进行审查，开具发票后按合同或授权书约定的发票收件人和地址（注册登记地或经营地址），通过邮寄等方式将发票交予客户，同时要求客户交回发票签收资料并上传系统存档，业务部门负责协助督促客户交回发票签收资料。"

第四，关于《发票管理制度》第七条，修改为"企业发票填开必须在发生经营业务确认营业收入时才能开具，未发生经营业务一律不准开具发票。企业严格按业务销售额全部开具增值税专用发票或增值税普通销售发票。贵金属原料、贵金属饰品等贸易业务由财务部开票；工美文创定制、贵金属饰品零售业务等由业务部门根据零售业务管理系统中销售的清单内容开具发票后，每月按系统提交数据包括收款和发票开具情况，财务部将业务系统和开票系统的开票信息核对一致作为出账依据"。

（三）实施全面合规整改，兼顾整体

1. 全面规范贵金属贸易行为

从贵金属贸易管理制度、贵金属贸易业务交易环节管理、贵金属贸易从业人员管理、贵金属贸易业务结构四个方面着手：

（1）通过修订《贵金属原材料贸易风险管控管理制度》《反洗钱内部控制制度》《贵金属交易业务管理制度》《贵金属交易业务流程实施细则》规范贵金属贸易业务及业务从业人员，明晰业务操作流程、降低业务运作风险、促进企业健康有序发展。

（2）设计规范审查表格，将交易、审核、批准等各项工作制度化、标准化、流程化，便于各部门人员使用及公司统一管理。避免发生合同、客户识别程序后补的情况；避免发生提货人与领取发票企业相分离的情形；避免发生仅由业务部门单个部门审核发票领取人的情况；避免出现公司制度未能有效执行到位，实际操作与公司制度不符的情形。

在整改期间自主开拓了 3 家公司，开拓过程严格按照制度要求开展合规审查相关工作，体现了 G 公司长期、持续合规的决心。

（3）通过加大对业务责任人的惩处力度等方式，对于存在违规或不符合该管理制度的，给予批评、责令整改等内部处罚，对于涉嫌违纪或职务违法的依法移交司法机关处理。

（4）通过探索线下＋线上 TOC 经营新模式，以实体门店、线上电商零售、批发业务拉动企业发展，增强企业新活力，促进企业的高质量发展。

2. 完善企业合规架构，健全合规管理制度

G 公司通过制定《合规管理办法》，积极完善合规组织架构，进一步

明确和落实合规管理责任制，确保责任明确。

（1）制定《合规管理办法》，完善合规组织架构

第一，明确了合规风险管理的治理框架。

第二，明确了公司股东、董事会、监事会、最高管理层、合规管理部门和相关部门在合规治理中的角色、权力和职责。

第三，明确了公司主要负责人是履行推进合规管理第一责任人。

第四，明确了合规三道防线，确保企业合规运营。

第一道防线：各业务部门。识别、分析本领域涉及的主动开展隐患排查，发布合规预警。

第二道防线：法律合规部门。组织开展合规检查与考核，对制度和流程进行合规性评价，督促违规整改和持续改进。增加聘任了公司总法律顾问，充实了法律合规人员。

第三道防线：纪委办公室、审计部。对合规体系的有效性、适当性和充分性进行独立监督评估及合规审计。

第五，一票否决制度。合规管理部门具有独立性，公司对合规管理团队充分授权，对重大贸易风险业务具有一票否决权。

第六，成立风控管理部。主要负责公司各种风险的统筹、管控，包括财务、经营事前、事中、事后的防控，重点是事前风险管控。

（2）制定具体的规章制度，健全合规管理制度

健全企业合规管理制度，在公司治理、行政管理、生产经营、纪委监察、人力资源、合规管理、财务管理等七个方面制定了数十个合规文件，完善各部门的具体合规管理制度，促进企业各部门做事有规可依，从而促进企业的规范运营。

（3）聘请第三方机构，建立合规体系法规库

聘请第三方服务机构建立、完善《合规体系建设项目之法律法规库》，为企业的可持续整改提供更多的制度基础和依据。包括国有资产管理、公司治理、集体企业管理、租赁型资产管理、贵金属珠宝、财务税收、知识产权、市场交易、数据信息安全、土地资产管理、投资管理、资本运作、安全环保、产品质量、工程建设、劳动用工等方面现行有效的法律法规。

（4）完善举报机制，规范举报流程

合规整改后，制定了《合规举报监督工作细则》，明确违规行为调查

处理程序，对企业员工的违纪、违规、违法行为及时处理。

第一，关于检举方式。全体员工均可通过检举信、举报电话的方式，按照流程进行检举监督违法违纪行为。

第二，关于查处部门。涉嫌反垄断、反不正当竞争的调查，由合规管理部门负责；涉嫌违纪及职务违法、犯罪的问题，由公司纪检部门查处。

第三，关于举报机制的落实。在公共区域、公司网站、OA 系统公布举报途径，并在合同呈审时要求在与合作方的合同中注明公司的举报途径。

（5）关于合规奖惩机制

第一，制定《上级公司主要负责人履行推进法治建设第一责任人职责实施办法》，规定企业主要负责人应当将履行推进法治建设第一责任人职责情况列入年终述职内容，对本单位及下属企业推进法治建设情况开展定期检查和专项督查，并将其纳入经营业绩考核。企业主要负责人不履行或者不正确履行推进法治建设第一责任人职责的，应当依照有关党内法规、国家法律法规和相关规定进行约谈，责令整改，通报批评，直至追究党纪、政务责任。

第二，业务部室或员工因未履行合规职责或实施不合规行为而导致企业受到或可能遭受法律制裁、监管处罚、重大财务损失或名誉损失等严重后果，企业对其进行责任追究。合规问责坚持违规必究、奖罚分明、责任到人、教育与惩戒相结合的原则。

（6）完善定期合规风险报告制度

制定《合规管理办法》，对合规风险分级处理。

第一，对于发生较大合规风险事件，合规管理牵头部门和相关部门应当及时向合规管理负责人、分管领导报告。发现问题线索涉及违规违纪违法的，应将问题线索及材料移送纪委办公室，涉嫌构成犯罪的，应将问题及线索依法移送监察机关或司法机关。

第二，对于重大合规风险事件应当及时向国资委和有关部门报告。相关子企业发生重大合规风险事件，应当及时向 G 公司报告。

（四）落实交易所建议和要求，畅通与交易所联系机制

1.完善报告制度

修订《贵金属交易业务管理制度》及《贵金属交易业务流程实施细则》，在修订后的上述制度中按交易所相关规定列明需报告的各类事项情

形，并明确报告责任单位和报告时效要求。

2.完善联络人制度

按照交易所有关要求，落实与交易所财务部开票室的联络人制度，并更新报送会员代表人员和合规负责人员，畅通沟通和数据报送渠道，主动接受监督监管，切实履行会员义务。

3.开展合规学习

对交易所相关规定进一步进行回顾及加强学习。2022年2月18日，组织全体领导、战略发展部、贵金属饰品事业部、法律合规部、审计部、纪委办公室、行政办公室、财务部的部门负责人及相关业务人员学习贵金属交易相关风险管控制度，包括《中华人民共和国反洗钱法》《交易所会员管理办法》《交易所交易发票管理办法》《交易所风险控制管理办法》等文件资料。

（五）主动接受各部门的监管，及时报告合规整改情况

在合规整改期间，主动向检察机关、税务局、国资委、交易所、第三方专家组书面报告合规整改情况。

（六）《合规计划》所列事项整改后的执行

徒有法不如无法，G公司合规体系制度的构建，只是万里长征的第一步，更重要的是未来对于具体制度的坚决贯彻和落实。G公司在合规整改期间，对于《合规计划》所列事项的整改工作公开、透明、全员参与，同时对整个整改过程进行记录留痕，这一点应给予高度的肯定。同时，也建议G公司在接下来的合规经营中能够继续坚决贯彻落实。

三、关于监督评估意见

G公司合规整改工作已完毕，在规定的合规整改期限内主动停止违法业务，退缴全部违法所得，完成了《合规计划》中的事项整改，落实了交易所的相关整改建议和要求。同时，合规整改期间，主动接受行政监管、行业指导以及第三方组织监督，全面规范了贵金属贸易行为，完善了企业内部合规风控制度，取得了阶段性的成果，合规整改符合可行性、有效性、全面性的要求，请检察机关核实。

2. N 公司第三方监督评估机制合规考察总结报告

（串通投标）

G 市涉案企业合规第三方机制管委会、G 市人民检察院：

根据《关于建立涉案企业合规第三方监督评估机制的指导意见（试行）》《G 市涉案企业合规第三方监督评估组织运行规则（试行）》等有关规定，2021 年 11 月 17 日，G 市涉案企业合规第三方监督评估机制管理委员会选任组建第三方组织，对涉嫌串通投标罪的涉案企业 N 公司开展企业合规监督评估。

本案考察期共三个月，自 2021 年 11 月 23 日起，以 30 天为一个考察阶段，区分为三个考察阶段。截至 2022 年 2 月 23 日，第三方组织已完成对该案的监督评估工作，考察期间先后四次前往企业现场考察，共审阅了涉案企业提交阶段性工作报告共 4 份；第三方组织按考察计划向管委会和检察院提交了阶段性监督评估报告 3 份，向涉案企业提出审查意见 3 份，累计提出 55 条具体的指导审查意见。

综合考察涉案企业合规整改过程及其工作成果，涉案企业的合规计划得到全面实施，顺利完成了合规整改工作，实现合规目标的同时，也争创了合规整改的社会效益——2021 年营业收入同比增长 10%，利润增长约 20%；税费共计 3104.38 万元，同比增长 15.76%。

第三方组织认为，涉案人员深刻悔罪，积极配合实施合规计划和合规考察工作，企业合规整改总体表现优秀；合规计划有效、可行、全面，具有可持续性；合规效益显著，达到了政治效果、社会效果及法律效果的相统一。

具体监督评估考察情况总结如下：

一、涉案企业犯罪基本情况

（一）企业介绍

（略）

（二）企业犯罪事实及成因

1. 基本犯罪事实

（略）

2. 犯罪成因

经企业自查及第三方评估分析，企业犯罪成因主要有以下几点：

（1）盲目的业绩导向。公司内外部存在经营压力，以业绩考核为主要导向。由于招投标项目是竞争项目，公司管理人员担心流标及其沉没成本，采取围标手段保证竞标成功。

（2）管理层及业务人员法律意识淡薄。企业自管理层至员工未树立正确的法律观念，视围标、串标等行业潜规为常规，对招标方、其他投标方提出的不合法、不合规的要求予以配合，怀有侥幸心理，未重视和敬畏法律，对法律认识不足。

（3）企业管理体制存在漏洞，风险监督、评估环节缺失。公司管理层决策缺乏监督机制，监事主要监督财务事项，对招投标等业务不具有监督审查权。企业案发前虽设有法律部门，但该部门只进行日常的合同审查、对外诉讼工作，没有权限对企业违法违规行为提出审查监督意见。

（4）招投标相关审批流程、管理制度不规范。公司投标文件制定、财务审批、用章制度严重不规范，缺乏相应的流程控制机制，导致代写标书、冒充投标代表、使用账外资金代付保证金等违法行为发生。同时，各部门之间没有横向监督控制机制，不能对违法违规行为提出意见并否决，导致企业一体犯罪。

3. 认罪认罚情况

（略）

二、涉案企业合规整改工作

（一）预备阶段

1. 涉案企业自查自纠

涉案企业在认罪认罚的基础上进行深刻的自查自纠，召开自查会议、合规动员会议，会议中管理层集体分析、讨论犯罪成因及公司治理漏洞，并当场签署合规承诺书，会后向第三方出具了围绕涉案犯罪事实及成因的书面自查报告。

2. 制定合规计划

涉案企业基于风险尽调，参照涉案企业合规管理体系建设相关的法律法规、理论文献及实务案例，结合第三方组织的审查意见，针对涉案合规风险制定了初步的《合规计划书》，确定了七项主要整改内容，即内部处罚涉案人员、树立企业合规意识、设立合规部门、建立规范的招投标流程及制度、规范财务审批制度、开展合规培训、完善员工手册。企业结合本项目执行计划表，将合规计划的执行区分为四个阶段，每阶段结束时向第三方组织提交书面整改工作报告。

（二）第一阶段

涉案企业第一阶段合规执行的重点在两个方面：一是完善相应的管理制度，严防串通投标违规违法行为再次出现；二是建立一个自上而下、垂直管理的合规组织体系，为下一阶段各项合规管理章程的制定和运行打下基础。基于此，涉案企业落实了以下合规工作：一是处罚涉案人员；二是规范与投标业务相关的制度及流程，包括完善 BCP 线上投标审批系统，修订投标管理制度和财务管理制度，增设投标报名费、保证金、标书用章的审批节点；三是初步设立独立的合规部门，配备专职合规员和兼职合规员；四是开展业务部门的合规培训。

（三）第二阶段

涉案企业在合规计划第二阶段执行工作中，重点建设了与合规部门配套的管理制度和合规政策，包括合规工作管理制度、合规举报与调查制度、合规手册、员工手册等，制定相应的合规工作台账，开展合规部门员工培训，设立专门办公场所，编制合规管理工作预算等。同时，围绕投标业务线上审批系统（BCP 系统）的形式合规风险，涉案企业根据第三方组织的考察意见对其进行了专门的强化整改，增设了关键审批节点的决策意见留痕功能，形成了项目的链条式审批程序。

涉案企业法律事务主要由外部法律顾问团队承接、处理，企业听取第三方组织建议，任命一名具有法律事务工作经验的员工作为法务专员，负责与外部法律顾问团队对接法律事务工作。公司表示后续将招聘专业人士，重新组建法律事务部门。

（四）第三阶段、第四阶段

涉案企业在本阶段充分测试新设立的各项流程与制度，包括线上的招投标业务审批流程、合规审批监督流程，加强全体员工对合规审批系列制度的学习与培训，确保各项整改措施能够融入涉案企业的日常经营活动，并且持续、有效地得到贯彻执行。此外，涉案企业就涉密数据的保护措施进行了全面深入的审查，落实数据合规内容。

涉案企业充分监测合规体系在日常工作中的实际运行情况，依据合规管理工作制度，合规员提交了 2021 年 12 月份、2022 年 1 月份、2022 年 2 月份的月度工作报告。自 2021 年 12 月至 2022 年 2 月，合规部共进行了 397 项审批，其中包括 12 项投标保证金审批、34 项投标文件的用章审批、351 项招待费和投标报名费的报销审批。在审批过程中，合规员仔细审核了相关项目文件及凭证资料，未发现违规情形。2021 年 12 月 15 日，通过外部举报，合规部掌握了一条公司 CASS 软件被他人盗版并出售的线索，合规部及时审查了盗版商家信息，并将审查情况反馈给 CASS 软件研发人员，建议技术人员对代码进行更新，采取更严格的安全防护措施，防止公司的知识产权受到侵害。

涉案企业新设立的投标系统、投标规章制度及业务流程均已正式运行。2021 年 12 月至 2022 年 2 月，涉案企业通过新设立的 BCP 线上审批系统，对 31 个投标项目进行全流程的合规审批，包括 16 个节点，每一环节都落实到具体责任人。

合规部门初步证实各项合规制度可正常、通畅运行，在涉案公司合规经营中发挥了有效作用，达到了预设的合规治理目标。

三、第三方组织监督评估方法

（一）研究准备工作

第三方组织成员高度重视本项目工作，在考察前期充分研读相关法律法规文件、典型案例、理论文献等，深入调查涉案企业治理情况及犯罪事实经过，学习企业经营治理合规风险和招投标领域法律风险。为保障科学评估、公正评价，第三方组织多次召开第三方组织工作研讨会，就如何把握评估标准展开磋议，不断探索创新考察评估方式；通过设计面向不同岗位的知识问卷、培训验收问卷、考察评分表等，最大限度地量化、可视化考察工作，保障监管有效、履职到位。为了确保本次监督评估工作顺利开展，考察期间第三方组织多次就考察目标、考察标准、考察工作方法等方面与管委会、检察院密切沟通，努力在本案中实现企业合规的预期效果。

（二）考察方法

由于没有现成的成熟经验可供借鉴，综合实务经验和理论研究，第三方组织经过多次会议讨论，以"专项合规、有效合规"为原则，决定采用多种方式相结合的考察方式，贯穿于本案考察全过程，确保通过评估考察推动涉案企业达到有效合规的效果。

在《涉案企业合规管理体系的建设、有效性评估和审查》中第十六条、第十七条已经明确第三方机制评估企业合规工作的抓手是专项合规计划及其有效性，"有效性"评估区分为"设计有效性""执行有效性""结果有效性"的二级指标，呼应着合规计划审查的可行性、全面性和有效性要素。在二级指标下，有效性评估标准应当尽可能细分出三级指标，并采用数字和权重计算的量化评价模型，使得第三方成员对有效性的评判在一定的共识范围下开展，尽量减少个人主观因素的隐蔽性干预，一定程度上避免锚定效应引发的评估偏差效果。"有效性"评估及配套的量化评分法是本项目践行的评估策略，经本项目实践，具有相当的科学性和可行性，促进第三方评估的公平、公正，能为全面推广刑事合规制度和适用第三方机制提供一定参考。

适用的考察方法和依据具体如下：

1. 文件审查。第三方组织对涉案企业提交的所有文书尤其是阶段性工作报告进行了详尽审查，并不断根据考察需要，要求涉案企业补充部分关键文件或补充说明重点事项。第三方组织从文书审查中初步了解企业合规工作进度及初步成果，便于有抓手、有针对性地开展实地考察工作，及时就工作不足向企业合规整改负责人员通报。

2. 问卷考核。问卷考核是验收学习和培训效果的有效方式，为初步评估企业合规培训效果、合规文化推广情况，第三方组织根据不同岗位职责及涉案公司新设的各项合规管理制度，制定了书面考核的问卷，在第一次实地考察中组织了线上、线下的笔试考核。企业合规管理工作的支点是素质过硬的合规员，在终结考察中，第三方组织专门对合规部门所有员工进行终期合规知识考核，以验收涉案企业合规员培养成果。

3. 穿行测试。合规审批系统的关键在于运行通畅、监督有效，书面或口头阐述合规系统运行机制都不能使合规员实质性接触和评估该系统的实效性，为验证涉案企业线上审批系统及其管理制度运行的有效性，第三方组织计划采用穿行测试（即现场还原某随机指定投标项目的审批流程）对审批流程开展穿透式检查，重点检查业务系统中的权限、审批意见留痕情况、参数设置的合规性等，将其与相应的业务流程或工作记录作对比，验证合规系统是否与业务系统契合，是否能有效发挥合规监督作用。

4. 量化评分。第三方组织根据《最高人民检察院关于建立涉案企业合规第三方监督评估机制的指导意见（试行）》《最高人民检察院关于涉案企业合规管理体系建设、有效性评估和审查办法》《G市涉案企业合规第三方监督评估组织运行规则（试行）》及国际标准 ISO 37301：2021《合规管理体系要求及使用指南》，并结合涉案企业的合规计划，体系化、要素化地整理合规整改验收指标，研发出《第三方监管人员考察评分表》，于终结考察准备工作中实时地优化评分表。该评分表三位第三方组织成员人手一份，分别评分，考察总分计三位成员评分之平均分，第三方组织成员完成其他考察事项后，即于考察现场开展评分工作，根据评分表所列指标逐项评估，评估存疑时，及时与企业人员了解详情，保障评分的客观性、真实性。

涉案企业于考察第一阶段和第三阶段各有一个考察评分，第一阶段考察评分侧重对企业合规管理体系建设的评分，并据此为涉案企业提出合规建设指引；第三阶段评分侧重对涉案企业合规管理有效性的评分，据此为检察院验收企业合规整改工作提供参考。量化的考察指标和评分成绩将会更有效地呈现企业合规的整改绩效。

四、监督考察经过

（一）前期工作

1. 合规计划书审查

企业于2021年11月22日向第三方组织提交《合规计划书（2021.11.19）》，第三方组织依据《G市涉案企业第三方监督评估机制实施办法（试行）》第十一条规定，对涉案企业的合规进行全面、深入审查，发现了以下重点问题并对此提出详实的审查意见，给予涉案企业明确指引，要求涉案企业尽快提交修改完善的合规计划书。具体审查意见如下：（详见附件5，略）

（1）犯罪成因认识不足。企业于2021年11月22日将涉案企业合规计划第一次书面审查意见反馈给企业，经第三方组织审查，涉案企业对犯罪成因认识不到位，且原未展开系统性的犯罪原因分析，自查自纠缺乏书面的自查成果或结论。对此，第三方组织要求企业结合治理结构、业务流程、人员权限等具体分析犯罪成因，明确合规目标，并出具书面的企业自查报告。

（2）体例混乱。合规计划书应当作为企业合规的章程性文件，但企业合规计划书未以计划性或章程性体例撰写，第三方组织建议企业将内部自查成果作为合规计划书的撰写背景，将已进行合规整改的内容合并入具体合规规划之中，另将初步合规成果汇报作为附件提交给第三方组织。

（3）合规部门不具有独立性、有效性。合规和道德遵循委员应当与公司治理结构匹配，且必须保障具有独立性。基于独立性和利益冲突问题，合规部门经理、总经理助理兼任合规部门经理不妥；基于企业规模和治理结构，完全设置兼职合规员无法保障合规实效性，且合规部门及其合规员无任何工作权力和工作保障，难以实际、有效地开展合规管理工作。

（4）专项合规措施薄弱。预防再次发生招投标类刑事犯罪是合规计划的重点，但目前计划实施的合规措施未能直接针对招投标业务，没有设置招投标业务的合规专员或专门合规措施，没有明确设置招投标业务的审批监督节点等。

（5）尽快夯实各类合规机制。合规风险识别与应对机制、合规奖惩机制、合规举报与投诉机制建设计划都较为表面，要求涉案企业结合经营治理结构和具体业务流程，认真考虑并夯实制度设计工作。

企业认真听取第三方组织的意见，于2021年11月28日提交更新的合规计划书，修改完善后的《合规计划书（2021.11.28）》基本讠到了全面性、可行性、有效性的标准。

2.制定《项目执行计划表》

第三方组织与涉案企业沟通，根据企业涉案情况和履行合规计划的能力，制定了企业合规整改的执行计划表，自2021年11月23日启动合规整改起算，以2021年12月13日、2022年1月10日、2021年2月15日为考察节点，共计三个考察阶段，并要求企业按期提交阶段性合规工作报告，接受第三方组织对合规计划履行情况定期或不定期的检查、评估工作。

（二）初期考察

第三方组织对企业提交的第一阶段工作报告及尽调文件等全面审查。文件审查结果显示，企业基本完成了第一阶段的重点任务，但是合规培训质量未予论证，管理制度及合规部门建设缺乏相应的流程机制，且未披露招投标业务相关审批监督细则。据此，第三方组织确定第一阶段考察重点为企业合规态度、合规部门及其管理制度、合规培训质量、招投标审批监督等的有效性问题，并制定了详细的考察方案。

经过第三方组织内部工作会议，并征求检察院意见后，第三方组织在第一次监督评估工作中采用了文件审查、书面考核、随机访谈、穿行测试、量化评分的考察方式，综合评估了涉案企业第一阶段对合规计划的执行情况，排查企业涉案业务尚存风险，并了解涉案企业及人员对合规整改的主观认识。

1. 具体考察情况

（1）文件审查。第三方组织对涉案企业提交的文件进行了详尽审查，并要求涉案企业补充提交公司基本情况介绍、劳动人事制度、招投标业务流程及制度等文件。文件审查结果显示，企业基本完成了第一阶段的重点任务，但是合规培训质量未予论证，管理制度及合规部门建设缺乏相应的流程机制，且未披露招投标业务相关审批监督细则。依据文件审查的结果，结合企业合规整改工作进度，第三方组织确定第一阶段考察重点为企业合规整改意愿、合规培训质量、合规文化推广情况及管理制度、合规部门、招投标审批监督等的有效性问题，并制定了详细的考察方案。在考察现场，第三方组织亦随机抽样审阅了三个投标项目的招投标材料和某采购项目的材料，深入参与涉案相关业务。

（2）书面考核。为评估企业合规培训效果、合规文化推广情况，第三方组织根据不同岗位职责，制定了书面考核的问卷，组织了线上、线下的笔试考核。第三方组织对问卷进行评分，总分计100分，以各岗位平均分计，评分结果为：管理人员87分，财务人员79分，合规员73.5分（其中，专职合规员76.5分，兼职合规员70.5分），普通职员77分。考试结果反映，管理人员对企业合规认识较为充分，其他职员对企业合规认识不足，合规员专业性不足。

（3）随机访谈。为进一步评估企业招投标业务合规风险，第三方组织根据涉案企业招投标业务办理流程，访谈了常务副总经理、营销中心总监、标书制作人员。经访谈了解，企业投标工作启动起点实质早于企业接触招标文件的节点，企业在有关单位招标前阶段会介入洽谈，该阶段的业务存在商业贿赂、不正当竞争等合规风险溢出。此外，企业经营业务围绕地理信息测绘，会涉及大量涉密数据的处理问题，易产生数据安全与保护的合规风险。对于以上两个风险问题，现阶段企业合规整改工作关注较少，未建立相应的防范措施。

（4）穿行测试。为验证涉案企业线上审批系统及其管理制度运行的有效性，第三方组织通过穿行测试（即现场还原某随机指定投标项目的审批流程）对审批流程开展穿透式检查。经测试，涉案企业的线上审批系统暴露了以下三大不足：其一，审批系统割裂，即一个招投标业务因立项、用费、用章的不同审批需求而区分在不同的系统进行审核；其二，审批系统未见关键决策意见留痕功能，比如没有任何决策意见对发起的投标项目予以确认或说明；其三，仅增设了投标报名费、保证金、用章的合规审批节点，未明确具体的审批细则。针对以上主要问题，第三方组织与相关业务人员面谈，并与企业总经理、合规负责人员充分沟通，力求企业方和第三方对合规系统的改进形成共识。

（5）量化评分。第三方组织根据《最高人民检察院关于建立涉案企业合规第三方监督评估机制的指导意见（试行）》《G市涉案企业合规第三方监督评估组织运行规则（试行）》及国际标准ISO 37301：2021《合规管理体系要求及使用指南》，并结合涉案企业的合规计划，体系化、要素化地整理合规整改验收指标，制作了《第三方监管人员考察评分表》，对企业合规整改工作予以评分考核。该评分表三位监管员人手一份，分别评分，考察总分计三位监管人员评分之平均分。第三方组织成员完成以上考察工作后，即于考察现场开展评分工作，根据评分表所列指标逐项评估，评估存疑时，及时与企业人员了解详情，保障评分的客观性、真实性。

2.初期监督评估意见

就第一阶段合规监管考察情况，第三方监管组织评估如下：

首先，高度肯定企业合规整改态度。涉案企业接受第三方评估标准、意见，依据合规计划书有序推进合规整改工作，企业合规负责人员在汇报企业合规建设成果的同时，就合规工作的困难与第三方人员积极沟通，以求指导，态度真诚、积极。其次，企业落实《合规计划书面审查意见（2021.11.22）》，对合规计划书进行修改，并调整合规工作安排，促使目前的合规计划更接近"可行性、全面性、有效性"的标准。最后，企业抓住合规整改工作重心，如设立合规部门、修改规章制度、将涉案招投标业务作为重点合规领域等，体现企业宏观掌握了合规整改工作要点，对合规整改的执行有清晰认识。

但是，经过访谈、测试，第三方组织察觉企业现行合规之不足，主要表现在合规部门设置、合规流程、审批系统三大方面的有效性匮乏，为避免形式合规，第三方组织对企业合规负责人员提出要求，深化实质合规的原则，力求企业在合规整改过程中形成共识。

综合评估企业"合规组织管理体系、合规管理运行机制、持续合规管理机制、合规风险应对机制、书面整改意见落实情况"等五大方面的合规情况，第三方组织成员对涉案企业第一阶段整改工作的考察平均评分为69.1 分（总分 100 分）。

3. 初期合规完善意见

根据第一阶段合规考察工作，结合涉案企业提交的《第一阶段合规整改工作报告》，第三方组织总结并出具书面的审查意见交予涉案企业，指导、强化涉案企业合规建设工作，要求企业尽快制定合规管理制度并投入实际运行，在中期阶段递交相关合规工作的记录文件，夯实第三方组织对合规整改有效性的评估。

审查意见概要如下：

加强涉案人员问责，在确保企业正常经营的前提下，应当考虑将部分涉案员工调离原岗位，加强警示作用；涉案企业及企业主要人员向第三方组织提交更新的《合规承诺书》，要求合规承诺内容明确，并与任职岗位匹配；对合规部门建设，要求企业提供充分的人力、物力资源予以保障，尽快制定合规部门工作管理制度和流程控制机制，加强合规员专业性；企业应当建立对涉案人员的专门性培训和对经营高风险领域的专项培训，并进行培训考核，保障培训有效性；建立合规计划更新制度，及时根据工作动态修改合规计划书。

对企业投诉、举报机制，第三方组织提出目前企业采用的投诉、举报邮箱不具有匿名保护作用，建议企业多元化建立投诉、举报机制，如接收书面匿名邮件等，保障投诉、举报渠道畅通、安全、有效。

对于招投标专项合规整改工作，第三方组织经穿行测试，流程化再现企业招投标业务的审批过程，发现企业对于审批系统的合规建设中存在形式合规风险，提出具体建议如下：招投标专项合规整改须延伸至招标单位招标前的洽谈环节；完善招投标线上审批系统，如增设关键决策意见留痕、一体化审批，并明确合规员审批细则。

由于涉案企业经营中大量涉及涉密数据，第三方组织为推动企业全面、持续合规，建议合规建设覆盖数据保护、数据安全领域。

（三）中期考察

中期考察期间，第三方组织仔细研读最高检下发的《关于涉案企业合规管理体系建设、有效性评估和审查办法》，且实时跟进、研究实务工作经验和理论研究成果理论名作，就中期考察方式和评估重点等组织内部工作会议，并与办案负责检察官充分沟通，确定在中期考察阶段根据最高检精神，有重点的以"专项考察"的考察模式，选用穿行测试为主要考察方法展开本阶段的监督评估工作。

1. 具体考察情况

（1）与承办检察官充分沟通。第三方组织成员审阅涉案企业递交的《第二阶段合规整改工作》《合规整改工作中期报告》，形成内部审查意见，并与承办检察官会谈，征求工作指导，确保第三方组织正确认识后续的考察方向，有序推进本项目的合规整改工作。

（2）召开第三方组织工作会议。第三方组织围绕检察院工作指示、涉案企业合规整改中期报告召开了内部工作会议，共同发表对中期报告的审查意见，并商定中期考察、终结考察具体时间安排，以便涉案企业协调合规整改进度。

（3）开展专项考察。《涉案企业合规管理体系建设、有效性评估和审查办法》指出合规管理体系有效性的评估"应当以涉案合规风险防控为重点，突出合规管理的重点领域、重点环节和重点人员等专项合规计划的有效性"，因此本项目中期阶段监督评估工作将采用专项考察形式，从涉案企业重点风险防控的视角切入，以企业更新的投标业务线上审批系统为考察对象，对企业专项合规工作的有效性进行监督、评估。若该强化的合规审批系统通过第三方组织的审查，企业可在考察期后正式运行该系统，测试、验证系统建设的有效性。专项考察过程中，主要采用穿行测试、随机访谈的考察方式，并现场反馈了第三方专项审查意见。

2. 中期监督评估意见

第三方组织对《第二阶段合规整改工作报告》《合规整改工作中期报告》进行了审慎的书面审查和内部合议，结合专项考察情况，经请示检察院意见后，作出监督评估意见如下：

首先，企业合规整改态度认真。涉案企业接受第三方监督评估标准，重视并及时落实第三方组织的意见、建议，如期提交阶段性工作报告，与第三方组织就合规难点进行沟通，积极配合第三方组织开展考察工作，足见企业合规意愿诚恳。其次，企业以涉案领域为重点开展合规工作，根据犯罪成因和治理漏洞修订相应的管理制度，建立并完善招投标业务合规审批系统，确保合规管理体系融入企业的业务流程和治理体系中，杜绝形式合规风险。最后，合规整改工作启动以来，企业不断通过具体整改措施将合规理念深化为实质合规、领导垂范合规，促使企业合规环境逐步建成，在合规管理保驾下，企业合规经营情况也向好发展，可见企业合规管理建设与其经营治理体系有兼容之可能性。

但，企业合规整改工作的实效性（即企业合规管理体系匹配企业合规风险、业务和规模，并足以识别、监测和控制合规风险）须在考察期后半程通过工作运转实践加以证实。

3. 中期合规完善意见

第三方监管组织亦对企业合规工作披露的不足、弱项提出完善建议，要求企业汲取并落实，主要如下：

（1）继续加大对涉案人员处罚力度，涉案企业应当在确保企业正常经营的前提下根据企业劳动人事纪律，严肃处罚涉案人员，充分体现过罚相当与严肃性。

（2）完善合规管理组织体系，目前合规部门的专职合规员人数与企业规模不匹配，难以证成企业合规管理体系执行的有效性，要求企业通过外聘或调岗增设专职合规员人数，并做好合规员利益冲突审查，同时加强合规员专业能力培养。

（3）运行合规工作制度，形成工作台账，合规管理工作系列制度和审查清单的有效性须通过实际运行的流程加以验证，要求企业在第三阶段形成相关的工作台账，以工作实例评估合规管理工作制度设计的有效性，根据评估结果改进工作制度。

（4）更新《合规计划书》，现合规整改工作已推进至中期，企业对合规管理体系的建设应有调整或新认识，可同步更新于公司《合规计划书》中。

（5）员工培训和合规意识培养须推进到普通职员层级，并重视培训效果。目前，企业员工培训集中于中高层管理人员，且以业务培训为导向，要求涉案企业重视对良好合规文化的培养，推进普通职员的合规培训工作，以培训考核等形式保障培训质量。

（6）合规员保障制度须与劳动法等相关法律规定衔接。第三方组织建议企业须加强合规员的保障力度，如要求合规员待遇高于同等职级职员，该类提高合规员待遇事务须与劳动法相关法律规定进行衔接。

（7）《举报管理制度》中明确举报人获取答复结果和奖励的期限。《举报管理制度》未具体说明举报人获取答复结果和奖励的具体期限，制度文本仅表述为"有权获得"和"参照某程序"，无法保障举报人可以实际享受或行使上述权利。

（8）突出投标业务审批系统（BCP系统）的合规意义。目前线上审批系统的网页页面设计侧重于表现业务审核之用，未凸显出系统的合规监督意义，故建议企业在线上审批系统中增设业务合规自查环节（即业务员面向风险审批清单自查项目的合规性），并以负面清单弹窗等形式将合规风险提示嵌入各流转环节中。

（四）终结考察

截至中期考察以来，企业围绕招投标审批系统形式化、审批监督标准未明确、合规部门资源不充分的突出问题加强合规建设，第三方组织中期专项考察亦确认该强化工作对涉案合规风险有防控作用，但合规整改的实效性及其与原经营管理体系的兼容性需系统或制度投入实际运行一定时间后，才能测试和评估。第三方组织终结考察工作将针对涉案企业合规管理体系建设的有效性与持续性进行具体评估，在终结考察中针对第一阶段使用的《考察量化评分表》结合考察工作的实际需要和最高检的最新文件，进行了大幅调整优化，继续以可量化形式评估、验收企业合规整改工作，但验收侧重点将从企业合规管理体系建设情况转移至企业合规整改有效情况的评估，使得量化验收标准更具有针对性、科学性，为第三方组织最终评估涉案企业合规建设情况提供最直接的量化依据。

此外，第三方组织认为合规部门及其合规员是企业合规管理体系的支点，在终结考察特别针对合规员设计了合规考核问卷，以验收合规员培训情况和合规认识，确保企业合规管理体系依据规则持续进行。

为严抓终结考察的工作效果，第三方组织特邀管委会成员和承办检察官参与终结考察，现场指导第三方组织考察工作和企业合规整改工作。

1.涉案企业总体汇报合规工作。涉案企业总结考察期间所有合规工作，向第三方组织及检察官作简要汇报，主要汇报了合规计划截至2022年2月14日的执行情况及合规管理体系运行以来的工作情况：现在合规员已提交了2021年12月份、2022年1月份、2022年2月份的月度工作报告，证实了合规报告制度的通畅和有效；2021年12月至2022年2月，涉案企业通过新设立的BCP线上审批系统，对31个投标项目进行全流程的合规审批，包括16个节点，每一环节都落实具体责任人，初步证实了新设的合规审批系统的实效性和兼容性。

2.持续合规考察。终结考察的重点之一是对涉案企业合规管理体系的可持续性评估，第三方组织要求涉案企业对经营治理情况、持续合规计划做进一步介绍。就经营情况，涉案企业副总经理向第三方组织表示企业在合规工作的保驾护航下，迅速脱离了经营困境，并且在2021年实现了逆势增长：公司营业收入同比增长10%，利润增长约20%。就持续合规计划，涉案企业相关负责人表示将持续聘任专业合规顾问团队，持续督导；根据企业治理情况和业务规模，继续完善合规部门设置，扩大专职合规员人数，并聘请具有专业知识背景的人员；定期检验和调整合规制度；逐步建立企业大合规体系，不断将合规建设延伸至知识产权等领域，全面保障企业的健康发展；持续开展合规培训和合规文化推广，考虑将合规弹窗提示上线至BCP系统中。

3.合规员问卷考核。为验收合规员知识培训和合规认识情况，第三方组织特别对合规员进行了合规问卷考核，问卷考核成绩为：合规员共计47人，整体平均分88.3分；专职合规员共计6人，平均分93分；兼职合规员共计41人，平均分为87.6分。相较于初期考察问卷考核评分，合规员专业知识水平有了较大的提升，可见现任的专职和兼职合规员已知悉企业合规管理工作制度，并能基础性识别经营合规风险点。但是由于企业合规部门的人员均不具有相关专业知识背景，难以驾驭隐蔽性或专业性稍强的风险行为，针对该薄弱情节，企业承诺会在后续经营中建设由合规顾问团队进行督导，并尽快聘请法律专业知识人员到岗。

4.考察验收评分。上述考察议程结束后，第三方组织针对企业总体合规整改情况，独立针对"设计的有效性、执行的有效性、整改的有效性、合规整改态度"四大指标进行评分，同时要求合规建设主要负责人、合规部门负责人和合规顾问团队负责人到场即时回答第三方组织围绕考核评分的相关询问。经汇总计算，第三方组织对企业合规整改有效性的验收评分之平均分为95.3分（总分100分），确已达到"优秀"等级。

五、监督评估结论

（一）"有效性"评估结论

根据第三方组织终结现场考察及对《合规整改工作总结报告》的书面审阅，结合第三方组织终期《考察验收评分表》，涉案企业已出色完成了合规整改工作，实现了合规整改目标。

从合规整改的"有效性"指标来评价，涉案企业从合规计划制定初期到落地执行，根据第三方组织意见，不断调整合规计划思路和策略，通过调整合规计划书体例、赋权于独立的合规部门、设立招投标的线上合规系统、审批决策留痕、合规审批链条化等具体又关键的举措，使合规管理体系愈发契合企业原有的管理体系和业务需求，具有相当的有效性。

1. 设计的有效性：企业事先经过风险尽调、自查分析，后启动合规计划制定工作，合规计划制定具有扎实的认识基础；企业高层首先做出合规承诺并召开合规启动会议，尽到领导率先垂范责任，为合规政策自上而下的贯彻提供前提；企业设置独立且与企业规模相当的合规组织与人员，提供充分的资源保障合规部门建设；制定具有针对性和体系性的合规管理系列制度和程序，涵盖合规举报及调查机制；并积极在企业内部上下进行合规知识培训和文化推广事宜。上述事项均经过第三方组织的慎重考核与评估，确认涉案企业的合规计划具有设计的有效性。

2. 执行的有效性：企业合规管理机构具有一票否决权、调查权、直接接触高层管理人员等权力，且在企业管理结构中具有独立、权威的地位，合规员任职均经尽职调查，确认不存在利益冲突；企业为员工提供合规培训和合规信息传递通道，领导和员工具有较为清晰的合规认同感；现行合规管理体系已投入实际运行，测试期间至少达90日，根据试运行的工作记录和后台数据，保证合规工作的报告制度及其他管理流程切实、有效。根据以上信息，第三方组织确认涉案企业合规工作执行有效。

3. 结果的有效性：涉案企业现行的合规管理体系可匹配业务合规和管

理合规需求，所建设的合规管理体系具有针对性、实效性、可证实性、持续性，较好完成预期的合规目标：（1）能够针对并预防涉嫌犯罪案件暴露出来的招投标业务相关合规风险，具有针对性；（2）与企业原合规风险、业务和规模大致匹配，并有相应的工作保障，企业亦承诺后续会不断健全合规部门，根据发展情况，扩张合规管理脉络，具有一定的实效性；（3）现企业合规管理体系尤其是其合规汇报制度、合规审批制度、合规投诉制度等已运行一定时间，通过工作记录和后台数据，初步验证了合规管理工作流程的工作实效，具有一定的可证实性；（4）能够与原有企业管理体系融合，并有聘任专业合规顾问团队，长期督导，具有持续改进和自我强化的可能。

（二）合规工作表现及效益

涉案责任人员及管理层等深刻认识到此次涉案行为的违法性和不良社会影响，涉案企业积极配合第三方组织开展考察工作，贯彻落实第三方组织的指导意见，并更新合规计划。在企业管理层的率先垂范下，企业领导和员工上下的守法合规意识有显著提升，对企业合规的价值有更到位的认识，形成了较良好的合规文化。

2021年本案案发后，涉案企业的生产经营和管理受到重大冲击，资金链面临断裂风险，业务数量也大幅下降，公司上市工作被迫停滞。启动合规整改程序后，企业在践行合规承诺、落实合规计划的同时，以合规促发展，在合规整改的保驾护航下，积极进行企业治理与经营的转型升级，反向实现了逆势增长——公司营业收入同比增长10%，利润增长约20%；实现税费3104.38万元，同比增长15.76%。足见，企业在实现良好的合规管理体系建设目标的同时，也获得了斐然的政治效果和社会效果。

综上所述，第三方组织认为，涉案人员深刻悔罪，积极配合实施合规计划和合规考察工作，企业合规整改总体表现优秀；合规计划有效、可行、全面，具有可持续性；合规效益显著，达到了政治效果、社会效果及法律效果的相统一。第三方组织认为，根据合规考察结论，经办案机关查明本案涉案企业和涉案人员符合不起诉条件的，建议检察院可以作出不起诉的决定。

3. 关于 Y 公司企业合规第三方监管考察报告

（虚开发票）

G 市 P 区涉案企业合规第三方机制管委会、G 市 P 区人民检察院：

由 S 市 J 区人民检察院办理的 W 涉嫌虚开发票案，J 区检察院委托 G 市 P 区人民检察院（系企业所在地的检察机关）商请 P 区涉案企业合规第三方监督评估机制管理委员会（以下简称第三方机制管委会）启动第三方机制，决定对涉案企业 Y 公司开展企业合规工作。

第三方机制管委会根据本案特点，指定组建第三方监督评估组织（以下简称第三方组织）。第三方组织按照相关规定，针对 Y 公司合规整改的情况进行监督考察，并出具企业合规考察报告。

对本合规考察报告，第三方组织作出如下声明：

第三方组织已严格履行法定职责，遵循了勤勉尽责和诚实信用原则，依据截至本合规考察报告出具之日该公司向第三方组织提供的文件、相关人员所做的口头及书面说明、第三方组织调查复制的相关资料，出具本合规考察报告。第三方组织假定上述公司所做的口头及书面说明、提供的文件均为真实、准确、完整，所提供的复印文件均与原件相符且内容一致，该等文件中的签字和印章均为真实有效且获得了必要的授权，该等文件自签署、颁发及作出之后至本合规考察报告出具之日都没有进行任何变更、被撤销或被认定无效。

第三方组织根据对中国现行有效的法律、行政法规、规章及规范性文件的理解，就已发生并存在的事实出具本合规考察报告。第三方组织在出具本合规考察报告时，对与法律、审计相关的业务事项已履行专业人士特别的注意义务，对其他业务事项已履行普通人一般的注意义务，制作、出具的文件不存在虚假记载、误导性陈述或者重大遗漏。

本合规考察报告仅供第三方组织向第三方机制管委会呈递，作为 Y 公司的整改依据。

综上，第三方组织根据有关法律、行政法规、规章及规范性文件的有关规定，按照行业公认的业务标准、道德规范和勤勉尽责精神，出具本合规考察报告。

一、本案基本概况

（一）基本案情

（略）

（二）诉讼经过

（略）

（三）企业合规过程及模式

经调查，Y公司目前经营状况良好，具有一定开展企业合规考察的条件，同时，Y公司全体股东表示愿意接受合规监督考察，W承诺将积极配合开展调查、制定并实施刑事合规计划、定期汇报合规情况等具体工作。J区检察院委托G市P区人民检察院商请P区第三方机制管委会启动第三方机制，组成第三方组织，对Y公司开展企业合规整改评估考察工作。

2022年10月19日，在J区检察院的组织下，P区检察院、第三方机制管委会、第三方组织成员及涉案企业代表参加了第一次企业合规会议，正式启动对Y公司的企业合规第三方监督评估工作。

根据本案情况，经J区检察院商请，P区第三方机制管委会决定对Y公司采用范式合规模式。

二、企业合规单位的基本情况

（一）企业基本信息

（略）

（二）企业股权结构

（略）

（三）公司主要人员

（略）

（四）行政许可

（略）

（五）主营业务及近三年纳税情况

根据公司提供的材料，Y公司是一家以电子产品批发为主要经营范围的公司。

（六）荣誉资质

2020 评价年度，国家税务总局对 Y 公司纳税信用等级评级为 A。

（七）企业曾受行政、刑事处罚情况

Y 公司从成立以来，未受过行政、刑事处罚。

三、企业存在的薄弱环节和漏洞

1. 实控人权力缺乏制约与监督。Y 公司是小微企业，总经理在经营决策中容易形成"一言堂"，内控与风控制度较为薄弱，权力运行缺乏监督与制约，这是最终导致本案案发的直接原因。

2. 规章制度不完善。Y 公司由于规模较小，主营业务集中，之前未建立完善的经营管理制度。尤其在合同签订、发票审核等方面均疏于管理，导致公司总经理能轻易与其他公司人员合谋通过签订虚假的服务合同、供货合同的方式虚开发票。

3. 财务与业务不独立，操作不规范。公司原财务负责人即为总经理 W，W 一人独自掌管财务、业务两项大权，极易引发合规风险且不易被公司其他人员发现。其他财务人员对 W 决策的审核基本流于形式，以致发生违规操作。

4. 合规理念缺位。公司"关键少数"法律意识淡薄、纳税观念未完全树立，重业务、轻合规的经营理念较为突出。为了降低公司成本，扩大利润空间，直接采用违法手段虚开发票，触犯了法律红线，导致公司和实控人面临刑事法律风险。

四、企业制定合规计划情况

根据 Y 公司递交的《前期整改情况报告》《合规整改计划》，针对本案成因以及企业存在的合规漏洞，Y 公司在本次合规考察正式启动前已经进行了初步整改；合规考察正式启动后，向第三方组织提交了公司自行制定的合规计划。具体情况如下：

（一）公司前期自行整改情况

案发后 Y 公司高度重视本案的处理情况，自行进行了内部整改，主要工作如下：

1. 已全面停止涉罪违规违法行为，所收到的普通发票费用已全额转出，并全力配合有关主管机关、公安机关、检察机关对案件的侦办工作。

2. 完成更换与涉嫌虚开增值税发票罪有密切联系的相关人员：整改前

W担任公司业务及财务负责人，整改后由Z担任财务负责人。

3.完成设立内部报告人制度的基本框架：整改前由W对公司事务进行直接决策，整改后由W向整改人母公司指派的执行董事J报告并取得批准后执行。

4.完成设立负责公司内部记录的专门人员：X。

5.完成设立档案保存场所。

6.成立合规建设稽查部门，由执行董事J、法人代表S、实际控制人W、财务负责人Z等组成，同时聘请外部专业机构参与并协助。

7.初步制定了一些合规文件，声明严格按照国家法律法规制度，防止再次发生相同或者类似的违法犯罪行为。

8.实际控制人、主要负责人W在专项合规计划中作出合规承诺并明确宣示，合规是企业的优先价值，对违规违法行为采取零容忍的态度，确保合规融入企业的发展目标、发展战略和管理体系。

9.对于刑事法律风险，在经营决策中采取"一票否决制"。

（二）公司提交的合规计划

在前期合规整改的基础上，就本次合规整改专项行动，Y公司向第三方组织提交了《合规整改初步计划》，增加的内容有：

1.公司成立稽查部门，专门对公司业务、流程的合法合规进行审查、监督，并由该部门制定可行的合规管理规范，构建有效的合规组织体系，健全合规风险防范报告机制，弥补企业制度建设和监督管理漏洞，防止再次发生相同或者类似的违法犯罪。

2.在财务方面，尤其是发票管理方面陆续进行以下合规性整改，制定完整的财务管理制度，以实现如下效果：

（1）所有业务均开具符合国家标准的发票或凭证，并如实进行申报。

（2）接收发票与实际经营业务情况相符。

（3）开具发票与实际经营业务情况相符。

（4）拒绝介绍他人开具与实际经营业务情况不相符的发票。

（5）及时对发票进行认证，避免出现滞留发票、发票失控情况。

（6）及时做好电子发票的验证、归档、整理工作。

（7）持续有效合规经营，不存在恶意转移资产、拖欠薪酬、挪用资金的情形。

3. 法律顾问对项目风险评估，调查客户征信，筛选合作客户、对征信不良的客户拒绝合作。

4. 组织公司全体人员学习财税专业知识，使财务管理积极参与到企业经营决策，坚守制度底线。

5. 对涉案专项风险因素进行合规审查。在有条件的情况下，对内部控制、财务制度、合规文化、税务支付、数据保护等方面，进行全面合规审查，并作出整改。

6. 将定期举行合规培训，完善合规考核制度，在合规整改前确立行之有效的合规文化。

五、第三方组织监督、评估情况和合规整改情况

（一）监督、评估情况

1. 第三方组织组成人员

（略）

2. 监督、评估流程及时间、地点

Y公司开展企业合规流程情况

合规阶段	时间	具体工作完成情况
企业合规启动阶段	2022.7.15	Y公司向J区检察院送达《企业合规申请书》，并自行开展前期整改
	2022.7—2022.10	J区检察院依据Y公司的申请，商请涉案企业所在地检察机关（G市P区检察院）和第三方机制管委会启动企业合规工作，组建第三方组织并进行公示
企业合规开展阶段	2022.9.20	Y公司提交《合规整改初步计划》
	2022.10.19	涉案企业合规整改考察启动会，会上企业报告了前期整改情况及后期整改计划，第三方组织提出指导意见
	2022.10.31	Y公司递交《企业合规计划表》
	2022.10—2023.2	Y公司依据企业合规计划开展整改，每月以月报形式向第三方组织汇报整改工作，第三方组织对出现的问题给予整改指导或要求公司作出解释说明
	2023.2.2	Y公司提交合规整改终期报告
	2023.2.27	第三方组织赴Y公司开展终期检查，并听取Y公司合规整改验收汇报
	2023.3.1	第三方组织向J区检察院递交第三方监督考察报告

3. 监督、评估意见及反馈情况

（1）合规计划审查

在收到企业提交的合规计划后，第三方组织成员分别对企业提交的企业合规计划书开展实质审查，并通过讨论，汇总形成第三方组织意见并反馈给企业，具体意见及反馈情况如下：

①合规计划和前期报告中均未提及补缴税款及滞纳金的情况。修复法益损失是涉案企业合规整改过程中必须完成的工作，如公司还未完成此项工作需尽快同税务部门联系，主动补税。同时，公司还需开展自查自纠工作，如发现还有类似情况应主动报告并纠正。

②合规计划和前期报告中均未提及本案的犯罪成因分析。企业的合规整改需要对症下药，在合规计划中应适当分析案发原因和克服方案，有的放矢地完成合规整改工作。

③合规计划中专门提及了涉及发票问题的系列整改方案，本次合规整改应当以财税专项合规为重点，但不能仅拘泥于发票问题。公司的员工报销、现金管理、合同审查等也需同步建章立制，确保在今后的交易中合同、物流、发票"三流一致"。

④在合规计划中，公司已提及"构建有效的合规组织体系，健全合规风险防范报告机制"，该部分内容可以进一步细化，如任命合规专员（小微企业也可以聘请兼职的企业合规师或者律师）；建立重大事项决策机制并确保合规专员在决策过程中有话语权；建立财务风险识别机制；制定处理风险的紧急预案；打造合规宣传文化墙；建立合作伙伴遴选机制，要求员工、合作商签署《合规承诺书》，倡导公司合规要求的同时也隔离法律风险；等等。

⑤公司需要保证合规工作的专项经费，确保合规工作的持续性，合规专员的独立性，具体经费标准可以结合公司业务和营收情况确定。

⑥公司应自行制定合规计划推行时间表，对标对表逐项落实制定的合规计划，并在落实后根据实际效果动态调整，不要等到考察期届满时临时堆砌文件，只做纸面合规工作。

⑦公司开展过的合规工作应注意留痕，同时需要以月报方式向第三方组织每月汇报工作进展。

公司认真听取了第三方组织的指导意见并反馈情况如下：

会后，Y 公司调整了《合规计划书》，吸纳了第三方组织提出的整改意见，动态调整了合规计划，具体补充如下：

①召开企业内合规整改会议，分析犯罪成因及确保修复法益损害。

②组织全体员工开展合规学习并签署《合规承诺书》。

③与合作伙伴之间要求签署《合作合规承诺书》，并将《合作合规承诺书》附为正式合同的一部分。

④建立企业完整合法合规的员工报销支付制度。

⑤建立企业合同审查及事后监督制度。

⑥建立合规专项基金及设立合规专员。

⑦建立合规评价标准并开展自我评查。

（2）整改情况审查

第三方组织成员在收到 Y 公司出具的合规计划书初稿并于涉案企业合规启动会上听取其意见后，于 2022 年 10 月 19 日出具《Y 公司合规计划及前期整改情况书面审查意见》，并要求涉案企业调整和修正整改计划，Y 公司在后期整改中也对合规计划进行了动态调整。

（二）企业合规整改情况

1. 针对涉案责任人员的内部处理和法益修复

（1）针对涉案责任人员的内部处理

合规整改前 W 担任公司总经理，同时直接管理业务部门与财务部门，案发后，W 不再管理公司财务工作，由 Z 担任财务负责人。此外，整改前 W 对公司事务进行直接决策，整改后由 W 向整改人母公司指派的执行董事 J 报告并取得批准后执行。W 在《合规承诺函》中郑重承诺"合规是我司的优先价值，本人及公司将对经营过程中违规违法行为将采取零容忍的态度，确保合规融入企业的发展目标、发展战略和管理体系"。

（2）对税收法益的修复

公司对涉案发票情况进行了自查及整改。（略）

2. 公司合规制度建设

（1）成立合规稽查部门

在本次合规考察正式启动前，Y 公司就自行成立了合规稽查部门组织公司开展各项合规整改活动，同时履行对公司业务、合同、开票情况进行审查监督的职责。在本次合规整改中，公司合规部门承担起制定或完善各项公司规章制度、组织合规培训、自查虚开发票情况并补缴税款、领导公司开展风险自纠自查活动。

（2）签署合规承诺书

自W作出合规承诺后，Y公司组织公司全体员工签署了《合规承诺书》，声明将合规作为公司的优先价值，对工作中的违法违规行为零容忍。2022年10月，公司又起草了《合作合规承诺书》，声明在与商业伙伴的合作中要求共同遵守法律法规，拒绝任何贿赂或不正当利益。

（3）制定《Y公司合规手册》

Y公司就经营中常见的合规问题制定了《Y公司合规手册》，明确了全体员工的合规职责、部门负责人的合规职责、总经理的合规职责和合规专员的岗位职责。以简明条文列举了员工的禁止性行为，为全体员工划出"红线"。

公司人员禁止行为：

①从事或协同他人从事欺诈、收受回扣、虚假交易等非法活动；

②编造、传播虚假信息；

③损害社会公共利益、所在机构或者他人的合法权益；

④从事与其履行职责有利益冲突的业务；

⑤贬损同行或以其他不正当竞争手段争揽业务；

⑥接受利益相关方的贿赂或对其进行贿赂；

⑦隐匿、伪造、篡改或者毁损交易记录；

⑧泄露客户资料。

（4）完善《Y公司管理手册2022版》

《Y公司管理手册2022版》是公司章程性文件之一，是公司对员工管理的基本准则，既方便新入职员工了解公司制度，也为公司各项工作的开展提供了指引和规范。手册共17章，内容涵盖员工行为规范、接待礼仪、考勤休假、招聘任用、劳动关系、绩效考核、销售制度、培训制度、出差制度、财务管理、合同管理、办事处制度、固定资产制度等与公司日常经营相关的各个方面。

（5）引入专业机构，加强合规把控

本次合规整改正式启动前，Y公司就与法务咨询公司签订了法律顾问服务合同，聘请该公司协助公司完成各项合规整改工作。合规整改期间，公司又与律师事务所签订了法律服务协议，聘请律师作为公司的外部合规专员参与公司的合规治理，协助公司把控经营风险，开展合规培训。在Y公司自身人员有限、专业能力有限的情况下，通过聘请外部中介机构加强公司合规力量是较为务实有效的方案。

（6）开展合规风险自查自纠

公司在制定完成各项合规制度后，开展了三方面的自纠自查，一是对过往3年的发票及纳税情况开展自查，确认所欠税款得到补缴；二是对正在履行的合同情况开展自查，委托律师对合同文本及合同履行情况进行审查；三是对公司的合规建设情况开展评查，包括人员履职情况、制度制定及执行情况、风险应对情况、培训宣贯情况等。经过自查自纠，相关问题基本都已解决，只有公司台账登记尚未完备，正在逐期登记完备中。

（7）开展合规学习培训，培育企业合规文化

企业合规文化是企业在经营管理中形成的企业经营理念、经营目的、经营方针、价值观、社会责任等的总和。企业合规文化主要包含了合规知识、合规理念、合规行为。

2022年7月份，Y公司根据《民法典》的实施情况，结合公司订立合同中的常见问题，组织了"合同履行过程中的风险把控"培训讲座，为全体员工培训了签订合同的各项注意事项。2022年11月，Y公司再次组织"合规管理基础知识讲座"，从"为什么要加强合规管理""合规管理体系""合规管理运行"等方面为公司全体员工进行了合规培训，会上公司法人和负责人发表讲话强调了公司对合规工作的重视以及今后对合规工作开展的各项部署。

按照公司计划，Y公司的合规培训将长久持续开展，逐步让全体员工认同公司的合规文化，将合规理念、合规价值观深度融入合规行为中。

3.财务专项合规整改

（1）完善发票管理制度

Y公司基于本案的教训，完善了公司的发票管理制度，在中介机构的辅导下对公司发票制度进行了完善，主要制度内容有：

①严格执行事前审批、事后核销原则，凡未经审批的项目一律不予报销。

②公司财务人员应为公司负责管好财，理好财，严格按章办事。对于

违规的，财务人员有权拒绝办理相关手续。对于情况严重者，应上报公司总经理。对办完事不及时报销者，财务人员有责任拒绝其他报销或借款，超过一个月可直接扣发工资。

③所有报销单据均需要附上发票，交财务人员审核，通过的方视为发票有效。若有违反此报销先后手续及报销单据者财务人员有权拒绝办理报销手续。所有报销单价需如实填写，可在总金额合计时按照四舍五入的方式填写总金额。特殊情况应事先征得公司部门负责人同意，报销另行处理。

④借款：员工出差或零星采购物品可以申请借款，累计借款不能超过3000元，所有借款申请均有总经理审批。特殊大额借款需要额外提前申请。

⑤公司实行年度全面预算，各部门负责人需要配合财务提交本部门的年度费用计划并严格按照预算来执行。如有超出预算范围的需要上报总经办及财务部审批。

⑥公司可开13%普票及13%专票，商务结合公司本月实际的情况及客户的情况须提前报备至财务部，财务部结合公司当月的票务情况每月20—25号开具本月发票。开票时必须让客户提供相关的开票资料，营业执照，并且开票资料还需盖章确认。

⑦本公司对外开具发票，应遵守国家法律法规，在登记注册经营范围内对外开具增值税专用发票、普通发票。

⑧发票由专人保管，保管人不得担任开票人，开票人不得担任发票复核人。

⑨开票人应认真准确地将内容填写齐全，并反复核对，确保开出发票的正确率达100%。对内容不清楚处，应及时询问，不能因人为疏忽将发票开错而作废。

⑩根据法律顾问审核后的合同如实开具发票，不得多开。同时还需要核对合同流、现金流，货物运输流，三流一致，对于价格异常等情况（高于或者低于平均成交价），项目负责人报告执行董事批准后方可开具，做到账账相符，账实相符。

⑪如违反发票管理制度及程序，停职、做出深刻检查并同等接受税务局对企业的经济处罚（直接或间接）并追究相关的直接与间接经济损失。

（2）开票系统从外账迁回

Y公司开票系统原先是由代理记账公司代开，现在迁回公司指定专人负责。Y公司经营模式单一，销售额不大，除去法人和总经理，仅有2名员工负责日常工作，原先没有专业财务人员，所有财务工作过往均委托代理记账公司负责，公司没有内账。

经过此次合规整改，Y公司深刻认识到需要完善财务管理，除了积极组织W、Z等人员学习财税知识外，也把开票系统从代理记账公司迁回本公司。

（3）制定或完善若干配套财务制度

Y公司接受第三方组织建议，对财税问题举一反三，不拘泥于发票问题，而要建立完整的公司财税制度。合规整改期间，Y公司新制定了费用报销规定，完善了公司用印规范、合同规范，为做到合同（发票）流、现金流，货物运输流的"三流一致"打好了基础。

比如对于合同的审查与审批，《Y公司管理制度2022版》专门列举出包括财务方面在内的重点审核内容：

①审查合同的技术性（技术可行性分析、技术措施是否合理、技术难题和风险）。

②审查合同的安全性（对公司的商业秘密和知识产权是否采取保密措施、不得损害公司的商业信誉和其他利益）。

③财务方面审查内容包括：

第一，价格、支付方式合法（支付方式符合财务纪律、与资金和资产有关的其他事项）。

第二，合同内容的合理性及风险性；包括索赔条款的合理性。

第三，资金财务部认为需要审核的其他内容。

④产品销售合同低于公司底价及非现款现货的合同需由总经办确认合同条款没问题后方可盖章执行。

⑤单份合同文本达二页以上的须加盖骑缝章；严禁在空白文本上盖章。

⑥业务部门认为必须审核的其他内容。

（4）开展财务专项培训

（略）

4. 对第三方组织指导意见的落实

合规整改期间，第三方组织对 Y 公司一些不规范的做法提出了整改建议，对遗漏的部分事项要求 Y 公司完善整改，Y 公司基本如期落实了第三方组织的建议和要求。

（1）第三方组织建议调整合规稽查部门人员组成，W 作为嫌疑人不适宜再加入合规稽查部门，否则在监督及表决时存在"自己监督自己"之嫌。Y 公司随后调整了合规稽查部门人员组成，将 W 调出该部门。

（2）第三方组织在审查 Y 公司合规整改过程中发现公司合规体系建设中缺失了举报渠道，不利于公司内外对公司业务的监督，遂要求公司对外公开举报渠道，并且建立举报处理机制。公司按照第三方组织的要求在《Y 公司管理制度 2022 版》中加入了举报机制的内容。

（3）除要求公司员工签署《合规承诺函》外，第三方组织建议公司也应当与合作伙伴共同签署合规承诺协议，表明 Y 公司诚信经营、合规经营的合作态度。Y 公司接受第三方组织的建议，起草《合作合规承诺书》作为商业合同的附件。

（4）Y 公司接受第三方组织对于全面完善财务制度的考察要求，结合公司常见的报销情况，制定了关于差旅费、交通费、住宿费、伙食费和其他费用的报销制度，规范公司报销发票的使用与监管。

六、合规整改措施的考察意见

依据 2021 年 6 月 3 日最高人民检察院发布的《关于建立涉案企业合规第三方监督评估机制的指导意见（试行）》第十二条的要求，第三方组织考察意见如下：

1. Y 公司已完成对法益的修复和对责任人员的处理工作。公司通过调整红冲费用，调增应纳税所得额和补缴相应所得税及滞纳金弥补了法益损失。在对责任人员的内部处理上，公司剥离了 W 的财务管理权限，任命新的财务负责人，同时限制 W 的业务决策权限。

2. Y 公司基本完善了公司治理结构。公司在本次合规整改中首先将业务权限与财务权限相分离，任命新的财务负责人，同时成立了合规建设稽查部门，合规部门成立后主要负责公司业务、流程的合规审查，包括对合同、发票真实性的审查。在本次合规整改中，公司借助中介机构力量通过制定或完善《Y 公司合规手册》《Y 公司员工行为规范》《Y 公司管理制度

2022版》等在制度层面指引员工合规经营，规避企业运营常见法律风险。

3. Y公司重新梳理完善了发票管理制度及程序。整改后的制度可以保证开票人与复核人分离，发票专人专管，同时合规部门派专人对合同（发票）、现金流、货物流进行监督，确保"三流一致"。对于与财税制度密切相关的合同管理及样本合同的制定，公司已委托中介机构予以审核确定，确保发票开具与款项收支的规范性。另外，公司接受第三方组织对合规整改计划的建议，制定了员工报销制度，也已纳入《Y公司管理制度2022版》"出差管理"一章。

4. Y公司加强了合规、财税学习培训，逐步树立起合规经营理念。Y公司在合规整改期间，组织全体人员参与了合规培训、合同法培训和财税培训。Y公司也已与全体员工签署了《合规承诺书》并起草了《合作合规承诺书》作为与商业伙伴签署合同的必要附件。公司对内对外都在逐步形成合规运营的文化理念。

5. 合规体系能够初步运行。在合规考察期间，Y公司建立起较为完善的财务制度和风险评估制度后，对虚开发票问题开展了一次自查自纠，未再发现存在类似问题。第三方组织对公司过往账册进行了抽样检查，也未发现该等问题或其他财务问题。可见公司的合规体系已经能够在一定程度上嵌入到业务运营中，并有效检测业务的合规性。

综上所述：Y公司已经弥补了受损法益并按照合规计划建立起合规体系，完善了合规制度，该合规体系与公司规模相匹配，能够产生整改效用，为公司后续的合规经营打下了坚实基础。Y公司合规制度目前运行良好，长效成果有待进一步跟踪监测。当前公司的合规稽查、合同管理、财务监督、发票管理等制度刚刚建立，从当前运行模式来看，已经能够初步运行并与业务开展相协调；从外部性制度来看，目前与外部法律法规、政策、行业标准等能够保持一致；从长效结果来看，制度的运行和管理有待今后实践的调整和继续观察及整改。

七、企业合规长效机制建设的建议

小微企业的合规要点在于对决策权的监督，尤其是对违规决策的一票否决机制，对于已经建立起的合规体系和风险预警机制要保证其在企业经营过程中能正常运行、发挥作用，还应当在长期经营中逐渐培育公司的合规文化，变"要我合规"为"我要合规"。

（一）强化对决策权的监督

Y公司的领导层之间要形成相互独立的职权职责和议事表决机制，合规稽查部门要切实发挥对业务工作的检查监督职能，对于违规事项要一票否决并且对相关责任人员内部追责。内部监督要与外部监督相互配合，重大、疑难、可能存在风险的决策必要时应咨询律师或会计师的专业意见再形成决策。

（二）落实各项合规制度

合规的难点不在"说"，而在"做"。经过为期三个月的整改，公司已经初步建立起与自身规模相匹配的合规体系，日后的工作重点就是让这套合规体系能持续、有效运行。为配合刑事诉讼的法定期限，第三方组织对公司的合规考察期只能有短暂的数月，但公司的合规脚步不能因考察结束而停止。公司应当以本次合规考察为契机和起点，真正贯彻落实已制定的各项合规制度、运行已落地的各项合规机制，动态调整企业内部规章，建立突发事件应急预案，健全责任追究机制，让合规制度真正落地。

（三）树立合规理念，培育合规文化

在落实各项合规制度的同时，公司也要进一步培育公司合规文化。在今后的工作中，公司领导层要带头继续主动学习相关法律知识，继续开展培训学习，树立合规模范。有条件的情况下公司可以打造"合规文化墙"，公示各项法律新规、企业制度、决策决议、培训内容、奖惩情况等，逐步树立"合规管理，行稳致远"的合规理念。

八、企业合规第三方监督意见、结论

综上，第三方组织认为，Y公司在本次合规考察正式启动前，已自觉完成部分整改工作，展现出良好的合规意愿；合规考察正式启动后，Y公司制定并执行了与企业业务、规模相适应的合规计划，修复了被侵害的法益，填补了企业的合规漏洞，建立起风险识别与规避合规体系。经第三方组织考察，Y公司的企业合规工作满足企业合规评估审核通过标准。经第三方组织监督评估，Y公司已进行有效合规整改。

范例三：办案文书范例

1.涉案企业合规告知书

广东省 ×× 市人民检察院
涉案企业合规告知书
（回执）

×× 公司：

　　根据《中华人民共和国刑法》《中华人民共和国刑事诉讼法》、最高人民检察院等《关于建立涉案企业合规第三方监督评估机制的指导意见（试行）》等有关规定，现告知你单位涉案企业合规试点及第三方监督评估机制的适用条件和范围、依法享有的权利和应当履行的义务。

____年____月____日

　　本单位已收到《涉案企业合规告知书》，已阅读并理解涉案企业合规试点及第三方监督评估机制的适用条件及范围、相关权利义务。

法定代表人（签名及公章）：_____
____年____月____日

广东省 × × 市人民检察院
涉案企业合规告知书

一、含义及适用条件

1. 含义

涉案企业合规，是指人民检察院办理公司、企业实施的单位犯罪案件，或者公司、企业实际控制人、经营管理人员、关键技术人员等实施的与生产经营活动密切相关的犯罪案件中，对涉案企业符合条件的，人民检察院可要求企业作出合规承诺、建立完善合规体系，由第三方监督评估组织（以下简称第三方组织）在一定期间内调查、评估、监督和考察，在考察评估合格后，可以对涉案企业、个人作宽缓处理。

2. 适用条件

人民检察院对符合以下条件的涉企犯罪案件，可以适用涉案企业合规试点及第三方监督评估机制：

（一）涉案企业、个人自愿认罪认罚；

（二）涉案企业正常生产经营，承诺建立或者完善企业合规制度；

（三）涉案企业自愿同意适用涉案企业合规试点及第三方监督评估机制；

（四）人民检察院经对涉案企业进行社会调查，认为涉案企业具备启动涉案企业合规试点及第三方监督评估机制基本条件。

3. 例外情形

具有以下情形之一的，不适用涉案企业合规试点及第三方监督评估机制：

（一）个人为进行违法犯罪活动而设立公司、企业的；

（二）公司、企业设立后以实施犯罪为主要活动的；

（三）公司、企业人员盗用单位名义实施犯罪的；

（四）涉嫌危害国家安全犯罪、恐怖活动犯罪；

（五）其他不宜适用的情形。

二、依法享有的权利

1. 对第三方组织及其人员是否合适、是否存在利益冲突等情况，可向本院或者第三方组织提出异议，并说明理由和依据。

2. 涉案企业合规试点及第三方监督评估机制运行期间，认为第三方组织及其组成人员存在行为不当或者涉嫌违法犯罪的，可向负责选任该组织的第三方监督评估机制管理委员会反映或提出异议，或者向本院提出申诉、控告。

3. 可以自行委托专业机构或人员辅助制定企业合规计划。

4. 其他依法应当享有的权利。

三、应当履行的义务

1. 向人民检察院出具合规承诺书。

2. 根据第三方组织要求提交专项或者多项合规计划。

3. 配合第三方组织及其组成人员对本单位合规计划执行情况的调查、评估、考察、监督，如实反映有关问题或提供相关材料，并根据第三方组织要求，定期如实报告企业合规计划执行情况。

4. 自行委托专业机构或人员辅助制定企业合规计划的，应当将被委托机构和人员材料报送第三方组织及本院备案审查。

5. 按照时限要求认真履行合规计划，不得拒绝履行或者变相拒绝履行合规计划、拒不配合第三方组织合规监督考察或者实施其他严重违反合规计划的行为。

6. 合规考察期间及结束后二年之内，不得向履职的第三方组织中律师、注册会计师、税务师等中介组织人员及其所在中介组织委托业务。

2. 适用涉案企业合规决定书

广东省 ×× 市人民检察院
适用涉案企业合规决定书

珠检企合决〔20××〕× 号

_____涉嫌_____一案，经_____申请，本院依法审查认为，（涉案企业）符合涉案企业合规适用条件，根据《中华人民共和国刑法》《中华人民共和国刑事诉讼法》《关于建立涉案企业合规第三方监督评估机制的指导意见（试行）》等法律规定，本院决定于____年____月____日启动对（涉案企业）的涉案企业合规工作，并适用第三方监督评估机制。

广东省 ×× 市人民检察院

（院印）

年　　月　　日

第一联　　附卷

广东省 ×× 市人民检察院

适用涉案企业合规决定书

珠检企合决〔20××〕× 号

涉案企业：

　　_____涉嫌_____一案，经_____申请，本院依法审查认为，（涉案企业）符合涉案企业合规适用条件，根据《中华人民共和国刑法》《中华人民共和国刑事诉讼法》《关于建立涉案企业合规第三方监督评估机制的指导意见（试行）》等法律规定，本院决定于____年____月____日启动对（涉案企业）的涉案企业合规工作，并适用第三方监督评估机制。

广东省 ×× 市人民检察院

（院印）

年　　月　　日

第二联　送达涉案企业

广东省 ×× 市人民检察院
适用涉案企业合规决定书

珠检企合决〔20××〕× 号

涉案个人：

　　_____涉嫌_____一案，经_____申请，本院依法审查认为，（涉案企业）符合涉案企业合规适用条件，根据《中华人民共和国刑法》《中华人民共和国刑事诉讼法》《关于建立涉案企业合规第三方监督评估机制的指导意见（试行）》等法律规定，本院决定于____年____月____日启动对（涉案企业）的涉案企业合规工作，并适用第三方监督评估机制。

　　　　　　　　　　　　广东省 ×× 市人民检察院

　　　　　　　　　　　　　　　　（院印）

　　　　　　　　　　　　　　年　　月　　日

第三联　送达涉案个人

3. 商请启动第三方机制意见书

广东省 ×× 市人民检察院

商请启动第三方机制意见书

×× 市涉案企业合规第三方监督评估机制管委会：

　　本院办理的 ×× 　　一案，经审查，该案属于公司、企业等市场主体在经营活动中涉及的经济犯罪、职务犯罪等案件，符合涉案企业合规工作及第三方监督评估机制等文件规定的适用条件。依据《关于建立涉案企业合规第三方监督评估机制的指导意见（试行）》的规定，现商请对 ×× 公司启动涉案企业合规第三方监督评估机制。

　　根据本案所涉罪名、案情、复杂程度，以及涉案企业类型、规模、主营业务等因素，对于拟成立第三方组织的建议如下：

　　1. 案件类别：

　　2. 专业人员数量：

　　3. 专业人员范围：

　　4. 其他（关于合规考察期限的建议等）

年　　月　　日

（院印）

4. 第三方组织成立宣告书（涉案企业、专家成员）

第三方组织成立宣告书

××公司：

　　本管委会于＿＿＿年＿＿＿月＿＿＿日收到广东省××市人民检察院关于你公司涉嫌××罪一案的提请启动第三方机制意见书。经分类随机抽取，从××市涉案企业合规第三方监督评估机制专业人员名录库中选任人员组成第三方组织（成员名单附后），对你公司开展涉案企业合规第三方监督评估，考察期限×个月，自＿＿＿年＿＿＿月＿＿＿日至＿＿＿年＿＿＿月＿＿＿日。根据《关于建立涉案企业合规第三方监督评估机制的指导意见（试行）》的规定，现予宣告。

××市涉案企业合规第三方监督评估机制管委会

（××市工商业联合会代章）

年　　月　　日

案件类别		
专业人员数量	×名	
专业人员名单	姓名	任职单位

第三方组织成立宣告书

×× ：

　　本管委会于＿＿年＿＿月＿＿日收到广东省×× 市人民检察院关于 ×× 公司涉嫌 ×× 罪一案的提请启动第三方机制意见书。经分类随机抽取，从 ×× 市涉案企业合规第三方监督评估机制专业人员名录库中选任人员组成第三方组织（成员名单附后），对该公司开展涉案企业合规第三方监督评估，考察期限 × 个月，自＿＿年＿＿月＿＿日至＿＿年＿＿月＿＿日。根据《关于建立涉案企业合规第三方监督评估机制的指导意见（试行）》的规定，现予宣告。

×× 市涉案企业合规第三方监督评估机制管委会

（×× 市工商业联合会代章）

年　　月　　日

案件类别		
专业人员数量	× 名	
专业人员名单	姓名	任职单位

5.第三方组织专业人员履职承诺书

××市涉案企业合规第三方监督评估机制管理委员会（以下简称××市第三方机制管委会）选任本人作为第三方组织成员，对××公司涉嫌××罪一案中的涉案企业××公司开展企业合规监督评估。本人自愿参加监督评估工作，并将认真履职、勤勉尽责，严格遵守有关任职保密、回避、廉洁等要求，现承诺如下：

一、保守秘密

监督评估过程中，本人会以履职必需为限，制作、持有或知悉涉案企业的相关保密资料。"保密资料"是指，由企业披露，通常不被公众所知或第三人无法轻易得到，以任何方式表达的全部企业资料和信息；由企业的客户披露，未经授权不应被披露或使用的企业资料和信息。具体包括但不限于：企业或其客户向本人披露的企业商业秘密、专有知识、业务流程、管理文件、业务情况、文书范本，以及企业提供的明确要求本人为之保密的文件等。

本人承诺，除非涉案企业以书面形式明确同意，本人在任何时候，不会披露或允许他人披露保密资料，不会将保密资料传播给他人，不会为涉案企业业务之外的其他目的使用保密资料。

本人理解，如果未经授权披露或使用上述保密资料将对涉案企业或相关第三人造成损失，并且将导致本人承担相关民事、行政和刑事责任等。

本人确认，保密资料归涉案企业所有，监督评估工作结束时，本人会将所有保密资料按照相关规定或企业指示处理，不保存载有保密资料的任何载体。

本人经办理案件的人民检察院批准阅卷而获取或获知的案卷材料、案件秘密、工作信息，不得向涉案人员及其亲友以及其他单位和个人提供，不得擅自向媒体或社会公众披露，不得用于合规考察工作以外的其他用途。

二、业务回避

第三方组织人员系律师、会计师、审计师、税务师、企业合规师等中介组织人员的，本人承诺，与涉案企业、个人或者其他有利益关系的单位、人员没有在办业务关系；在履行第三方监督评估职责期间和履职结束后二年以内，本人也不会接受相关业务；发现本人所在中介组织在上述期间接受相关业务的，本人会告知所在组织应当遵守相关回避规定，并向珠海市第三方机制管委会报告。

三、廉洁诚信

本人承诺，严格按照《广东省××市涉案企业合规第三方监督评估机制实施办法（试行）》《广东省××市涉案企业合规第三方监督评估机制专业人员选任管理办法（试行）》《广东省××市涉案企业合规第三方监督评估机制管理委员会办公室工作规则（试行）》等确定的方法、程序和标准，依法依规履行企业合规监督评估职责，遵守廉洁要求和职业道德规范。本人同意参照司法人员防止干预案件的"三个规定"，如实记录并主动报告他人干预、插手、过问、打探、说情等行为；参照"禁止司法人员不正当交往意见"，不得与涉案企业和人员有私下接触、插手案件、介绍业务、利益输送、利益勾连等不正当交往行为。

在第三方机制运行期间，涉案企业或其人员认为第三方组织或其组成人员存在行为不当或者涉嫌违法犯罪的，可以向××市第三方机制管委会反映、提出异议，或者向负责办理案件的人民检察院提出申诉、控告。

本承诺书由本人签署，即日生效。

第三方组织专业人员签名：

年　　　月　　　日

（本承诺书一式四份，本人、管委会、检察院、涉案企业各一份）

6. 听证方案

一、听证依据

根据最高检等九部门《关于建立涉案企业合规第三方监督评估机制的指导意见（试行）》《人民检察院审查案件听证工作规定》，及（本地规范性文件），对本案举行听证。

二、听证会时间、地点

1. 时间

2. 地点（一般在检察听证室）

三、听证事项

1. 涉案企业合规建设是否符合有效性标准

2. 是否对涉案企业作不起诉决定

四、听证会召集人

1. 院领导（主持人）

2. 部门负责人

3. 检察官

五、听证会参加人

1. 听证员

2. 涉案企业法定代表人、诉讼代表人、辩护人及其他相关人员

3. 第三方组织专业人员

4. 侦查机关办案人员

5. 人民监督员

六、听证会旁听人（视情）

1. 人大代表、政协委员

2. 专家顾问

3. 管委会办公室人员

4. 公民可以申请旁听

七、听证会程序

会前，书记员核对听证会参加人是否到场，宣布听证会的程序和纪

律，准备就绪后向主持人报告。

1. 主持人宣布听证会开始，检察官办案组介绍案件情况和听证事项

2. 涉案企业陈述合规整改情况、辩护人及相关人员发表意见

3. 第三方组织说明合规监督评估工作过程和结论等情况

4. 听证员、侦查机关办案人员、人民监督员向涉案企业、第三方组织提问

5. 主持人宣布休会，听证员就听证事项进行讨论

6. 主持人宣布复会，由听证员或者听证员代表发表意见

7. 主持人征询侦查机关办案人员、人民监督员意见

8. 主持人征询专家顾问意见

9. 涉案企业发表最后陈述意见

10. 主持人对听证会进行总结

11. 主持人当场宣告或者择日宣告案件处理决定，宣布闭会

会后，主持人、承办检察官、听证会参加人、记录人在听证笔录签名。

八、准备事项

1. 确定听证员，邀请人民监督员、人大代表、政协委员

2. 公开听证的，发布听证会公告

3. 在听证三日前告知听证会参加人案由、听证时间和地点

4. 告知涉案企业主持听证会的检察官及听证员的姓名、身份

5. 向听证员介绍案件情况、需要听证的问题及相关法律规定

7. 企业合规整改审查评估意见书

×× 市 ×× 区人民检察院 G 集团广东 H 有限公司
企业合规整改审查评估意见书

本院接 ×× 区 Y 市 × 县人民检察院委托，对 G 集团广东 H 有限公司（以下简称 H 公司）开展企业合规整改监督评估，经审查认为，H 公司开展企业合规整改达到预期效果。拟验收合格结案。有关情况报告如下：

一、合规企业基本情况

H 公司，19×× 年 ×× 月注册成立，社会信用代码 614×××××××××××× 779，法定代表人傅某某，经营范围生产片剂、胶囊剂、颗粒剂等。

二、案件事实

在 2019 年 8 月至 12 月时任 H 公司采购部经理的犯罪嫌疑人王某某，在未办理合法手续的情况下，代表 H 公司向广西 N 有限公司 2 次收购了国家重点保护植物金毛狗（狗脊）切片共 10550 公斤，具体情况如下：

1. 2019 年 8 月 19 日犯罪嫌疑人王某某代表 H 公司与广西 N 有限公司法人代表冯某某（另案处理）签订了采购合同，并签订了采购订单，约定 H 公司按照每公斤 14 元的价格向广西 N 有限公司购买狗脊 2900 公斤，因采购允许有 5% 的浮动，实际采购了 3000 公斤狗脊，单价为 12.8 元每公斤，H 公司收到狗脊后通过银行转账付款给广西 N 有限公司。

2. 2019 年 12 月 18 日犯罪嫌疑人王某某代表 H 公司与广西 N 有限公司法人代表冯某某签订了采购订单，约定 H 公司按照每公斤 18.4 元的价格向广西 N 有限公司购买狗脊 7200 公斤，因采购允许有 5% 的浮动，实际采购了 7550 公斤狗脊，单价为 16.9 元每公斤，H 公司收到狗脊后通过银行转账付款给广西 N 有限公司。

H 公司向广西 N 有限公司收购的 10550 公斤狗脊已基本使用完毕，现库存 422.4 公斤未使用，这 422.4 公斤狗脊被广西壮族自治区公安厅森林公安直属二分局扣押，经广西壮族自治区森林公安局物证鉴定所鉴定，该 422.4 公斤狗脊切片样品均为蚌壳蕨科（Dicksoniaceae）金毛狗属（Cibotium）金毛狗（Cibotiumbarometz）。经查证，金毛狗（Cibotiumbarometz）是国家二级重点保护植物。

三、企业合规程序

（一）企业情况调查

2022 年 12 月，本院对 H 公司启动社会调查，听取了企业负责人对企业经营情况的介绍。向区税务局、区社会保险基金管理局、H 公司调取了员工登记表、公司架构图、社会保险参保证明、完税证明及相关奖励情况等书证。承办人实地走访考察了 H 公司的经营情况。

经查，H 公司：

1. 依法设立，设立后不以实施犯罪为主要活动。

2. 吸收就业人数 419 人，有完整的企业治理结构，能够依托治理结构设立合规组织。

3. 正在从事合法生产经营活动，2020 年缴纳税款 4×××万元；2021 年缴纳税款 4×××万元；2022 年缴纳税款 5×××万元。

4. 在合规方面存在问题。表现为业务流程不能避免非法收购国家重点保护植物等合规风险产生，未形成不合规发现响应机制，公司未形成合规文化，有必要通过系统构建合规管理体系，解决合规风险，塑造企业合规文化。

（二）企业合规整改工作开展情况

1. 风险告知

2023 年 3 月 6 日，本院告知 H 公司企业合规风险，H 公司签具了《合规承诺书》。

2. 确定第三方监督评估组织（以下简称第三方组织）

2023 年 2 月 15 日，本院向顺德区涉案企业合规第三方机制管委会办公室发函，要求就 H 公司企业合规案件从第三方机制专业人员库内随机抽选专业人员组成第三方组织。2 月 21 日，管委会办公室从专业人员名录库中分类随机抽取广东顺晖律师事务所江敏、广东南天明（顺德）律师事务所吴珺、广东顺德环境科学研究院有限公司彭坚勇组成第三方组织，对你公司企业合规各项工作开展监督评估，广东顺晖律师事务所江敏为第三方组织牵头负责人。经向社会公示，2 月 28 日任 H 公司涉案企业合规第三方组织正式成立。

3.第三方组织监督评估履职情况概述

（1）2023年3月6日，佛山市顺德区检察院、H公司企业合规管理小组进行第一次三方会面交流，确定合规监督考察流程，确定考察期限为2023年3月10日至5月10日。

（2）3月24日，确定H公司企业合规监管材料清单内容，以及企业合规材料汇编计划，梳理企业合规整改的思路、流程，为企业合规整改提出建议。

（3）4月13日，审查H公司提交的合规材料，对合规资料中的相关内容，询问H公司负责人员，并就其合规整改情况进行现场考察。

（4）4月19日，参与H公司合规整改培训，并审查过往培训情况。同时，审查H公司提交的《合规整改计划》与补充后的合规材料，并重点抽查H公司新的采购合同与采购流程。

（5）5月10日至6月15日，评定监督考察结果，出具监督考察报告。

四、合规计划

（一）完善公司治理机构

公司的合规整改计划需要通过高效的合规管理组织架构来落实。在此次公司刑事合规整改计划中，公司正视现有管理组织过于分散，缺少体系化管理机构问题，以合规计划为导向，加强顶层设计，一方面明确合规管理组织，确保其工作独立性，为其开展工作配备充足的资源，同时也应当明确各职能部门及业务部门的合规管理职责，形成垂直管理监督系统与水平分工协作系统的有机结合。

1.建立合规管理组织

公司成立合规整改领导小组，成员将包括公司的总负责人以及各部门负责人。合规整改领导小组将负责整个公司合规整改计划的设计和执行，合规考察期内也将直接对接司法机关或第三方监督评估小组组织的各项指导、监督及评估工作，未来考察期满后也将继续存续以领导公司合规工作的正常开展。

具体而言，合规整改领导小组的组长将全面负责本次合规整改工作的开展和推进，具体包括制定合规制度、调整岗位职责、健全风险防控手段、组织合规培训、对接司法机关或第三方评估监督机构的合规验收小组。其他成员将根据自己负责的内容积极推进合规工作的落实和完善，如采购部门负责人结合部门业务内容提出野生保护植物采购流程的建议规划，完成常规品种的梳理，明确保护品种；法务部负责人修改合同模板及质保协议模板，强调"对列入国家三级以上保护类品种，要提供相关来源合法证明文书"的重要性，实施"野生保护动植物"培训等，并着重负责合规制度的传达和落实，协调部门之间的学习和交流。此外，集团也已聘请专业合规律师负责后续合规整改工作的指导与配合，合规整改领导小组会在合规整改工作正式开展前与专业的合规律师进行沟通和学习，合规整改期间也将随时根据遇到的实际问题向专业律师征求意见和建议。

2. 明确岗位分工职责

合规整改离不开各部门及各岗位的各司其职和协调配合，为保证公司合规整改工作的顺利进行以及公司经营管理的健康有序，公司将进一步明确相关部门的分工与职责。

通过公司自查自检活动发现，公司岗位分工仍存在一定问题，尤其在涉及野生保护植物采购流程中的各项工作内容或模糊或缺失。因此，公司将进一步明确并完善岗位分工，尤其是涉及野生保护植物采购内容，明确到岗到人。例如，采购员需审核其保护品种物料合法来源证明；供应商管理员需审核其保护品种物料合法来源证明，以确保其资质合规；中药管理员验收、取样，需查验其保护品种物料合法来源证明；药材使用需授权人或转授权人放行后使用。

（二）健全合规制度体系

合规管理制度是实现合规整改计划的有效保证，依托制度保证合规贯穿至公司经营管理的每个环节。公司将搭建公司合规管理办法及特定领域专项合规手册，力求全面且有重点地进行合规管理。发布合规管理制度之后，公司仍将基于公司计划需求和业务发展，并结合外部法律法规变化等，及时修订、更新合规管理制度，以确保合规管理制度与合规计划的一致性。

公司已制定并实施了相关的管理制度，如《物料供应选点和供应商管理规程》《药材和饮片验收取样作业指导书》等。虽然上述文件确实对维持公司有效运营管理、规范员工行为、保护公司产权等方面起到了重要作用，但根据此次自查自检活动的开展情况看，针对野生保护植物采购的合规问题仍有所缺失。因此，公司将以此次合规整改为契机，进一步完善公司的规章制度，让合规贯穿到管理的始终。

公司将从制度上落实野生保护植物采购全流程的合规要求，进一步强化各个流程中可能出现的风险防控、审核报告、危机处理的机制要求。从制度层面上明晰所有相关岗位职责和分工，防止出现任何以分工不明为由的推诿责任行为。同时，针对所有药材采购涉刑问题进行专项分析，并出台专门的应对手册，防止再次发生与本案类似的情况。其次，进一步丰富相关规范性文件或规章制度的内涵，解决目前有关内容过于空洞、无法落实的问题。

（三）保障合规管理的运行机制

合规整改计划不应停留于"计划"，具体的实施需要建立切实可行的合规管理运行机制。在合规治理结构完善及合规制度体系健全的基础上，公司也将进一步重视建立保障合规有效运行的机制。

首先，合规整改领导小组讨论制定相关合规制度及推动制度落实的过程中，将积极参与司法机关或第三方组织开展的各项培训和交流活动，悉心听取意见和建议。针对上述培训及交流沟通事宜，合规整改领导小组视情况组织公司内部学习讨论。合规整改领导小组也将根据公司实际情况安排相应的培训计划（形式可线上或线下；周期可月度或季度）。此外，公司还将开展员工法律培训活动、日常讨论交流活动，使得公司员工了解合规管理的同时进一步推动公司合规工作的顺利进行。

其次，定期组织合规管理考核，通过员工的自评与互评不仅可以让公司能对整个运营状态有一个了解，也可督促公司所有人员就不合规问题进行改正完善，推动企业由内而外实现合规。

再次，公司提供专门通道听取员工声音并且坚决保护每一位员工在合规整改过程中的咨询、建议、监督、举报的权利，合规领导整改小组面对员工的提问、建议、举报等反馈必须严阵以待，同时也防止任何形式的打击报复。

最后，公司将定期全面评估公司合规风险，加强合规风险的预防、评估和化解，不断针对新业务、新情况开展风险识别和制度更新。

此外，公司也将设立专岗专职负责合规整改过程中所有制度文件、会议活动、法律培训、合规考评、咨询举报等内容的记录备份。合规整改期满后，公司将把相关文件一并移交司法机关或第三方评估监督组织考核验收。

（四）建设合规文化

合规应当成为企业文化的核心价值观、全体员工的共同理念，这也是刑事合规整改计划的关键要求。良好的合规文化具有导向、约束、凝聚、激励及辐射作用，能够指引和规范企业的行为。

合规文化的培养和建设离不开公司的指导理念和日常活动，公司将通过合规整改活动，彻底在员工心目中树立企业合规、可持续发展、领导垂范及合规优先等先进理念，实现理念指引行动，保证企业合规文化的健康发展。公司也将邀请律师事务所律师团队向公司员工定期开展法律培训活动，培育基本合规观念，合规领导整改小组也将根据员工对法律培训活动的反馈进一步安排新的活动与考评。此外，公司也将开展多种形式的合规活动以增进企业合规文化的构建，如组织合规工作交流讨论、开设法律阅读专区、制作宣传海报等以保证员工得以强化合规责任并塑造合规价值观。

综上，公司已积极快速地开展了自查自纠工作，对涉案情况进行了深入的调查及反思，最终确定了合规整改的整体思路和具体方案。同时，公司承诺无论司法机关对公司的合规整改采取何种监管方式，公司均将严格自觉落实全部整改计划。恳请贵院能将公司列入涉案企业合规改革的名单，给公司改善经营管理方式的机会和合规经营的指导。未来随着合规整改工作的启动和展开，公司也将按照专业合规律师的指导和建议，结合司法机关或第三方评估监督机构的要求进一步充实和完善合规计划的具体内容。公司承诺在合规整改期间将牢固树立合规经营理念，紧紧围绕合规计划建立健全公司合规制度体系，切实保障合规管理的有效运行，积极建设企业合规文化，杜绝违规违法事件的再次发生。

五、合规整改情况

（一）合规整改经过概述

1. 2022 年 3 月 1 日，H 公司开会成立合规整改领导小组，由傅某某担任组长，陈某某、卢某某、王某担任副组长，并确定合规整改领导小组工作职责，由领导小组负责合规整改计划的设计和执行。

2. 2022 年 3 月 5 日，H 公司开会确定合规整改工作内容分工，包括完善公司治理机构、健全合规制度体系、保障合规运行机制、建设合规文化。

3. 2022 年 5 月 2 日，H 公司综合管理部组织合规整改领导小组召开合规整改会议，会议对《物料供应选点和供应商管理规程》变更内容进行讨论。

4. 2022 年 5 月 22 日—23 日，H 公司采购部开展合规整改培训，对更新后的《物料供应选点和供应商管理规程》进行学习。

5. 2022年6月2日，H公司开会讨论法律阅读专区的设立地点、书籍内容、展示方式等问题。

6. 2022年8月1日，H公司综合管理部组织合规整改领导小组召开合规整改会议，更新《合规手册》，对质量管理部采购部部门职责、经理岗位职责与相关岗位职责内容进行变更，制定《药材采购专项合规手册》。

7. 2022年8月22日—23日，H公司采购部开展合规整改培训，对新制定的《合规管理办法》与内容更新后的《合规手册》《国家重点保护野生药材采购合规手册》《采购部部门职责》《经理岗位职责》《药材耗材采购岗位职责》等进行学习，再次要求采购部员工明确对属于保护品种物料的供应商，必须审核其保护品种物料合法来源证明。

8. 2022年9月5日，H公司开会讨论在员工休息间增设H公司意见箱，在H公司微信公众号上增设咨询、举报途径。

9. 2023年3月6日，H公司与佛山市顺德区检察院、第三方组织进行第一次三方会面交流，确定合规监管初步流程，并在第三方组织的指导下，完善合规整改计划，并对公司原合规领导小组的人员及架构进行调整。同时签订《合规承诺书》。

10. 2023年3月10日，H公司根据第三方组织的建议，合规整改领导小组更名为合规管理小组，同时调整小组成员结构，以便为后期合规管理工作做延伸。

11. 2023年3月24日，H公司与第三方组织进行第二次会面，确定企业合规监管材料清单内容，以及企业合规材料汇编计划。会议中，第三方组织提出指导建议，包括对采购合同、责任协议的约定条款进行合规调整，制定更具有实效性的合规培训计划。

12. 2023年4月1日，H公司合规管理小组组长傅某某，副组长陈某某、卢某某、王某签署《合规管理责任书》。

13. 2023年4月13日，H公司与第三方组织第三次会面，第三方组织审查合规材料，并提出完善公司供应商目录、完善法律法规台账（增加地方法律法规内容）、修订《国家重点野生植物采购合规手册》的意见，进一步完成合规培训计划。

14. 2023年4月19日，H公司与第三方组织第四次会面，邀请北京天达共和律师事务所的任雨薇律师开展"医药企业合规经营要点培训——以采购环节为切入点"的合规培训。之后，邀请华南农业大学生命科学学院的张京荣博士举行"生物多样性及其保护"的讲座。第三方组织审核《合规整改报告》，并对企业最新版本的采购合同与采购流程进行重点审查。

（二）企业合规价值观确立情况

H公司通过开展各项合规管理，并结合企业实际情况，确立企业合规价值观为：以"强内控、防风险、促合规"为目标导向，确立合规管理是企业生存和可持续发展的底线。

（三）公司管理组织架构的合规改造情况

H公司合规整改前组织体系：

（略）

H公司合规整改后组织体系：

（略）

合规管理小组组员名单：

组长：傅某某

副组长：陈某某、卢某某、王某

小组组员：（略）

日常工作人员：崔某某、黄某某

建立并优化合规组织架构、明确专人合规职责

H公司成立合规管理小组，由总经理傅某某担任组长，全面履行建立和健全企业合规体系并组织有效实施的职责；副总经理担任副组长，直接管理相关业务范围的合规管理工作；各部门负责人作为小组成员，负责部门合规管理工作的实施；日常合规管理工作由综合管理部牵头，同时各部门根据工作要求，建立健全的管理机构、设置合规管理人员，确保合规管理工作得到具体落实。从而形成上下贯通、职责明确、协同运行的合规管理体系，确保合规理念、合规责任层层传递，层层落实，以杜绝企业和员工不合规行为的再次出现。

H公司修订《采购部部门职责》《质量管理部部门职责》《采购部经理岗位职责》《质量管理部经理岗位职责》《供应商管理员岗位职责》《药材耗材采购岗位职责》《中药管理员岗位职责》《高明取样QA岗位职责》，尤其在涉及野生保护植物采购流程中的各项工作内容，明确到岗到人。

（四）企业合规管理目标与合规风险

1. 合规管理目标

H公司通过建立企业合规管理小组，实现对企业经营合规风险的有效识别和管理，促进全面风险管理体系建设，确保企业依法合规经营，防止企业不合规的情况再次出现。

H公司以"强内控、防风险、促合规"为管控目标，形成全面、全员、全过程的合规防控机制，明确合规管理是底线、内控体系建设是内核，设立合规管理红线：不得被追究刑事责任；不得发生重大风险事件或其他造成企业重大的直接、间接损失的风险事件；不得发生因合规经营原因被追究相关责任的违规事件。

2. 合规风险及成因分析

（1）野生保护植物合规采购风险

A. H公司对合规经营理解不深，在经营管理过程中忽略了合规制度的搭建和合规文化的建设。

B. H公司内部职责分工尚不完善，采购供应商准入等业务均未明确到岗到人。

C. H公司采购人员专业水平不够，只关注了穿山甲等动物类药材，对于"金毛狗脊"这味较常见、价值低、流通广且难以分辨家种或野生的药材，学习认识不深，没有掌握分辨家种与野种药材的判断标准。

D. H公司的供应商准入/采购流程存在缺漏，相关制度在涉及野生保护植物方面没有相关规定，导致在采购"金毛狗脊"时无具体人员与机制监测，无法及时做出反应和补救措施。

E. 相关行政部门目前并未制定关于采购野生保护植物行政审批的具体实施细则，导致相关行政审批流程不明确，H公司也未向相关行政部门了解野生保护植物的相关行政审批流程。

（2）环境保护合规风险

因H公司采购人员违法采购野生保护植物，该行为间接对环境保护造成不良影响，因此存在潜在环保合规方面的法律风险。

风险名称	风险描述	判断	风险应对	
			策略	应对举措
野生植物采购合规风险	野生保护植物法学习不到位，未注意采购途径的合法性，产生合规风险	重大风险	风险降低	1. 筛选涉及企业的野生保护品种，对供应商资质进行确认，确保采购的合规性； 2. 加强野生保护动植物法律法规的学习与培训； 3. 完成企业常规品种的梳理，明确保护品种； 4. 修改《药材和饮片验收取样作业指导书》明确规定药材验收时属保护品种，应有合法来源证明； 5. 修改合同模板及质保协议模板，列明"对列入国家三级以上保护类品种，要提供相关来源合法证明文书"； 6. 药材采购类合同审批流程中，对所有药材的合法性应查尽查，凡是属于国家保护植物的，必须提供原产地证明，否则一律终止合同流程； 7. 凡是提供国家保护植物的供应商，要求其必须随货提供原产地证明，否则一律拒绝收货； 8. 明确分工职责，采购员需审核其保护品种物料合法来源证明；供应商管理员需审核其保护品种物料合法来源证明，以确保其资质合规；中药管理员验收、取样，需查验其保护品种物料合法来源证明；药材使用需授权人或转授权人放行后使用； 9. 完成《野生动植物保护培训》，对企业经营班子、总经理助理、采购部、技术部、生产办公室、质量管理部、质量检测部全体人员进行培训，强化合规意识； 10. 开设法律阅读专区，保证企业员工得以强化合规责任并塑造合规价值观； 11. 细化中药材验收质量标准，增加验收小组成员，加强中药材现场验收把关。

（五）合规措施

公司与合规相关制定的各项管理制度：企业的合规整改内容主要包括健全合规制度体系、保障合规运行机制、建设合规文化等板块。

1. 健全合规制度体系

（1）制定规程规范，防范同类风险。H公司已制定并实施相关合规管控制度，如《物料供应选点和供应商管理规程》《药材和饮片验收取样作业指导书》《物资采购管理办法》《合规手册》《合规管理办法》等。

（2）开展药材合规专项排查，制定野生保护植物采购手册。根据《中华人民共和国野生植物保护条例》《中国药典》《国家重点保护野生植物名录》等有关文件精神，结合企业实际，H公司全面梳理企业现有中成药品种，编制《H公司中成药药材清单》进一步识别保护品种，并制定《国家重点保护野生药材采购合规手册》。

（3）修订、完善企业采购业务制度。H公司对采购业务制度、职责进行修订完善：《野生保护植物采购手册》《物料供应选点和供应商管理规程》《药材和饮片验收取样作业指导书》《物资采购管理办法》《合规手册》《采购部部门职责》《质量管理部部门职责》《采购部经理岗位职责》《质量管理部经理岗位职责》《供应商管理员岗位职责》《药材耗材采购岗位职责》《中药管理员岗位职责》《高明取样QA岗位职责》，强化各个流程中可能出现的风险防控、审核报告、危机处理的机制要求。

2. 保障合规运行机制

企业内部进行合规审查，保证合规有效落实。

H公司在检察机关的指导和第三方评估组织的监督下，针对企业采购合规方面问题进行关键领域重点流程合规审查，对于发现的问题及时制定整改措施，严格进行整改。H公司根据《中华人民共和国野生植物保护条例》《野生药材资源保护管理条例》等法律法规，并参照《国家重点保护野生植物名录》《国家重点保护野生药材物种名录》《濒危野生动植物种国际贸易公约》等文件，结合企业实际，全面梳理现有中成药品种，编制《H公司中成药药材清单》进一步识别保护品种，并制定《国家重点保护野生药材合规采购手册》。

3. 建设合规文化

（1）建立法律阅读区。

H公司在建立重点领域法律法规台账的同时，通过法律阅读区的建立，在员工内部形成"学法、守法"风气，增强企业员工依法办事的法律意识。

（2）组织员工参加培训学习，建立合规文化。

H公司通过制度的建立与流程的梳理，使员工形成合规意识，同时持续向员工合规培训，营造合规文化氛围。H公司开展多场形式多样的合规培训，内容涉及野生动植物保护法律法规、物种多样性专业知识、企业合规管理等多方面内容。

（六）合规管理工具

1. 规范相关业务流程，建立法律法规台账

H公司已建立《合规管理办法》《合规手册》《国家重点保护野生药材

采购合规手册》《物料供应选点和供应商管理制度》《中药材中药饮片购入、验收、入库、贮存养护规程》《物资采购管理办法》《重点领域法律法规台账》《合规管理制度台账》等管理制度。

2.建立举报、奖惩机制

通过合规管理小组带头签署《合规管理责任书》，明确合规管理责任。同时通过明确各部门、人员具体职责，便于后期追踪各部门、个人的合规管理责任。

3.合规机制建设

H公司秉持"管业务必须管合规"的经营理念，在合规体系建设过程中，把合规管理要求列入企业领导班子、部门负责人以及重点岗位员工的绩效考核，通过定期专项工作布置及培训、联合检查等方式，培养合规管理队伍。通过对采购、安全环保、产品质量、劳动用工、财务税收、知识产权、工程建设等重点领域的合规管理，以及对管理人员、重点风险岗位人员等重点人员的合规管理，形成以点带面、以局部带动整体的管理效应，促使企业合规管理水平稳步提升。从而有效防控和化解企业经营违法违规风险的发生，对各部门抓好合法合规经营和管理起到积极作用。

4.合规培训

2022年2月12日，开展G集团党风廉政建设和反腐败工作会议暨警示教育大会精神学习，降低廉洁风险。

2022年2月28日，开展安全环保隐患排查治理培训，降低安全环保风险。

2022年3月2日，开展制药设施设备维护与合规管理视频培训，提升维修人员管理水平。

2022年3月20日，参加上级公司组织的担保实务法律培训会，增强员工法律意识。

2022年4月14日，开展员工安全意识培训、行为安全管理培训；安全生产专项整治三年行动，增强员工安全意识，规范安全行为。

2022年6月28日，参加上级公司举办的医药企业数据合规法律培训，规范数据管理。

2022年7月20日，开展野生保护动植物培训，增强员工野生保护动植物保护意识，降低合规风险。

2022年7月29日，开展危险源辨识与评价分级管控培训，提升员工安全意识。

2022年9月14日，开展安全事故警示教育会，增强员工安全事故的警惕性。

2022年10月14日，参加上级公司组织的野生动植物采购合规管理/企业合规管理专题培训，增强员工合规意识。

2022年10月21日，参加上级公司组织的品牌合规专题宣贯会议，学习品牌合规管理知识。

2023年3月29日，由律师事务所提供医药企业的刑事法律风险及合规指引，增强法律风险意识。

2023年4月19日，开展野生动植物法规、企业合规管理以及物种多样性培训，以提升员工物种保护的意识、营造合规文化氛围。

（七）不合规发现、举报制度建设

H公司积极寻求企业与员工之间多方位、多层次的沟通渠道和平台，畅通员工意见沟通渠道。开通以电子邮箱、微信公众号、电话等形式为主的线上沟通渠道，结合员工意见箱、谈心谈话、组织生活会等线下沟通模式，接受不合规发现举报信息，综合管理部按照合规管理职责受理员工违规举报，并就举报问题进行调查和处理，涉嫌违纪违法的，及时移交相关行政司法机关处理。进行调查的部门和相关人员应当对举报人的身份和举报事项严格保密。

同时，H公司党支部加大对"一把手"和领导班子违纪违法情况的纪律监督，制定《关于加强对"一把手"和领导班子监督的实施办法》。党支部纪律委员连同综合管理部，通过电子邮箱、员工意见箱等沟通渠道受理信访举报，注重从信访举报中发现线索、掌握实情。对涉及"一把手"和领导班子成员的信访举报问题进行专题分析。"一把手"和领导班子出现违规情形的，依据有关法律法规和规定给予党纪、政纪处分或组织处理；涉嫌犯罪的，移交司法机关追究刑事责任。上级纪委以严格执纪增强制度刚性，对相关违法行为坚决查处，在制度上保证了企业按相关法纪法规开展经营。全力营造"不敢腐不能腐不想腐"的文化氛围，助力合规工作的开展。

（八）形成合规文化

1. 企业最高管理层要求合规经营，并且通过企业治理结构将要求层层传达到基层。

企业最高管理层带头参加并推动合规教育，针对高风险领域、关键岗位开展合规培训，带头签署《合规承诺书（综合运营管理责任书）》，充分发挥示范作用，积极践行合规承诺，以实际行动自上而下地确立企业合规价值观。在员工心目中树立企业合规、可持续发展、领导垂范及合规优先的先进理念，实现理念指引行动，保证企业合规管理要求的层层传达、执行。

2. 各个部门明确知晓自身的合规职责。

企业合规管理离不开各部门及各岗位的各司其职和协调配合，为保证企业合规管理工作的顺利进行以及企业经营管理的健康有序，企业进一步明确相关部门的合规分工与职责，把合规管理要求列入各岗位职责，增加合规考核与培训，使得各个部门员工明确知晓自己的合规职责。

3. 员工知晓并支持企业合规经营。

在日常运营中，企业开展多种形式的合规活动以增进企业合规文化的构建，包括将合法合规性审查作为企业制度管理、重大决策、经济合同等经营管理行为的必经程序嵌入业务管理流程，定期或不定期组织对本单位进行合规自查，并根据自查结果落实整改，对日常经营管理活动中存在的合规风险进行识别、预警和评估，并建立合规风险库，制定管控措施，将合规管理作为法治建设重要内容纳入日常或专题学习内容，建立制度化、常态化的培训机制，通过多种形式组织合规培训，主动倡导合规经营理念，积极培育企业合规文化，促使企业合规文化由雏形走向成熟。

结论: H公司通过上述的整改措施，已建立合规的制度及组织架构，并定期开展相关的培训学习，在实际运营过程中已严格依照整改要求进行落实，以上整改过程，为H公司的合规文件的形成奠定了基础，促使企业初步形成合规文化。

六、顺德区检察院对整改情况的检查

1. 2023年2月10日至15日，顺德区检察院通过实地走访、调取证据材料等方式对H公司开展社会调查。

2. 2023年3月28日、5月6日、5月11日、5月23日，顺德区检察院承办检察官对 H 公司进行四次飞行检查，调阅合规整改台账资料、对公司关键合规岗位员工进行合规访谈，就业务流程的合规改造提出意见建议。

七、对合规整改的审查意见

（一）第三方监督评估组织对 H 公司合规整改效果评价结论

经评估分析，H 公司合规整改已取得较好成效，具体情况为：

1. 合规体系完成搭建

经第三方评估组织审查并提出改善意见，企业已建立合规管理小组，建立起由总经理及各级合规管理人员负责的合规管理组织架构，初步做到各部门、各组织层级、全体员工共同参与，业务部门、合规内控管理部门、监督部门联动。

2. 合规管理水平得到提升

经第三方评估组织审查并提出改善意见，企业通过对采购、安全环保、产品质量、劳动用工、财务税收、知识产权、工程建设等重点领域的合规管理，特别是对野生植物合规采购、环保等重点领域、重点人员的合规管理，初步形成以点带面、以局部带动整体的合规管理效应，企业合规管理水平得到提升。

3. 保障合规管理机制的落实

企业制定了《合规手册》等基本合规管理制度，在第三方评估组织的建议下，增加《合规管理制度》《国家重点保护野生药材采购合规手册》《发票管理办法》等制度，重点加强了采购、环保方面的合规管理，保障合规管理机制得以落实。

4. 全员合规意识得以加强

企业通过定期开展培训，包括企业合规管理培训、野生保护动植物法律法规培训、物种多样性专业知识培训、安全环保相关培训，强化企业员工的合规意识，树立企业员工依法合规、守法诚信的价值观，筑牢了企业员工合规经营的思想基础，企业员工的合规意识和行为得以加强。

综上所述，H 公司在此次合规整改中，积极配合第三方组织的监督考察工作，且在合规考察期内，企业运营合法合规，无合规风险事件发生。

结论：经考察，H 公司通过本次合规整改。

（二）本院对 H 公司企业合规整改监督评估的意见

根据 ISO 37301 的要求，完整的企业合规管理可被归纳为七要素体系分别为：（1）从基于价值观的领导力出发；（2）建立合规管理组织架构；（3）确定合规管理目标与评估风险；（4）制定和实施措施；（5）运用合规管理工具；（6）发现不合规作出响应；（7）评价和持续改进，形成合规文化。该体系从价值观出发，到形成合规文化构成闭环，由于价值观念、文化建设没有终点，该体系可以实现反复循环、不断推进。

开展合规整改以来，H 公司高层宣誓合规经营，建设了合规管理的组织架构，明确了合规管理目标，进行了合规风险评估。其制定和实施的措施、运用的管理工具能够适应合规管理的需要。相关举报、奖励制度已经建立。企业合规风险梳理、总结精准，基于合规风险采取的整改措施积极、妥当，对业务流程的改进能够有效防止合规风险发生，相关管理制度建立、运行符合合规管理体系建设要求，公司已形成良性合规文化。经合规整改全流程文书审阅、实地走访检查，企业已无明显野生保护植物合规风险。拟同意第三方监督评估组织意见，H 公司合规整改合格通过。

承办人：××

××年××月××日

第五章

涉案企业合规调研成果

1. 检察职能下的企业合规模式的建构和完善

陈 宏 胡文丽[*]

新时代检察机关结合检察职能，规范有序地推进涉案企业合规机制，是落实党中央要求，满足人民群众新期待，服务和保障经济社会发展的客观需要。在推进这项改革过程中，需要检察机关精准把握刑事司法政策，结合司法实践，充分发挥检察职能与作用，探索涉案企业合规建设的模式，探索符合本土特色的涉案企业合规机制，构建出具有中国特色的企业刑事合规检察激励机制的模式。

一、企业合规本土化进程中存在的问题

合规的概念并不是本土概念，而是舶来品，是从西方国家的刑事激励机制中演变而来。检察机关在探索和适用刑事合规中，必然遇到中西差异的问题，如何将西方的刑事合规机制合法、合理的转化，使得刑事合规融入司法体系中，制度的衔接无疑是重中之重，是推动刑事合规与检察工作发展融合的关键。检察机关须发挥主导作用，积极主动主导刑事合规与检察工作相结合。在加速刑事合规本土化的进程中，笔者发现引入西方企业合规模式存在以下问题。

（一）企业合规与刑事法律无法自动对接

我国传统的司法实践中，企业涉及刑事犯罪多是通过事后惩戒达到预防的功能，属于消极预防模式。企业刑事合规作为检察激励机制中达到的预防功能，是一种新型的检察工作融入企业合规机制建设的新时代检察

---

* 陈宏，广东省广州市番禺区人民检察院党组书记、检察长；胡文丽，广东省广州市从化区人民检察院一级检察官。

产品。

我国有学者指出,企业刑事合规的基本内涵实际上是一种刑事犯罪风险企业的内部防控机制,其基础功能是降低企业刑事犯罪风险,扩展功能是推动企业合理承担社会责任。[①] 也有学者指出,刑事合规是指为避免因企业或企业员工相关行为给企业带来的刑事责任,国家通过刑事政策上的正向激励和责任归咎,推动企业以刑事法律的标准来识别、评估和预防公司的刑事风险,制定并实施遵守刑事法律的计划和措施。[②]

以上两种观点均提到企业刑事合规的预防功能,但西方的合规机制引入我国,仍然存在一定程度的衔接问题。分析西方刑事合规模式,根据我国现行的法律法规和司法政策,企业合规本土化有以下三种模式可以选择:第一种模式是刑事合规可成为企业免受追诉的理由,作为只追诉实施犯罪的自然人罪责,从而使得涉案企业与自然人的罪责得以分离,使得企业不需为企业内的自然人犯罪一起共担责任。第二种模式是刑事合规作为量刑情节。第三种模式是暂缓起诉或者不起诉的模式,无论是对涉案企业还是对实施犯罪的自然人,该模式的激励作用是最大的。

以上三种模式均存在与现行刑事司法制度无法自动对接的问题。

第一,企业与自然人罪责分离的模式与我国现行立法观念不一致。由于我国单位犯罪的处罚规则仍然是"双罚"制,对单位犯罪的单位判处罚金,对实施犯罪的直接责任人等判处刑罚,能否将涉案企业的罪责与实施犯罪的自然人的罪责分离开,刑事合规免除涉案企业罪责的做法与我国的立法观念、立法体系不一致。因此,无法直接适用企业合规作为企业免除罪责的抗辩理由。

第二,企业合规作为量刑情节无法律依据。现行法律法规、司法政策均没有将企业合规作为法定的减轻、从轻、从宽处罚的情节,幅度和方式亦没有法律依据,暂且只可以作为酌定从轻的情节,但作为酌定从轻的情节如何适用、能否作为不起诉的情节,均没有法律依据。

第三,我国不存在附条件不起诉或者暂缓起诉的制度。我国虽在未成年人制度中设立附条件不起诉,但在其他司法制度中并未出现附条件不起

---

① 韩轶:《企业刑事合规的风险防控与构建路径》,载《法学杂志》2019 年第 9 期。
② 孙国祥:《刑事合规的理念、机能和中国的构建》,载《中国刑事法杂志》2019 年第 2 期。

诉制度，西方的暂缓起诉模式属于直接出罪的模式，并不能直接对接我国的法律法规。

（二）缺乏考察评估涉案企业是否合规经费保障机制

从 2020 年开始的检察机关企业合规不起诉试点工作，根据试点情况总结出检察机关在探索企业合规改革试点中考察评估企业合规有以下四种模式：

第一种模式是检察官作为考察评估主体，涉案企业合规建设的指导、监督、考察、评估全程由检察官完成。第二种模式是涉案企业聘请的企业合规专业律师作为考察评估的主体。第三种模式是检察机关与涉案企业共同指定的企业合规的专业事务所作为考察评估主体。第四种模式是第三方人员作为考察评估主体。上述四种模式都是在检察机关进行企业合规改革试点中，尝试和探索出的模式，每一种模式都在尝试和探索，不同的考察评估主体出具考察评估报告，考察评估的主体既不明确，又不统一，而每一种模式均存在不同的问题。最终，最高人民检察院在试点过程中下发文件，统一和规范了由第三方组织作为企业合规评估考察的主体。

虽然该份文件规定和明确评估考察的主体身份和人员，但并未对第三方组织评估考察过程中出现的费用由谁支付进行规定，是否支付费用及支付费用的范围都将影响着企业合规改革工作是否能行稳致远，在试点期间，基本都没有支付费用，但是第三方组织专家库的人员有些是律师、高校教授、会计师、审计师等人员，如果这项制度成为常态的制度，那么这些人员所付出的劳动是否应该给予费用，但是由谁支付这笔费用，目前是不明确的。目前制度建设中缺乏第三方机制实际日常运营经费支出和第三方组织参与企业合规监督评估工作报酬的机制。

（三）考察评估的标准和运用不统一

在全球化的背景下，中国企业为了接轨国际社会，越来越多的企业开始建立和完善合规管理体系。纵观西方国家的合规制度，所确立的各项激励机制，是企业进行有效合规建设的最大动力。如果缺乏激励机制，企业合规建设只会流于形式，只是形式合规，而非实质合规。因此，对涉案企业的合规计划的指导、合规建设的考察、合规结果的运用至关重要。

首先，合规计划的指导缺乏统一格式。涉案企业合规建设的关键是涉案企业提出的合规计划，合规计划的全面性、可行性、细致程度决定着企业合规建设的成功与否。由于制定合规计划涉及企业的具体业务，而合规计划的涉及程度、涉及深度、执行力度均没有统一的标准，全凭检察官或者专业律师的指导。但检察官并不一定具备相应的专业知识，具备专业知识的检察官要求合规计划更完善、全面，不具备专业知识的检察官要求的可能没有那么全面，容易导致企业合规成功与否由检察官的业务能力来决定。专业律师的专业程度也决定着企业合规建设的程度和深度，因没有对企业提交的合规计划统一标准，执行结果则不一致。

其次，企业合规建设的考察缺乏统一标准。良好的合规计划还需要严格的监督考察和评估。合规计划的考察评估专业性强、需要投入的精力多，考察评估结果影响着对涉案企业的处理。若只有检察机关或企业聘请的合规专业律师单方进行考察评估，出具的评估报告的客观性易被诟病，并且由于没有统一标准，对出具考察评估报告的审查，全靠检察官的个人知识水平、个人素质能力来决定，容易被质疑。

最后，缺乏以考察评估结果作为不起诉的依据。企业合规考察评估结果能否作为不起诉的依据或者情节使用，关系到涉案企业是否不遗余力配合企业合规建设，关系到涉案企业是否得到实体上的从宽处理，也是刑事合规的激励核心。

在运用考察评估结果环节中，涉案企业考察评估完成后，由于合规考察评估结果直接运用于不起诉缺乏法律依据，涉案企业未得到不起诉的处理，考察评估结果仅仅作为酌定的量刑情节，涉案企业一旦被提起公诉，对企业的招投标及业务等具有重大影响。不起诉就是涉案企业进行合规建设的最大动力，对涉案企业的激励不足，容易导致涉案企业对合规建设的动力不足，无法推动企业合规制度纵深发展。

二、成因分析

（一）企业合规激励机制引入时间短

企业刑事合规是近年来司法理论界和实务界新兴的研究重点。合规本质上是一个企业为了防控风险所采取的治理措施，主要作用是防范风险、避免卷入诉讼中导致生产经营中断或者其他不利影响。

但是，仅凭企业自身建立的合规管理体系，无法形成良好的防控风险的效果。20 世纪 90 年代，美国发生跨国集团严重违规的事件，在此背景下，美国将合规激励引入刑法典，并将合规激励机制纳入到联邦量刑指南之中，对已建立或者实施合规体系的犯罪企业，司法机关可以给予宽大的刑事处罚。企业合规激励机制最初起源于美国，后期被世界各国推而广之。

随着我国市场经济的发展和经济的国际化，企业管理现代化需要中国的企业建立健全合规体系，市场经济发展要求中国的企业需要合规管理。2020 年 3 月，最高人民检察院确定上海浦东、深圳南山等 6 家基层检察院开展企业合规改革第一批试点工作。2021 年 3 月 17 日，最高人民检察院要求开展第二批试点，一定程度上标志着企业合规改革正式拉开帷幕。2022 年 4 月，经过试点，这项改革在全国检察机关全面推开。一场由检察机关为主导的企业合规改革工作正在进行，最高人民检察院参与到企业合规制度建设中，首次在国家层面提出了企业刑事合规的概念，将企业合规引入涉企刑事案件办理。检察机关参与社会治理，改造的是涉案企业的经营模式，为涉案企业消除犯罪、预防犯罪、防控刑事风险，搭建刑事法律合规与检察职能相结合的桥梁，在激励企业刑事合规中及时融入新形势、新挑战所带来的变化。

（二）企业合规改革处于本土化进程的磨合期

最高人民检察院开展企业合规改革第一批试点工作后，经过试点单位开展实践探索，探索出第三方独立监管人等模式，多方面开展企业合规探索的模式，为最高人民检察院的决策提供良好的基础和经验。最高人民检察院对如何监管企业进行合规建设，作出了第三方评估机制的指引，以具有监管职责的行政机关作为成员单位，提供专业人员组建名录库，在对企业的合规建设进行考察评估时，从名录库中选出合适的专业人员对合规报告进行考察、评估，作为检察机关依法作出决定的依据。

企业合规的程序与流程已有雏形，但是在实施过程中，仍然存在一定的问题。由于企业合规改革试点进行时间不长，存在适用企业合规的主体范围窄、缺乏对合规计划的评判标准等问题。西方国家已经有较为成熟的合规理念和合规机制体系，但是，合规理念和机制体系在借鉴引入时，仍需要进行本土化转化。目前，我国正处于企业合规机制本土化转化的过程，需要与我国的司法制度、司法政策进行衔接。

（三）传统理念与创新性司法的磨合

合作式司法模式，是中国传统文化和谐、和睦、和平、融合、合作等思想在诉讼中的体现，与中国当前宽严相济的刑事政策吻合。它倡导犯罪单位与司法机关良性互动的非对抗性司法模式，建立彼此间的合作与沟通，通过认罪认罚，或通过制订和实施有效的合规计划，形成单位与司法机关的良性互动，从而减少单位再犯罪的可能性。①

将企业刑事合规与认罪认罚从宽制度相结合，丰富检察机关的涉案处置方式，不再以传统的处置方式一捕了之、一诉了之，不再以追诉犯罪为核心，而是将检察职能与企业合规相结合，最终目的在于依法服务和保障企业健康发展，以认罪认罚从宽制度为契机，融合企业合规制度，打造新时代的检察产品。

在传统理念与新型理念磨合时期，对企业合规的接受程度存在接受期、对转变以追诉为核心的观念存在转化期。因此，也可能会出现理念未转变的时期，使得企业合规建设完毕后，不敢将企业合规建设考察结果运用于不起诉的情况。

笔者认为，一方面，考察评估结果并没有出现禁止性等的情况，一般应当对完成合规建设的企业，并且通过第三方组织验收合规建设成果的企业，应当对其适用不起诉，否则，有损检察机关的公信力和权威。

另一方面，要避免出现"滥用"考察评估结果，对一些涉案企业并不能完成合规建设，对合规建设不认真、不积极的企业，不应当适用不起诉制度的坚决不适用。对企业的合规建设应综合考核，在考察评估报告中亦可记录涉案企业对合规建设的态度、配合度、积极性，避免涉案企业存在"以钱买刑"的错误认识。对考察评估结果的运用，太松太严都会影响企业合规制度，如何客观、公正、公开的运用考察评估结果是需要进一步研究的问题。

---

① 任华哲、程媛媛：《试论合作式司法在中国刑事实践中的发展趋势》，载《武汉大学学报（哲学社会科学版）》2008年第6期。

三、企业合规体系的完善进路

（一）建立完善的企业合规衔接机制

在现阶段未建立企业合规制度的情况下，就如何将刑事合规与我国检察制度体系和检察职能、检察具体工作衔接好，融合到检察机关的具体的办案工作中，提出我们的几点想法。

第一，衔接认罪认罚从宽制度。企业开展合规建设，前提条件和基础肯定是涉案企业及实施犯罪的自然人是自愿认罪认罚的。涉案企业悔罪态度、实施犯罪的自然人悔罪态度决定着涉案企业在合规建设中的配合程度，只有涉案企业积极配合才能发挥企业的主观能动性，主动、积极地进行企业合规建设，才能达到企业合规建设的成效，实现涉案企业的实质合规。

第二，衔接相对不起诉制度。不起诉制度是检察机关行使自由裁量权的重要职能。最高人民检察院对企业合规改革试点划出红线，不可使用附条件不起诉。企业合规在检察环节，最大的激励就是不起诉，只有与不起诉制度相结合，以不起诉作为激励机制鼓励、确保涉案企业更深入地进行企业合规建设，这是检察环节释放出的最大的司法红利。

第三，衔接检察建议。涉案企业如是小微企业，并没有那么大的人力、物力去实现大企业的全套企业合规建设。小微企业人员不多，涉案主要原因是实际经营者不具备相应的法律知识，检察建议则很有必要，对小微企业中存在的管理问题、漏洞予以提出整改建议，对涉案的实际经营者提供法律培训、税务培训等足以预防小微企业再次犯罪。这样的衔接既能发挥检察建议的作用，又能减少涉案企业的成本，被涉案企业接受。

第四，衔接检察意见。刑事合规从来不是检察机关一家就能完成的。涉案企业合规建设完成后，刑事不处罚，如何衔接行政处罚则需要与检察意见相配套。如涉案企业完成合规建设，检察机关可出具对涉案企业的行政处罚减轻或者从轻的检察意见。涉案企业在经营过程中是否合规经营，有效监管者是行政监管机关，合规建设在得到检察机关认可的同时，仍然需要得到行政监管机关的认可。在考察评估中，行政监管机关提供的专业人员已联合其他专业人员出具报告，企业通过验收意味着企业合规建设有成效，能减少或者减免行政处罚才能显示最大限度的红利，更有利于企业发展，引导企业合规经营、合规发展。

第五，衔接行政制度。检察机关对通过合规建设考察评估的涉案企业作出不起诉后，说明在涉案企业进行合规建设后有一定的成效，在不起诉后企业合规的执行情况，应当由行政监管机关予以监督。企业合规制度的目的和目标是预防涉案企业再次犯罪，监管企业合规，防止企业犯罪，本就是一个庞大的工程，需要行政监管机关的参与，只有行政监管机关积极配合，才能达到预期的效果。建立检察意见作为行政处罚从轻、减轻、免除的依据，将刑事合规与行政制度衔接好，才能达到为企业合规、预防企业再次犯罪的最终目的。

（二）建立客观科学的考察评估标准和评估费用支付主体

首先，设计科学的考察评估标准。科学合理地制定行之有效的考核评估标准，是企业合规改革的重点。对涉案企业的合规建设成果的科学考察评价，是决定涉案企业是否不起诉的重要依据。对考察评估标准的设计上，应注重科学性、系统性、可操作性。考察评估标准必须清晰具体，能够量化的尽量量化，还要根据涉案企业的特点适当调整考察评估标准，对薄弱环节的考察适当提高要求，减少再犯的可能性。

当然，帮助涉案企业建立事先防范机制可以最有效的防控法律风险。在企业经营和管理中，对某项企业关联行为是否具有法律风险，成为企业作出决定前必须经过的前置程序。通过防范机制的建立和执行，可以避免企业陷入刑事风险中，树立企业的防范意识、危机意识，防患于未然。

其次，建立客观运用考察评估结果的制度。考察评估标准量化后，在运用考察评估结果上应当建立标准和制度，避免人为地滥用考察评估结果，避免慎用考察评估结果作为不起诉的依据，避免出现两极分化的情况。

一方面，对考察评估较好地完成企业合规建设的企业，对涉案企业及实施犯罪的自然人，依法作出从宽处罚，依法作出不起诉决定，提高检察机关的公信力，让司法红利确实惠及企业及个人的司法政策得以宣传，树立良好的司法公信力。

另一方面，对一些没有认真实施合规建设、没有真正整改、整改的效果不理想、不及时的企业，依法作出起诉处理，树立司法机关不容忍形式合规，必须要求实质合规的态度，不让企业钻法律的空子。

再次，建立公开透明的程序保证考察评估结果的公正性。为保障考察评估结果运用的公正性、客观性，应当公开、透明，引入外部监督机制，建议所有的涉企业合规的案件均可适用公开听证程序，邀请人民监督员、人大代表、政协委员、第三方律师等参与听证，共同对考察评估结果的准确性、科学性共同发表意见，对企业合规经营的态度和决心共同监督，提高决策的透明度，集合集体的智慧对考察评估标准进行不断的优化，对考察评估结果的运用进行公开审查，树立考察评估结果的公开性、权威性、公正性。

最后，建立第三方组织费用支付的规范性文件。涉案企业合规考察适用第三方监督评估模式，检察机关将案件移交第三方监督评估管理委员会，由后者遴选第三方组织对涉案企业合规整改情况进行监督、考察、评估、验收，第三方组织的评估结论成为检察机关作出不起诉等处理决定的重要依据。由于合规最后的受益人是企业，第三方组织人员的成立和评估考察均是因涉案企业的犯罪行为而衍生的，建议由涉案企业支付费用，交由第三方监督评估管理委员会的账户中并由其进行监管，对于第三方组织的费用按照报销制度进行报销，对于第三方组织专家库内行政机关的专家行使权利的时候不予支付，只针对第三方组织的其他专家进行支付，并且严格按照财务制度进行报销。

（三）建立和完善企业合规独立的制度体系

在我国推进企业合规改革过程中，有学者主张引入西方国家的"暂缓起诉协议"制度，建立符合我国国情的附条件不起诉制度。新形势下，对检察机关提出新要求，以认罪认罚从宽制度为契机，在涉民营企业案件的办案环节，构建有效的企业形势合规检察激励机制，调动企业的内生原动力，将其是否建立起了合规机制作为是否逮捕、暂缓逮捕、附条件不逮捕，是否提起公诉，是否建议定罪，建议量刑的依据。[①]

社会各界对预防企业刑事犯罪，创造有利于民营企业经济发展的营

---

① 陈瑞华：《企业合规制度的三个维度——比较法视野下的分析》，载《比较法研究》2019年第3期。

商环境有着强烈的愿望，最高人民检察院以认罪认罚从宽制度为契机，要求对企业合规的改革试点要在现行法律的框架内，因而对第三方组织人员的定位，暂时可视为检察官的辅助人员，检察官委托的具有专业知识的人员，与检察官一起对企业合规针对各自的专业领域提出专业意见，试点期间的探索有利于为以后推动立法奠定基础。

检察机关的试点在适用认罪认罚从宽制度与相对不起诉制度相结合的情况下，与涉案企业签订认罪认罚承诺书、企业合规承诺书，启动刑事合规监管程序，企业在指定期限内完成整改，使得企业完成合规建设，检察机关即可以对其作出不起诉决定。

首先，检察机关的企业合规试点改革均是为了推动法律的制定，为将来我国建立附条件不起诉制度积累经验，以试点成果推动附条件不起诉制度的建立。

笔者认为，在总结试点改革成果之后，检察机关作为立法的推动者，推动国家对附条件不批准逮捕、附条件不起诉制度发挥作用。结合认罪认罚从宽制度，在审查逮捕阶段，深入审查案件，综合涉案企业的犯罪事实、悔罪态度等因素，作出附条件不批准逮捕等决定，避免涉案企业因涉及刑事诉讼而倒闭或者经营困难的情况。在审查起诉阶段，实行多元化处理的方式，由检察机关与第三方组织对企业的合规计划及计划实施程度、实施效果进行考察评估，设定从宽处罚的程序和实体性规定，达到一定的考察标准后，应当作不起诉处理，未达到标准的，也可作为量刑情节考虑，不断完善量刑协商的主体和范围。

其次，完善单位认罪认罚从宽制度。现行认罪认罚从宽制度适用的是自然人犯罪，需要建立对单位犯罪的认罪认罚从宽制度。单位对犯罪承担的刑罚是罚金，单位是否认罪认罚，单位是否主动认识到自身企业存在不合规经营的情形，影响着合规计划的实施和配合程度。对单位犯罪应建立起认罪认罚从宽制度，涉案企业负责人、实际经营者、管理层必须承认单位犯罪的事实，签署合规承诺书和提交具体、相对完备的合规计划，并承诺对保障执行合规计划的人力物力的付出，接受检察机关对合规建设的监管和评估，接受检察机关对合规建设考察评估后作出的不起诉或者从宽量刑的建议。

最后，建立繁简分流的企业合规考察评估制度。在企业合规本土化改革过程中，需要区分专项合规计划和整体合规计划的概念。专项合规计划是企业为防范特定的刑事法律风险所建立的专门的合规计划，如涉案企业存在虚开增值税专用发票、虚开发票、侵犯商业秘密、侵犯知识产权等犯罪行为，在企业合规建设过程中，则应当为涉案企业建立一套专门的、有针对性的合规计划，从而防范涉案企业在此领域再次犯罪。

而整体有效的合规计划则需要建立有效防范合规风险、有效识别违规犯罪行为、有效应对违规犯罪行为发生后的补救、整改等一整套的合规体系，依据立体的合规体系进行管理，使合规管理行之有效。根据我国国情，涉嫌犯罪的企业大多数是中小微企业或者新型行业的企业。跨国集团中的一整套合规管理体系无法生搬硬套到中小微企业中，必须针对我国企业的特殊情况，建立有针对性的、有区别的合规治理方案。

企业合规改革工作是新的挑战和机遇，是检察机关更新司法理念的尝试，是检察机关参与社会治理的责任，是检察机关维护公共利益的新要求，也是检察机关主导改革面临的新课题。只有厘清检察机关的定位、制定考察评估标准、规范检察权的行使，才能使企业合规改革行远至深。

2. 论企业合规命题下检察权的运行张力与辐射界限

广东省深圳市福田区人民检察院（企业合规）课题组*

　　涉案企业合规改革作为一项制度创新，需要为其找寻适切的法理基础作为依托，并在实践与理论之间的充分循环论证中获取该命题的逻辑前提。同时，在检察权运行的疆域与权限范围内，妥善地、合理地、合目的地为该项制度革新设定权力的边界，以防止公权力的无制性、超过性行使触及私权的固有领地与禁止区域，避免因司法上的革新举措的非理性扩张与膨胀式用权而侵犯关涉对象的合法权益。此外，作为一种绸缪的预案，还为此拟制了必要的公权约束模式以及公权越界、侵犯行为的救济通道。

一、企业合规命题上的公权领域与私权领地：碰撞与聚焦

　　开展涉案企业合规改革，是检察机关新时代新发展的一项重要改革举措，是助推经济社会高质量发展的一项重要制度创新。在这一改革背景下，企业合规监管制度因案涉犯罪而从根源上普遍指向企业经营管理方面及企业职员犯罪预防方面的弊端或缺陷。为此，在对应的内容上便指向了企业的职务领域与管理领域。在办理企业涉案的犯罪案件时，作为履行法律监督职能的检察机关从检察权延伸的角度切入企业合规监管工作，那么，这种作为公权性质的监管工作与作为私权的企业自主经营管理权之间，可能存在一定的碰撞，即便目前还没有产生这样的碰撞。这是必须未雨绸缪的法律性前瞻，也是法学界和实务界对此做预防性研究的共同

---

* 　课题组负责人：王向阳，广东省深圳市福田区人民检察院党组书记、检察长；课题组成员：蔡舒曼，广东省深圳市福田区人民检察院综合业务部主任；黄春晓，广东省深圳市福田区人民检察院检察官；郭志勇，广东省深圳市福田区人民检察院检察官助理；李昂，广东省深圳市福田区人民检察院检察官助理。

使命。

开展涉案企业合规改革在司法目的之预设上，普遍认为欲意达至："督促涉案企业作出合规承诺并积极整改落实，推动企业守法经营，减少和预防企业违法犯罪，促进市场主体健康发展，促进发展法治化营商环境，为经济社会高质量发展提供更加优质的法治保障。"[①] 然而，法律规范往往存在这样一个矛盾命题：设若规范具有超前性，那么由于未来情势的不确定性，可能出现规范与现实的冲突；设若规范是显在滞后，那么必须通过修法来实现弥补或者矫正。正因如此，在企业合规制度的规范上，也应当为上述命题做预判，并通过合理的预案设计来作为这种预判发生的应对。

二、企业合规监管与检察权权能：涵摄与关切

在法律理论与法律实践的通识中，公权的运行以合法性、合理性及可行性作为基本条件和必然要求。由此，当检察权之权能具备在企业合规监管领域上的合法性、合理性和可行性之命题得以证立，那么，该权力运行便被认为具有当然的法律效力。

（一）企业合规监管涵摄于检察权权能

1. 企业合规监管是法律监督权的延伸。在企业合规监管中，检察机关通过关联调查研究、制发检察建议、管理第三方组织，以及在没有适用第三方机制的案件中审查合规计划并开展合规整改验收等职权活动，进一步强化对涉企犯罪案件扩展程序的把握，其本身就是法律监督权在刑事诉讼中的作用内核。

2. 企业合规监管是司法权的潜在权能。在刑事案件审查程序中，检察机关对诉讼活动的整个过程进行"双向"审查，通过启动企业合规程序来考量案件的走向也是检察之司法权能的职责所在。企业合规监管的启动，在总体上取决于检察机关的职权性审查，在涉案企业提出企业合规监督考察申请后，检察机关会根据其申请以及案件的实际情况作出司法上的决断，也就是说企业合规监管天然地潜在于检察权之司法权能。

3. 企业合规在检察权延伸的适度范围之内。世界各国都把检察官作为

---

① 孙国祥：《刑事合规的理念、机能和中国的构建》，载《中国刑事法杂志》2019 年第 2 期。

公共利益的代表，承担着推动社会综合治理的职责。企业合规监管是检察机关参与社会综合治理的一种最新途径，既通过案件办理平息社会矛盾，又可以加强企业的可持续发展能力，推动经济社会高质量发展。因此，这也是检察机关融入经济社会全局发展的实实在在的工作。

（二）企业合规监管具备检察权行使的合理性根据

企业合规监管的发生源起于司法进程中，其结果也将对司法裁量产生影响，因而目前的企业合规监管的主体职责只能由司法机关承担。目前较之于公安机关和审判机关，检察机关作为法律监督机关，行使合规监管职能更具合理性，是行使司法权的各主体中的择优考量结果。

（三）检察机关进行企业合规监管具备可行性

当前及未来，检察机关的法律监督职能已有逐渐向社会公共利益领域拓展的趋势，如检察机关的公益诉讼职能，其中涉及的食品、药品、英烈名誉等领域都是社会公共利益领域。此外，检察建议工作指向也日益从个案弥补演进为社会治理，由此可见，检察权已经实际显现了社会综合治理之权能。检察机关所主导的社会治理权能并非直接参与社会某项工作的具体改进，而是通过监督有关责任主体作为或者改变作为方式来促进社会综合治理。

三、检察权在企业合规监管上的运行张力：范畴与主旨

在企业合规监管的构造上，检察权运行张力在范畴上涵盖企业的制度建构性层面与违法预防性层面。

（一）制度建构性层面

制度建构性层面，即通过对涉案企业的调查、分析以及研究，发现企业的制度漏洞，弥补制度缺陷。其对应的举措主要包括引入先进的管理技术、树立正确的价值导向、用先进的理念浸润等方式从制度上对涉案企业进行规整与建构。刑事合规作为企业合规计划中的主体内容，是制度建构的核心。

（二）违法预防性层面

企业的治理并非一次性的形式功利，而是通过制度设计、理念导入以营造良好的企业文化，通过个案治理与普遍犯罪预防达至合法律目的层面上的企业违法预防。检察权对于企业合规的管理，一般是通过企业合规计划的审核与企业合规整改的验收来达到违法预防的目的。治罪的最佳路径即通过刑事法律和刑事后果的震慑作用达到预防犯罪的作用。如果事先将刑法的评价功能具体化、情景化，有目的地设计、实施可以避免承担刑事责任的行为模式，并在此基础上将社会成员和组织机构的日常活动结合起来，就可以最大限度上避免犯罪，从而使国家在刑法、刑罚等方面没有必要加以适用。企业遵从合规计划的制定和实施，旨在规避刑事风险，恰好符合国家和社会对犯罪最优预防的需要。

四、企业合规监管疆域之检察权辐射界限：约束与救济

（一）检察权和企业自主权的交叉

检察权和企业的自主经营权在正常的运行中，一般而言是各自独立、互不干涉的。只有在企业涉嫌刑事犯罪时，检察权才可以延伸涉入到企业的运营管理当中，其目的意在将其引入正轨。涉案企业合规监管中，检察权正是以公共利益为出发点，以检察审查为手段行使权力。从保护民营企业这一初衷出发，如果检察权在企业合规整改中对企业施加过多的干涉和限制，不仅有侵犯企业自主经营权利之嫌，更不利于企业的进一步健康发展。由是，在企业合规命题下，为防止和避免越界行为，检察权的行使亦应当提前划定疆域界限。

（二）检察权对企业合规监管的介入应当具有针对性

在检察权介入企业合规监管所能行使的职权内容上，我国法学界和实务界目前存在着"体系化整改说"和"针对性整改说"两种观点，且互相之间存在竞争性。"前者认为需要建立完整的合规管理体系，将体系化的合规整改视为发现和预防犯罪再次发生的基本目标。而后者认为，企业合规整改仅需要针对犯罪原因作出有针对性的制度纠错和补救，而并不是要

引入一套完整的合规管理体系。"[1]

企业合规计划的制定应从企业合规的效用出发，有的放矢，"一揽子""大而全"的综合合规计划是对合规泛化理解的结果，通常也是超越应有的边界的。让企业刑事合规行之有效的前提条件是，"针对特定合规风险进行量身打造，这种合规计划的针对性有两个要求：一是对犯罪主观和客观原因的分析，体现企业对自身犯罪行为的认识；二是针对犯罪原因采取整改措施，以预防企业再次犯下类似的犯罪行为"。[2]

从成本—收益分析的角度来看，企业合规目前仍然是一项成本高昂的"奢侈品"，如果不针对特定企业作出区分，一味追求系统全面的企业合规体系，只会把涉案企业合规变成一场从无到有、从1到100、毫无止境的合规体系建设，此类过于严苛的企业合规标准，其效果反而可能是负面的。

（三）对检察权越界行为的约束

1. 检察权的内部约束模式。现阶段在明确了我国企业合规由检察机关主导之后，那么，首先考虑的应当是检察机关内部对检察权的约束模式。考虑到检察权在企业合规监管中的履行方式和履行手段之特性，以及检察权显然属于公权力的一种表现形式之本性，不妨参考同属公权力中的另一种权力——行政权中通行的比例原则，作为内部约束模式的参照。

从比例三原则出发，就要求检察机关在企业合规中做到如下几点，以尽可能地保持检察权适当、必要和相称地行使，避免检察权力的越界、滥用与消极之流弊。

（1）应明确保护民营企业这一基本原则。"检察机关不仅是犯罪行为的追诉者与法律实施的监督者，而且是企业建立并完善合规计划的积极推动者。"[3]企业合规是为了确保民企建立刑事风险防范机制，促进营商环境法治化，以更大的力度维护民企和企业家的权益。

（2）检察机关企业合规的介入应当具有针对性。如前文所述，检察机

---

① 陈瑞华：《企业有效合规整改的基本思路》，载《政法论坛》2022年第1期。

② 王焰明、张飞飞：《企业刑事合规计划的制定要把握四个特性》，载《检察日报》2021年7月13日，第7版。

③ 李奋飞：《论企业合规检察建议》，载《中国刑事法杂志》2021年第2期。

关应当围绕与企业涉嫌犯罪有密切关系的问题要求企业进行整改，以最小化对企业的伤害。

（3）根据企业的类型，定制化制定合规计划，以体现相称性原则。刑事合规计划有周期常、运营成本大等特点，因而对不同的企业应当注意具体分析。主要包括：第一，自由选择。涉案企业合规的开展与企业合规计划的制定取决于检察机关和涉案企业的双方意思合意，企业要根据自身的规模、能力、行业特点等具体情形自行选择是否适用合规建设。第二，模式选择，合规计划不是一味越系统越好，而应当根据涉案企业自身合规短板、业务侧重点能对应展开，而不能千篇一律。

2. 检察权的外部约束模式。

（1）善用第三方监管机制。明确定位，准确界定检察机关的职能。企业的合规承诺想要落实落地，就必须建设好、使用好第三方监管机制。[①]在第三方监管机制运行过程中，检察机关在监督第三方监管人的同时，不应越俎代庖，而应履行好"守门人"的职责。

（2）建立健全企业合规制度中的司法公开程序。最高法发布的《关于推进司法公开三大平台建设的若干意见》，规定了进行司法公开的内容，从而对健全司法权力运行机制产生了重大意义。参考前述机制，检察机关涉案企业合规相关的程序应当予以公开，主要公开内容应该包括合规不起诉规范、相关法律程序、相应的案件情况等。

（四）在企业合规监管中保障企业的救济手段

应保障企业的申辩、控告权，探索建立企业合规监管复议制度。同时，企业合规应当纳入被害人的参与机制，检察机关应积极引导被害人参与到企业合规中，咨询、征求其对合规整改的意见，并将其纳入合规整改是否通过的评审内容。

五、结语：完善与能动

推动企业合规改革，既不能脱离现有的检察职权，也不应替代企业内

[①] 邱春艳、李钰之：《最高检召开企业合规试点工作座谈会》，载《检察日报》2020年12月28日，第1版。

部的法律顾问。① 为实现这一点，检察机关在涉案企业合规中不仅要尊重涉案企业正当法律权益，也要尊重涉案企业员工的个人合法权益。在权力运行与权益保护的平衡中，寻找到一个最佳的支点。

企业合规制度并非天然完美，存在着一定的成长空间。随着企业合规试点的进一步扩大，可能还会产生一些新的问题。在产生问题之前就打好"预防针"，不仅是法制建设的应有之义，更是保障企业合规制度能够长期稳定运行的"压舱石"。由于企业合规制度在中国推行是新生事物，因此应当在保持足够的耐心与恒心的同时，通过完善与优化，不断地演进制度运行的实效与效率。为此，在确保检察权不越界、不滥用、不消极的前提下，运筹如何能动地发挥出检察权的履职实效性之谋略，更应是检察机关需要进一步去思考和探索的问题。

---

① 《推动企业合规当好称职"老娘舅"》，载《检察日报》2021年4月19日，第1版。

3. 涉侵犯知识产权犯罪小微企业合规问题研究

张 浩 李 卉 官春茂[*]

2021 年 9 月，中共中央、国务院印发的《知识产权强国建设纲要（2021—2035 年）》（以下简称《纲要》），对现在以及未来一段时期知识产权制度建设和事业发展作出了整体安排，凸显了知识产权在国家法治体系和国家创新体系中的重要构成地位和特殊制度功能。自 2021 年起，广州市黄埔区检察院（以下简称黄埔区检察院）集中管辖广州市知识产权一审刑事案件，积极探索涉侵犯知识产权犯罪小微企业刑事合规，充分运用检察监督职权参与引导、协助企业有序健康发展。本文以涉案企业刑事合规改革为视角，对检察机关审查涉侵犯知识产权犯罪小微企业的合规问题进行探讨，以期对我国未来的涉侵犯知识产权犯罪小微企业合规的检察工作提出方向指引和路径规划。

一、广州知识产权刑事案件开展合规的现状

（一）知识产权一审刑事案件集中管辖后案件的办理情况

2021 年 9 月 30 日，广州市中级法院、广州市检察院、广州市公安局、广州市司法局联合印发《关于调整广州市知识产权刑事案件管辖的规定》，决定自 2021 年 9 月 30 日起分步将全市知识产权一审刑事案件集中黄埔区管辖。即由黄埔区检察院集中办理全市知识产权一审刑事案件的审查逮捕（市公安局侦办的除外）、审查起诉，并履行法律监督职责；黄埔区法院集中审判黄埔区检察院起诉的知识产权一审刑事案件。

---

* 张浩，广东省广州市黄埔区人民检察院第四检察部主任、一级检察官；李卉，广东省广州市黄埔区人民检察院检察官助理；官春茂，广东省广州市黄埔区人民检察院检察官助理。

自集中管辖以来，截至 2023 年 12 月 31 日，办理案件具体情况如下：刑事方面：黄埔区检察院受理了审查逮捕案件 905 件 1574 人；审查起诉案件 624 件 1154 人。其中，涉及商标类案件 1451 件 2561 人（审查逮捕 856 件 1477 人、审查起诉 595 件 1084 人，涉单位犯罪案件约占此类案件的 9.51%，约占全部知识产权刑事案件的 9.03%）；涉及专利和著作权类案件 73 件 147 人（审查逮捕 48 件 93 人、审查起诉 25 件 54 人，涉单位犯罪案件约占此类案件的 58.9%，约占全部知识产权刑事案件的 2.81%）；涉及商业秘密案件 5 件 20 人（审查逮捕 1 件 4 人、审查起诉 4 件 16 人，全部为涉单位犯罪，约占全部知识产权刑事案件的 0.33%）。

自广州市知识产权刑事案件集中管辖以来，黄埔区检察院已完成涉侵犯知识产权犯罪小微企业刑事合规案件 2 件，拟开展 1 件。随着企业合规职能的不断优化发展，将常态化对符合条件的涉侵犯知识产权犯罪的企业开展企业合规。

（二）涉侵犯知识产权犯罪小微企业合规的现状及问题

从上述数据分析可知，目前针对涉侵犯知识产权犯罪小微企业开展企业合规的数量较少，主要原因有以下几点：

1. 开展企业合规的范围较窄、意愿低。目前黄埔区检察院办理的知识产权刑事案件绝大部分属于侵犯商标权、著作权等类型的案件。在此类型的案件中，犯罪嫌疑人或被告人绝大多数系自行开设私人作坊制假售假，属于无证经营，工厂并未办理工商营业登记，未形成规模化，组织形式简单，以家庭小作坊式经营居多，在法律上不仅无法以单位犯罪追究法律责任，更无法将其纳入正式企业合规的范畴。此外，即使犯罪嫌疑人或被告人系具备一定组织形式的企业或者系企业的法定代表人，但由于缺乏必要的法律认识，对于企业合规的作用、后果不甚理解，认为只要退回违法所得或者接受惩罚即可案结事了，并且出于合规成本考虑，对开展企业合规的意愿不高。开展涉案小微企业合规，一方面企业开展合规将产生相关费用，另一方面如果适用第三方评估的还将产生第三方组织履职所产生的考察费等费用。近年来，小微企业自身经营面临困难，加上缺乏对知识产权企业合规的认识，从而导致适用知识产权企业合规的企业较少。

2. 检察机关在合规中的职能定位不够明晰。当前在企业合规不起诉制度改革的过程中，如何确定检察机关的主导地位和作用是改革的关键。当下，以检察机关为主导的企业合规已经成为主流趋势，随着改革的逐步深入，检察机关在企业合规改革试点中发挥着主导作用，但主导不等于主办，更不是包办，检察机关的履职界限在多个方面需要进一步得到明确。如在企业合规监督考察过程中是否有必要监督企业的合规建设情况、合规监管小组的履职情况以及检察机关是否可以直接负责第三方组织人员的经费管理等。实践中，有的检察机关全流程参与了企业合规标准的制定、监督、评估；有的检察机关则是划分职能范围，仅提出要求，具体实施由其他行政机关负责；有的地方的第三方监管组织在工作过程中会以不熟悉工作流程为由将工作转回至检察机关。可见，检察机关职能定位不明确的问题，也对企业合规制度的实践产生一定影响。

3. 缺乏涉侵犯知识产权犯罪企业合规验收标准。由于刑事案件企业合规制度尚处于初期探索阶段，对涉侵犯知识产权犯罪企业进行知识产权专项合规缺乏明确的操作指引和规范，并且相关办案人员也缺乏企业合规专项培训。实践中，办案人员普遍反映存在三类难题：一是对案件是否符合开展企业合规的要求把握不准，不清楚开展企业合规与案件办理的关联性；二是企业合规的规范、文件零散，企业合规的办案流程不清晰；三是难以把握知识产权专项合规与一般企业合规的差别。

4. "后合规"阶段的企业犯罪如何避免未明确。按照企业合规的流程，涉案企业合规通过评估验收，并被检察机关依法从轻从缓（特别是不起诉）处理以后，企业的犯罪行为并不意味着"案结事了"。在实践上针对企业犯罪的"后合规"阶段仍有许多问题亟待处理。如涉案企业或企业的高管、工作人员犯数罪，在进行企业合规的期间仅如实供述了一罪或者部分犯罪事实的，后续如何处理缺乏明确的规定；再如企业合规履行完毕后，如果不起诉的涉案企业或者其高管、人员再次实施新的犯罪行为，如何处理也没有相关规定。在企业合规的"后合规"阶段中，如果存在上述漏罪或者再犯新罪的情况下，如何评价前期企业合规所得的成果，仍需要进一步探讨和研究。

二、对涉侵犯知识产权犯罪小微企业开展企业合规的必要性

（一）企业合规具有挽救小微企业的功能

企业合规是指企业及其员工的经营管理行为符合法律法规、国际条约、监管规定、商业惯例、行业准则和企业规章等要求。[①] 其中，刑事合规是企业合规的重要组成部分，在企业合规中发挥着重要的作用。在企业合规制度中，涉案企业合规制度是检察机关主导推动的保护企业健康发展、保护非公经济的刑事法领域激励机制。涉案企业合规制度，是检察机关对于那些涉嫌犯罪的企业，发现其具有建立合规体系意愿的，可以责令其针对违法犯罪事实，提出专项合规计划，督促其推进企业合规管理体系的建设，然后作出相对不起诉决定的机制规则的总称。[②] 合规不起诉可分为"检察建议模式"和"附条件不起诉模式"。在前一个模式下，检察机关在对企业作出相对不起诉决定的同时，向其送达检察建议，要求其在一定期限内建立专项合规体系。[③] 而在后一种模式下，检察机关对于提交合规计划的企业，作出暂缓起诉、合规考察或者附条件不起诉的决定，设定一定的考验期，责令其聘请合规监管人，后者对企业合规进展情况进行全流程监管，并定期提交合规进展报告，在考验期结束后，检察机关根据企业合规的推进情况，作出是否提起公诉的决定。目前，我国开展企业合规改革探索的检察机关，绝大多数推行的是附条件不起诉模式。如果通过合规可以对单位作出不起诉决定，这种模式对小微企业而言，便具有十分重要的正向价值与功能，尤其是有融资需求或者准备上市的小微企业，可以避免因为有刑事犯罪记录而导致的融资或者上市困难。

（二）合规整改具有避免企业再犯罪的功能

民营企业家一旦被采取强制措施，往往就会事关几十人、上百人的就业问题，事关企业的生死存亡，甚至会引发社会稳定问题。针对涉及企业

---

① 陈瑞华：《企业合规基本理论》，法律出版社 2021 年版。

② 陈瑞华：《企业合规不起诉制度研究》，载《中国刑事法杂志》2021 年第 1 期。

③ 《合规检察建议＋相对不起诉，长宁检察护航企业"轻装"再出发》，载微信公众号"长宁检察在线"，2020 年 10 月 20 日，https://mp.weixin.qq.com/s/3eLcNuEUkb-NvnQarSNzbQ，2020 年 11 月 6 日访问。

的犯罪案件，检察机关有必要及时找到案件中存在的风险点，提出防控对策，避免引发和加剧企业的经营风险。此外，检察机关引导和监督企业完成合规管理有利于企业摆脱经营困境，有利于构建良好营商环境。检察机关履行检察职能开展企业合规符合当前的政策导向。涉案企业合规制度让检察机关积极参与到企业治理过程中，实现了从追求惩罚、威慑效果向督促企业改变治理方式的重大转变，并推动检察职能由注重事后、消极预防向注重事前、积极预防转变。[①]

刑事企业合规最终极的目的是预防企业再犯。世界各国在发现和惩治企业或者企业员工的业务犯罪中，普遍遇到的难题是企业内部职位的职责和义务内容不清，难以分清各个职位的责任；或者是企业的议事规则和决策方式不明，难以获取相关的证据；又或者是企业内部发生违规行为时，企业的对策往往采取内部方式解决和处理，很少第一时间请求公权力介入，从而导致追诉机关难以获得企业犯罪线索。此外，当企业内部犯罪被发现时，追诉机关获取的证据证明力不高。企业进行刑事合规有利于促使其员工遵守刑法的规定，确保企业利益不受违规行为的损害或将损害尽量降到最低。

企业在制定刑事合规规则时需要厘清本企业各岗位的职责内容、岗位之间的相互关系以及本企业的议事程序以及决策程序等。这在一定程度上帮助企业走上程序化、规范化经营，预防和避免企业在今后的生产经营中再次犯罪。

三、检察机关如何对涉侵犯知识产权犯罪小微企业开展企业合规

（一）确立检察机关对小微企业知识产权合规的主导与监督责任

企业合规制度改变了过去对抗性的司法模式，实现刑事司法合作型的转变。企业合规的目的在于防范企业刑事法律责任风险，以刑事量刑的优待作为推动企业主动进行合规的动力。检察机关在刑事司法程序中，处于承上启下的环节，对公安机关侦查终结的犯罪事实进行审查后作出起诉或者不起诉的处理决定。这一特殊位置和角色，决定了检察机关适

---

① 李勇：《检察视角下中国刑事合规之构建》，载《国家检察官学院学报》2020年第4期。

宜承担企业合规主导责任。公安机关作为侦查机关，在侦查阶段，案件事实尚处于侦查过程中，整个案件的犯罪情况和涉案企业所存在的刑事法律风险尚未完全呈现出来。在公安机关侦查阶段开展企业合规，难以实现案涉企业开展全面合规的目的，无法避免片面合规的问题。若企业合规计划实施后，检察机关在审查起诉过程中发现其他合规风险，必须再次启动合规，必将造成程序上的重复，增加企业合规成本。而审判机关是对检察机关提起公诉的事实进行审理认定和判处刑罚。相较于公安机关和审判机关，检察机关作为审查逮捕和审查起诉的角色，特别是在捕诉一体改革后，检察机关能够第一时间掌握整个刑事犯罪的全貌，具有分析把握案涉企业风险的条件。同时能够利用审查起诉期间启动企业合规，合规条件和合规效率上决定了检察机关开展企业合规的主导地位。最后，企业合规制度可以重塑检察机关预防企业犯罪的角色，实现从注重事后、消极预防向事前、积极预防的转变，推动企业治理结构变革，丰富检察权内涵，进而推动检察权在国家治理体系中角色的重大变革。①

纵观各国构建企业合规制度，均以检察权作为企业合规的主导。但同时，企业合规制度并不仅限于检察权的行使之下。刑事司法的实际需要和企业合规的时间需求，均决定了企业合规必将贯穿于整个刑事诉讼过程。如一些大型企业的合规计划实施，几乎难以在检察权行使期限内完成合规，若将企业合规限制在检察阶段，必将造成案件办案期限延长，容易出现挂案，与现行强调司法效率的价值理念相悖。因此，确立检察机关作为企业合规的主导地位，侦查机关和审判机关予以配合的企业合规模式，是推动企业合规制度得以发展的正确道路。

针对于小微企业的知识产权合规，鉴于小微企业从业人员较少，公司治理结构简单，业务相对比较单一，存在的知识产权刑事犯罪风险较为单一，开展合规工作相对比较简单，所需合规整改期限也相对较短。检察机关开展企业合规具有较好的条件，办案期限也能够完全满足小微企业知识产权合规需要。另外，检察机关针对提前介入侦查的案件，对于案件事实比较清楚的，也可以提前启动企业知识产权合规程序。综上，现行司法配

---

① 李本灿等编译:《合规与刑法——全球视野的考察》，中国政法大学出版社 2018 年版，第71—72 页。

置和司法分工也决定了检察机关负有开展涉案小微企业知识产权合规的主导责任。

检察机关行使提起公诉和建议量刑的权力，案涉企业的合规情况关系到检察机关对涉案单位和个人作出起诉或者不起诉，以及是否给予量刑上优待的处理决定。这一权力设置，决定了检察机关对涉案企业合规具有监督管理的责任。虽然在最高检的推动下，已经在国家层面和部分地区成立了第三方监督评估机制，但小微企业的合规相对比较简单，从合规效率和成本上的考量，应当优先选择检察机关自行开展合规考察，以减少企业合规成本。为充分保障合规整改效果，检察机关应当承担企业合规的监督责任，避免出现企业无法自行完成合规整改的现象。另外，即便适用第三方评估监督机制，检察机关行使审查起诉和建议量刑的权力，是对案件犯罪性质和量刑情节的审查，相关评估结果直接影响检察机关的判断。对第三方监督评估组织出具的评估意见的审查要求，也决定了检察机关参与监督管理的必要性。

（二）明确小微企业知识产权合规案件的适用范围和成本控制方式

1.适用范围。小微企业具有业务规模小，从业人员少，公司治理结构简单，公司股东单一，呈现出以家庭成员或者关系密切人员控股并承担公司经营的特征。这导致了此类公司极其容易出现股东与公司人格混同，公司经营行为与大股东或者法人行为高度一致，叠加公司业务单一，若涉嫌知识产权侵权行为的业务系该公司的主要经营业务，则容易被认定存在"公司、企业设立后以实施犯罪为主要活动的情形"。对于小微企业不能简单从涉案业务行为占比来考量是否符合企业合规适用范围，要从合规完善涉案企业的管理、促进市场商事主体的合规经营的目的出发，尽量扩大适用范围，坚持应用尽用的原则。

对小微企业开展知识产权合规适用范围主要满足以下几个方面的要求：一是案件事实基本查清，能够基本认定知识产权侵权行为和存在的风险。企业知识产权合规的目的是针对企业涉嫌知识产权刑事犯罪所呈现出来的合规风险，予以整改，达到完善企业治理的目的，因此查清案件基本事实是发现企业知识产权合规风险的前提。二是公司法人或者主要管理人对证据所呈现出来的犯罪事实予以认可和具有合规意愿。企业合规是企业自身的合规整改，如何实施整改和合规制度是否得到有效落实依赖于公司经营者的意志，所以公司主要经营人员的意愿是企业合规的关键。三是公司处于正常经营状态，是开展合规整改的前提。对企业开展合规需要考察企业本身是否具有开展合规的价值。公司正常经营是进行合规整改的前提，若公司的实际经营情况已经属于停业或者歇业状态，则缺乏合规的必要性。四是公司不存在为实施犯罪或者成立后主要从事犯罪的情形，针对公司成立后是否主要从事犯罪活动的认定，要考虑小微企业业务单一的特征，要考虑经营者的主观恶性；对于为了实施犯罪所成立的企业，或者企业主要依靠犯罪行为才能开展业务的，则不存在合规的必要。五是犯罪行为必须反映出公司经营治理存在风险。如果单独是企业家自身问题，不涉及公司经营治理，则无开展合规的必要性。

2. 成本控制。小微企业经营规模小，营收额度不高，企业利润也相对比较小，对合规费用比较敏感。从现行合规实际情况看，启动合规程序后，需要由公司自行或者委托律师作出合规计划和推动计划落实，最后由检察机关自行或者委托第三方监督评估组织对合规情况进行评估验收，根据验收结果作出相应的处理决定。可见，企业合规程序相对比较繁琐，企业委托律师、会计师等对公司进行合规整改和整改后第三方组织的评估验收，均将产生一定的费用，直接影响到企业合规的意愿。

如根据广州市第三方监督评估的相关规定，小微企业合规评估费用不超过 9 万元，而这部分金额对于小微企业来说则是一笔较大的费用。因此，针对小微企业开展合规，在制度设定上要充分考虑企业合规成本，同时鉴于此类企业的特点，可以出台相关合规指引，为企业自行开展合规提供必要的支持，减少企业合规成本。另外，在评估验收方面，小微企业合规整改，完善公司治理机构和制定制度均相对比较简单，一般情况下无须借助第三方监督评估机制开展验收。因此，在合规整改评估方面，可以优先选择检察机关自行评估验收的方式。

综上，企业知识产权合规成本控制上，可以从合规整改和合规验收两方面予以考虑。研究出台小微企业知识产权合规指引，探索涉案小微企业在顾问律师指导下自行开展合规。建立检察机关知识产权合规监督评估小组，以满足小微企业知识产权合规整改监督评估的要求。

（三）建立小微企业知识产权合规的审查程序

1.合规程序启动。企业合规的启动，主要包括检察机关对案件是否符合适用合规条件的初步判断和企业是否具有合规意愿两个方面的考量。在小微企业知识产权合规程序的启动上，可以从检察机关对案件的初步审核和企业合规意愿表达两个方面进行程序设置。2022年4月，经过试点，这项改革在全国检察机关全面推开。企业合规案件不再局限于检察环节，而是进一步向审判环节延伸，推进合规改革在刑事诉讼中的全流程适用。因此本文所设想的程序设置主要立足检察机关职能，在提前介入和审查逮捕、审查起诉阶段予以考虑。

从检察机关角度看，检察机关通过提前介入侦查或者受理审查逮捕、起诉案件，掌握刑事案件，在此阶段可以对涉案企业是否符合合规适用条件进行初步审查。对于可能符合合规适用条件的企业，应当在补充侦查过程中，要求企业完善相关资料，为最终评估是否符合企业合规适用条件搜集好基础材料。同时，应当确定检察机关在案件移送审查起诉后，15个工作日内，作出是否符合适用企业合规条件的决定。通过设定审核时间，确保企业合规制度得到有效落实。

从企业角度看，涉及是否获得企业合规制度告知，合规意愿如何表达的问题。检察机关应当在审查逮捕阶段告知企业相关合规制度和提供企业经营情况材料的要求，以期企业能够在审查逮捕后的侦查期间内完成相关材料准备。在案件移送审查起诉后，检察机关即可听取案涉企业是否具有合规意愿和通过审核企业提供的相关材料，在上述设想的期限内作出是否开展企业合规的决定。这样的制度设想，能够尽快筛选出符合合规的企业，为后续的合规实施留出足够的期限。

2.小微企业知识产权合规的审查。小微企业知识产权合规审查，主要包括审查涉案小微企业是否符合企业合规条件。在案涉企业表达合规意愿之后，检察机关对案件的犯罪事实、企业经营情况等方面进行审查，最终作出是否启动企业合规的决定，以及拟采用何种企业合规方式。出于检察机关了解企业经营情况的需要，案涉企业在提出合规意愿的同时，应当向检察机关提交企业近三年的企业经营、纳税、用工和社保缴纳情况。检察机关在判断犯罪事实所反映出企业经营刑事风险的基础上，结合企业经营情况作出是否适用合规的决定。对于拟适用企业合规的，因涉及对案涉企业和个人给予刑罚上的优待，还需听取被害人一方以及侦查机关的意见。另外，为了确保企业合规计划的顺利实施，对于已被羁押的公司法定代表人、股东、主要管理人员应当进行羁押必要性审查，原则上应当变更为取保候审强制措施。对于不符合企业合规的，应当及时告知企业不适用合规的决定以及说明理由。

小微企业合规评估方式的选定，检察机关可以根据小微企业的营收情况以及合规整改的复杂程度，坚持尽量降低企业经济负担的原则，优选适用检察机关自行评估验收机制。在决定合规验收方式前，应当听取涉案企业的意见。另外，关于企业合规如何开展问题，可以由企业根据自身经济情况选择开展合规的方式，但就拟开展企业合规聘请律师、会计师等人员组建合规团队，以及拟开展合规的计划内容，应当形成合规计划书提交给检察机关审查。

3. 小微企业知识产权合规期限和合规计划实施。小微企业开展合规，主要涉及经营架构调整、制度制定、风险培训、风险设别四个方面，合规内容相对比较简单，在确定合规期限时，可以结合检察机关审查起诉期限的规定，一般设定3个月的整改期较为合适。有些试点地区的合规案件期限仅为一个月，对于小微企业来说，虽然一个月的期限能够构建整套合规制度。但企业合规的目的不仅是制度的建立，还需关注合规制度是否得到有效运行。因此，若只是确定一个月的期限，容易出现只是建立制度，但未实际运行的现象。另外，过长的期限也不符合司法效率的要求，3个月的考察期限，兼顾了合规制度建立和初步运行情况的考虑，能够较为全面地反映出企业合规情况。

合规计划的实施是企业合规的关键，企业合规应当遵循风险评估、应对整改、运行评价三个方面进行，形成一个自我评价，逐步完善的合规制度。在企业合规整改小组建立之后，首先应当对企业所面临的风险进行全面的分析评估，这一方面可以企业自行评估或者邀请律师事务所等组织参与评估。其次，根据识别出来的风险，从公司管理架构、公司管理制度、员工培训等方面进行整改已达到防范风险的目的。最后，应当定期对整改措施的运行成效进行评估，根据评估结果进行修正，已寻求最佳的整改效果。针对小微企业的合规，由于一般情况下成立公司主要管理人员加律师的整改小组人员结构，在实施上述整改过程中，在各个环节节点可以邀请检察机关介入，对存在的不足之处提出意见。

4.小微企业知识产权合规考察要点。小微企业知识产权合规考察要重点关注企业实质性合规，在形式上可以根据企业情况灵活变通。如企业风险控制的重点在于是否能够有效防范风险，至于是否成立专门的风险控制部门则并非合规考察重点。在考察过程中，要重点关注知识产权侵权风险是否能够被有效控制。从这一出发点，可以从以下几个方面评估小微企业知识产权合规情况。

（1）风险识别是否充分、全面。已识别的风险是否包括侵犯商标权、侵犯专利权、侵犯著作权、侵犯商业密码刑事犯罪风险。（2）是否已经制定了知识产权合规工作责任清单和知识产权奖惩制度，设立了专门的部门或者人员负责知识产权合规审查。（3）公司各岗位职责是否涵盖知识产权风险防范，岗位人员在履职过程中是否能够根据员工手册准确识别知识产权侵权风险或者能够通过相关渠道进行甄别。（4）是否建立完善的文件信息化管理措施，能否对公司的经营情况进行准确的记录，以满足发生侵权纠纷后的溯源审查。（5）是否建立合规培训制度，公司员工对知识产权侵权是否具备必要的认知。（6）是否建立了评估改进制度，指导每年对现行的知识产权合规制度的运行情况进行一次总结评估后进行完善，及时针对相关法律法规进行修订，进行风险识别和管理制度修订。

（四）小微企业合规不起诉后的跟踪回访

小微企业公司治理结构简单，开展知识产权合规呈现"短平快"的特点。此类企业所需合规整改内容较少，合规期限相对比较短。并且这种小微企业经营严重依赖于股东，缺乏其他人员的监督制约，容易出现合规制度验收之后得不到有效延续的问题。合规验收之后，涉案企业和个人已得到刑罚上的优待，相关刑事司法程序已经结束。若公司股东未有效行运合规过程中建立起的合规制度，则严重违背了企业知识产权合规的初衷，导致合规制度成为企业花钱减刑的不良示范作用。因此，做好小微企业知识产权合规后的跟踪回访工作尤为重要。

1.确立整改期和后续考察期的双期限制度。小微企业知识产权合规不能合规后一放了之，确保建立起来的合规制度得到有效的延续，才是企业合规的初衷所在。小微企业短时间的整改，难以形成公司股东和员工对合规的认同，必须经过较长时间的制度运行，才能将制度融入公司经营文化。为达到这一目的，就必须确立一个相对较长的后续合规跟踪考察期限。有必要确定整改期和后续考察期双期限制度，针对不同企业可以确定一年到两年的企业后合规考察期限。

2. 后考察期的主要目的在于督促企业有效运行合规制度。设定一个较长的考察期限，通过检察人员回访和企业主动报告的方式，跟踪企业落实合规整改过程中建立的合规组织、制度的情况。将企业业务经营情况和合规风险培训记录作为重点跟踪内容，进行合规制度有效性的评估，以判断合规制度是否得到充分应用。

3. 确立后合规考察期限，必须配套规定相关责任和后果作为制度落实的保障。在刑事司法程序已经完结，对涉案企业和人员作出司法优待之后，已经根据后合规的考察情况对企业和人员作出相应的处理，无法逆转，难以对企业合规制度运行进行督促。为此，可以探索合规企业信用公示制度，对合规企业的考察情况作为企业商事登记信息予以公示，以形成对企业自觉落实合规制度形成内在动力。

4. 涉案企业合规第三方监督评估机制的实践探索与完善路径

刘山泉　李　梓　赵　恒[*]

　　经过两年两期试点工作的有益探索，在中央有关部门、试点地区党委政府及社会各界的广泛关心支持下，涉案企业合规改革试点工作稳步推进，积累了丰富的实践经验。2022 年 4 月 2 日，最高人民检察院（以下简称最高检）正式官宣在全国范围全面推开这一改革试点工作，标志着该项改革进入全新发展阶段。随着改革试点工作迈向"深水区"，第三方监督评估机制能否建好用好，直接关涉改革成败。

　　2021 年 6 月 3 日，最高检会同司法部、全国工商联等八部门联合印发《关于建立涉案企业合规改革第三方监督评估机制的指导意见（试行）》（以下简称《指导意见》），通过下定义的方式，大致勾勒出我国涉案企业合规第三方监督评估机制的总体轮廓。2021 年 9 月 3 日，在第三届民营经济法治建设峰会上，国家层面的企业合规第三方监督评估机制管理委员会（以下简称第三方机制管委会）宣告成立。2021 年 11 月 22 日，最高检等九部门办公厅又正式出台落实《指导意见》的实施细则和《第三方机制专业人员选任管理办法》两个配套文件。2021 年 12 月 16 日，涉案企业合规第三方监管人座谈会在北京召开，组建成立由 207 人参加的首批国家层面第三方监督评估机制专业人员名录库，至此基本搭建起我国涉案企业合规第三方监督评估机制的"四梁八柱"。从上述一系列文件的密集出台和会议的陆续召开，充分说明：最高检把第三方监督评估机制放在企业合规制

* 刘山泉，广东省深圳市坪山区人民检察院党组书记、检察长；李梓，广东省深圳市人民检察院企业合规办公室成员、一级检察官；赵恒，山东大学法学院副教授、博士生导师，法治前海研究基地研究员、山东大学检察理论研究中心研究员、广东刑事检察研究基地兼职研究员。

度建设的首位。

本文以 3 年来深圳检察机关的涉案企业合规改革试点工作及第三方监督评估机制实际运行情况为实证研究样本，系统梳理该机制在适用范围、机制建设、履职监督、异地协作、经费保障、信息化建设等方面的实践难题和改进空间，以期对涉案企业合规第三方监督评估机制的完善提供可选路径。

一、涉案企业合规第三方监督评估机制的深圳探索

（一）深圳检察机关涉案企业合规改革试点工作基本情况

自 2020 年 3 月深圳宝安、南山开展全国首期涉案企业合规改革试点工作以来，截至 2023 年 2 月底，深圳两级检察机关共办理涉案企业合规案件 144 件（适用第三方监督评估机制 71 件）。其中，深圳市检察院办理 32 件，宝安区院办理 19 件，南山区院办理 18 件，坪山区院办理 16 件，龙岗区院办理 14 件，罗湖区院办理 13 件，福田区院办理 12 件，龙华区院办理 7 件，光明区院办理 6 件，盐田区院办理 3 件，前海、深汕两个区院各办理 2 件。目前全市 12 家检察院均有在办企业合规案件。具体如下列图表所示：

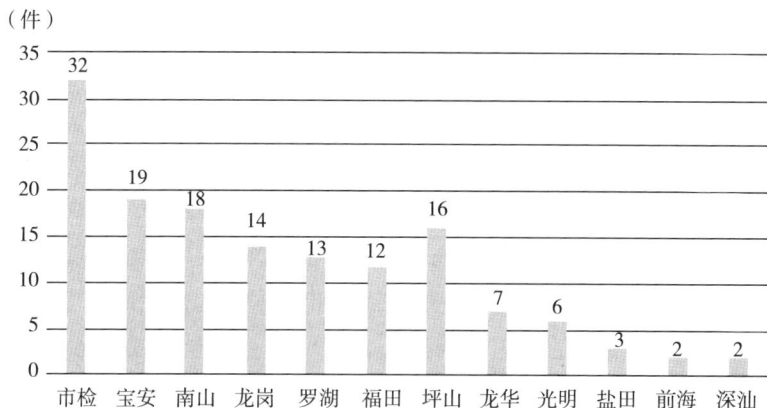

图 1　深圳检察机关企业合规案件区域分布图（144 件）

表 1　深圳检察机关企业合规案件近 3 年办理情况表　　　　单位：件

序号	单位	2020 年	2021 年	2022 年	2023 年 1—2 月	合计
1	市检	0	15	15	2	32
2	宝安	6	6	7	0	19
3	南山	4	6	6	2	18
4	龙岗	0	9	5	0	14
5	罗湖	0	1	12	0	13
6	福田	0	2	10	0	12
7	坪山	0	1	8	7	16
8	龙华	0	4	3	0	7
9	光明	0	2	4	0	6
10	盐田	0	0	3	0	3
11	前海	0	1	1	0	2
12	深汕	0	2	0	0	2
合计		10	49	74	11	144

注：因 2020 年深圳只有宝安、南山区院两家单位列为首批试点单位，故其他单位数据均为 0。

　　试点以来，深圳检察机关积极探索企业合规的适用罪名、适用类型，积累办案经验、丰富实践样本。目前，罪名适用范围从首期试点的 7 个增加到 42 个，适用罪名显著扩大，有效彰显制度生命力。

　　常见高发罪名集中在 13 类 26 个：（1）走私类犯罪，共 41 件，占比 28.47%。（2）行受贿犯罪，共 19 件，占比 13.19%。（3）安全生产领域犯罪，共 18 件，占比 12.5%。（4）职务侵占罪，11 件，占比 7.64%。（5）假冒注册商标罪，8 件，占比 5.56%。（6）涉税类犯罪，5 件，占比 3.47%。（7）环境资源类犯罪，5 件，占比 3.47%。（8）非法经营罪，5 件，占比 3.47%。（9）伪造印章类犯罪，5 件，占比 3.47%。（10）信息网络类犯罪，共 4 件，占比 2.78%。（11）非法吸收公众存款罪，3 件，占比 2.08%。（12）违法发放贷款罪，2 件，占比 1.39%。（13）串通投标罪，2 件，占比 1.39%。具体如下图所示：

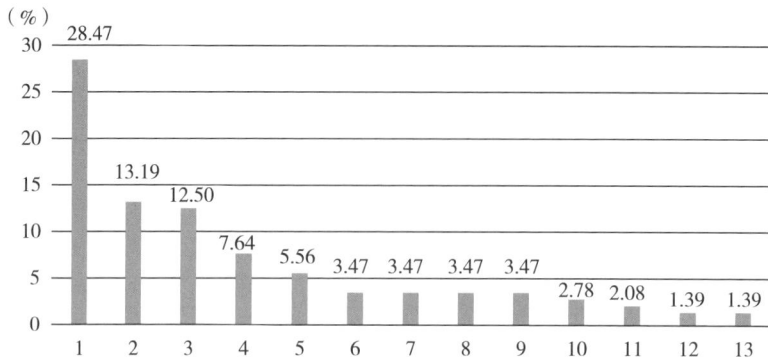

图2 深圳检察机关企业合规案件常见高发罪名分布图

另有少见偶发罪名16个，涉及逃汇罪、违规披露重要信息罪、逃避商检罪、非法利用信息网络罪、破坏易燃易爆设备罪、侵犯公民个人信息罪、非法销售窃听专用器材罪、对违法票据承兑罪、销售假药罪、故意毁坏财物罪、骗取贷款罪等。具体如下图所示：

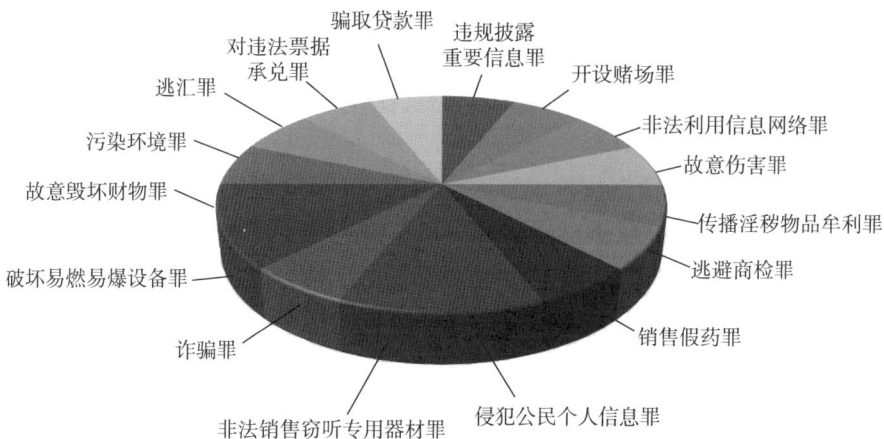

图3 深圳市检察机关企业合规案件少见偶发罪名分布图

（二）深圳检察机关涉案企业合规第三方监督评估机制运行情况

根据最高检2023年1月13日发布的《关于2022年全国检察机关办理涉案企业合规案件工作情况的通报》显示：截至2022年12月，全国检察机关累计办理涉案企业合规案件5150件，其中适用第三方监督评估机制案件 3577 件，第三方监督评估机制适用率为 69.5%。同期广东省检察机关共办理涉案企业合规案件 319 件，其中适用第三方监督评估机制案件 182 件，第三方监督评估机制适用率为 57.05%；同期深圳检察机关共办理涉案企业合规案件 133 件，其中适用第三方监督评估机制 60 件，第三方监督评估机制适用率为 45.11%。

表 2 深圳检察机关涉案企业合规第三方监督评估机制运行情况

办案单位	企业合规案件数	第三方监督评估机制案件数	第三方监督评估机制适用率
深圳市	133 件	60 件	45.11%
广东省	319 件	182 件	57.05%
全国	5150 件	3577 件	69.5%

注：本表相关数据均截至 2022 年 12 月。数据来源：最高检 2023 年 1 月 13 日发布的《关于2022 年全国检察机关办理涉案企业合规案件工作情况的通报》。

截至 2023 年 2 月底，深圳检察机关办理的 144 件涉案企业合规案件中，适用第三方监督评估机制 71 件，占比 49.31%。第三方监督评估机制适用率虽较先前已有较大提升，但对标全省、全国，仍有提升空间。

在前两期涉案企业合规改革试点过程中，第三方监督评估机制主要呈现出三种模式：一是检察机关联合行政机关监管模式，以宁波市人民检察院、辽宁省人民检察院为代表；二是独立监控人或合规监督员模式，以深圳市宝安区人民检察院为代表；三是第三方监管人 + 企业合规监督管理委员会模式，以上海市金山区人民检察院为代表。[①]

随着《指导意见》的出台，我国第三方监督评估基本模式已经明确，即采取"检察机关—第三方机制管委会—第三方组织"模式，该模式的监督评估考察主体通常包括第三方机制管委会和第三方组织两个层面。这也是"改革决策者总结、回应、统一试点初期形成的三种合规监管模式的制

---

① 谈倩、李轲：《我国企业合规第三方监管实证探析》，载《中国检察官》2021 年第 6 期。

度产物"。[①]

近两年来，深圳市涉案企业合规第三方监督评估机制总体运行情况良好，在涉案企业合规监督考察过程中发挥了重要作用，为促进深圳市企业合规经营和营造一流国际法治化营商环境做出了积极贡献。

1. 在组织架构方面，深圳市第三方监督评估机制的"四梁八柱"基本确立

在第三方机制管委会层面，深圳市采取"9+4模式"，即早在2021年8月16日，参照国家层面第三方机制管委会的设置组建了由市检察院、市司法局、市财政局、市生态环境局、市国资委、市税务局、市市场监管局、市工商联、市贸促委等9家单位组成的深圳市企业合规第三方机制管委会。

但也正如最高检分管日常工作的副检察长童建明在全国检察机关全面推开涉案企业合规改革试点工作部署会上的讲话所言："第三方机制管委会作为议事协调机构，是'开放式'的，可以根据工作需要增加成员单位。"随着改革试点工作的逐步深入，在系统分析研判出深圳市目前最常见高发的走私类犯罪案件、安全生产领域犯罪案件类型并结合深圳特色的证券金融犯罪案件特点，深圳市检察院积极探索在国家层面9家成员单位的基础上适当拓展，于2022年7月20日正式吸纳深圳海关、深圳海关缉私局、深圳市应急管理局和深圳证监局等4家单位为深圳市第三方机制管委会成员单位，使管委会的指导力量进一步增强、监督评估领域进一步拓宽。

第三方组织承担对涉案企业的调查、监督、评估、考核等职责，负责第三方监督评估机制的具体运行。第三方专业人员名录库能否建好用好，直接关涉第三方监督评估的实际效果。在第三方专业人员名录库层面，根据深圳市九部门《企业合规第三方监控人名录库管理暂行办法》规定，深圳市的第三方组织也叫第三方监控人，第三方监控人名录库的日常管理由深圳市司法局负责。2021年，深圳市司法局面向全国范围优中选优，于2021年12月28日面向社会公布深圳市第一批企业合规第三方监控人名单，正式组建起一支由30家专业机构组成的第三方监控人名录库。与全国绝大多数地方不同，深圳市第一批第三方监控人采取机构入库模式。

---

① 刘艳红：《涉案企业合规第三方监督评估机制关键问题研究》，载《中国应用法学》2022年第6期。

2. 在制度建设方面，搭建起深圳市第三方监督评估机制运行的基本框架

2021 年 7 月和 9 月，深圳市检察院在《深圳检察机关企业合规工作实施办法（试行）》的基础上，会同市司法局、市财政局等 8 家单位先后联合出台《企业合规第三方监督评估机制管理委员会及第三方监控人管理暂行规定》和《企业合规第三方监控人名录库管理暂行办法》。2022 年 6 月和 12 月，针对第三方监控人实际运行过程中最常见的启动流程和费用支付等问题，市司法局又会同市检察院联合相继出台了《企业合规第三方监控人名录库管理工作流程指引（试行）》（以下简称《流程指引》）及《关于第三方监控人履职费用预算和支付计划审查若干问题的补充通知》（以下简称《补充通知》），并形成办案所需的常见 32 份企业合规文书模板，为全市企业合规案件办理提供了基本制度遵循。

3. 在机制运行方面，第三方监督评估机制程序运转基本顺畅但仍有改进空间

2022 年 3 月 4 日至 2022 年底，市司法局共举行 9 场企业合规案件第三方监控人随机抽选会，针对全市 30 件企业合规案件抽选出 30 家专业机构对市内外 42 家涉案企业 ① 开展合规监督考察工作。其中 20 件案件已通过合规验收听证会，剩余 10 件案件的合规监督考察工作正在有序推进中。从上述 30 件案件样本进行观察，深圳市第三方监督评估机制程序运转基本顺畅，但在运转效率、程序优化等方面尚有改进空间。

4. 在合规经费保障方面，深圳市采用涉案企业自负模式

目前，国家层面和省级层面的相关文件，对第三方监督评估机制的经费保障均进行了立法留白，如《广东省涉案企业合规第三方监督评估机制专业人员选任管理办法》第 24 条规定："第三方机制专业人员选任管理工作所需业务经费和第三方机制专业人员履职所需费用，各试点地方可以结合本地实际，探索多种经费保障模式。"

而深圳市在合规经费保障方面，在早期试点期间即明确采取由涉案企业承担模式。如根据深圳市《企业合规第三方监控人名录库管理暂行办

---

① 之所以涉及对深圳市外涉案企业开展合规监督考察，是因为涉及多起全国范围内的异地合规协作案件。

法》第 16 条规定："涉案企业接受选任的第三方监控人的，应当支付第三方监控人履职所需费用。"

二、涉案企业合规第三方监督评估机制的实践难题

（一）企业合规及第三方监督评估机制适用范围的问题

前两期改革实践过程中，我国基本形成了检察机关自行监督考察和第三方监督评估两种合规考察模式。但司法实践中，对于哪些案件可以适用企业合规及第三方监督评估机制确属困扰广大检察官的一大实务难题，也是破解对监督评估机制不会用、不敢用、不愿用，以及适用不充分、不全面等问题的重要环节。

对此，最高检的试点方案里明确了纳入试点的企业范围，称"包括各类市场主体，主要是指涉案企业以及关联企业。国企民企、内资外资、大中小微企业，均可列入试点范围"。关于案件类型，《指导意见》则在试点方案的基础上进行了进一步细化，最初试点方案里只是概括表述："案件类型包括企业经济活动涉及的各种经济和职务犯罪。"而后续出台的《指导意见》中则明确："第三方机制适用于公司、企业等市场主体在生产经营活动中涉及的经济犯罪、职务犯罪等案件，既包括公司、企业等实施的单位犯罪案件，也包括公司、企业实际控制人、经营管理人员、关键技术人员等实施的与生产经营密切相关的犯罪案件。"

实践中较易产生分歧的是后一种情形，例如实践中就发生涉案企业员工因离职与公司发生劳资纠纷，后公司实际负责人雇凶将离职员工打致轻伤的故意伤害案件，对该案能否启动企业合规程序、纳入试点范围等问题，检察机关存在分歧，有的认为该案起因系企业与员工之间工资结算问题导致，而并非与企业无关的私怨，且与实际控制人的职务命令具有一定关联性，因此可以理解为"与生产经营密切相关"。有的则认为：是否"与生产经营活动密切相关"需着重考虑两方面因素：一是案件事实是否在生产经营活动中发生，二是犯罪的形成是否主要由企业内部管理制度的缺陷所导致，采取合规能否预防类似违法犯罪行为的发生。对上述争议，最高检在 2022 年 8 月 16 日印发的最高人民检察院《关于涉案企业合规改革中案件办理有关问题的会议纪要》中予以回应："开设赌场、交通肇事、

故意伤害、传播淫秽物品牟利、销售假药等不符合涉案企业合规改革目的的案件，不能适用企业合规改革。"

早期试点过程中，因有为改革积累足够案例样本的现实考量，实务中多对企业合规及第三方监督评估机制适用遵循"能启尽启"的原则，但随着试点工作的逐步深入，越来越多的理论和实务界专家学者呼吁，应进一步明晰企业合规及第三方监督评估机制的适用范围，将企业合规的改革红利让渡给真正合规守法经营的企业，以防实践中发生"劣币驱逐良币"的不良后果。

（二）第三方机制管委会存在的问题

第三方机制管委会作为承担对第三方监督评估机制的宏观指导、具体管理、日常监督、统筹协调等职责的综合议事协调机构，起着承上启下的作用，一方面负责与检察机关进行合作对接，另一方面通过建立第三方专业人员名录库来进行第三方组织的选取，被形象地比喻为企业合规案件办理的"作战指挥部"。正如童建明副检察长所言："第三方机制管委会是凝聚司法、执法、行业监管合力的有效平台，是落实第三方机制至关重要的基础性工作，要紧紧依靠并建设好这个平台。"但在近3年的实际运行过程中我们也发现：管委会成员单位尚未形成理想中的改革合力。部分第三方管委会成员单位对自身角色定位不清晰，参与感不强，协同合力有待进一步增强。

（三）第三方监控人抽选规则优化的问题

国家和省级层面出于保证公平公正、最大限度消弭第三方监督评估机制可能产生的寻租空间的考量，明确第三方组织的选任应以分类随机抽选为主。但经过一段时间的实践观察，笔者认为：该分类随机抽选规则有待进一步程序优化。以深圳几起超大型企业合规案件为例，在同一个案件中涉及对多家涉案企业合规整改，此类工作体量巨大、案情疑难复杂的案件，对第三方组织的专业能力无疑提出了更高要求。而倘若实践中不论是超大型案件还是小微型企业案件，均采用分类随机抽选方式产生第三方组织，导致可能出现两种情况，要么是超大型案件抽中了规模较小专业机构，要么是小微型企业案件却抽中了超优质律师事务所。故目前不少第三方监控人均建议，不妨考虑今后倘若碰到一些超大型企业合规案件，可在对涉案企业进行匿名化处理保护涉案企业隐私的基础上，提前向第三方监控人名录库成员透露大致基本案情，由第三方监控人结合自身情况和擅长领域自愿申报，再由市司法局或第三方管委会从申报单位中小范围开展随机抽选，如此既兼顾了检察机关与第三方监控人之间的双向选择，又有利于保证后期合规整改质效，同时也保证了公平公正公开规则未被践踏。

（四）异地合规协作的问题

异地合规协作在国家和广东省级文件中到目前为止仅出现过三次。一是在最高检 2021 年 12 月 8 日公布的第二批六个合规典型案例中，案例一上海浦东区人民检察院办理的一起假冒注册商标案件中启动了异地合规协作机制，在该案中确立了"委托方发起""受托方协助""第三方执行"的合规考察异地协作模式。另两处是出现在《广东省涉案企业合规第三方监督评估机制实施办法（试行）》和《第三方组织运行规则》中，前一个文件第 10 条第 2 款规定："如果涉案企业在辖区以外，也可以商请涉案企业所在地的检察机关或者报请上级检察机关协助启动第三方机制。"以此明确了企业合规"跨区域协助"机制，打破合规考察地域限制，以提高企业注册地、生产经营地和犯罪地相分离案件的处置效率。

2022 年以来，深圳检察机关的异地合规协作案件有日渐增多趋势，仅2022 年，全市已有异地合规协作案件 10 件。既涉及省内跨市协作，也涉及跨省协作，分别涉及深圳与广东省广州市、广东省中山市、广东省惠州市、江苏省南京市、山东省青岛市、湖北省武汉市、湖南省郴州市以及湖南省益阳市等多地之间的协作配合工作。具体如下表所示：

序号	委托方	协助方	案件名称
1	江苏南京栖霞区院	深圳坪山区院	深圳 Y 金融信息公司串通投标、单位行贿案
2	广州市院	深圳市院	深圳 M 印刷公司、胡某走私普通货物案
3	湖南益阳安化县院	深圳盐田区院	广东 H 公司、张某等人帮助信息网络犯罪活动案
4	深圳市院	湖南郴州市院	郴州某公司、谢某等人走私贵重金属、逃汇案
5	山东青岛莱西市院	深圳罗湖区院	深圳 Y 国际物流公司骗取出口退税案

序号	委托方	协助方	案件名称
6	山东青岛莱西市院	深圳罗湖区院	深圳 Q 国际物流公司骗取出口退税案
7	湖北武汉黄陂区院	深圳龙华区院	深圳 H 科技公司、潘某等人单位行贿案
8	深圳光明区院	中山市院	广东 Z 公司、陈某等人假冒注册商标案
9	湖南益阳安化县院	深圳盐田区院	广东 T 公司帮助信息网络犯罪活动案
10	广东惠州惠阳区院	深圳光明区院、宝安区院	深圳 Y 公司、J 公司、涂某等 2 人职务侵占案

在办理上述 10 件异地合规协作案件的过程中，受制于目前规范性文件的规定过于笼统，在实际办案过程中遇到不少现实困惑，具体可归结为以下几点：

第一，协作检察机关究竟仅是程序性参与还是实质性介入？即协作的检察机关是仅负责帮助办案检察机关抽选出第三方组织即可、剩余的合规监督考察等工作均由办案检察院去主导第三方组织完成？还是说协作的检察机关不仅需要帮助办案检察机关抽选出第三方组织，而且继续负责后续的监督考察和合规验收，直至出具最终的合规审查报告交由办案检察院作为作出最终处理决定的重要参考？

目前，深圳两种协作模式都有在进行探索。但笔者倾向性观点认为：办案检察机关作为委托方，是案件办理的主体，理应对合规案件办理的全过程负责，对合规整改的有效性组织评估、准确运用评估结果，客观公正处理案件；协作检察机关作为受托方，主要职责是根据委托方的委托事项进行组织、协调及提供必要协助。在角色定位上，需要厘清权责，总体上应以办案检察机关为主，协作检察机关为辅。

第二，在办案地和协作地两地制度不一的情况下，应以何地制度为准的问题？异地合规协作案件中，涉及办案检察机关与协作检察机关、两地第三方机制管委会、第三方组织等多个角色的协调与配合，第三方组织需要同时面对办案检察机关和协作检察机关。目前，各试点地区多各自制定了相关的工作方案和指引，基于地域和制度差异，各地文件在第三方组织的选任、组成、费用给付方式、具体工作流程等方面，规定均有所差异，在二者存在冲突时应以何地的规定为准？以深圳首起异地合规协作案件为例，该案涉及深圳与江苏南京方面的合规协作，在深圳接受南京方面委托从深圳本土抽选出第三方监控人后，按照深圳方面规定，合规监督考察费用本应由涉案企业承担。但依照南京方面规定，合规监督考察费用由检察机关承担，且"一口价"为 5 万元，两地规定颇有差异。还有阅卷权的问题，如广州方面明确第三方组织享有阅卷权，但深圳尚无明确规定，即便可以阅卷，长途跋涉前往外地也耗时耗力。如何阅卷也是异地合规协作案件中需要面临的一大难题。

第三，业绩考评指标的问题。目前，按照上级检察机关的统计口径，办理异地合规协作案件，仅计入办案地检察机关的企业合规案件办理数量，并不计入协作地检察机关的企业合规案件办理量。深圳商事主体众多，高达 396.54 万家企业，与之相应地，卷入刑案的风险亦高，因此异地合规协作案件高发。在协助外地办案检察院对深圳本土企业开展合规监督考察过程中，深圳检察机关的广大承办检察官所倾注的心血相较办案检察官而言，可谓有过之而无不及。若此类异地合规协作案件一直不计入协助地检察机关的工作量，长此以往势必大大打击协助地检察机关的参与积极性，也不利于在全国范围内将此项改革工作进一步推向纵深。

（五）如何协调检察主导与第三方组织履职的关系问题

《指导意见》中明确提出要探索建立"检察主导、各方参与、客观中立、强化监督"的第三方监督评估机制。根据第三方监督评估机制的定义，会发现在第三方监督评估机制中存在三个主体，即检察机关、第三方机制管委会和第三方组织。检察机关是毋庸置疑的主导角色，决定合规程序启动和验收合格与否，而第三方组织负责帮助涉案企业进行具体的合规工作实施，对企业的合规整改建设情况进行指导、监督和考察。

面对第三方监督评估机制这一新生事物，在其运行过程中如何平衡好检察主导与第三方组织履职的关系至关重要。"如果第三方监管机制的权限过大，可能导致检察主导束之高阁。反之，如果检察机关主导权限过大，可能会过多干预第三方监管机制的实际运行。"[①]

主导并不意味着大包大揽。检察机关作为案件的一方，既不能过多参与到整改、评估工作，同时又要主导程序的运行，角色存在重叠的情况下工作开展困难。强化检察机关在第三方监督评估机制中的主导职责，关键是落实监督评估机制运行重点环节的审查把关责任，"督促第三方组织及其组成人员全面履职、实质履职、专业履职，促进第三方监督评估的实质化、专业化"。[②] 质言之，强化检察机关在监督评估机制中的主导职责，主要是强化检察机关在程序启动环节、第三方监督评估机制运行过程中和合规结果认定中的主导作用。在前端程序启动环节，检察机关应加强程序把关以及与第三方管委会的沟通协商，确保选任出的第三方组织有能力胜任合规监督考察工作；在中端第三方监督评估机制运行过程中，加强对合规计划审查把关，重点审查企业合规自查报告和合规建设方案，综合判断涉案企业是否具备完成有效合规体系搭建的能力，支持协助第三方组织深入了解企业涉案情况及犯罪根因，从严从实确定涉案企业合规计划；在后端合规审查环节，加强对合规计划有效落实、第三方组织合规监督考察书面报告等审查把关，必要时以适当形式开展调查核实。在审查方式上，可采取书面审查与实地走访、穿行测试、听证论证等方式相结合；在审查内容上，注重从法益是否已经弥补、整改措施是否已经落实到位、涉案企业除罪化处理是否已见成效等方面综合判定。综而论之，检察机关在以上关键环节必须发挥主导作用，与第三方组织密切配合，共同对合规计划的执行、合规承诺的履行情况进行监督、考察。

（六）合规监督考察评估的有效性问题

有效合规整改是关涉涉案企业合规改革成败的关键，也是当前理论界和实务界尤为关注的命题。"第三方机制建设的出发点和最终归宿，都在于督促涉案企业进行有效合规整改，即改革决策者所强调的通过第三方组

[①] 王梦：《检察主导：论检察机关在企业合规第三方监管中的角色定位》，载孙勤等主编：《做优刑事检察之涉案企业合规制度与检察履职》，中国检察出版社 2021 年版，第 433 页。

[②] 刘艳红、高景峰、俞波涛：《聚焦：涉案企业合规第三方监督评估机制有效运行的要点及把握》，载《人民检察》2022 年第 9 期。

织'真监督''真评估',督促涉案企业'真整改''真合规'。"①

　　企业的合规整改是一项专业性较强的工作，而检察官通常不具备公司治理、合规管理等方面的知识，也缺乏督导企业开展合规整改的实务经验和技能，同时叠加办案期限紧张、职业风险等因素考量，他们更愿意将督导企业合规整改的工作交给那些不存在利益冲突的专业人士，而自己充当审查者、验收者甚至裁判者的角色。这就催生了第三方组织（又称第三方监控人或合规监管人）这一角色。第三方组织在开展有效合规整改方面发挥了重要作用，"一是合规计划设计的监督者；二是合规计划运行的指导者；三是合规整改验收的评估者"。②

　　2022年4月19日，最高检等九部门专门印发《涉案企业合规建设、评估和审查办法》（以下简称《办法》），分别从涉案企业如何开展合规建设、第三方组织如何开展合规评估以及第三方机制管委会和人民检察院如何开展合规审查三个角度。

　　但实践中如何具体评判涉案企业已经实现有效合规整改、能否从千差万别的案例中提炼出具有共性特点的衡量标准，尤其是在合规监督考察期有限的情况下，如何去辨别涉案企业仅是在"纸面合规""虚假合规"还是真正激活了合规计划、将合规制度真正嵌入进公司的治理结构当中，也着实考验检察官的司法智慧。目前，深圳只有1起合规案件在合规验收环节因整改不到位而未通过合规验收。但绝大多数的企业合规案件，在实践中都被认定为涉案企业已有效合规整改、堵塞了公司管理漏洞。实务中亟待出台具体的统一的判断标准。

　　（七）如何对第三方组织进行有效监督的问题

　　"没有监督的权力必然导致腐败，这是一条铁律。"第三方机制能否发挥其应有功能还需要有完善的监督机制。

　　第三方组织有权对涉案企业合规计划的可行性、有效性和全面性进行审查，并确定企业的合规监督考察期限，同时第三方组织在合规监督考察

① 刘艳红：《涉案企业合规第三方监督评估机制关键问题研究》，载《中国应用法学》2022年第6期。
② 陈瑞华：《合规监管人的角色定位——以有效刑事合规整改为视角的分析》，载《比较法研究》2022年第3期。

期满后，有权对企业的合规计划执行情况进行全面评估和考核，并制作合规监督考察书面报告，报送负责选任第三方组织的第三方机制管委会和负责具体案件办理的办案检察院。由此可见，第三方组织对于企业合规计划的制定和审查具有较大影响力。当前《指导意见》仅有第 17 条和第 18 条对于第三方组织的监督机制进行了原则性规定，尚需进一步细化。而从深圳的司法实践看，在涉案企业开展合规监督考察过程中，过于依赖第三方监控人的作用，第三方管委会成员单位的专业力量使用较少，对第三方监控人的监督尚显不够，长此以往，存有一定制度隐患。下一步，需要着重思考如何对第三方组织的公正履职开展有效监督的问题。

（八）合规监督考察经费保障的问题

如前文述及，目前深圳市由涉案企业独自承担合规监督考察费用。该做法的理论依据是："合规计划是对企业施加先发制人的惩罚，申言之，合规计划所引发的支出被视为是对企业先发制人的惩罚，这是监管机构让公司为其责任'黑数'的所支付的平等对价。"[①]

合规监督考察工作具有独立性、权威性和专业性，考察时间、评估范围、考察报告的法律效力等都需要相应的经费保障。目前深圳在经费支付主体方面不存在问题，实践中的困惑主要有以下两个方面：

一方面，合规监督考察费用大概支付多少合适？前两期试点工作中，深圳市的合规监督考察费用掌握在人民币 5 万元左右。随着试点工作的全面推开，倘若第三方监控人长此以往都是无偿劳动或者是象征性支付少量钱款，会造成对第三方监控人的激励不足，"难以保证监管人尽职尽责提供监管服务，使合规监管流于形式"。[②] 2022 年以来，深圳市对小微企业的合规监督考察费用掌握在人民币 10 万元左右，较前期试点时有一定增幅。2022 年 9 月，深圳市检察院会同市司法局一同前往广州市检察院交流互鉴，在了解广州第三方组织的收费标准基础上，2022 年 12 月初，深圳市检察院与市司法局两家正式会签了《补充通知》，大致形成一般案件收

---

① 马明亮：《论企业合规监管制度——以独立监管人为视角》，载《中国刑事法杂志》2021 年第 1 期。

② 陈瑞华：《企业合规不起诉的八大争议问题》，载《中国法律评论》2021 年第 4 期。

费 10 万元（可上下浮动 50%）、重大案件收费 30 万元（可上下浮动 50%）和特别重大案件收费 50 万元（可上下浮动 50%）的收费标准。当然，关于经费的开支范围、费用标准、费用计算等问题，都还有待实践中进一步深入研究。

另一方面，费用支付方式。企业合规监督考察是一个循序渐进的过程，费用也应分阶段分批次支付。大致可以分为启动、中期考核、结项评估三个阶段，分别由涉案企业按照一定比例予以支付，实践中通常是按照首期 30%、尾期 70% 或者首期 30%、中期 40%、尾期 30% 的支付比例支付，这也与第三方监控人按阶段提交报告相对应。同时，为最大限度消弭第三方机制可能产生的寻租空间，确保改革取得实效、制度行稳致远，2022 年 6 月，市司法局会同市检察院会签《流程指引》，主要就合规整改费用支付方式等问题进行了细化规定。但目前该费用支付方式在程序上设置得过于繁琐，一定程度上挤占了本已捉襟见肘的办案期限和合规监督考察期限，在费用的支付方面尚有优化空间。

（九）信息化建设不足的问题

目前，企业合规案件办理属于新生事物，在全国检察机关统一办案系统中尚无相关的文书和流程节点可供选择，由此导致实践中企业合规案件办理流程较为混乱，各办案检察院在审批权限设置方面也各有不同，文书流转多通过线下，影响办案效率。仅以我市首起区院提请启动第三方机制的案件为例，从 2022 年初办案检察院递交《提请启动第三方机制意见书》给市检察院，再到市检察院发函给市司法局，再到市司法局组织全市首轮现场随机抽选会抽选出第三方监控人，前后耗时将近 2 个月之久，让本不宽裕的合规监督考察期限更显捉襟见肘。目前实践中亟须设计梳理出一整套企业合规案件办理流程，并从线下搬至线上，予以规范化、系统化、可视化，以有效节约承办检察官的办案时间。

（十）第三方监督评估机制适用的必要性、比例性问题

合规是有成本的。"合规考察制度应针对更为重要的单位犯罪，只有对重大犯罪的涉案企业才需要耗费大量司法资源改变其经营模式和商业模式，

对其进行'去犯罪化'改造",[1] 以此充分发挥企业合规的制度优势和效能。

虽然前期改革实践中已经基本确立了"简式"（检察机关自行监管）和"范式"（引入第三方监督评估机制）两种合规整改模式，但开展企业合规监督考察过程繁琐，专业性极强，且个案差异性极大，千案千面，需要承办检察官倾注大量心血与精力。第三方监督评估机制无差别适用值得我们关注。

事实上，在此方面域外已有前车之鉴，"早期美国司法部启动监管人的频率不断攀升，自 2003 年汤普森备忘录发布到 2006 年麦克纳尔蒂备忘录发布期间，其中 37 个 DPA（25）和 NPA（12）22 个启动了独立监管人。尤其是在医疗行业，6 项合规不起诉协议中有 5 项需要启动第三方监督。司法部随意使用第三方监管机制，使得第三方监管机制成为万金油，这种现象受到公众的诟病"。[2]

虽然在改革试点初期，为充分积累成功经验和失败教训，大力倡导启动第三方监督评估机制无可厚非，但伴随着试点经验的逐步成熟，在第三方监督评估机制的适用方面也需要我们回归理性和冷静，多注意运用诉讼经济原则、比例原则灵活选取合规整改模式，使"简式"和"范式"两种合规整改模式能够相得益彰、相映成趣。

二、涉案企业合规第三方监督评估机制的完善路径

总结前期试点工作中的得与失，笔者不揣浅陋，试就如何进一步完善涉案企业合规第三方监督评估机制略述己见。

（一）加强请示汇报

最高检尤为强调要依法稳慎有序开展涉案企业合规改革试点工作，在实践中碰到争议问题或把握不准的情况，办案检察院要强化请示意识和规范办案意识，及时向上级院请示。

---

[1]　陈瑞华：《企业合规不起诉的八大争议问题》，载《中国法律评论》2021 年第 4 期。

[2]　王梦：《检察主导：论检察机关在企业合规第三方监管中的角色定位》，载孙勤等主编：《做优刑事检察之涉案企业合规制度与检察履职》，中国检察出版社 2021 年版，第 432 页。

（二）理顺工作机制

在管委会工作机制方面，试点初期，检察机关可以牵头推进建立涉案企业合规第三方监督评估机制，但在第三方监督评估机制建立、条件成熟后应当逐渐考虑将第三方管委会的日常联络工作交给工商联。检察机关的主责主业仍应是办案本身。尤其在第三方机制管委会办公室的机构设置方面，笔者建议，对标全国、全省规定，将管委会办公室设置在市工商联，以使深圳市第三方监督评估机制运行更加顺畅。

在异地合规协作方面，建议加大对异地合规协作案件的实践观察和分析论证，及时总结实践经验并以制度成果形式加以固化。在启动异地合规协作机制前，办案地检察机关和协作地检察机关最好签订权责明晰的《第三方监督评估委托函》，明确委托事项及各方职责。异地合规协作过程中，办案检察机关要当好合规进程的"掌舵者"，实时动态跟进监督评估进度，对第三方组织成员组成、合规计划执行、企业定期书面报告、申诉控告处理等提出意见建议，并由协作检察机关协转相关材料，同时及时与涉案企业、第三方组织保持沟通听取意见，确保信息通报及时、线索移送便捷、沟通反馈高效，为后期考察结果运用、公正处理案件打好基础。考察验收环节，由办案检察机关实地验收为妥，协作检察机关可在办案检察机关的主导下参与联合督办，共同验收。在制度遵循方面，一般由涉案企业所在地的检察机关组成第三方组织。第三方组织在工作流程上适用本土规定，工作成果适用办案地规定。此外，建议进一步优化企业合规案件考核指标，将异地合规协作案件办理情况纳入办案地、协作地检察机关的数据统计口径，以业绩考核作为风向标来激发调动广大检察官办理异地企业合规协作案件的工作积极性。

（三）增强改革合力

"涉案企业合规第三方监督评估机制是社会各方耦合的系统工程，尚处于起步发展阶段，需要各方坚持系统观念，协力解决影响机制行稳致远的卡点、堵点。"[1]针对目前第三方机制管委会部分成员单位参与积极性不

---

[1] 宋文娟、孙宏健、赵岩：《涉案企业合规中的社会各方协同治理的几点思考》，载孙勤等主编：《做优刑事检察之涉案企业合规制度与检察履职》，中国检察出版社2021年版，第494页。

高、参与主动性不强的问题，建议进一步出台工作规则、明确各单位的主要职责和履职范围；在程序启动、合规计划确认和合规验收等各环节，注意邀请具有对应行政主管职权的第三方管委会成员单位参与论证、听证，一方面通过个案带动管委会成员单位的参与热情，另一方面向专家借智借力，真正实现让内行监督内行。如深圳市检察院 2022 年下半年以来，就通过广泛邀请管委会成员单位代表作为听证员参与每场企业合规验收听证会的方式，有效调动了管委会各成员单位的合规工作积极性，他们通过"沉浸式体验"直观感受企业合规案件的具体办案过程，增强了对该项改革的认同度，进一步凝聚了改革合力。

（四）优化抽选规则

第三方监督评估机制的制度设计初衷，是通过第三方组织自身专业特长和业务技能，客观、公正、权威地对涉案企业的合规情况作出准确监督、评估、评价。目前深圳市第三方组织分类抽选规则虽然兼顾了公平公正原则，但在实际整改效果保证方面尚有待商榷。建议进一步优化深圳市第三方组织抽选规则，在充分尊重检察机关与第三方组织合意的基础上，通过科学的程序设计最大限度确保抽选出的第三方组织"术业有专攻"、具有相应履职能力，确保最终合规整改效果，以使第三方监督评估机制更具制度生命力。2022 年 11 月，深圳市检察院参照破产管理人制度提出对第三方监控人进行分级管理的初步构想，已获第三方机制管委会联席会议原则性讨论通过，下一步，深圳市检察院将会同管委会其他成员单位，群策群力，将该初步设想具体落地实施。

（五）把牢验收关口

企业合规制度的良性运行最为核心的环节是合规监督考察，特别是评估结果的专业性、客观性和公正性，才能在作为案件最终处理结果的重要参考时具有公信力。这就要求实践中一定要把牢合规验收的关口，避免改革沦为涉案企业无条件"免罚金牌"，最终导致"劣币驱逐良币"的不良后果。

一是充分运用公开听证等形式审查验收，涉案企业合规改革是一项在聚光灯之下的改革，有众多机构参与其中，可以充分运用公开听证等手段来保障公开透明。坚持"应听证尽听证"原则，邀请人大代表、政协委员、专家学者、人民监督员、行政监管部门、行业协会、相关企业以及第三方组织代表等参与评议，以公开促公正赢公信。

二是严把验收关。对经第三方组织评估认为合规整改无效的，应坚持严格把关，检察机关对合规整改不合格的涉案企业和个人坚持依法追究刑事责任，形成有效震慑和警示，防止以虚假合规逃避刑事制裁。

三是检察机关在作出案件处理决定之后仍然能够继续督促涉案企业完善合规管理体系。仍可结合具体案件情况，就合规整改的不尽如人意处制发合规检察建议，设置跟踪回访期限进行持续跟踪回访，推动各项合规要素有效落地、持续改进，弥补合规监督考察期受制于刑事诉讼办案期限的不足，以助推企业形成合规文化，构建长效合规治理体系。

（六）加强履职监督

一方面，检察机关应加强对第三方组织及其人员的日常监督和检查，可以随时对无效整改和无效监管问题作出处理。譬如，2022 年 11 月，深圳市检察院就针对一起区院投诉第三方监控人履职不力的案件，专门约谈第三方监控人，了解其履职情况，并视情将相关情况通报给市司法局。2023 年 1 月，市司法局方面也形成《第三方监控人年度考核工作方案》，对第三方监控人的履职表现会同市检察院一起进行年度考核，进一步强化对第三方监控人的履职监督。另一方面，善于借助第三方机制管委会的"飞行监管"职能，组建"飞行监管"队伍，对第三方组织的履职情况开展定期或不定期抽查，保证监督考察结果的公正性、有效性。

（七）明确费用标准

有学者建议，"为了合理控制服务成本，可以参考律师服务收费的管理与指导经验，司法局与物价局联合出台《企业合规服务收费管理办法》与《企业合规监管指导价标准》，确保合规监管费用有章可循"。[①] 笔者赞同该观点，建议待深圳市企业合规案件实现一定样本数量的积累后，司法行政机关可以会同检察机关、物价部门等单位就企业合规业务的收费标准

---

① 马明亮：《论企业合规监管制度——以独立监管人为视角》，载《中国刑事法杂志》2021 年第 1 期。

作进一步细化规定、明确收费标准，为全市企业合规案件的费用收取提供基本制度遵循。

（八）数字检察赋能

以"检察大数据战略"赋能企业合规建设。利用深圳市检察院作为全国检察机关大数据法律监督研发创新基地的优势，推进企业合规信息化建设，着力构建企业合规业务与数字技术深度融合的工作新格局，有效提升企业合规案件办理质效。

（九）比例适用原则

在改革前期加大第三方监督评估机制的适用力度，在适用和运行中不断发现问题、解决问题；在试点成熟后，适用第三方监督评估机制应遵循相称性原则（比例原则），探索对有需要的大中型企业适用。将优势兵力集中到大中型企业上来，将必要性和经济性判断融入第三方监督评估机制的启动条件。

四、结语

涉案企业合规第三方监督评估机制是企业合规改革背景下的产物，具有深刻的时代内涵和价值意义。它既是跨界融合的新课题，也是多部门深化协作的大平台，第三方监督评估机制的良好实施和运行，是涉案企业合规改革顺利推进的基本保证。本文试图为试点工作输出一线实践经验并整合理论智慧，以期推动我国涉案企业合规改革行稳致远。

5. 涉案企业合规第三方监督评估的
实践难题与破解路径

曾 翀 刘 倩 *

自 2020 年 3 月推行涉案企业合规改革试点以来，检察机关坚定落实宽严相济刑事政策，督促涉案企业作出合规承诺并践行合规整改，取得了积极而明显的成效。2021 年 6 月，最高人民检察院、司法部等九部门联合发布《关于建立涉案企业合规第三方监督评估机制的指导意见（试行）》（以下简称《指导意见》），为企业合规第三方监督评估工作提供了基本遵循，随后，《〈关于建立涉案企业合规第三方监督评估机制的指导意见（试行）〉实施细则》《涉案企业合规建设、评估和审查办法（试行）》等具体规定相继出台，充实了第三方监督评估机制的规范依据。在理论层面，需要对第三方监督评估机制的底层逻辑进行深入思考和理解，在司法实务层面，在诸多具体实操问题上存在诸多适用争议，需要进一步厘清。

一、涉案企业合规第三方监督评估机制的底层逻辑

《指导意见》明确规定，涉案企业合规第三方监督评估机制，是指人民检察院在办理涉企犯罪案件时，对符合企业合规改革试点适用条件的，交由第三方监督评估机制管理委员会选任组成的第三方监督评估组织，对涉案企业的合规承诺进行调查、评估、监督和考察。考察结果作为人民检察院依法处理案件的重要参考。

2020 年，第一期涉案企业合规改革试点基本完成了理论研究、建章立制、案例适用、理念宣贯等基础性改革工作，取得了一定成效。如何判断

---

* 曾翀，广东省人民检察院第七检察部主任，三级高级检察官；刘倩，深圳市人民检察院第九检察部（筹）一级检察官，最高人民检察院检察理论研究所法治前海研究基地兼职研究员。

涉案企业合规整改的效果，实践中出现了检察机关自行考察、行政机关考察、独立监控人考察等不同的考察模式。其中，深圳市宝安区检察院创建的独立监控人考察模式，由第三方专业机构开展合规考察，具有一定的专业性、中立性、客观性。然而，在避免涉案企业和独立监控人之间的利益牵连等方面，仍需要进一步完善。因此，构建更高维度的涉案企业合规第三方监督评估机制成为第二期改革试点的关键环节和核心内容。

目前，第二期改革试点的十个省份已经全部建立了第三方机制，全国检察机关办理的涉企业合规案件中，有60%以上适用了第三方机制。2022年4月，涉案企业合规改革试点在全国检察机关全面推开，全国推进会着重强调了"推进涉案企业合规改革，要紧紧依靠第三方机制，做好'后半篇文章'"。充分发挥第三方机制的实践作用，需要深入研究和理解其底层逻辑。笔者认为，第三方机制的底层逻辑主要包括以下方面：

（一）引入合规专业力量

合规作为舶来品，自存在之初就不是只有法学界一家之言，可以说，合规是一个集管理学、经济学、法学等学科为一体的综合性学科。因为涉及公司治理及管理的问题，涉案企业合规整改具有高度的专业性，尤其是在复杂合规整改的案件中，需要借助在专业储备上更为全面、综合的合规专业人员作为"外脑"，协助检察人员考察涉案企业合规整改是否合格，为检察机关作出处理决定提供专业参考。

（二）着力构建三方架构

刑事诉讼中的权力集中，会直接导致被告人在行使辩护权方面陷入困境。[①] 在司法领域中，控辩审三方主体的诉讼构造，由于存在"中立第三方"，因此可以达成对司法权力的制衡。三方主体的诉讼架构是客观、中立、专业处理司法案件的基础。在涉案企业合规监督考察中，为了避免"治罪"和"出罪"以及专业判断和法律判断的权力过于集中，同时防止司法廉洁风险的增加，需要参照三方架构的诉讼模型，构建起三方架构。试点实践中出现的多种合规考察模式，可以抽象为两方架构和三方架构。

---

① 陈瑞华：《刑事诉讼的前沿问题》，中国人民大学出版社2016年版，第846页。

比如，检察机关自行考察模式就是涉案企业和检察机关的两方架构；"独立监控人"则是涉案企业、专业人员、检察机关的三方架构。

从社会心理学上讲，三方架构比起两方架构而言更为成熟，更具稳定性，因为在三方架构中，提供了一种客观、中立的"第三方规则"，从而弥补了两方架构中任何一方的主观局限。第三方机制正是基于这样的原理，旨在构建更为科学合理、客观专业的三方关系。检察机关在进行案件处理考量时，因为有第三方专业力量的协助，从而避免了自行考察的局限。

（三）有效避免"纸面合规"

从实质层面，避免"纸面合规"，确保真合规、真整改，是涉案企业合规改革试点进一步深入推进过程中需要思考的问题。对涉案企业做实合规整改，除了进行客观、公正的监督评估之外，还需要进行有效的考察，因此需要有以监督评估为主责主业的第三方组织的持续参与，从而确保监督评估的有效性。改革试点中，全国上下各个层面逐步成立了第三方监督评估机制管委会，组建了第三方专业人员名录库，在具体案件中分类随机抽取专业人员组成第三方工作组，从而切实做到客观、中立、专业、公正，促进、确保涉案企业真整改、真合规。

二、涉案企业合规第三方监督评估机制的实践问题

（一）检察机关在第三方监督评估工作中的职能定位

涉案企业合规监管中存在三方主体，即办案检察机关、合规监管人和被监管企业，其中检察机关既可以监督涉案企业的合规整改，又可以监督合规监管人的履职情况。涉案企业合规第三方监督评估工作组是受检察机关委派、代表检察机关对企业进行合规监管的主体，工作组成员与企业并非代理人与被代理人的合同关系，而是监管与被监管的关系。[①] 如何理解检察机关在涉案企业合规第三方监督评估工作中的定位，以及如何处理检察机关与第三方工作组的关系问题，成为企业合规监管中需要厘清的重要问题。

---

① 陈瑞华：《企业合规不起诉改革的八大争议问题》，载《中国法律评论》2021 年第 4 期。

（二）第三方监督评估专业人员名录库入库主体及第三方工作组组成问题

在涉案企业合规第一期改革试点期间，最具创新性和突破性的即是第三方监管人制度的引进。随着改革工作的持续、深入开展，各地检察机关对于第三方监管人的具体规定和探索不尽相同，主要争议问题集中在以下两点：

第一，专业人员名录库的入库主体问题。第三方监督评估专业人员名录库的入库主体应当是单位还是个人，实践中存在不同做法。在涉案企业合规改革探索过程中，部分地方在建构第三方监管人制度时规定合规监管人应当是律师事务所、会计师事务所等单位；部分地方则规定第三方监督评估专业人员名录库由个人组成，而非由单位组成。第三方监督评估专业人员名录库入库主体是单位还是个人，成为试点实践中一个需要厘清的问题。

第二，关于第三方监督评估工作组的成员组成问题。在改革试点过程中，对于第三方监督评估工作组成员范围是否可以包括行政机关专业人员和具有企业合规专业知识的退休公务员存在争议。关于第三方监督评估工作组成员的数量，是应当统一规定人员数量幅度，还是根据涉案企业的不同情况，尤其是针对不同规模的民营企业，根据比例原则，选择组建不同规模的工作组，也是企业合规改革试点中常常出现的问题。

（三）第三方监督评估的费用问题

关于涉案企业合规第三方监督评估费用来源的问题，试点实践中存在四种不同的模式：涉案企业单独承担模式、地方财政年度经费预算模式、检察机关年度经费预算模式、"涉案企业自付＋财政保障"相结合模式。"兵马未动，粮草先行"，涉案企业合规第三方监督评估的费用来源是目前改革试点工作中的重要问题，是对第三方监督评估工作的经济基础支撑，也是争议最大的问题之一。由涉案企业单独承担模式类似于美国的独立监管人制度的监管费用模式，但是有观点认为，此种模式容易造成涉案企业与第三方工作组之间的利益牵连，影响第三方工作组的客观独立性。地方财政或者检察机关财政年度经费预算模式存在的问题是，不是所有试点地方的财政都有能力或者意愿支付该笔费用，随着适用企业合规的案件增多，该笔费用也会相应增加，更加影响财政预算的支付。而且，公共财政用于涉案的企业开展合规工作也值得商榷，财政税收支持涉嫌犯罪的企业开展合规整改，是否能获得社会公众的理解存在不确定性。

（四）合规整改考察期限问题

在刑事诉讼理论上，对于我国刑事诉讼法中的侦查羁押期限和办案期限的关系问题存在较大争议，第一种观点认为一般而言，我国刑事诉讼法施行羁押期限与审查起诉办案期限同一的制度，但对于取保候审或者监视居住的案件，只有在犯罪嫌疑人被羁押，在审查起诉期间案件不能办结，变更为取保候审、监视居住的案件，审查起诉期限不受刑事诉讼法第172条的限制，一般取保候审或者监视居住的案件仍受上述办案期限的限制；第二种观点认为，取保候审或者监视居住案件的办案期限应当受取保候审、监视居住期限的限制；第三种观点认为，关于取保候审、监视居住案件的审查起诉期限问题，都不受刑事诉讼法第172条规定的审查起诉期限限制，实际上取保候审、监视居住案件没有办案期限。

涉案企业合规案件多为无社会危险性不予羁押案件，上述取保候审、监视居住案件办案期限的争议问题导致企业合规考察期限设置的困难，成为改革实践中争议最大的问题之一。合规整改考察期限是否应当在办案期限内，复杂合规整改案件如何设置合规整改考察期限，办案期限终结合规整改尚未完成怎么办，诸多实践问题需要予以回应。

（五）合规整改考察标准问题

改革过程中，涉案企业合规整改与考察、验收标准的问题一度成为制约企业合规改革试点深入推进的关键问题。"在改革初期，检察机关对于合规不起诉改革的专业性和复杂性没有给予足够的重视，也没有就企业进入合规考察和合规验收确立较为具体的标准。随着改革的逐步进展，这一问题显得越来越突出，并成为制约合规不起诉改革深入推进的一大瓶颈问题。"[①]《指导意见》中规定，企业合规第三方监督评估机制管委会的重要职

---

① 陈瑞华：《企业合规不起诉改革的八大争议问题》，载《中国法律评论》2021年第4期。

责之一就是研究制定涉企犯罪的合规考察标准，合规整改的考察标准问题是涉案企业合规改革进入深水区亟须解决的问题。

（六）合规互认问题

涉案企业合规工作不仅是检察机关一家之事，而是关系到多个执法司法环节、多家执法司法机关的全流程工作。在刑事案件进入检察机关刑事诉讼阶段之前，在公安机关侦查阶段，如果已经开展企业合规整改，待案件进入检察机关诉讼阶段之后，如何认定已经开展的企业合规程序；在检察机关对涉案企业或相关责任人作出不起诉决定之后，如果行政执法机关还需要对涉案企业进行行政处罚，已经开展的企业合规是否可以作为行政处罚从宽处理的重要参考，检察机关是否可以依据已经开展的企业合规提出从宽处罚的检察意见；涉案企业合规整改尚未完结，检察机关将案件起诉至法院，之前的合规整改是否继续，法院是否认可等问题，成为改革试点实践中需要厘清的重要问题。

（七）涉案企业合规跨区域协作问题

在改革试点实践中，常有刑事案件的管辖权属于一家检察机关，而涉案企业的注册地或者主要经营地却属于另一家检察机关所属地区，甚至某些地方出现过涉案企业在境外的情况，启动企业合规程序后，如果由办案检察机关所在地的第三方组织对涉案企业进行企业合规整改监督评估考察，则存在异地成本大的问题，如何实现更优化的企业合规考察方式成为需要探索的实践问题。

三、涉案企业合规第三方监督评估难题的破解路径

（一）关于检察机关的主导责任和第三方监督评估工作组的客观中立属性的关系

《指导意见》在总结前期企业合规改革试点经验，研判不同模式利弊得失的基础上，探索建立了"检察主导、各方参与、客观中立、强化监督"的第三方监督评估机制，对检察机关的职责、巡回检查机制、回避制度等均作出明确规定。

第一，检察机关在涉案企业合规案件中的主导责任。"第三方机制是检察机关在司法办案过程中委托第三方组织进行监督评估的机制，检察机关对其启动和运行负有主导职责，绝不能放任自流、不管不问。"[1]《指导意见》第16条明确规定了，负责办理案件的检察机关对第三方组织组成人员名单、涉案企业合规计划、定期书面报告以及第三方组织合规考察书面报告负有审查职责，必要时还可以开展调查核实工作。涉案企业合规第三方监督评估是企业合规办案的重要一环，检察机关在此过程中，不能采用"放任不管"的态度，应当始终牢记自己的主导责任，对各个环节审查把关。

第二，第三方监督评估工作组的客观中立立场。根据《指导意见》的相关规定，从第三方组织的选任、成立，到第三方机制的运行，包括审查合规计划、确定考察期限、确定监督评估方法、提出合规考察报告，第三方组织都应保持客观中立的立场。《涉案企业合规建设、评估和审查办法（试行）》中对于第三方组织对涉案企业专项合规整改计划和相关合规管理体系有效性的评估进行了具体规定。第三方组织负责对合规整改进行监督评估，秉持客观中立立场最终形成考察报告。检察机关在办理涉案企业合规案件中的主导责任并不影响和干涉第三方组织的客观中立属性，两者发挥作用的领域不同，并不矛盾。

（二）第三方监督评估专业人员名录库入库主体及第三方工作组组成问题

1. 第三方监督评估专业人员名录库应当以个人为入库主体

根据《指导意见》第17条规定，"第三方组织组成人员系律师、注册会计师、税务师（注册税务师）等中介组织人员的"，国家层面的《涉案企业合规第三方监督评估机制专业人员选任管理办法（试行）》第5条规定，"名录库以个人作为入库主体，不得以单位、团体作为入库主体"。可见，顶层设计层面倾向于合规监管人为自然人而非单位。

其中的法理在于监督评估的归责主体确定性问题。正如有学者指出，

---

[1] 《关于建立涉案企业合规第三方监督评估机制的指导意见（试行）| 附典型案例、新闻发布会（含答记者问）》，载微信公众号"法思法律实务"，2021年6月3日。

"合规监管人不能由单位担任，因为单位担任合规监管人会带来很大的弊端。例如，律师事务所、会计师事务所、税务师事务所、研究中心等机构不适宜担任合规监管人，某律师事务所可能因为拥有著名的专业合规律师而入选，但是该律师事务所的其他律师并不一定具有合规监管的能力和经验，因此，应当建立以著名的合规律师、会计师、税务师、特定领域专家领衔担任合规监管人、组建合规监管人团队的制度"。[①]因此，合规监管人应由个人担任，可以由某领域专家领衔组建合规监管人团队，相应的纳入第三方监督评估专业人员名录库的主体应当是个人而非单位。

2. 关于第三方监督评估工作组成员组成

（1）第三方组织成员范围应当秉持开放包容的原则，吸纳多方人员参与。具体而言，第三方组织成员可以包括律师、注册会计师、注册税务师（税务师）、审计师、企业合规师等人员，企业合规专家学者、相关行业协会专业人员、政府部门专业人员以及具有企业合规专门知识的退休公务员等。

在改革试点过程中，存在争议的是政府部门专业人员和退休公务员是否能作为第三方组织成员。根据部分地区的经验，将行政部门专业人员纳入第三方组织成员范围，有利于提出针对性较强的预防违法犯罪措施，为企业制定专业化的合规管理体系提供指引，行政部门在相关领域对涉案企业有行政监管职责，其监督合规整改的行为能对企业产生较强的约束力，从而提高监督的效果。例如，在最高检印发的涉案企业合规第二批典型案例中，案例五即某公司涉嫌走私普通货物罪的合规考察，第三方监督评估工作组吸纳了深圳海关的专业人员，在监督评估过程中，海关专业人员有针对性的提出了合规整改意见，从而使涉案企业建立起向海关定期提供货物采购价格的通道，有利于从源头预防违法犯罪行为的发生。具有企业合规专门知识的退休公务员作为第三方组织成员，肇始于美国。在美国合规监管实践中，大量的退休检察官作为合规监管人领衔组建合规监管团队，基于其成熟的专业优势，可以确保合规整改取得良好效果。

（2）第三方工作组成员数量应当坚持比例原则。考虑到涉案企业既包括大中型企业，也包括小微型企业，因此对于第三方工作组成员数量的确

---

① 陈瑞华：《企业合规不起诉改革的八大争议问题》，载《中国法律评论》2021年第4期。

定，应当坚持比例原则，结合涉案企业规模大小、案件复杂程度、企业合规风险点多少等具体问题来确定，不宜一刀切，可以针对小微型企业成立1名至2名专业人员组成的第三方工作组。

（三）关于第三方监督评估的费用

从域外经验看，在美国的企业合规制度中，由企业对独立监管人支付监管费用且数额高昂，从国内其他领域来看，以破产管理为例，我国的破产管理人的费用也由企业支付。笔者认为，鉴于目前企业合规改革试点中多种经费保障模式各有利弊，暂时不宜规定统一的经费保障模式，逐步形成以涉案企业支付为主，其他经费支付模式为辅的方式。在改革试点实践中，在合规监管费用问题上应当坚持以下原则：

第一，第三方监督评估费用的标准应当尊重合规业务领域市场规律。"实践中有的试点机关不向监管人支付任何费用，让律师无偿提供法律援助，有的试点机关则主张由检察机关从财政拨款中拿出部分经费象征性地支付给监管人。但是，就像法律援助案件难以保障有效辩护一样，如果监管人费用不由企业支付，就会造成合规监管人的激励不足，难以保证监管人尽职尽责提供监管服务，使合规监管流于形式。"[1]从法经济学角度而言，应当尊重成本收益的经济规律，确保第三方监督评估工作人员在提供服务过程中可以获得符合市场标准的相应费用。以美国为例，合规监管人的薪酬不低于商业服务的市场标准，甚至大部分案件的合规监管费用要远远高于市场价，动辄达到每年上百万美元。我国的监管人费用虽然难以达到如此高的标准，但至少应相当于担任企业合规顾问的薪酬标准。事实上，监管人无法获得必要的费用激励，反而更容易出现职业伦理问题，一旦企业私下向其输送利益，监管人就很可能产生动摇，从而与企业发生利益勾连。[2]因此，在此问题上，应当尊重经济原理和市场经济规律，检察机关应当根据合规业务市场标准和合规整改期限时长确定第三方监督评估费用的基本标准。

第二，第三方监督评估费用的支付应当避免产生利益牵连。笔者认

---

① 陈瑞华：《企业合规不起诉改革的八大争议问题》，载《中国法律评论》2021年第4期。

② 陈瑞华：《企业合规不起诉改革的八大争议问题》，载《中国法律评论》2021年第4期。

为，在由企业支付第三方监督评估费用的情况下，该费用不宜由企业直接支付给合规监管人，可以考虑由第三方主体转付的方式避免利益牵连的发生，可以考虑由涉案企业将第三方监督评估费用支付给第三方监督评估管理委员会，再由第三方管委会支付给第三方工作组，该费用也可以用来支付在涉案第三方监督评估中产生的其他费用。

第三，加强对第三方监督评估费用的司法监督。在当前的改革试点中，第三方监督评估费用远远低于合规业务咨询费用，随着合规改革试点的进一步深入，可以考虑赋予检察机关评估和审查第三方监督评估费用的职权，从而使得合规监管费用更趋于合理。

（四）关于合规整改考察期限

习近平总书记多次强调，重大改革创新试点要于法有据。企业合规改革试点是检察工作的改革创新，更应该坚守底线，不能随意突破法律，《指导意见》也明确了依法有序的工作原则。

在适用企业合规的取保候审或者监视居住案件的办案期限的问题上，笔者赞同前述第二种观点，即取保候审、监视居住案件的办案期限受取保候审、监视居住期限的限制。目前，检察机关统一办案系统已经将该类案件的期限调整至取保候审、监视居住的期限，且改革试点中已经有试点检察机关适用该种办案期限。改革实践中，部分地方将企业合规改革试点工作与清理侦查机关"挂案"相结合，从该项工作的主旨来看，适用企业合规的案件更不能无限开展，在立法修改前，在审查起诉阶段不宜采用无办案期限的模式。

基于以上逻辑，如何确定合规考察期限仍然存在一定争议。域外的合规考察期限大多时间较长，三五年有之，十几年亦有之，即使是上述取保候审、监视居住的办案期限，相较于正常的合规考察期限而言仍然嫌短。笔者认为，根据《指导意见》第12条第1款规定，第三方组织应当"根据案件具体情况和涉案企业承诺履行的期限，确定合规考察期限"。并未明确规定合规考察期限应当在办案期限以内，而且根据《指导意见》第14条第1款规定，"人民检察院在办理涉企犯罪案件过程中，应当将第三方组织合规考察书面报告、涉案企业合规计划、定期书面报告等合规材料，作为依法作出批准或者不批准逮捕、起诉或者不起诉以及是否变更强制措施等决定，提出量刑建议或者检察建议、检察意见的重要参考"。该条款可以理解为，决定是否起诉前，不仅局限于将合规考察书面报告作为参考，也可以将涉案企业合规计划、定期书面报告等材料作为是否起诉的重要参考。实践中，以最高检涉案企业合规第二批典型案例五为例，合规考察期限长于办案期限，在作出不起诉处理决定之前，根据涉案企业合规计划、定期书面报告作出决定，后续再对涉案企业合规整改进行考察验收。

依此逻辑可以引申出进一步的问题是，检察机关对涉案企业作出不起诉决定后，合规考察验收不合格，应当如何处理。一种观点认为，检察机关可以撤销不起诉决定，对涉案企业或者责任人提起公诉。另一种观点认为，检察机关不能撤销不起诉决定，只能通过检察建议或者检察意见的方式来处理。笔者赞同第一种观点，基于检察机关具有不起诉决定的撤销权，可以参考最高人民法院、最高人民检察院、公安部、国家安全部、司法部《关于适用认罪认罚从宽制度的指导意见》第 51 条第 3 项规定，"排除认罪认罚因素后，符合起诉条件的，应当根据案件具体情况撤销原不起诉决定，依法提起公诉"。

（五）关于合规整改考察标准

2022 年 4 月，《涉案企业合规建设、评估和审查办法（试行）》出台，对于涉案企业合规整改的建设、评估和审查提供了基本指引，如何将基本规范与具体行业、企业的合规整改相结合，探索出具有针对性的合规整改考察标准，是涉案企业合规改革进展到深水区需要面临的关键问题。

第一，各领域合规指引不断涌现。在企业合规改革试点中，各地检察机关积极探索各领域案件的考察标准，出台了涉及商业秘密、生物医药、知识产权、数据安全等专项合规考察标准指引，有力推动了不同领域合规整改、考察标准的细化实化。

第二，各级合规管理规范性文件不断更新。2022 年 10 月 1 日国务院国资委印发了《中央企业合规管理办法》，2023 年 5 月广东省国资委印发了《广东省省属企业合规管理办法》，虽然是针对中央企业、省属企业的合规管理办法，但其中合规管理的底层逻辑对其他类型企业仍然具有借鉴意义。

第三，以标准化的方式推动合规治理。标准是国际通行语言，也是国家治理体系和治理能力现代化的基础性工具。习近平总书记在党的二十大报告中指出，推进高水平对外开放，稳步扩大规则、规制、管理、标准等制度型开放。我国合规国家标准随着国际标准的更新同频迭代，2022 年10 月，针对 ISO 37301：2021（合规管理系统——要求和使用指南）对之前版本的修订更新，国家市场监督管理总局、国家标准化管理委员会发布了 GB/T 35770—2022（合规管理系统——要求及使用指南）代替 2017 年相应的国家标准。此外，针对中小企业合规的特殊性，中小企业行业协会牵头编制了《中小企业合规管理体系有效性评价》的行业标准。有些试点地区正在探索通过编制地方标准的方式，推动企业合规改革深入。

（六）关于合规互认

合规互认理念的提出，着眼于涉案企业合规的刑事诉讼全流程视角。例如，在深圳市宝安区人民检察院在关于企业合规第三方监督评估机制的实施办法中就明确提出了"合规互认"条款，明确规定了对于在纪检监察机关、行政机关、公安机关办案阶段已经作出合规承诺、开展合规整改的，检察机关经审查认为符合企业合规适用条件的，对于已经开展的企业合规程序予以认可。检察机关因涉案企业开展企业合规而作出不起诉决定后，行政执法机关仍需对涉案企业进行行政处罚的，检察机关可以提出从宽处理的意见，并将企业合规计划、定期书面报告、合规考察报告等移送相关行政机关、公安机关。在最高检涉案企业合规第二批典型案例五中，在深圳市宝安区人民检察院通过宝安区促进企业合规建设委员会开展对涉案企业开展第三方监督评估考察后，第三方组织经评估认为该企业经过合规整改建立了相对有效的合规管理体系，办案检察机关对涉案企业作出相对不起诉决定后，协调深圳海关通过合规互认的方式，将合规考察报告作为海关对涉案企业作出处理决定的重要参考。

随着监察机关、审判机关也相继开展涉案企业合规的工作举措，在合规互认的理解上，应当具备全流程的视野。第一，监察机关、公安机关在调查、侦查阶段已经启动企业合规整改程序的，在移送起诉后，由检察机关继续开展企业合规整改程序，对于已经开展的企业合规整改予以认可。第二，对于审查起诉期限届满但合规评估验收尚未完成、需要先行提起公诉的案件，检察机关提起公诉后，审判机关在审判阶段继续开展合规整改工作。第三，检察机关因涉案企业开展企业合规而作出不起诉决定后，公安机关仍需对涉案企业进行行政处罚、处分或者没收其违法所得的，检察机关可以提出从宽处理的意见，并将相关材料等移送公安机关，公安机关以此为基础予以从宽处罚的考虑。

（七）关于涉案企业合规跨区域协作

改革试点实践中，在上海、浙江、广东等地出现针对异地合规考察的情况，通过报送上级检察机关协调或者协调异地检察机关协助启动第三方监督评估机制。在民营经济活跃的粤港澳大湾区，跨境犯罪较多，存在跨境合规整改的问题。如果涉案企业系香港或者澳门企业，因属于境外企业，对涉案企业开展企业合规程序，如何进行合规考察是一个涉及多个层面的复杂问题。以广东省某地出现的一起案件为例，涉案企业的注册地和主要经营地均在香港特别行政区，跨境对该企业开展企业合规存在诸多障碍。笔者认为，从域外经验来看，参考美国对中兴公司的合规考察方式，美国方面委托在美国的律师事务所对中兴公司开展合规监督考察。具体到本案中，办案检察机关可以在当地组建第三方监督评估组织对涉案的香港公司开展合规考察，可以考虑选取具有跨境业务的专业机构或者人员加入第三方工作组，或者根据香港特区的律师通过考试在粤港澳大湾区承接法律业务的政策，遴选由在粤港澳大湾区具有执业资格的香港律师承接本案的合规考察工作。

6. 涉案企业合规检察建议适用研究

刘宗武　　肖致春 *

　　企业合规是一种以避免合规风险为导向，针对违法犯罪行为进行事先防范、事中监控和事后补救的管理机制。[①] 在企业合规逐渐成为全球关注的背景下，我国立法机关开始引入企业合规制度，并逐渐有学者呼吁应当在行政法、刑法和刑事诉讼法中确立企业合规的相关制度。[②] 自 2020 年 3 月起，最高人民检察院部署开展企业合规改革试点工作，并在上海、江苏、山东、广东等 6 家基层检察院开展了第一期试点。2021 年 3 月，最高检又扩大了试点范围。截至 2021 年 8 月，共办理此类涉企业的合规案件共 206 件。2022 年 4 月，最高检部署在全国范围全面推开涉案企业合规改革试点工作。[③]

　　在此背景下，涉案企业合规中的检察建议模式具体表现为检察机关可以在介入案件后，发现涉案企业在企业运营模式或者管理上存在漏洞或者存在其他风险时，检察机关可以向其发出合规检察建议。除此之外，检察机关还可以根据涉案企业的具体表现、主要负责人员是否认罪认罚以及涉案企业的合规意向等因素，决定是否对其作出不起诉决定，并根据具体情况向其制发合规检察建议。不难看出，合规检察建议本质上就是检察机关

* 刘宗武，广东省人民检察院法律政策研究室二级检察官助理；肖致春，广东省惠州市惠东县人民检察院检察委员会委员、第四检察部主任。

① 陈瑞华：《企业合规不起诉制度研究》，载《中国刑事法杂志》2021 年第 1 期。

② 张泽涛：《论企业合规中的行政监管》，载《法律科学（西北政法大学学报）》2022 年第 3 期；时延安：《合规计划实施与单位的刑事归责》，载《法学杂志》2019 年第 9 期；隋莉莉、徐建军：《涉案企业合规刑事立法路径探索》，载《中国检察官》2022 年第 13 期。

③ 2022 年 4 月 2 日，最高人民检察院会同全国工商联宣布，涉案企业合规改革试点在全国检察机关全面推开。此后，最高人民检察院联合全国工商联及相关单位共同发布《涉案企业合规建设、评估和审查办法（试行）》，依法推进企业合规改革试点工作。

在企业合规中行使法律监督的重要方式和载体，是助推涉案企业进行合规建设的重要手段之一。但由于其不同于普通的检察建议，其在企业合规中具有较高的灵活性，且目前法律尚未对此有明确规定，因而在实际适用过程中，并未能完全发挥其效用，在实践中仍存在约束力不足和合规检察建议难以落实等问题，如何有效解决上述问题，也成为合规检察建议工作的重点。

一、涉案企业合规检察建议的适用

检察建议本为检察机关落实监督职能的检察措施，一般是在诉讼过程中对相关单位违法、不规范行为要求改正提出建议或者是在诉讼程序之外，针对案发单位的制度漏洞提出预防建议。[①] 从具体职能来看，检察建议一般分为再审检察建议、纠正违法检察建议以及社会治理检察建议等类型。在企业合规视域下，检察机关提出的检察建议应当属于社会治理检察建议。最高人民检察院在《人民检察院检察建议工作规定》(以下简称《规定》)中对此也进行了明确。[②] 具体而言，检察机关在案件办理过程中，发现涉案企业存在管理制度漏洞，或者有发生违法犯罪重大隐患时，可以就此提出检察建议。需要注意的是，检察建议不同于检察意见。检察建议是检察机关基于改善涉案企业现状而提出的参考性方案，是检察机关参与社会治理的方式之一，其有关条文虽然规定了检察机关有权提出检察建议，但并未明确规定执行效力和不利的法律后果。[③] 因而在某些情况下，检察机关提出的检察建议也存在被涉案企业忽视的情况。

检察机关在对涉案企业进行合规检察建议时，能够自主选择检察建议提出的时间点，根据其选择的时间点，合规检察建议又分为审查逮捕阶段的检察建议、审查起诉阶段的检察建议、不起诉决定阶段的检察建议以及提起公诉后的检察建议。

---

① 任学强:《检察建议的理论与实践——以检察机关社会综合治理职能为视角》，载《社会科学论坛》2014 年第 10 期。

② 《人民检察院检察建议工作规定》第 2 条:检察建议是人民检察院依法履行法律监督职责，参与社会治理，维护司法公正，促进依法行政，预防和减少违法犯罪，保护国家利益和社会公共利益，维护个人和组织合法权益，保障法律统一正确实施的重要方式。

③ 马千慧:《企业合规视域下检察意见之探析》，载《湖北经济学院学报(人文社会科学版)》2022 年第 6 期。

（一）审查逮捕阶段的检察建议

审查逮捕阶段是检察机关介入案件的第一阶段，也是企业合规的最佳时段，因为在涉案企业进入到批捕阶段后，相关负责人将面临被采取逮捕等强制措施，这将使涉案企业陷入管理更加混乱的时期，但此时如果能够做到检察机关不予批准逮捕，则为涉案企业争取了更大的空间。因而，在此阶段内，检察机关如果发现涉案企业存在管理漏洞，可以向涉案企业提出合规整改检察建议的方式，以推进涉案企业及时整改。司法实践中，如果涉案企业在案发后能够积极认罪认罚，且有意愿配合检察机关进行整改，检察机关会通过作出不予批准逮捕的决定，并提出合规检察建议，以此来激励涉案企业进行企业合规。同样，检察机关也可以根据涉案企业的具体情况，对涉案企业提出检察建议，如果企业作出合规承诺，并愿意配合整改，检察机关也可以对涉案企业相关人员先变更强制措施，让企业能够正常运营，这无疑也是对企业合规化建设的一大激励。

（二）审查起诉阶段的检察建议

根据最高检发布的前三批典型案例来看，检察机关在审查起诉阶段制发检察建议的数量占比最高。[①] 具体而言，当案件进入到审查起诉阶段后，检察机关所发挥的作用更多地在于对案件的深层次审查，在此过程中，检察机关如果发现涉案企业在具体的规章制度、运营模式等方面具有漏洞，可以通过对其提出合规检察建议，督促其建立相应的企业合规管理制度。在此阶段内，检察机关在提出合规检察建议后，还可以要求涉案企业在规定期限内向检察机关提交合规整改方案。一般而言，检察机关可以根据犯罪嫌疑人是否被羁押来决定考验期，但需要注意的是犯罪嫌疑人已经被羁押的，还要将其改变为非羁押性强制措施，以便企业进行合规建设。[②] 在考验期满后，检察机关应当对涉案企业提交的整改方案进行检查验收，根据情况决定是否对涉案企业作出起诉决定。在最高检发布的第三批涉案企

---

① 此阶段发出检察建议是最多的，占比40%，在最高检发布的前三批典型案例中，15个案件中未发出检察建议的有4个，审查起诉阶段发出的有6个，不起诉后发出的有2个，判决后发出的有1个，介入阶段发出的2个。（前述数字未统计2023年最高检发布的第四批典型案例）
② 王雪琪：《企业合规检察建议制度研究》，载《黑龙江省政法管理干部学院学报》2022年第2期。

业合规典型案例的王某某泄露内部信息、金某某内幕交易案①中，检察机
关在案件进入审查起诉阶段后，向涉案企业制发合规检察建议书，对其合
规的内容、方式等提出了建议，并据此向法院提出从宽量刑建议，成功地
推动了企业的合规建设。

（三）不起诉决定阶段的检察建议

不起诉权实际是检察机关在刑事案件中行使公诉权不可或缺的一部
分，其优点在于可以降低诉讼成本。在此背景下，越来越多的检察机关对
符合合规条件的企业采取"不起诉决定＋检察建议"的模式推进企业合规
建设。②需要注意的是，此阶段的检察建议不同于审查起诉阶段，此阶段
的检察建议作出的时间可能是与不起诉决定同时，也可能是在此之后。也
即，实际上不起诉决定一旦作出即为生效，因而产生的后果便是，检察机
关提出的合规检察建议将无法对涉案企业有约束力。换言之，此时的涉案
企业已经收到了不起诉决定，企业的"风险"已经解除，检察建议即便未
被认真对待，该不起诉决定也难以撤销。如在新泰市J公司等建筑企业串
通投标系列案件③中，检察机关在查清J公司等6家企业被胁迫陪标的案

① 王某某泄露内幕信息、金某某内幕交易案——最高检发布第三批涉案企业合规典型案例之
二：广东K电子科技股份有限公司长期从事汽车电子产品研发制造，连续多年获国家火炬计划重
点高新技术企业称号，创设国家级驰名商标，取得700余项专利及软件著作权，2018年开始打造
占地30万平方米、可容纳300余家企业的产业园，已被认定为国家级科技企业孵化器。被告人王
某某系K公司副总经理、董事会秘书。被告人王某某（K公司董事会秘书）在公司重组期间，向
其好友被告人金某某泄露重组计划和时间进程。金某某在获取内幕信息后，为非法获利，参与股
票交易。2021年8月10日，北京市公安局以王某某、金某某涉嫌内幕交易罪向北京市检察院第
二分院移送审查起诉。审查起诉期间，市检二分院对K公司开展企业合规工作，合规考察结束后
结合犯罪事实和企业合规整改情况对被告人提出有期徒刑2年至2年半，适用缓刑，并处罚金的
量刑建议，与二被告人签署认罪认罚具结书。
② 陈瑞华：《企业合规不起诉制度研究》，载《中国刑事法杂志》2021年第1期。
③ 新泰市J公司等建筑企业串通投标系列案件——最高检发布第一批涉案企业合规典型案例之
四：2013年以来，山东省新泰市J工程有限公司等6家建筑企业，迫于张某黑社会性质组织的影
响力，被要挟参与该涉黑组织骨干成员李某某（新城建筑工程公司经理，犯串通投标罪被判处有
期徒刑1年零6个月）组织的串通投标。李某某暗箱操作统一制作标书、统一控制报价，导致新
泰市涉及管道节能改造、道路维修、楼房建设等全市13个建设工程项目被新城建筑工程公司中
标。由张某黑社会性质组织案带出的5起串通投标案件，涉及该市1家民营企业、2家国有企业、
3家集体企业，均为当地建筑业龙头企业，牵扯面大，社会关注度高。2020年3月、4月，公安
机关将上述5起串通投标案件移送新泰市检察院审查起诉。检察机关受理案件后，通过自行补充
侦查进一步查清案件事实，同时深入企业开展调查，于2020年5月召开公开听证会，对J公司等
6家企业作出不起诉决定。

件事实后，结合企业经营现状，于 2020 年 5 月对该企业作出不起诉决定。在不起诉后发出检察建议，后续整改则通过举办检察建议落实情况公开回复会等方式进行监督，而无法再依赖于不起诉决定。

（四）提起公诉后的检察建议

众所周知，相对不起诉只能适用于可能被判处 3 年以下有期徒刑犯罪情节轻微的刑事案件，然而，实践中涉案企业所涉及的罪名并非都是轻微的刑事案件，这就意味着仍有部分案件会进入到审判阶段。此阶段内的检察建议，其对企业合规的激励作用就没有前几个阶段大，原因在于此时对于涉案企业而言，其已经被提起公诉，对于企业的发展势必会造成影响，对于企业合规的检察建议是否能够积极推进是不得而知的。但此种情况下，即便涉案企业的犯罪情节并不轻微，如果其愿意配合检察机关进行企业合规，也可以依据其在完善合规管理体系方面取得的成效，请求检察机关减轻刑罚或者调整量刑建议。[①]

二、涉案企业合规视域下检察建议适用困境

（一）合规检察建议效用较低

数据显示，2021 年 3 月至 2022 年 6 月底，全国各地检察机关累计办理涉企业合规案件 2382 件，较改革试点全面推开前增长明显。[②] 但是在合规检察建议的适用过程中，其实际效用的发挥并不理想。原因在于，其一，合规检察建议的发出主体即检察机关专业性不足，公司治理不仅涉及法学，还涉及管理学、经济学等诸多内容，且每个案件中的涉案企业还存在着个体差异，检察机关工作人员在未对相关内容了解清楚之前，无法准确地提出合规检察建议。其二，合规检察建议能够顺利适用的条件之一是必须是涉案企业有合规意向，然而在合规检察建议中往往由于缺少激励因素无法获得企业的配合，导致该建议无法有效适用。[③] 其三，在实践中的企业合规是多种利益的汇总，如涉案企业的发展平台、税收政策等内容，

---

① 李奋飞：《论企业合规检察建议》，载《中国刑事法杂志》2021 年第 1 期。
② 最高人民检察院关于印发《涉案企业合规典型案例（第三批）》的通知。
③ 陈瑞华：《刑事诉讼的合规激励模式》，载《中国法学》2020 年第 6 期。

检察机关需要在多种利益中进行平衡，在制定检察建议过程中如果未能权衡好利弊，则会导致检察建议的效用大大降低。

（二）合规检察建议刚性不足

如前所述，检察建议本身是作为检察机关发出的"建议"，往往只能作为一种参考，其并未获得刑事立法的"刚性赋权"。[①]虽然在《规定》中，对检察建议书的制发程序及相关制度进行了具体规定，但这一规定是否能实际性增强合规检察建议的刚性有待考证。原因在于，其一，如前所述，合规检察建议本就属于社会治理性检察建议，仅为检察机关参与社会治理的一种方式，该种建议无法直接对涉案企业产生强制力。其二，根据《规定》[②]，即便涉案企业没有认真对待合规检察建议，或者未能在规定期限内进行整改，检察机关也不能对其采取任何强制性措施，其职能仅在于将相关情况报告上级人民检察院，或者通报被建议单位的上级机关等。这也就意味着，合规检察建议的约束力取决于其上级单位及相关部门的监督效用，如果涉案企业缺乏外部监管时，合规检察建议将成为"一纸空文"。其三，在上文提及的几种合规检察建议适用中，在不起诉决定作出时或者进入公诉阶段后，检察机关向涉案企业制发合规检察建议，此时的检察建议更加不具有刚性惩戒力，因为该合规检察建议能否被涉案企业认真对待并开展合规工作完全取决于涉案企业自身，如果涉案企业不遵守承诺进行相关的合规建设，这就意味着检察机关的合规检察建议失去了强制力。

（三）合规检察建议落实困难

如前所述，检察机关向涉案企业发出检察建议的出发点就在于引导其完善企业制度、弥补漏洞，以使企业能够进行合规整改。因此，在合规检察建议适用过程中，合规检察建议发出之后的落实效果最为关键。然而，在实践中，囿于合规整改时间、监督制度等问题，合规检察建议在发

---

① 李奋飞：《论企业合规检察建议》，载《中国刑事法杂志》2021年第1期。
② 《人民检察院检察建议工作规定》第25条：被建议单位在规定期限内经督促无正当理由不予整改或者整改不到位的，经检察长决定，可以将相关情况报告上级人民检察院，通报被建议单位的上级机关、行政主管部门或者行业自律组织等，必要时可以报告同级党委、人大，通报同级政府、纪检监察机关。符合提起公益诉讼条件的，依法提起公益诉讼。

出后得到落实存在困难。其一，无论是在审查逮捕阶段的合规检察建议还是审查起诉阶段的合规检察建议，都受到刑事诉讼法的限制，在固定的时间内进行企业整改，无法确定能够达到效果。[①]如在审查逮捕阶段，其审查期限仅有7天，而发出检察建议回复的期限一般为2个月，虽然有规定可以视情况适当缩短回复日期，但整改时间太短，容易出现"假合规"的情况。其二，在上述时间限制下，对于检察机关而言，不仅难以在短时间内了解清楚涉案企业具体情况，并制发相应的检察建议，更难以通过考验期或者其他时间来完全监督涉案企业合规整改的全过程，对企业整改的效果也往往只能通过涉案企业提供的报告来了解，但此处的报告多具有滞后性，并不能完全反映整改情况。其三，如果由于此种监督不力，导致涉案企业的合规整改不到位，那么前期的合规检察建议对涉案企业内部的合规风险、预防再次犯罪等则未起到实际作用。

三、涉案企业合规检察建议完善路径

（一）找准合规风险点，精准提出检察建议

鉴于合规检察建议实际上已经发生了功能转化，由原本的作为犯罪处理的手段之一向充当企业治理的功能之一转化，[②]因而，合规检察建议的关键点仍应当放在企业本身所存在的问题，即其面临的合规风险点，只有如此，检察机关才能精准提出检察建议，以提高其效用。可以参考上海Z公司、陈某某等人非法获取计算机信息系统数据案中的做法，普陀区检察院通过走访座谈、办案调研，发现了涉案公司管理制度存在盲区、技术容易被滥用等合规风险，并向其制发合规检察建议书。[③]此种走访座谈和办案调研并非限于对涉案企业犯罪情况的调查，还包括涉案企业犯罪原因的调查，从根本上去了解涉案企业的内部管理体制等风险点。除此之外，检察机关在调研过程中还应注意对案件处理结果是否会对企业造成不利影响，以及造成何种不利影响进行调查，为其精准提出合规检察建议打下基础，

---

① 陈莉：《企业合规管理的检察监督机制探析》，载《天津法学》2021年第3期。

② 谢登科、张赫：《论刑事合规不起诉中的检察建议——以最高人民检察院第81号指导性案例为视角》，载《青少年犯罪问题》2021年第3期。

③ 最高检发布的第三批涉案企业合规典型案例。

避免刑罚效果和社会效果的失衡。

（二）增强合规检察建议约束力

不可否认的是，在相关法律未赋予合规检察建议"刚性惩治力"的前提下，其约束力的问题目前无法完全根治。但对于合规检察建议而言，检察机关可以结合行政处罚、公益诉讼、行政检察等手段，多方约束涉案企业，或者可以将刑事处理结果后置于合规检察建议的方式，增强合规检察建议的约束力。如常州市钟楼区人民检察院在办理一起单位行贿案件时，检察机关在实际了解企业运行情况后，向涉案企业签发检察建议书并建议该企业制定一份专项合规计划。该案中，检察机关采取的就是先发出合规检察建议，后确定具体的刑事处理结果。此种处理方式要求涉案企业在获得从宽处罚前，其必须要先接受检察机关制发的合规检察建议，并要依据该合规检察建议制定涉案企业合规建设方案，并将其付诸实践。换言之，对涉案企业来说，要想获得不起诉决定或者是其他从宽处罚结果，依据合规检察建议设置合规计划并执行是必要条件。此种方式便可大大增强合规检察建议的约束力，以避免被合规企业忽视。

（三）注重多措并施，确保企业合规整改

在现阶段，要想让企业合规检察建议能够落到实处，必须牢牢把握多种措施并施，通过检察机关事后监督、第三方监督机构评估等措施相结合，确保企业整改到位。其中，检察机关事后监督即检察机关的工作人员可以采取讯问、走访、不定期检查、听证验收等方式，实地了解涉案企业的合规建设具体情况，并确保在企业合规过程中能够有效改善制度风险等问题。而第三方监督评估措施则是在某种程度上辅助检察机关行使监督职能。第三方监督评估机构可以从更加专业的角度去评估、引导涉案企业对合规检察建议进行落实，以量化式评估验收标准助推企业合规工作取得实效。具体而言，就是检察机关结合司法办案发现、分析企业管理制度上的漏洞和问题，在检察建议中有针对性地指出问题，提出整改建议要求，企业整改进程中，由第三方监督机构或评估验收，以确定整改是否到位，再结合听证验收等方式作出处理决定。王某某泄露内部信息、金某某内幕交易案中，检察机关运用"检察建议宏观把控+检察主导第三方考察+检察听证

事后监督"的企业合规路径，积极适用第三方监督评估机制开展企业合规工作，第三方组织对照检察建议，在尽职调查的基础上，根据涉案企业具体情况以合规风险自查清单形式引导企业逐员、逐部门排查合规风险点，并且通过第三方组织的监督、引导，涉案企业成功制定了多主体、多层面的信息保密专项合规计划，在评估考察中也把检察建议完成情况作为评价体系之一，真正实现了检察建议具体化、可行化和专业化落地。

四、结语

当前，检察机关参与到社会治理中，以制发合规检察建议的方式保护涉案企业财产利益、维护社会经济秩序稳定，无疑是检察机关发挥其作用的体现。在现阶段，涉案企业合规改革试点工作已取得初步成效，检察机关应当从相关案件中提炼经验，根据涉案企业的具体情况，有针对性地制发合规检察建议，以增强其实际效用，并更加全面地开展监督和引导工作，在提升办案质量的同时做好合规检察建议的落实工作。

7. 以涉案企业合规为例论检察机关诉源治理
思维方式、能力及配套机制

许振东 *

"诉源治理"是当前政法领域的高频关键词，见诸于领导讲话稿、时事报道、司法政策文件、学术论文等，但对于其内涵与范畴却尚未厘清。有研究者认为，诉源治理是对新时代"枫桥经验"的坚持和发展，是政法领域推进国家治理体系和治理能力现代化建设的重要抓手和有效机制。[①] 有的研究者把诉源治理同诉讼、仲裁、调解等传统纠纷系统并列，认为诉源治理是纠纷化解途径与体系完善发展的重要进路。同传统纠纷系统不同的是，诉源治理关注纠纷产生源头，从社会矛盾肇始之处着手，实现"将矛盾消解于未然，将风险化解于无形"。[②] 也有认为，诉源治理是指社会个体及各种机构"对纠纷的预防及化解所采取的各项措施、方式和方法"，目的是使潜在和已在纠纷当事人的相关利益冲突得以调和。[③] 立足纠纷化解过程论，也有提出"源头预防为先""非诉机制挺前""法院裁判终局"的三维解读。[④] 对于诉源治理，审判机关、检察机关、公安机关和司法行政机关等政法单位依据自身的职能定位都有不同解读，很难一言以蔽之，很难下一个具有普适性并关照到各方面的定义。笔者认为，在检察题域上，诉源治理可以从思维、能力和配套机制三个维度，从以下三个层面加以解读。

---

* 许振东，广东省揭阳市人民检察院案件管理与法律政策研究室负责人。

① 苗生明：《刑事检察能动履职促进诉源治理机制的构建与运行》，载《人民检察》2022 年第 8 期。

② 张春和、林北征：《司法区块链的网络诉源治理逻辑、困惑与进路》，载《中国应用法学》2019 年第 5 期。

③ 郭彦：《内外并举全面深入推进诉源治理》，载《法制日报》2017 年 1 月 14 日，第 7 版。

④ 薛永毅：《"诉源治理"的三维解读》，载《人民法院报》2019 年 8 月 11 日，第 2 版。

一是"诉"的发生，往往是社会矛盾激化到难以调和的地步，需要借助司法手段这一"最后一道防线"来解决的程度。"诉"既不是原因也不是结果，诉权的行使不是目的，而是化解社会矛盾的一种手段和方式之一。二是诉讼是成本很高的纠纷解决方式，效果也不一定最好。在检察能动履职中，要做到慎诉，尽量把进入检察环节的案件或者事项的每个细节都做到极致，尽量用诉前程序解决问题或者减少不必要的诉讼环节，使得各方不为诉讼所累。也即"诉"是为了"无诉"，标本兼治，从源头治理已有的"诉"，防止派生更多的"诉"，并有效预防类似的"诉"的发生。三是类似于"中国之治"的表述，"治理"既是表征治理的做法和努力，更是强调达到良法善治的效果，是行动和结果的有机统一，真正发挥法治固根本、稳预期、利长远的保障作用。

一、诉源治理思维的培树

思维方式是思考问题和处理问题的习惯性模式，它涉及对事物的认识和判断的角度、方式和方法。[①]诉源治理可以被看作一种思维方式，它善于处理多元思维方式和理念之间的碰撞，求同存异、取长补短和综合运用，以达到清源治本的效果。

（一）诉源治理思维是法律思维的补强

解决社会矛盾和冲突的方法多种多样，如协商、和解、调解、仲裁、诉讼等，其中，诉讼是最为常规、最为规范、形式效力最为明显的一种。私力救济向公力救济过渡的基本标志就是诉讼形式的出现。[②]作为调整社会关系的法律规范，来源于社会关系，是对行为和关系的抽象和规制形成行为规定，并赋予国家强制约束力，就变成了法律概念、规则和原则。在处理诉讼案件上，检察官遵循"以事实为依据，以法律为准绳"原则，运用"三段式"思维，第一段寻找规范基础，固定大前提；第二段查明要件事实，确定小前提；第三段涵摄法律事实，推出结论。[③]法律思维有别于

---

①　鞠宜良：《大数据思维变革对司法裁判的启示》，载《检察日报》2019年4月27日，第3版。

②　顾培东：《社会冲突与诉讼机制》，法律出版社2016年版，第42页。

③　李俊晔：《论要件审判"三段式"思维》，载《法律适用》2017年第3期。

大众的常规思维，具有其特殊性。在法律思维上，法律事实不同于客观事实，因为时间具有单向性，无法倒流，真正的客观事实属于历史，法律上的事实本质上是对历史的主观认识，法律事实是那些与案件相关且可证明为真实的，是经过法律规范剪裁过的，由证据链条勾勒处理的要件事实。法律事实注重取证的程序合法性，必须排除非法证据。而作为事件亲历者的当事人往往不关心事实与证据、法律的相关性，把自己所见所闻所感所知的生活事实就当成客观事实。这两种事实可能都不能全面还原客观事实，但两者的隔阂导致了案件的处理过程和结果与当事人的预期不相符。在个别案件中，当事人主张或者辩解的事实不被采信，而检察机关作出决定所依据的证据不被当事人接受，当事人进而怀疑案件办理的客观公正性，出现缠诉闹访的现象。原来的纠纷非但没能得到解决，又新增了新的矛盾，不利于社会的长治久安。

要解决法律思维和大众思维之间的矛盾，需要检察官在检察监督办案中树立诉源治理的思维方式。法律思维是一种被司法实践证明为正确的思维方式，检察官在执法办案中要继续坚持和完善，但需要以诉源治理思维方式作为补强。法律思维注重寻找正确的答案，而诉源治理思维更重视产生良好的效果。诉源治理思维方式具有马克思主义世界观和方法论的特征，是综合运用了主客观关系，矛盾的、发展的和联系的观点，也是系统思维和问题导向等科学思维方法在司法实践中的运用。诉源治理思维，一方面，讲究有"抓源"的问题意识，要有打破砂锅问到底的执念，不局限于对案件所呈现出的现象的认知，而是要透过现象看本质，抽丝剥茧挖掘和把握深层次的真相和缘由，厘清"诉"的来龙去脉和是非曲直。这种主体主观对客体客观的认识和反映，不是凭空想象而来，而是具体的、历史的，是要经过对具象的观察、对抽象的体悟以及对事物发展规律的把握。另一方面，要有"治本"的结果导向。在司法办案中不要孤立地"头痛医头，脚痛医脚"，满足于程序结案，而是要抓住主要矛盾、本质问题、源头症结，对准病根和病灶，标本兼治，实质性解决问题，化解矛盾，避免矛盾的再次发生和升级。

（二）诉源治理思维方式的培树途径

诉源治理思维方式不是自然而然形成的，也不可能一蹴而就，而是需要进行自觉反复地培养和常年累月地琢磨而内化成思维记忆和行为定势。要养成诉源治理思维方式，需要从以下几方面入手：一是要"走出检察看检察"，对司法和司法所处理的问题要有政治经济视角的理解，并在"认定事实、适用法律"这些具体司法行为对政治、经济、社会等因素有所考量，使得其办理过程和结果符合社会预期。二是在我国法律规范资源供给相对滞后，社会矛盾较为复杂，诉讼主体法律认知及运用水平尚不理想的情况下，要具有能动履职的理念，为纠纷的有效解决创造条件。三是要换位思维，很多情况下，需要站在当事人甚至被告人的角度对一些问题进行思考，只有把当事人之急、之痛当成自己之急、之痛，理解当事人维护和实现正当权益的愿望与诉求，才能使司法结果与当事人对司法的正当期待保持一致。[①]也就是说，摒弃专业的优越感和司法神秘主义，尽可能感同身受去体悟当事人的急难愁盼，并把这种司法的温度和诚意传递给当事人。

（三）涉案企业合规的诉源治理思维方式

企业及相关人员在生产经营过程中之所以触犯刑法，除了人性的弱点外，企业管理制度的漏洞和治理模型的缺陷也是重要的客观原因。这些问题主要可以归结为四方面：一是代理成本问题。"如何控制代理成本"是"公司法的核心问题"。[②]在现代公司中，所有权与控制权的分离，造成了代理成本的问题，主要表现在大股东与小股东、董事会与股东、管理者与所有者之间的利益分歧，以及前者基于其实际控制权对后者利益的侵害，比如说职务侵占罪、内幕交易罪等。二是企业及相关经营人员对债权人经济利益的侵犯。在民商事活动中，企业或相关人员为追求不正当利益而侵害了相对方的利益，或者在生产经营过程中侵犯消费者、劳动者的利益。比如说合同诈骗罪、生产销售伪劣产品罪、拒不支付劳动报酬罪等。三是企业或者相关人员违反正当竞争原则，侵害了竞业者的正当利益，比如说侵犯商业秘密罪等。四是企业或者相关人员违反应尽的社会责任和义务，

---

① 顾培东：《人民法院改革取向的审视与思考》，载《法学研究》2020 年第 1 期。

② ［美］斯蒂芬·M. 贝恩布里奇：《理论与实践中的新公司理论模式》，赵渊译，法律出版社 2012 年版，第 63 页。

侵犯了国家、社会和公众利益，比如说虚开增值税专用发票罪、污染环境罪等。

在办理涉企刑事案件中，对于企业及其法定代表人、实际控制人、管理人员，或其关联的其他企业在生产经营活动中的犯罪行为，要严格按照罪刑法定和罪责刑相适应等原则严格依法进行定罪量刑，体现了法律思维方式。但是，定罪量刑往往只能治标。经过刑罚后，企业或许因为企业本身或者其法定代表人等被逮捕、起诉而使得企业生产经营活动受到严重打击，濒临倒闭，出现"办理一个案，垮掉一个企业"，不利于稳定就业和促进社会经济发展。只注重打击，也没法从源头根治企业存在的问题，消除企业再犯罪，或者其他企业减少同类犯罪发生。要从根本上保住经济实体，让企业守法合规经营，就必须根治企业违法犯罪的病因，督促企业进行合规整改，建立现代企业制度，加强管理和公司治理，增强企业的社会责任感。办理涉企案件，首先要坚持法律思维，在现有法律的框架下进行审查办理，同时，运用诉源治理思维方式，做到治罪和治理并重。对案件是否适合企业合规进行审查，如果适合合规就要督促企业进行整改和合规，守法经营。要树立系统思维，在挽救涉案企业的同时，加强调研宣传，通过制发检察建议方式，注重带动关联企业甚至整个行业守法合规经营，起到"办理一案、带动一片"的良好效果。

二、诉源治理司法能力的提升

司法能力是实现司法功能所必须具备的技能。司法功能包括维持社会秩序、实现定分止争、保障法益等。要实现这些功能，在"让司法更像司法"的同时，必须努力提升"让司法更能司法"的能力。

（一）从程序性能力向实质性能力发展

近年来，司法体制及其综合配套改革的落地落实，符合检察发展规律，使得检察机制更具有自洽性，检察权运行更具有合理性，解决了"让司法更像司法"的问题。但是，一方面，"让司法更像司法"的改革在具体到实施措施的过程中，难免自觉或者不自觉地落入某种司法模式中，追求与此模式的"相似"，而这种相似因条件或环境的差异，并不必然导致司法能力的提升；另一方面，在追求形式要件完备的过程中，亦可能因固执于某些僵化的原则或口号而偏离改革的宗旨。[①]"相对于经济改革是以解放和发展个人生产力和社会生产力为根本目的，司法改革的根本目的是解放和发展司法能力，更好地满足广大人民群众的司法需求。"[②]司法改革的根本宗旨和最终目的应当是"让司法更能司法"，激发司法的治理效能。

诉源治理能力，不只是依法办案的能力，掌握阅卷、提审、庭审等这些形式化的"结案"诉讼技能，更重要的是提供正义和"事了"甚至"人和"的能力，注重司法实效，能实质性解决进入检察环节的各类纠纷，充分实现社会对司法的期待和司法体制改革对社会的允诺。

（二）从对抗性能力向协商性能力延伸

协商性司法是指在刑事案件的处理方面，不同程度地给当事人之间的"协商"或者"合意"留出一定空间的案件处理模式。其核心价值在于通过控辩双方的对话、协商，在合意的基础上谋求控辩审三方都乐于接受的司法结果。在维护基本法制底线的框架内，尽可能让不同利益诉求的控辩双方在诉讼过程中拥有更多的发言权，相互之间减少不必要的对抗而增加更多对话与合作机会力争多元化价值目标都吸纳到程序之中。[③]由对抗性司法部分转型为协商性司法，是刑事司法的世界性趋势。[④]我国的刑事和解制度、认罪认罚从宽制度从立法上的确定和司法上的运行很好地回应了这一趋势，代表着对抗性司法向协商性司法的转型。企业合规改革也是体现协商性司法的改革创新。

协商性司法注重社会效果，协商的目的和结果主要是降低司法成本，优化配置司法资源，减少社会对抗，有效化解社会矛盾。从这个角度讲，与诉源治理具有一定的同质性。从对抗性司法向协商性司法的转型，也需要检察官在司法能力上能与之相匹配。例如，随着我国犯罪结构的根本性变化以及宽严相济刑事政策的落实，诉前羁押率会保持在一个较低的幅度。这种形势下，刑事检察办案能力要从单向的阅卷审查、提审讯问能力

---

① 顾培东：《人民法院改革取向的审视与思考》，载《法学研究》2020 年第 1 期。
② 张文显：《人民法院司法改革的基本理论与实践进程》，载《张文显法学文选·卷七·司法理念与司法改革》，法律出版社 2011 年版，第 44—45 页。
③ 罗海敏：《论协商性司法与未决羁押的限制适用》，载《法学评论》2022 年第 3 期。
④ 王迎龙：《协商性刑事司法错误：问题、经验与应对》，载《政法论坛》2020 年第 5 期。

延伸到注重双向互动和对话的协商能力，注重司法协商的合法性、自愿性和真实性，寻求最大公约数。

（三）提升办理涉案企业合规案件的能力

适用企业合规案件的条件之一是企业认罪认罚以及自愿合规。实质性能力和协商性能力在办理企业合规案件中尤为重要，因为涉案企业合规改革就是要改变以往就案办案、机械办案、程序办案的问题，要通过办案督促企业合规整改，实质性解决企业存在的管理漏洞。在开展企业合规改革试点工作中，笔者对 J 市两级检察院近 3 年来办理的涉企刑事案件进行了调研和摸底，并就办理企业合规案件的问题对刑检部门检察官进行了访谈，发现 J 市一些检察官面对企业合规改革，特别是办理企业合规案件，存在"本领恐慌"。由于企业合规涉及公司法、现代企业制度、公司治理、行业标准等多元知识，准入门槛高，而当前检察官大多专攻法学，办案往往遵循卷宗主义，以审查案卷和提审等方法为主，较难对企业合规整改的有效性、真实性进行实质性审查。

要解决这个问题，需要增强检察官能动履职的责任感，加大对企业合规实务的教育培训，提升检察官实质性解决问题的司法能力，使得检察官"艺高人胆大"，克服"本领恐慌"和畏难情绪，积极主动投入到改革试点工作中，真正使得改革试点工作能起到助力各类企业纾困发展的作用。当前，最迫切提升检察官的合规审查能力，特别是要掌握两个关键环节的审查能力。一个是启动合规审查能力。检察官对涉案企业是否启动合规程序，要注重估算合规的性价比，围绕公益性进行审查，综合涉案企业在增加财税收入、促进就业、开展慈善公益活动、对地方社会经济发展和社会信用体系建设的贡献度等社会公共利益方面进行必要性和可行性考量。如果启动涉案企业合规程序付出的资源和成本低于企业合规对社会公共利益的贡献，那么就不启动合规程序，反之则启动合规程序。另一个是对第三方组织监督评估报告的审查能力。在合规评估审查中，检察官要对涉案企业提交的整改材料、第三方组织的监督评估报告等材料进行全面审查。经书面审查无法直接判断涉案企业是否存在虚假整改、纸面合规的，则应对第三方组织递交的评估报告进行实地考察审查，通过实地走访、飞行检查等方式作重点核查，必要时举行案件听证，确保验收结果的准确性。

三、诉源治理配套机制的构建

"徒善不足以为政，徒法不足以自行。"诉源治理需要配备强有力的抓手和行之有效的机制才能得以落实。目前，这些配套机制包括了认罪认罚从宽、刑事和解、羁押必要性审查、检察建议、案件听证、司法救助等。

（一）重视诉源治理机制的能动性

新时代检察权呈现以检察审查为核心内容的样态，检察审查是对检察权内容的提炼、概括和新认识、新拓展，通过检察审查的职能化、实质化可以支撑起法律监督的宪法定位，这是所谓以检察职权的"最大公约数"[①]作为核心的检察审查，是各项检察职权蕴含的共性内容，检察审查机制也是每一项检察监督办案必须启动和适用的机制。相比之下，诉源治理机制的重要特征是其能动性，或者称之为机动性、灵活性。它不是每一个案件非适用不可的机制，而是根据具体案件的需要而选择是否启动，可以单独适用某一机制或者多措并举，进行机制的排列组合、综合适用。它是一种服务于检察审查机制，提质增效、增加获得感的机制。比如，在办理一个刑事检察案件中，可以对犯罪嫌疑人适用认罪认罚从宽制度，举行案件听证会，对相关刑事被害人实施司法救助，如果发现有社会治理漏洞，必要时向相关单位制发检察建议。这些机制通常不具有强制性，运行产出的往往是以建议或者意见的形式，但不是可有可无，其存在是具备法定性，具有法的渊源和依据，有相关法律法规支撑的，并具有较为详细的实施规范，确保相关配套机制在检察职权的轨道内行使，防止滥用机制或者出现越俎代庖、越法行权的乱象。

（二）提高诉源治理机制的协同性

协同治理是针对特定复杂的公共事务问题，政府组织、社会组织、企业及公众等多元主体各自发挥自身优势，通过建立正式的、跨部门的协同合作关系，实现复杂公共事务有效治理的一种制度安排。协同治理包括两方面内涵：一是"大协同治理"，即不同性质治理主体之间的协同治理；

[①]　苗生明：《新时代检察权的定位、特征与发展去向》，载《中国法学》2019 年第 6 期。

二是"小协同治理",即同一性质治理主体内部的协同治理。[①]当前社会矛盾日益呈现出复杂性和多变性,各部门面临着治理的挑战和压力。对于特定的复杂事务,单靠一个部门的一己之力很难应对,各部门的各自为政既会造成职权交叉、重复建设、互相推诿、浪费资源等问题,又往往事倍功半。只有建立跨部门的协同治理机制,调动各方资源和力量,才能事半功倍,达到更好效果。诉源治理机制需要具备这种协同性,无论是检察建议的以"我管"促"都管"还是案件听证的"兼听则明"等,都是在同各部门和社会各界的良性互动中推进治理的。当前检察机关诉源治理机制的协同性具有两种相互交汇的趋势。一是检察机关内部的集成化,强调各内设机构和各级检察院之间横向和纵向的协同配合,检察一体化优势明显。比如未成年人检察中的捕诉监防教一体化工作机制,对"四大检察"中涉及未成年人的职能进行整合,达到对未成年人更好的综合保护的效果。二是检察机关同其他治理主体的共治共建共享的常态化和制度化,从偶然的、个别的"一次博弈"发展为稳定的、持续的"多次博弈",达到双赢多赢共赢。例如,J市检察院与市政数局和市信访局就12345政务服务便民热线、"急难愁盼我来办"群众工作平台有关公益诉讼案件线索移送事宜建立协作机制,切实实现群众公益保护需求数据信息的互联互通,持续深化公益保护共治机制。

（三）推进诉源治理机制的数字化

案件听证、司法救助等诉源治理机制大多是针对个案的治理。诉源治理机制要达到从点到面的根本性提升,增强影响力,扩大辐射面,必须借助"数字改革"的赋能。因为,有些矛盾,虽然在某一点上爆发,但它反映的却是基础面的普遍性问题;有些问题,我们看到的只是冰山一角,实际还有体量更大的"水下冰山";有些纠纷,背后隐秘着更深层次的瓜葛;有些事件,单看没异常,但把各点关联起来,真相的全貌就浮出水面。在2019年,习近平总书记强调"推进大数据、人工智能等科技创新成果同司法工作深度融合"。构建诉源治理机制需要嵌入数字化技术,开发监督办案模型,深化"个案办理—类案监督—系统治理"的大数据赋能法律监

---

① 赖先进:《论政府跨部门协同治理》,北京大学出版社2015年版,第27页。

督路径。要用好大数据，通过数据的收集、排除、梳理和研判，发现规律性、根本性和普遍性的问题和真相，实现治理工作从"经验治理"到"数据治理"、从"碎片化治理"到"一体化治理"，真正做到正本清源，从"治已病"到"治未病"的转变。

（四）完善涉案企业合规第三方监督评估机制

涉案企业合规改革是各种诉源治理机制综合运用的集大成者。涉案企业合规案件的办理涉及认罪认罚从宽制度、第三方监督评估机制、案件听证制度、检察建议制度等多元诉源治理机制。其中，作为新生事物的第三方监督评估机制体现了司法能动性和跨部门协同治理的特征。企业合规整改程序以及第三方监督评估机制不是办理所有涉企犯罪案件的标配，根据最高检等九部门印发的《关于建立涉案企业合规第三方监督评估机制的指导意见（试行）》的相关规定，是否适用企业合规和第三方机制，都要以涉案企业的自愿为前提条件，体现了协商性和能动性的特征。各单位组建而成的第三方监督评估机制管委会，其本质是跨部门协同治理平台，各部门立足自身的职能和专长来监督评估企业合规整改。这种监督评估是间接性的，是一种"有限政府"行为。管委会对涉案企业的合规整改不直接参与监督评估，而是借助组建具备专业化水平的第三方组织来监督评估企业合规整改情况，通过对第三方组织人员的选任和监管来达到"有效政府"的效果。第三方机制运行的产品是第三方组织出具的合规考察书面报告。这个报告本身是不具备法律约束力和强制力的，其实质相当于证据类别中的专家意见。只有经过检察审查后，才能成为量刑情节的证据。可见，作为凝聚司法、执法、行业监管合力的有效平台和机制，能弥补办案检察官的知识盲点和能力不足。第三方监督评估工作落得实，办案质量就更高，企业合规的效果就更好。

四、结语

诉源治理是检察机关依法能动履职最突出的体现，就是把习近平总书记强调的"法治建设既要抓末端、治已病，更要抓前端、治未病"抓实。加强诉源治理是检察机关推进国家治理系统和治理能力现代化进程中担负的重要政治责任。检察机关要把诉源治理作为一项重大的系统工程来推进，从思维方式、司法能力和配套机制等多维度全方面进行构建和提升。要不断创新治理方式，有效预防未然纠纷、化解已然矛盾，更要发挥督促保障作用，广泛凝聚协同治理合力，推动健全多元纠纷化解机制，真正做到为大局服务、为人民司法、为法治担当，彰显党绝对领导下的人民检察制度的巨大优越性。

8. 涉案企业合规在刑事审判程序中的运用研究 [*]

刘婵秀 钟剑煌 ^{**}

为积极营造法治化营商环境，促进企业规范发展，特别是防止涉刑事案件民营企业出现"老板一抓、企业乱套、工人下岗"的情况，2020 年 3 月起，最高检开始推动企业合规改革试点工作。经过前期的试点，这项改革已经取得了重要进展，试点范围从最初的几家检察院到现在全国检察机关全面铺开试点，企业合规改革适用的案件范围也不再局限于可能判处 3 年以下有期徒刑的案件，涉案企业合规整改的司法运用也从最初的"合规不起诉""合规不批捕"发展到"合规从宽"，对于那些仍然需要起诉到法院的案件可提出轻缓的量刑建议。2022 年，检察机关关于企业合规改革的方向，是推动立法层面"在刑事诉讼法第五编特别程序中增设一章'合规刑事案件诉讼程序'"，^① 类似于未成年人附条件不起诉制度，目标仍是推动企业合规案件诉讼程序终结于检察阶段。2023 年，最高人民法院积极推动审判环节的企业合规改革，提出在与检察机关携手做好刑事合规之余，还积极推动企业合规延展到民商事、行政、执行等领域。最高检也明确提出"不是所有的涉案企业合规都以对犯罪嫌疑人不起诉为前提"。从检察机关的视角来看，随着企业合规改革的不断推进，企业合规案件涉及的诉讼流

---

* 本文原形成于 2022 年 8 月，彼时关于企业合规程序在审判程序中的运用研究和实践相对较少。2023 年"两高"大力推动"合规改革诉讼全流程适用"，在侦查、起诉、审判阶段均可开展企业合规工作。虽然本文当初探讨的情形已成为当下改革实践，但是关于检察机关和审判机关在企业合规诉讼流程中的职能定位的讨论或仍具有一定价值。本文收入本书时，根据当下企业合规改革情况进行了小部分修改。

** 刘婵秀，广东省人民检察院法律政策研究室四级高级检察官；钟剑煌，广东省东莞市人民检察院办公室一级科员。

① 参见最高检召开企业合规问题研究指导工作组第 7 次会议有关精神，当前企业合规立法的精神是推动企业合规作为一项特别程序写进刑事诉讼法。但是，对合规附条件不起诉制度明确直接责任人最高刑期限制有 3 年、5 年、7 年有期徒刑等仍存不同意见。

程终点可能不完全都是检察环节，部分案件将会进入到审判程序，检察机关在企业合规中的角色定位也将迎来调整。本文立足检察视角，基于促进企业合规改革顺利进行的目标，将"企业合规情节"置于完整的诉讼流程"大环境"下进行思考，对"企业合规情节"在最末端的"审判环节"运用提出建议。同时，对于审判机关而言，企业合规改革是一项新事物，改革前期并没有参与其中，随着改革的推进加入其中，如何办理企业合规案件将是审判机关需面临的重要课题。

一、涉案企业合规改革试点的基本情况

2020年3月，最高检部署在上海浦东、金山，江苏张家港，山东郯城，广东深圳南山、宝安等6家基层检察院小范围内开展了"企业犯罪不诉改革"试点工作。在2020年试点的基础上最高检于2021年3月启动了第二批企业合规改革试点，范围扩大至北京、辽宁、上海、江苏、浙江、福建、山东、湖北、湖南、广东等10省市，由这些省级检察院自行确定1至2个设区的市级检察院及其所辖基层院作为试点单位。经过2年的改革试点，最高检于2022年部署在全国范围内开展企业合规改革试点工作，要求有条件的基层检察院当年都要争取办一到两个案件。根据国家层面第三方机制管委会办公室发布的报告，截至2022年5月，全国已办理1700多件涉企业合规案件中，其中60%以上适用了第三方监督评估机制。①

在检察环节，涉案企业合规改革的基本内涵是指检察机关对于正在办理的公司、企业等市场主体在生产经营活动涉及的各类犯罪案件（既包括公司、企业等市场主体实施的单位犯罪案件，也包括公司、企业实际控制人管理人员和关键技术人员实施的与生产经营活动密切相关的犯罪案件），涉案企业认罪认罚，能够正常生产经营、承诺建立或完善企业合规制度的，检察机关向涉案企业提出合规计划，经严格监督评估合规整改，经考核认为合规整改有效的依法适用不逮捕、不起诉决定或提出轻缓量刑建议，考核认为未达标准的，依法作出批准逮捕、起诉的决定或提出从严处

---

① 参见国家层面第三地方机制管委会办公室发布的《涉案企业合规第三方监督评估机制建设年度情况报告》。

罚量刑建议,以此来促进企业合规经营,减少和预防企业犯罪。当然,作为一项正在推进的改革,企业合规改革的内涵和外延也在随着改革的推进不断变化,其内涵和外延不断丰富和扩大。

(一)合规改革名称:从刑事合规到企业合规

"建立一种有效的合规计划,已经成为西方企业进行内部治理的重要方式。"[①] 但与欧美国家企业合规不同的是,域外是一种自下而上的改革,是检察机关在具体办理个案过程中探索出来的一项措施,基于不同的国家治理逻辑,当下我国正在进行的企业合规改革是一种自上而下的改革,而且是从制度建设再到案件办理;同时欧美国家合规建设的适用对象往往是跨国大公司或者商业巨头,而我国在开展合规不起诉之初,就对涉嫌犯罪的大型企业和小微企业一视同仁地适用合规考察制度,[②] 且最开始针对的对象主要为民营企业。但随着改革推进,改革适用的对象也不再局限于民营企业,逐步扩大到各类所有制企业,大型企业和上市企业。

关于这项改革的名称,也是经过几次调整才相对确定下来的,2020年3月最高检是以"企业犯罪不诉改革"作为名称开展相关试点工作;2020年9月经研讨,最高检将这项改革名称调整为"企业犯罪相对不诉适用机制改革",简称为"企业刑事合规"。后又认为"刑事合规"以及"企业犯罪"的表述可能存在给企业戴上涉嫌犯罪的帽子,不一定有利于改革推进,最高检在研究后变更为"涉案企业合规改革",简称为"企业合规"。从"刑事合规"到"企业合规"的名称变化,主要是一种技术性的处理,采用中性化的表述更有利于减少改革中的涉案企业的抵触心理,但是其基本内涵并没有发生根本变化,企业合规所指即是企业刑事层面上的合规。虽然是一种技术上的处理,但也侧面反映出检察机关在这项改革中的谨慎态度和相对保守的取向。

---

① 　陈瑞华:《企业合规制度的三个维度——比较法视野下的分析》,载《比较法研究》2019年第3期。

② 　陈瑞华:《中小微企业的合规计划》,载《民主与法制周刊》2022年第11期。

（二）合规案件范围：从轻微案件到有条件适用部分重罪案件

改革是需要案件和事例来做支撑的，往往采用先易后难的方式逐步推进。在前两批试点改革中，最高检要求企业合规案件的适用范围应当限制在直接责任人员可能判处 3 年有期徒刑以下刑罚的轻微犯罪案件，同时要求案件本身能够达到事实清楚、证据确实充分，企业及其有关责任人员认罪认罚，积极修复法益如缴纳罚款、赔偿被害人、修复生态环境等要求。这些案件事实清楚，法律关系明确，较为容易开展改革试点。

但是，随着改革的推进，一些更具有合规意愿和能力的企业，因其涉案数额较大在现有法律框架下无法做不起诉或 3 年以下有期徒刑处理。为了更好地为改革提供案件支撑，最高检已经开始有条件探索适用可能判处 3 年以上有期徒刑以及重大疑难复杂案件，但是仍旧是较为审慎，要求省一级检察机关统一把关、逐案审核。我们认为，企业合规适用范围扩大到 3 年以上有期徒刑的案件的趋势是正确的，作为检察机关而言企业合规中最重要的激励措施便是不起诉，但是对于那些轻微刑事案件，行为人同时还认罪认罚、退赃退赔，在当前刑事司法政策下，哪怕不做企业合规，在司法层面也能对其做不起诉处理，合规因素对不起诉的影响并不明显，进而对涉案企业的合规激励也不明显，因此有必要将案件的范围做进一步的扩大，突出合规因素在司法适用中的独立价值。

（三）合规建设、评估与审查：从检察监管到第三方监管

涉案企业开展合规整改建设后，如何来保证合规建设的有效性，避免涉案企业"纸面整改"和"纸面合规"是关键环节。"对涉案企业做实合规整改并进行客观、公正、有效的监督评估，是改革试点中的关键环节和核心内容。"[1]

改革之初，如何对涉案企业的合规整改建设进行监督评估，各地检察机关积极开展探索，但由于没有配套制度机制，合规整改监督一般是由检察机关牵头联合其他单位、人员负责，或检察机关单独负责，但是这种方

---

[1] 王俊、温莹雪：《最高检报告提涉案企业合规改革试点释放了哪些信号　首席大检察官亲自答》，载《21 世纪经济报道》2022 年 3 月 10 日，第 2 版。

式的问题也较为明显：一是缺乏中立性，企业合规整改由检察机关提出合规要求，监督整改过程，对整改结果考评并运用，缺乏外部监督，其公信力容易受到质疑；二是缺乏专业能力，企业经营管理具有专业性，不同行业具体情况差别巨大，检察机关囿于专业能力，并不具备做好这项工作的专业基础；三是缺乏足够人员，企业合规是一项系统的工作，但检察机关人员是有限的，全过程均由检察机关负责是不现实的。

　　由于以上局限性，企业合规改革过程中探索的第三方机制便脱颖而出，成了最高检大力推广的方式。第三方机制全称为"涉案企业合规第三方监督评估机制"，具体内涵是指"人民检察院在办理涉企犯罪案件时，对符合企业合规改革试点适用条件的，交由第三方监督评估机制管理委员会选任组成的第三方监督评估组织，对涉案企业的合规承诺进行调查、评估、监督和考察。考察结果作为人民检察院依法处理案件的重要参考"。①
2021 年 6 月最高检、全国工商联等九部门共同印发了《关于建立涉案企业合规第三方监督评估机制的指导意见（试行）》，随后九部门共同成立第三方监督评估机制管委会，联合下发《涉案企业合规第三方监督评估机制专业人员选任管理办法（试行）》《〈关于建立涉案企业合规第三方监督评估机制的指导意见（试行）〉实施细则》两个配套规定，第三方机制不断完善，适用第三方机制的案件逐步增加，成为主要办案方式。

　　2022 年 4 月，最高检等九部门又联合制定了《涉案企业合规建设、评估和审查办法（试行）》，进一步对涉案企业合规建设、评估和审查这三个环节的职责进行明确，企业合规整改和建设的责任主体是涉案企业，合规整改和建设过程由第三方组织进行评估，第三方组织评估的过程和结论由检察机关进行审查。随着企业合规改革第三方机制的持续推进，检察机关的定位从最开始的全过程参与者重新回归到"监督者"的角色，这一角色的转变也更加符合检察机关法律监督机关的宪法法律职能定位。

---

① 参见最高人民检察院、司法部、财政部、生态环境部、国务院国有资产监督管理委员会、国家税务总局、国家市场监督管理总局、全国工商联、中国国际贸易促进委员会等九部门联合制发的《关于建立涉案企业合规第三方监督评估机制的指导意见（试行）》第 1 条。

二、审判机关在企业合规改革中的角色变迁：从旁观者到重要参与者

从企业合规改革发展过程看，2023 年以前的改革主要工作基本是由检察机关主导推进的，法院的参与非常少。对涉案企业及企业相关人员来说，通过合规实现出罪或判处轻缓刑罚是对他们最重要的激励因素，也是最重要的目标。对于那些可能进入到审判程序的合规案件，从涉案企业及企业人员的视角来看，检察机关根据合规情况提出轻缓的量刑建议，此时还处在一种待定状态，只有在审判环节中法院认真、充分考量企业合规情节，并在最终量刑中予以体现，在判决书中予以阐明，当事企业才能真正对这项制度产生内心确信，也才能对其他案件中的当事人产生激励效应。

因此，法院在审判过程中如何适用企业合规情节，对这项改革起到了关键性的作用，甚至可以说是改革成败的重要评判标准。企业合规改革作为一项检察机关主导的改革，立足检察定位，则必须要尽最大努力为改革"保驾护航"，积极推进企业合规在审判程序中的落地，推动审判环节的"合规认证"。随着改革的逐步推进，审判机关在企业合规改革中的重要性不断凸显，迫切需要厘清审判机关在企业合规改革中的角色定位；同时作为改革主导者的检察机关更需要跳出"检察视角"看改革，更多地从审判的角度来观察企业合规改革，针对企业合规进入到审判程序及可能出现的问题进行明确，共同推进企业合规改革顺利进行。

（一）域外企业合规案件中审判机关的角色定位

企业合规改革作为一项舶来品，发轫于美国，并已成为许多国家一项相对完善的制度。在美国，检察机关对企业合规案件一般是采用审前转处协议制度①（附条件不起诉）来开展，根据案件具体情况与涉案企业达成"暂缓起诉协议"（Deferred Prosecution Agreement，DPA）或者"不起诉协

---

① "审前转处协议"（pre-trial diversion agreement）制度，是指检察官与被告方达成协议，承诺设置一定的考验期，在考验期之内暂时不对其提起公诉，而被告方在此期间要履行一系列的义务，如自愿承认被指控的犯罪事实、赔偿被害方、承诺全力配合调查等。在考验期结束后，检察官经过审核认为被告方履行了协议义务的，就可以放弃对被告方的起诉，案件以被告人受到无罪处理而告终。

议"（Non-Prosecution Agreement，NPA）。这两种模式的区别在于不起诉协议不需要法官的批准，而暂缓起诉协议需要取得法官的批准，需要进行司法审查。暂缓起诉协议尽管要经过法官的审查和批准，但在实践中这种协议从内容、考验期的确定，到协议的监控和最终决定，都完全控制在检察官手中，法官的审查和监控几乎形同虚设。[①] 也即在美国，检察机关在办理企业合规案件中的裁量权非常大的，法院仅仅是一种形式上的参与。

与美国不同的是，许多借鉴企业合规制度的国家在引入暂缓起诉协议制度时，对这项制度进行了较大的改造，其中关键一点就是增加了司法审查的内容。检察机关与涉案企业达成暂缓起诉协议后，检察官需要将协议文本提交法院，法官在经过听证程序加以审查确认后，该项协议方才发生法律效力；在考验期之内，法院要对协议的履行情况，尤其是涉案企业重建合规计划的情况进行监控；在考验期结束后，检察官要向法院提出建议，由后者决定是否撤销案件，或者恢复法庭审理。这种情况下，审判机关对于企业合规整改是进行了实质参与的。

（二）我国审判机关在企业合规改革中的角色转变

审判机关如何参与企业合规案件以及参与程度如何，与各国刑事诉讼程序构造密切相关。改革之初基于"合规不起诉"的基本定位，从制度构建的逻辑来看当然地不需要法院参与，检察机关实质上扮演着终局裁判者的角色。

然而受限于我国不起诉制度对罪名和罪行的限制，对企业合规改革的案件类型产生了局限性。在这种情况下企业合规改革转向了"合规从宽"，企业合规整改后，部分案件仍旧由检察机关起诉到法院，交由法院最终裁判认定，法院成为终局裁判者。随着诉讼流程的客观推进，"被动"参与到改革中来的审判机关的角色从"企业犯罪不诉改革"中的旁观者，转变为"企业合规从宽"中的终局裁判者。

随着角色的转变，审判机关作为终局裁判者所承担的责任也随之增加。在进入审判环节前，企业合规案件特别是适用第三方机制的案件，所

---

① 陈瑞华：《企业合规视野下的暂缓起诉协议制度》，载《比较法研究》2020年第1期。

投入的社会资源、行政资源、检察资源和时间成本是非常巨大的，倘若涉案企业花费巨大投入开展合规建设，第三方组织以及相关行政机关进行评估，检察机关审查后提出了从宽处罚的建议，但是在审判环节没有被认定，判决书中没有体现，那么，对涉案企业而言合规的激励机制将大打折扣，对行政机关和检察机关而言也颇受打击。因此，企业合规的司法适用特别是刑事审判程序中的具体运用，以及审判机关如何参与企业合规改革中来，俨然成为关涉改革成败的重要环节。

（三）我国审判机关在企业合规改革中的角色定位

当检察机关对一个涉企案件决定启动企业合规程序后，可以大致划分为合规建设、评估与审查等三个环节，三个环节对应的责任主体分别为涉案企业、第三方组织和检察机关。检察机关依据合规整改情况作出不起诉或轻缓量刑建议以及之后的诉讼程序，都是合规整改之后的司法适用环节。根据当前企业合规有关制度，作为审判机关的法院其实并不参与企业合规整改的具体工作，企业合规的启动程序主要仍由检察机关决定，法院也不参与企业合规计划的制定、执行、监督及评估，企业合规的审查也是由检察机关的进行判断，对于检察机关做不起诉处理的，法院也无法进行监督。因此，我国审判机关在应对企业合规案件中的角色，是一种被动参与的角色，主要职责是对企业合规整改有关情况进行最后一道关口的司法审查。同时，从法院的角度来看，这种司法审查本质上就是一种证据审查，但是由于企业合规的特殊性，法院的司法审查应当做到以下两点：

1. 法院要充分审查企业合规情节

首先，在庭前要充分沟通了解企业合规情节。对于对检察机关起诉的涉企业合规的刑事案件，要加强与检察机关的沟通。对于涉及特定专业领域、合规内容较多的案件，可以采取庭前会议的方式对企业合规情节相关证据材料进行充分审查。

其次，在庭审中要充分听取企业合规各方意见陈述。企业合规本身是一个较为系统的工作，除被告人和被害人外，还有第三方组织及管委会、相关行政主管部门等。因此在庭审中要充分听取各方的意见，对于不能出庭的有关人员和部门，要通过其他方式了解相关情况，突出庭审实质化，让被告人充分认识到法院对企业合规情节的重视。

最后，也是最重要的，就是在庭后形成的判决书中要体现企业合规内容，判决书作为有法律效力的文书载明企业合规相关内容，是将企业合规以"看得见"的方式予以呈现，无论是对涉案当事人还是这项改革本身，都具有重要意义。

2. 法院对企业合规的审查主要以形式审查为主

一个企业合规案件，从检察机关启动合规程序开始到企业完成整改，本身要经过相对复杂而较长的过程。对于企业的合规建设，当前改革方案对第三方组织苛以了严格的评估责任，要求对企业的合规建设进行全方位的考察。第三方组织属于企业整改的直接监督者，既审查书面材料又要求深入实地进行考察，相当于对企业合规证据开展了"第一次"的实体审查，审查后交第三方管委会和检察机关。第三方机制管委会和人民检察院收到第三方组织报送的合规考察书面报告后，要立即对企业合规证据开展"第二次"审查，审查主要包括第三方组织制定和执行的评估方案是否适当，评估材料是否全面、客观、专业，第三方组织或其组成人员是否存在可能影响公正履职的不当行为或者涉嫌违法犯罪行为等内容，第二次审查主要是以形式审查为主，由于不涉及整改主体（企业）情况，是对直接监督者的监督，应当认为是一种形式审查。

因此，在第三方组织、第三方管委会和检察机关已经对证据内容进行了两次审查的前提下，审判机关再对合规证据进行全方面的实体审查，容易对社会、行政、司法资源造成浪费和诉讼低效，同时也会导致各方责任不清。当然，出于审慎考量，各方都会偏向对合规整改建设情况进行实体而全面审查，这在改革初期案件量少的情况下是可以行得通的，但是若是案件量增加，仍旧进行全面的实体审查则是不现实的。因此，笔者认为，至少在目前的情况下，审判机关适合对企业合规整改建设的情况进行形式审查，主要审查检察机关在开展企业合规工作中是否客观、公正，而不对合规整改的真实性承担责任，合规整改的有效性、真实性的责任应当由检察机关和第三方组织承担。

三、企业合规在刑事司法中的定位与具体运用

任何一项司法改革，其实都根植于现有法治基础，涉案企业合规改革也无法超越中国法治建设的整体环境。因此，作为司法领域的一项改革，

也必须要认真思考企业合规如何内嵌于我国刑事法体系，并进行有效之适用。在现实层面，相较于检察机关因主导了这项改革而对企业合规制度和理念有更全面的认识，审判机关参与企业合规的过程和方式更为被动，对企业合规改革所体现的司法理念不一定完全一致，加之无立法的强制性要求法院在审判程序中采纳企业合规情节与否都并不违反法律，为了规范企业合规在司法适用上的规范性，因此有必要进一步明确企业合规在刑事司法程序中的具体运用。

（一）企业合规情节在刑事实体法层面的认定

由于企业合规存在合规不起诉与合规从宽两种不同的司法运用，这两种不同的司法运用所处的诉讼环节不同，司法适用的效果也不同，导致企业合规这一事实情节在刑事实体法中呈现两种完全不同的样态。由于企业合规当前并没有立法上的依据，然而刑事案件要求罪刑法定，因此企业合规如何内嵌于我国刑法理论体系并在刑法中找出依据，是企业合规案件司法适用首先要解决的重要问题。

1. 合规不起诉案件中的"出罪情节"

在我国企业合规改革语境下，企业合规是指企业在涉嫌犯罪的行为实施完毕，案件业已进入刑事诉讼程序后开展的补救行为。从时间维度来看，企业合规与自首、坦白、认罪认罚、赔偿被害人损失等情节类似，都属于犯罪后的情节，这种补救行为所体现的是行为人犯罪后的悔罪程度，而不改变行为人犯罪行为实施时的主观罪过。因此我们认为，在当前刑法体系下，合规不起诉案件中作为出罪理由的企业合规情节，其法律渊源只能是刑法第13条但书条款。行为人通过认罪认罚、积极修复受损法益，开展企业合规建设来消除企业治理漏洞并积极回报社会，可以综合认为属于刑法第13条但书中的"情节显著轻微危害不大"，进而在刑事实体法上"不认为是犯罪"，通过不起诉来进行出罪。

2. 合规从宽案件中的"罪轻情节"

在合规从宽的案件（即进入到法院审判程序的案件）中，企业合规情节的认定相对就更明确一些。对于那些经过合规建设、评估的案件，无论是提出从宽、从轻处罚建议，还是适用缓刑建议，都属于量刑的范畴，不关涉罪与非罪、此罪与彼罪的问题，企业合规是作为一个量刑情节来考量的。同样地，由于没有法律规定，企业合规只能是作为一个酌定量刑情节，由审判机关自行考量适用。

虽然合规从宽案件中合规整改作为酌定量刑情节这一判断是明确的，但不代表合规情节最终的适用也是明确的。一方面，"酌定情节"本身具有不确定性，由于我国长期以来存在重定罪、轻量刑，重法定量刑情节、轻酌定量刑情节的问题，使得酌定情节在司法实践中的运用本身就缺乏规范性，能否全面考量酌定情节与司法裁判人员自身司法理念、专业素养、司法担当等个人因素密切相关。因此，作为一个酌定量刑情节的企业合规情节也可能面临不受重视的问题。但是，在具体案件中，企业合规全过程往往持续时间较长，参与的主体较多，虽然目前没有明确的法律依据，但若要对行为人进行全面和完整的评价，则必然不能无视这一情节。

另一方面，则是企业合规情节从宽的幅度难以确定。相较于罪与非罪是一个泾渭分明的标准，量刑是一个幅度问题，可多可少，企业合规这一情节能给行为人减轻多少刑罚，缺乏一个明确的标准。加上这项制度尚不成熟，裁判者自由心证的过程也并不明确，如何在最终的量刑上体现企业合规情节也是一个难题，需要进行专门的研究。

（二）企业合规情节在刑事程序法中的认定

从刑事诉讼法的角度而言，企业合规情节属于"证据"范畴，根据企业合规建设、评估和审查的过程来看，参考我国刑事诉讼法中关于证据的分类，我们认为企业合规情节与"鉴定意见"最为接近，具体来说，我们认为企业合规情节是检察机关对行为人主观恶性的"鉴定意见"。

1.企业合规的证明对象是行为人主观恶性

如前所述，企业合规属于行为人实施犯罪后所采取的行为，属于犯罪后的表现，此时犯罪行为已经实施完毕，犯罪后果已经造成。虽然企业通过后续的合规建设在客观层面上可能起到修补受损的社会关系的效果，但是从法律评价来看，行为人愿意配合进行合规整改，并通过后续的整改产生良好的效果，体现的是企业能够正确认识错误并进行改正，所指向的是行为人犯罪意图的消失，不再具有主观恶性。因此，企业合规这一证据的证明内容是行为人的主观恶性，行为人采取的合规行为是佐证其主观恶性消失的佐证材料。

2. 企业合规应当视作一项独立的证据

企业合规是一个单独情节，还是作为其他情节的一个佐证材料并不明确。根据最高检等九部门《涉案企业合规建设、评估和审查办法（试行）》第 3 条，"涉案企业应当全面停止涉罪违规违法行为，退缴违规违法所得，补缴税款和滞纳金并缴纳相关罚款，全力配合有关主管机关、公安机关、检察机关及第三方组织的相关工作"。从这一规定来看，似乎是将行为人停止违法行为、退赃退赔等行为也纳入到企业合规中来看待。但是，我们认为不能这么理解，其一，不论企业是否愿意进行合规整改，都要停止损害行为，上缴违法所得，涉及行政处罚的都要履行，这是所有刑事案件中都应当遵守的。其二，企业合规有其自身定义，《涉案企业合规建设、评估和审查办法（试行）》第 1 条规定，"涉案企业合规建设，是指涉案企业针对与涉嫌犯罪有密切联系的合规风险，制定专项合规整改计划，完善企业治理结构，健全内部规章制度，形成有效合规管理体系的活动"，从概念表述来看，企业合规的内涵外延与停止违法行为等情节不存在交集，行为人停止违法行为、退赃退赔等行为只是行为人开展合规建设的前置条件。其三，企业合规有其自身独特的价值与构造，对其进行单独评价更符合当下改革精神。因此在对企业合规情节进行司法审查评价时，应当将其作为一项单独的证据，与退赃退赔等情节区分考量。

3. 企业合规的证据类型属于"鉴定意见"

我国刑事诉讼法规定的证据种类一共有八种，但是似乎很难将企业合规纳入到现有的法定证据类型中。根据最高检等九部门《关于建立涉案企业合规第三方监督评估机制的指导意见（试行）》第 1 条规定，"涉案企业合规第三方监督评估机制，是指人民检察院在办理涉企犯罪案件时，对符合企业合规改革试点适用条件的，交由第三方监督评估机制管理委员会选任组成的第三方监督评估组织，对涉案企业的合规承诺进行调查、评估、监督和考察。考察结果作为人民检察院依法处理案件的重要参考"。从形式上来看，企业合规的证据类型与鉴定意见最为相似。针对适用第三方机制的企业合规案件来说，对符合条件的，由检察机关作为"鉴定申请人"启动鉴定程序，交由"鉴定机关"第三方管委会，由第三方管委会挑选出"有资质的鉴定员"组成"第三方监督评估组织"作为本案的具体鉴定人进行鉴定，鉴定后形成"合规考察书面报告"这份"鉴定报告"，最后再由检察院对"合规考察书面报告"进行审核后，形成最终的"鉴定意见"作为司法运用的依据。因此，从企业合规的过程来看，其基本符合鉴定意见的证据形式。

同时，我们认为将企业合规看作"鉴定意见"，也有利于解决当前企业合规改革中另一个棘手的问题——合规费用承担问题。当前，关于涉案企业合规中的费用承担问题，特别是适用第三方机制的案件费用问题，并没有得到统一，国家层面要求"结合本地实际，探索多种经费保障模式"。要解决经费问题，有两个关键问题，一是在经济下行压力不断凸显的情况下，各部门、企业都出现经费紧张的情况，因此首先是要解决经费来源的问题；二是经费支出的理论依据是否充分、合理的问题，支出于法有据，合规整改才能做到客观公正。第一个问题主要是一个经济问题本文不做讨论；而第二个问题，把企业合规过程看作一个"鉴定过程"，则能为企业合规费用承担问题提供一种有效思路。本文的观点是，第一，第三方机制专业人员选任管理工作所需业务经费和第三方机制专业人员履职所需费用理应由涉案企业承担，理由在于这些企业本身就是涉及刑事犯罪的企业，其本身就破坏了市场经济秩序，这些企业原本就应当受到惩罚或者是被市场所淘汰的企业，而我们的企业合规改革却将有限的社会资源给予了这些企业，对那些守法经营的企业就是一种相对不公平，因此，费用理应由涉案企业自行承担，不应通过财政支出。第二，企业合规的"鉴定费用"当前尚无法进行市场化"定价"，企业合规改革费用可参考人民监督员、人民陪审员等费用标准，设定一个相对较低的标准，综合考量涉案企业负担能力。

四、余论：积极推进企业合规在审判环节的"合规互认"

近年来，经济逆全球化、单边主义、保护主义不断抬头升级，国际动荡导致原材料和能源价格上涨，市场主体经营异常困难，政府制定减税降费等纾困政策。减税降费等纾困政策无疑是雪中送炭，但是通过合规整改来促进企业合规经营，对企业是一项长远的制度性变革，给企业带来的"福利"更为长远。探索好企业合规改革，办好企业合规案件，就是为当下中国经济夯实既充满生机活力又规范有序的微观基础。

当前，检察机关应针对新情况对改革进行适当调整，审判机关作为不可或缺的一项重要环节，要在制度设计层面充分考量审判因素。同时，随着改革的推进，企业合规在审判环节的运用也已展开，法院在这项改革中的定位也悄然发生变化。审判机关应树立大局观念，切实推动合规整改在审判环节的"合规互认"。

9. 检察视角下企业刑事合规不起诉
制度的构建与完善

龙碧霞　王　彤[*]

为依法能动履职服务保障经济社会高质量发展，落实对民营企业的司法保护，充分发挥检察机关在社会治理方面的职能作用，最高人民检察院自 2020 年 3 月开始进行了企业合规改革试点工作，探索建立企业刑事合规不起诉制度。刑事合规不起诉是指检察机关对于涉嫌犯罪的企业，若其有意愿建立企业合规体系，可对其提出合规整改计划，督促其建立企业合规管理体系，并对其作出不起诉决定的制度。[①] 刑事合规不起诉制度是新时代检察机关能动履职及参与社会治理的积极探索，有利于更好服务经济社会高质量发展，促进国家治理体系和治理能力现代化。立足于当前司法改革实践，构建符合中国实际的刑事合规不起诉制度成为亟待思考和研究的问题。

一、企业刑事合规试点中的检察实践

（一）一期试点中的检察实践

2020 年 3 月，最高人民检察院为了推动企业合规经营，防范和化解刑事犯罪风险，开展了刑事合规不起诉制度的实践探索。作为第一期改革试点单位，上海浦东、江苏张家港、广东深圳南山等 6 家基层检察院正式开展"企业犯罪相对不诉适用机制改革"试点。其间，检察机关探索督促涉

---

* 龙碧霞，广东省广州市花都区人民检察院党组成员、副检察长；王彤，广东省广州市花都区人民检察院办公室副主任。
[①] 陈瑞华：《企业合规不起诉制度研究》，载《中国刑事法杂志》2021 年第 1 期。

案企业合规经营，为企业合规工作提供了丰富样本和借鉴。

（二）二期试点中的检察实践

2021 年 3 月，最高人民检察院在前期改革试点的基础上，在北京、辽宁、上海等 10 个省和直辖市启动第二轮企业合规改革试点工作，并指出试点的省级检察院可根据本地情况，自行确定 1 至 2 个设区的市级院及其所辖基层院作为试点单位。由此，第二轮试点范围扩大到 27 个市级院和 165 个基层院。在第二轮试点中，最高人民检察院要求，各试点单位在开展企业刑事合规工作时要与依法适用认罪认罚从宽制度和检察建议结合起来，与依法清理"挂案"、依法适用不起诉结合起来，并强调积极探索建立第三方监管机制，加强第三方监管机构的建设，进一步推进试点工作有序、稳妥开展。

2021 年 6 月，为规范企业合规的调查、评估、监督、考察，建立健全涉案企业合规第三方监督评估机制（以下简称第三方机制），最高人民检察院联合司法部、财政部等八部门共同颁发了《关于建立涉案企业合规第三方监督评估机制的指导意见（试行）》（以下简称《指导意见》），并指出第三方监督评估组织对涉案企业的考察结果作为人民检察院依法处理案件的重要参考。2021 年 9 月，涉案企业合规第三方监督评估机制管理委员会正式成立。

（三）全面推开试点工作以来的检察实践

2022 年 4 月，最高人民检察院在全国检察机关全面推开试点工作后，检察机关办理的企业合规案件大幅度增加，案件类型也不断拓展，适用第三方机制案件数量及占比增长较快，法定刑 3 年以上有期徒刑案件及适用认罪认罚提出轻缓量刑建议的案件所占比例逐步上升。根据最高人民检察院的通报，截至 2023 年 12 月，全国检察机关累计办理企业合规案件 9016 件，其中适用第三方机制案件 6687 件，占比 74.17%，对整改合规的 3736 家企业、7787 人依法作出不起诉决定。其中，2023 年共办理企业刑事合规案件 3866 件，适用第三方机制案件 3110 件，占比 80.44%，对整改合规的 1875 家企业、2181 人依法作出不起诉决定，415 名责任人被从轻判处缓刑或免予刑事处罚。[①]与此同时，针对实务探索过程中发现的问题，最高人民检察院逐渐形成参考意见，于2022年8月印发最高人民检察院《关于涉案企业合规改革中案件办理有关问题的会议纪要》，对20个实践问题提出了参考意见。

（四）检察实践分析

1. 检察主导的鲜明特色。检察机关在依法保护企业经营发展，营造良好的法治化营商环境方面做了不少努力。从企业合规试点工作的情况来看，检察机关在推进工作开展、会议研讨、出台规范性文件等方面发挥了较强的主导作用，对试点改革的推进方式、进度把控等方面具有较强的影响力。检察主导俨然成为司法领域企业合规的鲜明特色。[②]企业刑事合规工作是检察机关在涉罪企业案件办理中的创新探索和职能拓展，有助于发挥检察机关在办理涉企业犯罪案件中的诉前主导作用。此次改革试点，能够充分发挥检察机关推动企业内部治理、防范外部风险方面的重要职能作用，推动企业合规工作走向更广阔的舞台。

2. 企业合规领域的动态探索。动态探索主要体现在案件类型和处理结果的逐渐多样化。处理结果上不再局限于作出不起诉决定，而案件类型上一方面从法定刑3年以下有期徒刑轻罪案件拓展至法定刑3年以上刑事案件，另一方面从刑事案件拓展至民事、行政、公益诉讼等案件。在试点初期，检察机关主要以刑事检察职能作为工作的切入点，对企业刑事合规进行改革探索。原因在于，刑事检察职能是检察机关的传统职能，相关的制度规定更为成熟，工作上的优势可以转化为开展企业刑事合规改革的丰沃土壤，为刑事合规工作改革提供有力保障。但随着企业合规工作的推进，检察机关发现刑事合规仅仅是企业合规的一部分，涉罪企业的责任不仅在于刑事责任的承担，往往也存在着民事、行政等责任的交叉。对此，检察机关在民事检察、行政检察和公益诉讼检察领域也尝试开展企业合规工作，呈现出动态探索的态势。如深圳市检察机关在公益诉讼行政合规案例中引入第三方监督评估机制方面进行了有益探索，丰富了企业合规的实践内涵。

---

① 最高人民检察院《关于2023年全国检察机关办理涉案企业合规案件工作情况的通报》。
② 董坤：《论企业合规检察主导的中国路径》，载《政法论丛》2022年第1期。

3. 检察监督内容的变化。前期试点中，检察机关需要承担一定的监管职责，对涉案企业的合规整改情况进行评估和考察，体现出对涉案企业整改的主导性。在最高人民检察院发布《指导意见》后，涉案企业的合规整改主要由第三方监管机构进行评估和考察，检察机关则主要通过审查第三方监管机构的合规监管程序、内容等情况间接地对涉案企业合规体系运行效果进行监督。通过对检察机关试点改革中检察监督的内容进行分析可以发现，前期试点过程中检察监督类型属于主动型监督，后期试点过程中检察监督呈现协助型监督的情况。① 在这一模式运行下的检察监督，有助于检察机关客观评价涉案企业合规整改的效果，也较好地避免了廉政风险。

二、刑事合规不起诉的制度模式

检察机关经过 4 年多的试点探索，在探索过程中形成的刑事合规不起诉制度大概分为两种，即"酌定不起诉 + 检察建议"模式和"附条件不起诉模式"。

（一）"酌定不起诉 + 检察建议"模式

"酌定不起诉 + 检察建议"模式是指检察机关责令积极认罪认罚的涉罪企业采取补救措施，在作出酌定不起诉决定的同时，依据《人民检察院检察建议工作规定》，向涉罪企业提出检察建议，督促涉罪企业建立合规体系。②

酌定不起诉制度的应用需要满足四个条件：已经构成犯罪；犯罪情节轻微；依照刑法规定不需要判处刑罚或者免除刑罚的；涉案企业为小微企业。检察机关在综合审查涉案企业的犯罪情节、危害后果、合规体系后，发现符合酌定不起诉条件，可以作出不起诉决定。由于试点期间主要依靠认罪认罚从宽制度和酌定不起诉制度进行探索，受限于刑事诉讼立法规定、酌定不起诉和认罪认罚从宽制度的适用条件，在开展改革试点工作中，多针对犯罪情节较轻、可能判处 3 年以下有期徒刑的案件作出酌定不起诉决定。例如，在该种模式下，上海市长宁区人民检察院、普陀区人

---

① 奚玮：《论企业合规刑事化试点中的检察监督》，载《政法论丛》2022 年第 1 期。

② 陈瑞华：《企业合规不起诉改革的八大争议问题》，载《中国法律评论》2021 年第 4 期。

民检察院针对一批涉嫌虚开发票的企业，鉴于其危害后果不大，能认罪认罚，积极退赃的，即采取该模式作出相对不起诉决定。

（二）附条件不起诉模式

"附条件不起诉模式"是指检察机关对积极认罪认罚的涉案企业暂时作出不起诉决定，并设定考察期，对企业合规整改进行持续性的监督考察，期满后，视整改的具体情况作出是否起诉的决定。[①]

需要指出的是，这里的"附条件不起诉模式"，不能等同于我国刑事诉讼法所确定的附条件不起诉制度，而是指检察机关给涉案企业设置合规考察期限，根据涉案企业在期限内是否完成合规整改，决定是否作出不起诉决定。我国的附条件不起诉制度在 2012 年刑事诉讼法中已经建立，主要适用于可能被判处 1 年以下有期徒刑刑罚的未成年犯罪嫌疑人。由此可见，"附条件不起诉模式"是检察机关结合企业合规试点实践进行的改革探索。如浙江省宁波市检察机关在试点中主要采用该种模式。在该种模式下，当地检察机关针对可能判处 3 年以下有期徒刑刑罚的轻微犯罪案件，在审查起诉过程中确定 6 至 12 个月的考察期限，并要求涉案企业制定合规计划并承诺接受考察，在考察期满后涉案企业能够按照合规计划规范经营、健全管理制度的，一般应当作不起诉处理。[②]

（三）两种模式的比较分析

从本质上说，涉案企业刑事合规不起诉制度是一种推动企业合规的刑事激励措施，旨在以不起诉方式促进企业建立和完善合规管理体系的模式。[③]企业刑事合规不起诉制度的设计则直接影响运行效果。在试点过程中，检察机关形成了两种企业刑事合规不起诉制度模式。毫无疑问，这两种模式在不同程度上都能激励涉案企业开展合规工作，推动企业完善内部治理与风险防控机制。

从企业刑事合规不起诉制度的长远发展来看，究竟是以现有的酌定不

---

①　陈瑞华：《企业合规不起诉制度研究》，载《中国刑事法杂志》2021 年第 1 期。

②　孔令泉：《浙江宁波检察机关试水涉罪企业合规考察制度》，载《民主与法制时报》2020 年 9 月 27 日。

③　周新：《涉罪企业合规不起诉制度重点问题研究》，载《云南社会科学》2022 年第 2 期。

起诉制度为依托，构建和完善"酌定不起诉＋检察建议"模式，还是拓展附条件不起诉范围，建立起涉案企业刑事合规附条件不起诉模式，目前看来都有不同的利弊。第一，从当前的法律制度看，我国并未确立适用于企业的附条件不起诉制度，在法律制度尚未变化时，以酌定不起诉模式推进刑事合规改革可以避免发生突破法律规定的风险，似乎更符合现实要求。第二，从适用的普适性来看，附条件不起诉则是建立刑事合规体系的更优方式，检察机关通过实践探索，不断拓宽附条件不起诉的适用范围，则可以增强改革的普适性。试点中，由于检察机关酌定不起诉的范围限于情节轻微的刑事案件，此情形下的刑事合规不起诉的适用具有一定的局限性，缺陷较为明显。第三，从激励涉案企业合规整改的效果来看，附条件不起诉制度模式具有更强优势。原因在于，涉案企业在考察期内是否完成合规计划与被作出不起诉决定具有更强的关联性，这较之作出酌定不起诉决定后再送达检察建议督促企业合规整改来看，更具有强制性、规范性和实效性。

虽然两种模式各有利弊，但综合分析，笔者认为，附条件不起诉模式能够进一步发挥该制度的普适性和对企业的激励作用。与突破酌定不起诉的适用范围相比，附条件不起诉是建立刑事合规体系的更优方式，有必要通过拓宽附条件不起诉的范围增强改革的普适性。[1] 因此，笔者认为，刑事合规附条件不起诉模式更符合我国实际。

三、涉案企业刑事合规不起诉制度的具体建构

（一）适用范围

1. 对象范围。在企业合规不起诉制度改革试点中，部分检察机关存在对涉案企业和主要负责人混同处理或"放过企业，严惩责任人"的做法。由于构建企业合规不起诉制度的初衷是区分企业责任和个人责任，将合规作为企业出罪或减轻处罚的抗辩理由，而企业合规主要是企业自身的合规，而不等于企业家的合规。[2] 另外，我国存在中小微企业数量多，占比较大的社会现实。根据调查数据显示，中国企业类商事主体超过 4100 万

---

[1]　赵恒:《企业附条件不起诉制度的理论前瞻》，载《中国检察官》2020 年第 3 期。
[2]　陈瑞华:《企业合规不起诉制度研究》，载《中国刑事法杂志》2021 年第 1 期。

家，而99%以上的企业都是营业规模在5000万元以下的中小微企业，另外还有8000万家个体工商户。[1]中小微企业和企业负责人关系密切，如果负责人被判刑，企业离开了特定的企业负责人可能无法继续经营，达不到合规整改的目的。

对此，笔者认为，第一，应该将企业犯罪和企业员工犯罪加以区分，对于企业犯罪的，在完成合规整改的基础上，通过合规验收的，可以决定不起诉。第二，针对企业员工犯罪的，需要明确两点：一是企业合规一般适用于直接负责的主管人员和其他直接责任人员，且应仅限于与企业市场经营行为相关的犯罪，与企业经营无关的个人犯罪不应纳入企业合规从宽情节中，避免其为谋取非法利益将企业当作犯罪工具。二是其他普通员工的犯罪行为在同时符合以下3个条件时也可以采用企业合规：（1）犯罪行为与企业生产经营活动相关；（2）该员工犯罪行为的发生暴露出企业在经营、管理方面存在漏洞和问题；（3）该员工具有企业某方面业务的具体决定权。在对企业和个人责任做出分离的前提下，可以将企业合规情况作为企业员工从轻、减轻处罚的情节。如果企业员工主动认罪认罚，愿意整改涉案企业的，可以作为从宽情节，符合条件的，检察机关可以作不起诉处理。

2.案件范围。在案件类型方面，按照试点地区部分检察机关的做法，如根据《广州市检察机关开展企业合规改革试点办案指引（试行）》的规定，企业合规适用于企业在生产经营活动中涉及的经济犯罪、职务犯罪等案件。在案件适用范围方面，如深圳市宝安区人民检察院明确适用企业合规的案件范围为"依法应当被判处三年有期徒刑以下刑罚"的单位犯罪。宁波市检察院则明确适用"法定刑在三年以上十年以下有期徒刑"的单位犯罪案件。深圳市龙华区检察院规定，对于"可能被判处十年以上有期徒刑"的单位犯罪案件，一般不适用合规不起诉制度。[2]

对此，在案件范围的具体适用上，笔者建议：第一，根据大多数试点

① 《我国现有4000多万企业中95%以上是中小企业》，载中华网，http://www.china.com.cn/lianghui/news/2021-03/08/content_77287627.shtml。
② 参见《深圳市宝安区人民检察院涉企刑事案件附条件不起诉适用办法（试行）》《宁波市检察机关关于建立涉罪企业合规考察制度的意见（试行）》《深圳市龙华区人民检察院关于对涉民营经济刑事案件实行法益修复考察期的意见（试行）》。

地区检察机关的现行做法，将可能被判处 3 年以下有期徒刑刑罚的轻微刑事案件直接纳入刑事合规的范围。第二，对于"法定刑在三年以上十年以下有期徒刑"的单位犯罪案件，可以附加限制条件，如需要具有自首、从犯或者立功等法定减轻量刑情节。第三，若企业涉嫌严重犯罪，如"可能被判处十年以上有期徒刑"的单位犯罪案件，建议不适用合规不起诉制度，而是由检察机关根据犯罪情节，提出从轻处罚的建议，建议法院从宽处罚。第四，涉嫌危害国家安全、恐怖活动等犯罪或具有其他不适合情形，亦建议不适用合规不起诉制度。

（二）启动时间

在启动时间上，根据试点实践，检察机关主要在审查起诉阶段对涉案企业启动刑事合规不起诉程序，但这个时间对于该制度的设立初衷来说相对局限。一是相对滞后，检察机关在审查起诉阶段对企业适用合规不起诉制度时，公安机关可能已经对涉案企业采取查封、扣押等强制性侦查措施，已经给企业正常生产经营造成巨大影响；二是相对保守，当案件已起诉至人民法院时，对符合合规程序的案件是否可以启动？

要解决这一问题，笔者认为，首先，检察机关需要尽早启动刑事合规不起诉程序。对此，可以通过以下两种方式进行解决：一是检察机关提前介入侦查工作。依托侦查监督与协作配合办公室，在对案件进行分流的同时，对可能符合刑事合规条件的案件进行审查，尽早移送检察机关启动刑事合规不起诉程序。二是设置专门的移送程序。公安机关在对涉案企业作出立案决定之后，发现可能符合适用刑事合规条件的，可以将案件及时移送检察机关处理，由检察机关确定适用刑事合规不起诉制度。其次，当案件进入审判程序，仍然可以根据法院的建议和企业的意愿启动合规程序。

（三）监管考察

1. 合规监管模式。在试点过程中，检察机关主要形成了三种合规监管模式：分别为检察机关主导监管模式、行政部门监管模式和独立监控人监管模式。检察机关主导监管模式，是指检察机关与符合适用条件的企业签订刑事合规监管协议，后者制定有效的合规计划，并同意接受检察机关的监督和考察。① 行政部门监管模式，对于符合刑事合规不起诉条件的企业，由行政机构对企业的合规管理体系进行监督考察。独立监控人监管模式，是指检察机关针对符合条件的企业，责令其在一定期限内聘请独立监控人协助企业开展合规管理体系建设。

从探索实践来看，检察机关主导合规监管的模式可以提高监管效率，促使企业尽快完成合规计划，缺点在于检察机关人员和专业性不足，会产生办案压力；行政机构进行合规监管的模式下，行政机构的参与给企业完成合规计划提供了更有针对性的监管，但实践中检察机关很难对行政机关的监管工作进行监督；独立监控人进行合规监管的模式虽然更加具有专业性，但仍然存在监管困难的问题。上述三种模式都具有一定的局限。

当前，为了保障合规监管的有效性，最高人民检察院已经出台了《指导意见》等文件，确立了第三方监管人模式，由第三方监管组织承担具体监管考察工作。下一步，检察机关要继续加强与第三方监管组织的沟通协调，不断完善管理方式，推动合规监管落到实处。

2. 考察内容。在监管过程中，第三方监管组织应当对涉案企业进行调查评估，对涉案企业合规计划及落实情况进行监督。考察内容应当主要包括：一是涉案企业是否全面梳理了规章制度、内部管理方式等问题；二是涉案企业是否针对涉案风险问题制定了完备的合规计划和有效的合规管理体系；三是涉案企业是否建立风险防范机制以及风险预警和处置规定。第三方监管组织应当定期听取涉案企业整改推进情况，对企业合规整改落实情况进行分析总结，出具书面情况报告书，并定期向检察机关汇报，共同研究涉案企业合规整改的情况。

3. 考察期限。从各地试点情况来看，检察机关设定的考察期限有所差别，如深圳市宝安区人民检察院设定的考验期为 1 至 6 个月，宁波市检察院设定的考验期为 6 至 12 个月。整体来讲，检察机关设定的考察期限较短。因此，在实践中可能存在涉案企业合规整改情况不到位的问题。为了解决这一问题，笔者认为，应当同时兼顾合规整改的效果和诉讼效率两方面的内容，建议将考验期设定为 6 个月至 2 年，并根据涉案企业涉及罪行严重程度、企业管理现状、合规管理体系以及合规整改效果等方面综合确

---

① 陈瑞华：《企业合规不起诉制度研究》，载《中国刑事法杂志》2021 年第 1 期。

定考察期限，以更加适宜的考察期限保障企业合规整改的有效性。

（四）验收评估

1. 合规标准设定。实践中，在评价涉案企业能否有效发挥预防、监控和应对违规行为的作用，需要构建行之有效的合规标准。由于企业可能涉及的刑事犯罪情形不同，需要确立针对性的合规管理标准。如针对侵犯商业秘密的犯罪案件，应当设定知识产权合规标准；针对涉税犯罪案件，需要制定税收合规标准；针对破坏生态和环境污染类的案件，需要制定环境保护合规标准。在具体标准设定上，要针对企业规模、类型、犯罪的严重程度等，体现标准设定的差异性，防止出现合规的"流程化标准"。对此，检察机关应当会同各行政主管部门、行业协会等，制定系统性和针对性的合规验收标准。

2. 评估处理。在验收评估的具体审查上，需要结合具体验收标准，根据涉案企业合规计划履行情况、第三方监管组织出具的企业整改阶段性报告等，综合评价是否整改合格。在完成验收评估后，检察机关应当对涉案企业、企业主管人员等分别作出处理。第一，对于在考验期内已经完成合规整改，达到整改效果的，检察机关一般应当对涉案企业和相关责任人员作出不起诉处理；第二，对于企业认真落实合规整改，但没有达到整改预期效果，可以适当延长考验期限，督促企业继续整改；第三，对于整改期限届满仍然不合格的，检察机关应当撤销附条件不起诉决定，依法提起公诉。对于提起公诉的案件，应当综合涉案企业前期已经进行的整改工作情况，作为酌定从轻处罚情节，向法院提出从宽处罚建议。

四、相关立法建议

（一）刑法修改建议

1. 建议增设涉案企业整改合规后的从宽条款。事后合规是企业在涉及刑事诉讼程序之后开展的合规整改，其目的在于以合规换取司法机关的宽大处理。由于我国刑法没有罪后情节出罪的情况，单位犯罪成立后的合规出罪实际上违反了罪刑法定原则。对此，建议在立法中增设事后合规从宽内容，将合规整改作为从宽量刑情节，同时也可以为刑事诉讼法增设企业附条件不起诉从宽制度提供正当性依据。为此，笔者建议在刑法第 67 条后增加一条，作为第 67 条之一："单位犯罪以后立即采取补救措施，配合开展合规整改的，可以从轻或者减轻处罚。单位犯罪的直接负责的主管人员和其他直接责任人员认罪悔罪，在合规整改中所起作用较大的，可以从轻或者减轻处罚。"

2. 建议增设单位从业禁止条款。2022 年 11 月 11 日，为了加强未成年人保护，最高人民法院、最高人民检察院、教育部联合发布《关于落实从业禁止制度的意见》，明确了犯罪人员从业禁止制度。由于我国刑法中没有单位从业禁止条款，实践中存在企业为了实现利益最大化，出现单位犯罪后再次犯罪的情况，笔者建议参考《关于落实从业禁止制度的意见》中对犯罪人员从业禁止制度规定，增设单位从业禁止条款。主要考虑在于：增设单位从业禁止，通过限制和剥夺企业的生产经营资格、营利能力等，可以实现对企业进行刑罚处罚的有效性，优化目前单一罚金刑威慑力不足的情况。为此，笔者建议在刑法第 37 条之一第 1 款后增设一款，作为第 2 款："单位犯罪的，人民法院可以根据犯罪情况和预防再犯罪的需要，作出以下限制或者取消单位从事相关经营活动资格的决定：（一）责令停产、停业整顿；（二）暂扣许可证件，期限为六个月至一年；（三）吊销许可证件。"

3. 建议增设单位合规缓刑条款。根据我国刑法第 72 条的规定，我国的缓刑制度主要针对被判处拘役、3 年以下有期徒刑的犯罪分子。增设单位合规缓刑制度是贯彻宽严相济刑事政策的实际需要，有助于提升企业合规整改的积极性，防止纸面整改。同时，设立单位合规缓刑制度能够实现企业资格罚制裁之间体系协同，优化单位犯罪的治理模式。为此，笔者建议在刑法第 76 条后增加一条，作为第 76 条之一："对于被判处罚金的单位，法院可以根据犯罪情况和特别预防的需要，宣告合规缓刑。合规缓刑考验期限为三年以下，但不得少于六个月。犯罪单位应当在考验期限内遵守法律法规，服从监管，建立或完善合规管理体系。合规缓刑考验期届满后，通过考察验收的，原判刑罚不再执行。"

（二）刑事诉讼法修改建议

1. 建议增设企业合规案件强制性措施的限制条款。笔者在前文谈到，检察机关在审查起诉阶段对企业适用合规不起诉制度时，公安机关可能已经对涉案企业采取查封、扣押等强制性侦查措施，已经给企业正常生产经营造成巨大影响。为了避免给企业经营造成不可逆的影响，可以通过合规激励模式，审慎考量企业资产遭查封等措施对企业资金、生产经营影响，对具备完善合规机制的企业可不采取逮捕等强制措施，以实现恢复性司法的保障作用。为此，笔者建议在刑事诉讼法第 66 条之后增加一条，作为第 66 条之一："针对可能涉及企业刑事合规的案件，应当依法审慎采取查封、扣押、冻结等措施，减少对涉案单位正常运行的影响。对于涉及刑事合规单位犯罪的直接负责的主管人员和其他直接责任人员，应当严格限制适用逮捕措施。"

2. 建议增设企业合规附条件不起诉条款。笔者认为，附条件不起诉制度模式从激励涉案企业合规整改的效果来看具有更强优势，具有改革的普适性。附条件不起诉制度符合有效犯罪预防理论，有助于企业消除犯罪基因，实现对企业犯罪的积极预防，减少再犯可能。为此，笔者建议在刑事诉讼法第 182 条之后新增一条"企业合规附条件不起诉的适用"，作为第 182 条之一："对涉嫌犯罪的单位及相关责任人员，符合起诉条件，但有自愿承认违法犯罪事实、积极采取措施赔偿、愿意接受处罚等认罪表现，承诺完成企业合规整改并接受监管的，人民检察院可以作出附条件不起诉的决定。"

3. 建议增设企业合规整改的适用条款。为了确保刑事诉讼法第 182 条之后新增的"企业合规附条件不起诉的适用"条款的适用性，确保涉案企业真正整改，增设企业合规整改的适用条款具有必要性。第三方监督评估组织模式的相对独立性，能够保证监管的客观性，避免了利益输送问题，确保了整改成效。为此，笔者建议在刑事诉讼法第 182 条之后新增一条，作为第 182 条之二："人民检察院作出附条件不起诉的，应当明确合规整改的考验期，由第三方监督评估组织对单位合规整改进行调查、评估、监督和考察。考察结果作为人民检察院依法处理案件的重要参考。合规整改考验期在六个月以上三年以下，自附条件不起诉决定作出之日起计算，不计入刑事诉讼的办案期限。"

10. 论合规不起诉案件的反向衔接

何文苑　陈拔志[*]

推进不起诉案件反向衔接和涉案企业合规改革均是当前检察工作的重点。行刑衔接相关的法律规定最早可以追溯到 1996 年修订的《中华人民共和国刑事诉讼法》和 1996 年施行的《中华人民共和国行政处罚法》。[①]自 2001 年 7 月国务院发布《行政执法机关移送涉嫌犯罪案件的规定》后，经过 20 余年的发展，"两法衔接"工作在规范体系、制度机制、行政执法和刑事司法信息共享平台建设等方面取得长足发展，行政处罚和刑事处罚实现有效衔接。党的十八大以来，以习近平同志为核心的党中央高度重视健全"两法衔接"机制，并提出系列明确要求。党的十八届三中、四中全会作出明确部署，2021 年 6 月 15 日公布的《中共中央关于加强新时代检察机关法律监督工作的意见》进一步对反向衔接提出明确要求，强调"健全检察机关对决定不起诉的犯罪嫌疑人依法移送有关主管机关给予行政处罚、政务处分或者其他处分的制度"。2021 年 9 月 6 日，最高人民检察院印发《关于推进行政执法与刑事司法衔接工作的规定》，要求检察机关对于决定不起诉的案件，应当同时审查是否需要对被不起诉人给予行政处罚。2023 年 7 月 17 日，最高人民检察院印发《关于推进行刑双向衔接和行政违法行为监督　构建检察监督与行政执法衔接制度的意见》（以下简称《意见》）再次重申了反向衔接工作的重要意义，并作出了由行政检察

---

* 何文苑，广东省珠海市人民检察院一级检察官；陈拔志，广东省珠海市人民检察院五级检察官助理。

① 《中华人民共和国刑事诉讼法》（1996 年修正）第 142 条第 3 款规定："对被不起诉人需要给予行政处罚、行政处分或者需要没收其违法所得的，人民检察院应当提出检察意见，移送有关主管机关处理。有关主管机关应当将处理结果及时通知人民检察院。"《中华人民共和国行政处罚法》（1996 年 10 月 1 日施行）第 7 条第 2 款规定："违法行为构成犯罪的，应当依法追究刑事责任，不得以行政处罚代替刑事处罚。"

部门负责反向衔接工作等重要部署。

当前，随着涉案企业合规改革不断推进，如何推动从检察机关到行政机关的合规下沉和合规互认也成为当前涉案企业合规改革的重点。"实践中各地检察机关在办理企业合规案件时仍然面临行刑衔接不畅、合规整改结果得不到行政机关的有效认可和执行等现实障碍，无法充分激发涉案企业合规的制度优势和效能"，① 已成为当前涉案企业合规改革亟须解决的问题。最高检发布的 4 批 20 件典型案例中，17 件案例涉及合规不起诉，其中 7 件将行刑衔接作为典型意义，而且在最新的第四批 5 件典型案例中，除 1 件涉及中外合资企业的典型案例外，其余 4 件案例中均把建议行政机关从宽处罚、推动行业治理等行刑反向衔接工作作为典型意义推广。因此，在"反向衔接"和"涉案企业合规改革"的双重背景下，有必要对合规不起诉案件的反向衔接开展专门讨论。

一、"合规""不起诉"双重视角下的反向衔接

不起诉案件的反向衔接是当前行刑衔接工作的薄弱环节，集中表现为在刑事诉讼法对反向衔接有明确规定下适用不重视、不全面、不规范的法律适用问题。涉案企业合规改革肇始于检察机关的实践探索，是中国特色社会主义法治体系的一次重大改革创新。合规不起诉案件有别于普通的不起诉案件，既要破解普通的不起诉案件不刑不罚、应移未移、应罚未罚等突出问题，又要兼顾合规案件通过去犯罪化合规整改以保住企业主体的特殊目的，因此需要同时准确把握两项工作的基本要求。

（一）规范化是不起诉案件反向衔接的基本要求

《中华人民共和国刑事诉讼法》第 177 条规定，对被不起诉人需要给予行政处罚、处分或者需要没收其违法所得的，人民检察院应当提出检察意见，移送有关主管机关处理。有关主管机关应当将处理结果及时通知人民检察院。上述规定自 1996 年修订以来几乎没有变动，但时至今日其适用仍然存在诸多问题。

2023 年 7 月 17 日，最高人民检察院印发的《意见》中首次明确了行

---

① 王贞会：《涉案企业合规行刑衔接的制度建构》，载《行政法学研究》2023 年第 5 期。

政检察部门为反向衔接工作的责任主体，还进一步明确了跟进监督和行政违法行为监督等具体内容，对反向衔接的规范化提出了更高要求。

具体而言，一是要规范检察机关内部的适用流程，无论是针对不起诉个案的检察意见，还是针对涉案的行政违法行为，均由行政检察部门负责，要严格遵循立案、审查、审批、制发的规范化程序，对相关案件进行实质性审查，避免形式化。二是要规范制作检察意见书，对于需要行政机关进一步予以行政处罚的，检察意见应当清晰、明确，应详细载明不起诉的理由，采取和解除强制措施情况，违法事实，行政处罚的法条依据，应当从轻、减轻、免除处罚的情节，处罚幅度及检察意见回复日期；对于行政违法行为监督的，制发的纠正违法检察建议或社会综合治理检察建议也应遵循相应的规范性要求。三是要规范案件结果监督，要加强与行政机关的事前沟通，保证意见的专业性，提高采纳率。对于意见的落实进行跟踪回访，对于检察意见不落实、不反馈的情形，经调查核实后，认为系应处罚而未处罚，怠于履职的，可向行政机关发出检察建议。总而言之，对于不起诉案件的检察意见，无论是前期的审查审批，还是检察意见的制发和跟进，均应严格规范适用相关法律规定，做到"应移必移""应罚必罚"。

（二）从宽处罚和行政合规是企业合规整改的内在需要

当前的涉案企业合规改革既可以适用于企业犯罪，又可以适用于企业家犯罪。企业涉嫌罪名绝大多数是行政犯（法定犯），[①] 且根据统计，企业涉嫌的罪名与企业家触犯的罪名往往呈现同一性。自 2014 年至 2018 年 5 年间，企业家触犯的罪名共 42 种，除贿赂类和巨额财产来源不明罪之外，其余均属于行政犯罪。[②] 行政犯的认定必然以违反国家行政管理规范为前提，因而合规案件往往呈现出刑法和行政法上的双重违法性，因此，企业合规本质上属于中国特色行刑衔接机制的核心组成部分，[③] 合规不起诉案件的反向衔接需要特别关注合规案件的特殊性要素。

一般认为，当前企业合规的根本目的有两点，一是保护企业有效应对

---

① 陈兴良：《法定犯的性质和界定》，载《中外法学》2020 年第 6 期。
② 北京师范大学中国企业家犯罪预防研究中心：《企业家刑事风险分析报告（2014—2018）》，载《河南警察学院学报》2018 年第 4 期。
③ 张泽涛：《论企业合规中的行政监管》，载《法律科学》2022 年第 3 期。

由刑事追诉所引发的企业危机，避免检察机关的追诉活动导致市场准入资格丧失、商业交易机会减少以及其他灾难性损失。[①] 二是预防企业违法犯罪（或为涉案企业的再违法犯罪）。独特的合规目的使得合规不起诉案件的反向衔接不同于一般的不起诉案件，一般不起诉案件是在综合考量犯罪情节和社会危害后不予刑事处罚，但符合行政处罚条件仍应依法追究。而合规不起诉案件在要求行政机关作出行政处罚的同时，还要兼顾合规目的的实现，这赋予了合规不起诉案件反向衔接更加丰富的内涵。

其一，从宽处罚是企业合规的内在动力，刑事激励与行政激励需要一体落地。"对于企业犯罪，主要的制裁手段不是刑事制裁，而是行政制裁，即命令改正业务等，即使是金钱制裁也不过是'罚款'等非刑措施，或者是民事损害赔偿等。"[②] 对于企业而言，行政处罚可能比刑事处罚更加严厉。如在生产安全犯罪中，根据《安全生产违法行为行政处罚办法》第 5 条规定，安全生产违法行为行政处罚包括警告、罚款、没收违法所得、生产设备、责令停产停业整顿、责令停产停业、责令停止建设、责令停止施工、暂扣或者吊销有关许可证、暂停或者撤销有关执业资格、岗位证书、关闭等。这些行政处罚涉及企业的生产经营设施设备、生产资质和法人存续，对企业而言关乎生死存亡，毫无疑问比刑法上的罚金刑更为严厉。即使同为金钱制裁也存在行刑责任倒置的问题，行政责任中的罚款金额往往远大于刑事责任中的罚金数额。如在走私普通货物犯罪中，根据《海关行政处罚实施条例》第 56 条规定，海关作出没收货物、物品、走私运输工具的行政处罚决定，有关货物、物品、走私运输工具无法或者不便没收的，海关应当追缴上述货物、物品、走私运输工具的等值价款。实践中，如果行政机关不能积极认定配合合规不起诉，对涉案企业采取诸如取消特许经营资格、责令关闭、吊销营业执照、高额罚款等严厉行政处罚，反而导致企业合规的刑事激励效果大打折扣甚至前功尽弃。[③] 因此，为了合规目的的实现和合规激励的有效性，合规不起诉案件中刑事激励与行政激励要一体

---

① 陈瑞华：《有效合规管理的两种模式》，载《法制与社会发展》2022 年第 1 期。
② ［日］田口守一：《企业犯罪与制裁制度的方式》，张小宁译，载李本灿等编译：《合规与刑法：全球视野的考察》，中国政法大学出版社 2018 年版，第 250 页。
③ 高景峰、刘艺、柳慧敏：《行刑双向衔接的内在逻辑与有效运用》，载《人民检察》2023 年第 3 期。

落地，行政机关的行政处罚中也应当从宽，要尽可能减轻或免除企业的罚款，不能采取吊销许可证件、限制开展生产经营活动、责令停产停业、责令关闭、限制从业等严重影响企业生产经营的行政处罚。

其二，行政合规是违法犯罪行为统一预防的重要组成部分。第一，行政机关在行政犯的预防管理方面更加专业。行政法的认定具有前置法定性与刑事法定量的统一的特征，具体而言，由前置性行政法规定行为是否构成行政违法，入罪的标准则由刑事法律进行量的规定。[①] 在性质认定上的一致性决定了在合规案件中犯罪预防和违法预防同样具有一致性。而在环保、食品安全、证监、物价、农业、税务、外汇、质量技术监督、审计、海关、网监等诸多行政监管领域中，毫无疑问相应的行政监管部门比检察机关更加的专业。企业涉嫌刑事犯罪是一个非常态化现象。只有行政监管失灵，对企业采取行政处罚不足以惩戒时，才能动用刑事手段，因此，强化行政监管是预防企业违法犯罪的根本应对之道。[②] 第二，刑事合规面临程序限制，需要行政合规的补充。《中华人民共和国刑事诉讼法》第172条第1款规定，人民检察院对于监察机关、公安机关移送起诉的案件，应当在一个月以内作出决定，重大、复杂的案件，可以延长15日。第175条第3款规定，对于补充侦查的案件，应当在一个月以内补充侦查完毕。补充侦查以二次为限。根据上述法律规定，检察机关办理合规不起诉案件的期限仅有3个月零15天，因此实践中大部分的合规不起诉案件的合规考察期一般都不足一年，在如此短的期限内检察机关难以完成对合规整改是否能实现有效的违法犯罪预防的判断。在成熟的合规体系中，合规考察期一般设定为3年到5年，如2018年中兴公司与美国商务部工业与安全局达成替代和解协议设定的合规考察期为5年，其间，合规团队对反商业贿赂合规计划的执行情况进行持续监督，对缺陷和不足进行整改。[③] 在合规验收结束后，由于我国刑事诉讼法中没有规定暂缓起诉协议制度，已经作出了不起诉决定一般不能予以撤销，为保证合规计划的有效运行，刑事案件结案后必然需要后续的行政合规作为补充。第三，对于个案或类案暴

---

① 田宏杰：《行政犯的法律属性及其责任——兼及定罪机制的重构》，载《法学家》2013年第5期。

② 张泽涛：《论企业合规中的行政监管》，载《法律科学》2022年第3期。

③ 陈瑞华：《中兴公司的专项合规计划》，载《中国律师》2020年第2期。

露出的行业治理问题，也需要行政机关统筹推进行业合规。在当前的合规实践中，针对社会治理问题的行业合规愈加受到重视。在未违法犯罪企业的合规整改中，检察机关既没有管辖权，刑事激励措施也缺乏吸引力，必然需要依靠行政机关设置的行政激励措施予以推动，以行政监管作为兜底。

根据反向衔接工作的规范化要求和企业合规的内在需要，合规不起诉案件既不能不刑不罚，更不能"一移了之"，既要有明确的从宽意见，又应当有充分的法律和事实依据，这对合规不起诉案件的反向衔接提出了更高要求。刑事责任和行政责任的双从宽是否具有法律依据？应当采取何种形式的行政合规模式？这是合规不起诉案件的反向衔接工作需要进一步回答的问题。

二、合规不起诉案件反向衔接的困难和纾解

（一）合规不起诉案件反向衔接面临的主要障碍

相对不起诉案件中的违法行为事实上已经属于犯罪行为，但由于犯罪情节轻微、社会危害不大被不起诉，不起诉后其违法行为应当属于一般违法情形中最重的情节。相对不起诉案件一般也无须进行企业合规，因而合规不起诉案件情节可能比一般相对不起诉案件更严重，面临的处罚措施会更加严厉。而合规不起诉案件的反向衔接又有更加明确具体的从宽意见，势必会更深度地介入到行政裁量中，行政机关是否愿意配合、是否可以配合仍需要进一步讨论。

在程序上，检察机关是当前涉案企业合规改革的主导者和实践者，虽然最高检和其他八个部门联合印发了相应文件。虽然检察机关是法律实施的监督机关，但和行政机关并非上下级关系，行政机关没有配合检察机关的法定义务，因此，实践中的合规不起诉案件检察机关仅能依法制发检察意见，要求行政机关作出处罚，而行政机关只需依法给予涉案企业行政处罚即可，无须开展企业合规。虽然在推进涉案企业合规的过程中，最高检已经注意到上述问题，并且联合八部门发布了《关于建立涉案企业合规第三方监督评估机制的指导意见（试行）》，在顶层设计上将与企业监管相关的行政机关引入到涉案企业合规改革试点工作之中。但当前在行政机关中推进行政合规仍未形成趋势。一是企业合规的成本较大，在轻微的违法行

为中企业更倾向于承担行政处罚，而不是进行程序复杂、成本更高的合规整改，因而在不涉及犯罪时企业进行合规整改的意愿不强。二是行政机关同样面临办案期限等程序限制和案件量大等客观限制，《中华人民共和国行政处罚法》第60条规定："行政机关应当自行政处罚案件立案之日起九十日内作出行政处罚决定。法律、法规、规章另有规定的，从其规定。"检察机关是在侦查机关查明事实基础上的审查，而在90天中行政机关要独立承担调查、审查、讨论等诸多程序，办案期限的限制比检察机关更加严重。近年来随着行刑衔接的进一步推进，检察建议的采纳和回复被纳入行政部门的考核指标中，检察建议刚性进一步增强。2023年7月17日最高人民检察院印发的《意见》也明确指出："行政检察部门对行政主管机关的回复和处理情况要加强跟踪督促，行政主管机关违法行使职权或不行使职权的，可以依照法律规定制发检察建议等督促其纠正"，但在合规不起诉案件中，配合大于监督，即便以检察意见、检察建议这种程序性的手段推动从宽处罚和行政合规，也必须要具备实体上坚实的法理支撑。

而在实体上，《中华人民共和国行政处罚法》第32条、第33条规定的法定从轻情节也无法涵摄企业合规的裁量价值。多数观点认为，《中华人民共和国行政处罚法》第32条、第33条可以作为行政合规中从宽处罚的依据，然而这也是存疑的。《中华人民共和国行政处罚法》第33条第1款规定："违法行为轻微并及时改止，没有造成危害后果的，不予行政处罚。初次违法且危害后果轻微并及时改正的，可以不予行政处罚。"合规不起诉案件中的违法行为已经构成犯罪，其情节不但重于一般的行政违法行为，而且重于一般的不起诉案件，合规整改虽然属于行政法意义上的"改正"，但必然不属于"行为轻微""没有造成危害后果"。且行政犯一般以违法数量和违法次数作为入罪标准，因此已经构成犯罪后合规不起诉的案件也不能适用首违不罚原则。

此外，《中华人民共和国行政处罚法》第32条规定："当事人有下列情形之一，应当从轻或者减轻行政处罚：（一）主动消除或者减轻违法行为危害后果的；（二）受他人胁迫或者诱骗实施违法行为的；（三）主动供述行政机关尚未掌握的违法行为的；（四）配合行政机关查处违法行为有立功表现的；（五）法律、法规、规章规定其他应当从轻或者减轻行政处罚的。"积极退赔退赃、赔偿损失、修复受损法益已经成为大部分地区启动合规程序的必要条件，在这些情形中当然可以依据行政处罚法第32条第1项的规定要求行政机关从轻或减轻处罚。但事实上，不但有部分类型的违法犯罪危害后果无法消除或难以消除，如在污染环境罪、重大责任事故罪中出现污染物难以消除或出现人员伤亡的情形，而且在刑事上，企业合规由于企业付出的合规成本和预防犯罪的作用，已经成为独立于认罪认罚、退赔退赃的裁量情节，在行政处罚上的裁量价值也远超消除或减轻危害后果，应当认为行政合规和《中华人民共和国行政处罚法》第32条规定是包含关系而不是被包含关系。而且，当前企业合规还处于探索阶段，缺乏立法支撑，立法上也没有明确企业合规是否属于《中华人民共和国行政处罚法》第32条第5项规定的"法律、法规、规章规定其他应当从轻或者减轻行政处罚"的范围。因此，仅依据《中华人民共和国行政处罚法》第32条无法对行政合规的裁量价值作出全面的评价。

（二）作为行政处罚上酌定裁量情节的行政合规

在刑事合规中，虽然退赔退赃、认罪认罚被视为启动合规的必要条件，但企业合规并未被包含在退赔退赃、认罪认罚的刑罚评价中，而是被视为一种独立的酌定从轻情节。原则上，相较于相对不起诉的"裁量出罪"，合规不起诉则是检察机关对于那些接受合规考察并建立有效合规计划的涉案企业，以修复法益、有效预防犯罪和建立自我监管机制为依据所作出的宽大刑事处理，具有一种"合规出罪"的性质。[①] 在当前涉案企业合规改革中，企业合规在司法实践中被赋予了不同于退赔退赃、认罪认罚等程序的实体意义，即被赋予了独立的裁量价值。为了争取不诉的刑事处遇，进行合规整改的企业不但要全面承担和修复犯罪造成的负面效果，实现实质上的罪责相适应，以满足以正义为基础的报应刑需求；还要建立有效的违法犯罪预防机制，以满足以预防再违法犯罪的预防刑需求。因此，一个有效的合规整改计划必然是满足违法犯罪治理中的正义观和功利需求的。举重以明轻，在刑事责任中可以自洽的合规从宽当然也可以在行政责任中自洽，在责任构成中刑事责任和行政责任并没有本质的区别。

唯一的问题在于是否认可行政处罚中也存在酌定裁量情节。对于是

[①] 陈瑞华：《企业合规出罪的三种模式》，载《比较法学研究》2021年第3期。

否存在行政处罚上的酌定从轻情节，反对者从文义解释的角度入手，认为《中华人民共和国行政处罚法》第 32 条第 5 项的规定仅列举了法律、法规、规章规定可以规定从轻及减轻情节，其他规范性文件只能细化《中华人民共和国行政处罚法》的减罚情节，否则将有违处罚法定原则；[①] 支持者认为，允许其他规范性文件增设减罚情节，符合减轻行政处罚本质，亦不违反处罚法定原则，在特殊情况下准予其超越法定情节，根据事实重新提取和适用减罚情节，以保障个案正义、避免陷入僵化。[②]

本文认为，应当承认合规从宽属于行政处罚中的酌定裁量情节。其一，处罚法定原则中的法无明文即禁止是对行政机关的限制，而合规从宽并未给行为人增设义务，也没有减损行为人的权利，并不违反处罚法定原则。其二，除第 32 条之外，《中华人民共和国行政处罚法》第 5 条第 1、2款规定："行政处罚遵循公正、公开的原则。设定和实施行政处罚必须以事实为依据，与违法行为的事实、性质、情节以及社会危害程度相当。"该条虽为原则性规定且内容指示不够明确，却是设定和实施行政处罚的基本依循，亦为酌定减轻行政处罚开启了一扇窗。[③] 其三，行政活动的特点决定了其对监视潜在威胁，预防损害发生有显著优势，因此，行政法的制度重心其实在于预防，行政机关需要尽可能采用不同的规制工具防止风险发生，行政处罚也并不例外。[④] 而预防既是行政处罚法的目的，同样也是企业合规的目的和优势，通过行政合规建立的预防机制较行政处罚的威慑预防更加直接有效，比直接进行行政处罚更易于实现行政处罚目的。其四，酌定减轻行政处罚，在使个案获得正义的同时，也将逐步形塑更具包容性的治理秩序，从而优化营商环境。[⑤] 在当前的经济形势下，建立更加包容审慎的司法环境、助力打造法治化营商环境已成为大部分司法执法政策的价值导向，作为政府组成机构的行政机关对此比检察机关有着更敏感直接的体会，而企业合规正是发轫于这种价值导向。因此，合规从宽充分满足

---

① 杨小君：《行政处罚研究》，法律出版社 2002 年版，第 214 页。

② 谭冰霖：《论行政法上的减轻处罚裁量基准》，载《法学评论》2016 年第 5 期。

③ 李晴：《论酌定减轻行政处罚——畸重处罚调适方案探寻》，载《中国法律评论》2022 年第 5 期。

④ 熊樟林：《行政处罚的目的》，载《国家检察官学院学报》2020 年第 5 期。

⑤ 李晴：《论酌定减轻行政处罚——畸重处罚调适方案探寻》，载《中国法律评论》2022 年第 5 期。

了行政机关依法履职的价值追求。

三、合规不起诉反向衔接的选择和实践

（一）先后执法模式企业合规的路径选择

2023 年 7 月 17 日，最高人民检察院印发的《意见》规定了更加明确、规范的反向衔接程序，对反向衔接工作的规范化提出了更高要求，是在不起诉案件中推进行政合规的重要契机。一方面，反向衔接的规范化必然要求更加规范的法律适用、更加明确的检察意见和更高的采纳率，这就要求检察机关和行政机关必须更加慎重对待反向衔接工作。另一方面，企业合规是当前一项探索性的司法改革，缺乏立法支撑，为保障合规目的的实现，必然需要更加灵活地适用法律，必然需要检察机关和行政机关更加密切的衔接配合。这种内部的张力就决定了在合规路径的选择和具体展开上，不但要考虑如何保障企业合规准确适用的合目的性，更要考虑如何保障企业合规有效落地的可行性。

目前，在学界和各地的合规实践中，形成了三种比较成熟的行政合规模式。

一是"日常性合规管理模式"，是指未涉案企业为防范违法犯罪风险，自行对自身可能存在的违法犯罪风险进行排查，并进行相应的合规建设。[1]作为第一批合规试点的张家港市，就由司法局牵头建立合规指导，推动多个行业进行了类似的行政合规探索。由于该模式针对的是未违法犯罪的企业，不符合本文讨论的合规不起诉案件的范畴。但在办理相关的案件过程中发现的行业问题和行政监管漏洞，也可以吸纳"日常性合规管理模式"的做法，将其作为社会治理类检察建议的主要内容，由检察机关和行政机关联合推动相应的行业合规。

二是建立以行政监管为中心的企业合规体系，对于企业合规方案的制定与执行，由归口监管的行政执法机关予以指导和监督。[2]这类行政合规虽然充分发挥了行政机关的专业性优势，但在实践中面临着很大的阻力。一方面，行政机关虽然在行政监管中具有专业性优势，但刑事环节的

---

[1] 陈瑞华：《有效合规管理的两种模式》，载《法制与社会发展》2022 年第 1 期。

[2] 张泽涛：《论企业合规中的行政监管》，载《法律科学》2022 年第 3 期。

合规不起诉更重视的是罪责关系，对犯罪的追诉是检察机关的主责主业，虽然可以吸纳行政机关的考察意见，但合规计划的最终验收及其对定罪量刑的影响仍然是检察机关的职责范围，不可能由行政部门作出决定。另一方面，基于谁决定谁负责的原则，由于在审查起诉环节行政机关没有管辖权，在审查起诉环节行政机关不会过深介入到由检察机关主导的刑事合规中去。

三是平行执法模式的行刑双合规，即企业犯罪的主要执法顺序应当从先后执法模式向平行执法模式转变，允许行刑机关同时办理企业犯罪案件，并在办案过程中相互配合。[①] 在合规不起诉案件中适用平行执法式的行刑双合规，事实上已经事先预计了不起诉的结果，但是否作出不起诉决定，在检察机关的办案程序中也是一个相对复杂的过程，这种结果难以估计。如果合规考察没有通过，或者是基于罪责的考量仍然起诉，企业合规只作为减轻情节，那么不但行政机关做了无用功，而且企业也承担了双倍的合规责任，明显违反了一事不再罚原则。

毫无疑问，作为企业合规改革的发起者，检察机关仍然是合规实践的主要推动者。在最高检的顶层设计和层层推动下，全国基层检察机关的合规探索方兴未艾，而正是由于缺乏这种自上而下的推动力，基层行政机关参与合规改革的热情不高。同时，由于面临办案期限、从宽依据、合规改革力量等诸多方面的限制，行政合规仍然面临很大阻碍。因此，当前合规路径的选择应当优先考量可行性问题。但无论是以行政监管为中心的企业合规，还是平行执法模式的行刑双合规，均难以克服上述的种种困难。

在如中兴公司的专项合规案等合规案例中，多是美国司法部、美国商务部等多部门联合开展行刑责任一体化的企业合规。这是因为，美国关于企业犯罪案件的司法规则明确规定："在解决一个企业案件时，若多个部门正在调查同一不当行为，执法人员应相互协调，以避免不必要的罚金、罚款、没收财务。"[②] 但我国立法上并没有"一体化处罚观"的相关规定。相反，我国的刑事诉讼法和行政处罚法明确规定了包含由行政机关向检察机关的正向移送和由检察机关向行政机关反向移送的先后执法模式，新《意

---

① 陶朗道：《合规改革背景下企业犯罪行刑平行执法程序构建》，载《法学》2023 年第 2 期。
② 陶朗道：《合规改革背景下企业犯罪行刑平行执法程序构建》，载《法学》2023 年第 2 期。

见》更是对后者的进一步细化和重申。因此，不起诉案件的企业合规也应当遵循这样的衔接框架，开展先后执法模式企业合规。

先后执法模式企业合规是指，在刑事合规验收后，检察机关作出了不起诉决定，以检察意见的形式要求行政机关在刑事合规的基础上继续开展合规考察，根据行政监管的需要，对原有的合规计划进行补充，并持续进行考察和监督，在企业通过行政合规验收后，在行政处罚上给予从宽处理。

先后执法模式企业合规可以有效克服当前合规不起诉案件面临的诸多困难。一是贴合当前的法律规定，在我国尚未立法尚未设立"一体化处罚"的制度条件下，遵循刑事诉讼法、行政处罚法及相关文件精神进行合规上的衔接符合我国当前的法律环境。二是有效弥补了刑事合规在考察期限、监管专业上的限制，检察机关在刑事合规环节作出的大量工作均可以由行政机关继受，既节约了在合规准备、计划拟定等环节中付出的大量时间和精力，又能保障合规计划的专业性。而行政机关在原有合规计划上可以提出新的合规意见，企业的整改结果又可以为在行政处罚阶段的一体化从宽提供充分的依据。三是有明确的抓手，将继续开展合规作为合规不起诉案件检察意见的主要内容，以充分的沟通协调为基础，以检察建议为兜底，可以大幅提高行政合规的适用范围，有效推动行政机关参与到合规改革中。

（二）不起诉案件行政合规的具体展开

当前任何的合规改革措施都是一种尝试，在实践中必然会面临诸多方面的考验。而以先后执法模式企业合规为主要形式的合规不起诉案件反向衔接要处理好以下几个方面的问题。

一是处理好检察机关内部的衔接。2023 年 7 月 17 日最高人民检察院印发《意见》明确指出："反向衔接工作由行政检察部门牵头负责。检察机关决定不起诉的案件，承办刑事检察部门应当在作出不起诉决定之日起 3 日内提出是否需要对被不起诉人给予行政处罚的意见，并移送行政检察部门审查。"在整个衔接环节中，行政检察部门扮演着重要的承上启下作用。但长期以来，刑事合规由刑事检察部门负责，而且长期以来均是由刑事检察部门负责涉案企业合规改革工作，行政检察部门存在对企业合规工作的了解不够全面、不够专业等问题，也难以向行政机关提供专业的检察意见。因此，刑事检察部门向行政检察部门移送案件时的意见应当详实充分，必要时可以给行政检察部门提供专业的指导。

二是处理好检察机关和行政机关的衔接。虽然先后执法模式合规有着充分的法理基础，但法律适用上存在的争议也是事实。合规不起诉案件对检察机关和行政机关的衔接配合有极高的要求，非必要时不能采取检察建议这类跟进监督的手段，而是应当在移送前加强与行政机关的沟通，充分听取行政机关的意见，利用邀请行政机关参与听证等方式，达成良好的衔接配合效果。而且，对于合规不起诉案件检察机关不能"一移了之"，应当作为协助者参与到后续的行政合规考察中，给予行政机关充分的支持。

三是作好行政机关内部的处罚决定。以合规作为酌定从轻情节时，行政机关应当召开听证会，推动为违法行为人、相关人及社会公众接受的减轻处罚决定。同时，行政机关行应当严格履行行政处罚的内部程序，既要通过集体讨论等形式凝聚单位共识，也要向上级机关汇报，争取上级机关支持，必要时还可以听取外部专家、人大代表、政协委员等多方意见，争取合规不起诉案件取得良好的政治效果、社会效果和法律效果。

四是对于个案、类案折射出的行业治理问题和行政监管漏洞，要制发社会综合治理类检察建议，推动行政合规。在推动行业合规时要正确处理好检察权和行政权的关系，要以案涉问题为基础，深挖背后的行业弊病和监管漏洞；切口不宜过大，要制定合理的符合当地企业结构的专项合规计划，既要有统筹的原则标准，又要因企制宜，避免合规"纸面化"；设置的合规激励措施应当合理，既能催生企业合规动力，又不能破坏市场公平竞争环境，检察机关、行政机关、合规企业三方携手推进法治化营商环境建设。

简而言之，保障企业依法合规运营、避免行政和刑事处遇带来负面社会影响的合规目的必然要求在行政处罚环节开展企业合规，先后执法模式企业合规仍然是当前应对诸多困难的应时之举。即使企业合规可以作为行政处罚上的酌定从轻情节，但如取得行政机关的认可和配合，仍需要检察机关在合规实践中继续探索。

11. 论企业刑事合规中的法律制度建设

段永仙[*]

近年来，随着企业犯罪数量的不断增加，企业合规改革越来越受到社会各界的广泛关注和探讨。笔者认为，要推进企业刑事合规的深化，首先需要解决我国刑法和刑事诉讼法等相关规定中困扰合规制度发展运行的障碍，通过完善企业犯罪构成制度和刑事责任制度，构建企业合规刑罚减免或者出罪制度，强化对单位犯罪的量刑指导等措施，完善企业犯罪法律体系，促进诉源治理。

一、企业合规治理背景

伴随着我国经济的日益发展，社会经济活动的日益丰富，我国企业犯罪的现象也日趋突出。据不完全统计，国内的企业犯罪数据从 2011 年的约 2.6 万件，逐年增长到 2018 年的约 44.6 万件，一路呈现非常明显的正增长态势。2019 年涉案数量略有波动，2020 年下降到约 22.1 万件，个中原因不难推测，是由年初突然暴发新冠疫情，随之而来的各种包含封城、停业等抗疫防疫措施、形势导致。

面对日趋增长的企业犯罪形势，检察机关不仅要落实习近平总书记所强调的"法治是最好的营商环境"的指示精神，做到面对企业犯罪时执法必严，违法必究，也要兼顾社会主义经济建设的大局，保护企业家的合法权益，落实最高检提出的"坚持宽严相济的刑事政策""以高质效检察履职助力优化民营经济发展环境，依法保护民营企业产权和企业家权益"。如果按照传统做法，企业构成犯罪就起诉，涉罪企业往往会陷入经营困境，影响就业，甚至危害经济发展和社会稳定；如果一味强调保障企业权

---

* 段永仙，广东省广州市从化区人民检察院第五检察部主任、一级检察官。

益，对涉罪企业不立案、不起诉或者免予刑事处罚，企业内部管理和风险防范机制尚未健全，则违法犯罪很可能再次发生。要解决这一问题，企业合规制度不失为一剂良药。与此同时，随着我国企业"走出去"步伐的加快，企业发展也面临着国外法律政策制度的种种限制，深化企业合规改革可谓势在必行。2020年开始，最高人民检察院由点到面将涉案企业合规改革在全国检察机关全面推开。

二、企业合规的含义及作用

企业合规目前尚无统一的概念。美国《联邦组织体量刑指南》规定，"企业合规是企业进行预防、发现和制止企业违法犯罪行为的内部管理机制"。而我国《企业海外经营合规管理指引》中规定，合规是指"企业及其员工的经营管理行为符合有关法律法规、国际条约、监管规定、行业准则、商业惯例、道德规范和企业依法制定的章程及规章制度等要求"。一般来说，合规有广义与狭义之分。广义的企业合规包括公司治理方式、行政监管激励机制、刑事激励机制、国际组织制裁激励机制等多个方面。狭义的合规就是指刑事合规，其包含两个方面，一是鼓励企业为预防犯罪建立一整套防范机制，即涉罪前的合规建设；二是涉罪后承诺建立、实施有效的合规计划，通过履行合规承诺换取刑事处罚的从宽处理，即涉罪后的合规整改。[1] 在此，本文中主要对企业的刑事合规方面进行探讨。

刑事合规在解决重打击轻预防的企业犯罪治理方面，具有无可比拟的优势，也可以避免企业因被追究刑事责任导致经营者、员工遭受池鱼之灾。但是企业合规并不是万能的，如果不区分企业类型、规模等实际情况，一味地要求各类企业都必须建立合规计划，要么徒增企业的经济负担，要么使合规陷入形式主义，甚至影响企业的正常运营与发展。实践中，合规制度的推行，需要根据不同行业呈现的类型化特征的差异，明确不同的预防要求并针对性地采取不同的激励方案，才能够达到预期的效果。

---

① 李勇：《检察视角下中国刑事合规之构建》，载《国家检察官学院学报》2020年第4期。

三、我国企业刑事合规的现状与困境

当前在我国，作为公司治理方式的合规还没有与刑事法律建立起制度上的联系，更没有转化成为刑法上的激励机制。例如刑法方面，在入罪和科处刑事处罚方面，我国对单位犯罪采取双罚制进行严厉追责，但单位犯罪的处罚特点决定了法院往往一罚了之，无法有效地消除企业再犯罪的可能性，同时，合规也不是企业犯罪的法定量刑情节，企业在出罪、抗辩、减免刑事处罚等方面，缺乏相应的激励机制。刑事诉讼程序方面，由于缺乏国外广泛应用的暂缓起诉等相关制度，大量构成犯罪的企业单位，一旦被纳入立案侦查的轨道，往往很难逃脱被起诉、被处罚的命运。要推动企业刑事合规这一舶来品在中国大地上生根发芽，就要重视、解决如何本土化，与我国刑法和刑事诉讼法等相关规定相衔接。

四、推进企业刑事合规法律制度的完善

常见的合规激励机制一般包括行政监管部门的行政激励机制和刑事司法机关的刑事激励机制。司法机关根据涉罪企业合规管理的效果，作出是否给予宽大处理的决定，对于涉罪企业积极参与合规整改具有良好的激励作用。而要实现这一制度变革，还需要对单位犯罪构成、合规出罪、从宽处理等众多问题进行理论上的探讨和研究，促使我国现有的法律框架内对相关法律、规定进行完善，笔者认为可以从以下方面着手。

（一）构建以合规为导向的企业刑事责任体系

一是要完善企业犯罪构成制度。我国刑法是以自然人为基本对象构建的，实践中，我国刑法主要围绕对自然个人以及违法单位中的自然人的刑事责任追究，而对违法单位、违法企业的责任涉及较少。这也导致实践中对于企业等单位实施的犯罪容易出现转嫁责任予个人的现象；同时，我国现有立法框架下对企业犯罪还缺乏明确的标准，这也是企业合规刑事化首先需要解决的问题。笔者认为，可以对我国刑法的相关规定进行修订，在刑法总则中对单位犯罪的概念、特征、构成要素、处罚原则等内容进行明确规定。单位犯罪是单位及单位的员工和代理人，为了单位的利益而在职权范围内实施的犯罪行为。对由于单位的主要领导在监管方面存在缺失导

致单位成员为了实现法人利益而实施的违法行为，即使单位并未从中获利，且犯罪行为发生时单位并不知晓，仍然属于单位犯罪。[①]进一步强化单位监管其内部员工和单位代理人行为、避免违法犯罪行为的注意义务。

二是完善企业刑事责任制度。我国单位刑罚种类单一，刑罚体系还不完善，刑法关于单位犯罪的刑罚种类仅限于罚金，缺少资格刑或其他附加刑。虽然企业犯罪多数是为了营利，但对于部分企业尤其是资金雄厚的企业来说，仅规定罚金刑显然无法预防涉罪企业再次犯罪。对于企业来说，剥夺其经营资格或者社会声誉，或者采取某种经济限制措施，相对单纯的罚金刑威慑力显然更大。实践中，虽然针对企业的违法行为，检察院、法院等相关部门也可以向行政机关发出检察建议、司法建议，但上述建议并不具有强制执行力，其效果取决于行政执法部门的执法效果。笔者认为，应根据企业犯罪的特点，将更多的刑罚种类引入到单位犯罪中，增加资格刑的设置。如针对不同犯罪企业，取消从事特许经营资格，取消上市资格等，使其丧失交易机会、社会名誉，可以更加有效地遏制企业犯罪；在刑事立法中引入企业缓刑制度，有利于为企业实施内部治理改革提供更多的时间和机会，通过企业内部机制建设消除犯罪的根源。

（二）将合规计划纳入刑事处罚减免或出罪的依据

逐利是企业的天性，企业活动首先要衡量成本和收益的关系，如果犯罪的成本低于合规的成本，企业必然缺乏开展合规的积极性。因此，需要通过制度上的"宽大处理"激励企业"自愿"引入合规计划，引导企业通过改进机制，纠正潜在风险，降低违法犯罪的危害或者概率。

一方面，建议在企业合规制度中构建相应的刑罚减免或者出罪制度。我国目前刑法明确规定的出罪路径主要有刑法总则第13条以及正当防卫、紧急避险，出罪路径偏少，与企业合规改革的需要不相适应。笔者认为，根据诉讼阶段的不同，企业合规可能涉及的处理方式及司法制度可能有以下几种：一是侦查阶段"附条件的刑事立案制度"。根据公安机关《办理刑事案件程序规定》，公安机关立案前可以对报案、控告、举报等是否符合立案的条件进行初查。公安机关在侦查阶段可以将立案初查机制与合规

---

① 万方：《企业合规刑事化的发展及启示》，载《中国刑事法杂志》2019年第2期。

计划的考察结合，利用立案初查的时间来考量涉案企业是否建立了有效的合规机制或者是否适合启动合规，[①] 根据合规机制是否健全，奖惩机制是否合理，合规计划是否有效推进决定涉案企业是否需要刑事立案。二是"附条件的刑事撤案制度"。根据公安机关办案规定，对于犯罪情节轻微，危害不大的案件，应当撤案。因此对于公安机关与企业在侦查阶段就合规计划形成合意，经第三方评估考察，合规计划有效执行的，笔者认为，应赋予公安机关撤案权。实践中，由于缺乏法律规定，公安机关直接撤案的情况非常少，因此该制度的实行还需要法律或者相关司法解释明确。三是审查起诉阶段"附条件不起诉制度"。当前我国企业合规主要由检察机关主导，因此在审查起诉阶段对涉案企业启动合规，根据企业的违法犯罪情况，制定合规计划，对涉案企业进行监督、考核，考验期满根据相关部门或第三方组织的反馈情况对企业作出起诉或者不起诉决定，是当前我国企业合规改革中最常见的方式。目前我国的法律体系中，附条件不起诉只适用于未成年人刑事案件，如何规范应用于企业犯罪案件，亟须制度明确。四是审判阶段的企业缓刑。法院在判决企业缓刑时，可以将合规计划作为缓刑的前提或者内容之一，法院对企业在缓刑期间的补救计划实施的真实性、合法性、有效性进行考核，并监督合规计划的执行。

另一方面，强化对单位犯罪的量刑指导。目前的量刑指导意见主要是针对自然人犯罪而设计的，实践中需要完善对企业为主体的单位犯罪量刑的制度构建和指导，如提高单位犯罪的罚金数额和罚金刑的上限，将是否存在有效的合规计划或者合规计划是否有效实施作为判处罚金刑时是否可以对企业从宽处理的参考因素。盈利是企业最主要的目标，只有犯罪成本大于犯罪预期收益，刑罚才能起到预防犯罪的目的，提升单位犯罪罚金的数额可以更好地引导、管控企业行为，对于企业的日常经营具有良好的示范和威慑作用。

五、结论

随着刑事合规在世界范围内影响不断扩大，我国企业面临的机遇和

[①] 马明亮：《作为犯罪治理方式的企业合规》，载《政法论坛》2020年第3期。

挑战并存。在司法领域推进企业合规建设的过程中，只有不断完善刑法和刑事诉讼法等相关配套规定，形成具有中国特色的企业犯罪多层次诉讼体系，才能真正推进企业刑事合规制度的落地生根，发展成具有中国特色的社会主义法律制度的组成部分，不断推动法治中国的建设和发展。

12. 涉案企业合规刑事立法研究

广东省深圳市南山区人民检察院课题组

涉案企业刑事合规改革试点是最高人民检察院在贯彻落实党中央和习近平总书记关于加强企业司法保护、更好为企业发展营造良好司法环境背景下着力推行的一项改革举措。自 2020 年 3 月第一批改革试点工作开展以来，随着理论研究的深入和实践经验的积累，涉案企业刑事合规改革逐步在全国范围内全面铺开，呈"星星之火，可以燎原"的态势。与此同时，不容忽视的是，涉案企业刑事合规改革仍存在一系列疑难，其中，涉案企业的刑事立法已刻不容缓，成为制约涉案企业刑事合规改革的主要因素之一。有鉴于此，本文在涉案企业刑事合规立法必要性和可行性基础上，对当前涉案企业刑事合规理论与立法基础展开梳理，明确立法模式和立法原则，并尝试对具体条文进行设计。

一、涉案企业刑事合规立法的必要性与可行性

近年来，随着中兴、华为等国内企业在走向国际市场的进程中遭到域外国家行政、司法机关制裁的事件频繁发生，合规问题愈发受到来自国家和企业的高度重视。所谓"合规"，顾名思义即合乎一定的规则，既包括国家法律法规，也包括行业准则和企业内部管理规范。正是由于作为合规对象之"规"具有多样性，合规亦存在多方面内容，其中，企业对国家刑事法律规范的遵守可称为刑事合规。虽然刑事合规话题研究如火如荼，但这一概念在理论界和实务界尚未形成共识。本文认为，宜统一表述为"涉案企业刑事合规"或"刑事合规"，将与作为其上位概念的企业合规区分开来。随着近年来由最高检主导推进的涉案企业合规改革试点经验不断积累，以及相应配套制度与措施的不断完善，涉案企业刑事合规立法已具备必要性与可行性条件。

（一）涉案企业刑事合规立法的必要性

1.涉案企业刑事合规的价值。首先，涉案企业刑事合规有利于加强对企业的司法保护。为避免办理一个案件就搞垮一个企业，检察机关应当尽量对企业从宽处理，而涉案企业刑事合规制度的构建为此提供有效解决路径。以深圳市南山区人民检察院办理的深圳某科技公司、张某甲等人非法销售窃听专用器材案为例，企业合规程序挽救了该企业，2021年该企业营收、纳税金额均创下公司成立以来最高纪录，有效实现了涉案企业合规改革试点的初衷。其次，涉案企业刑事合规有利于实现刑事司法的社会效果。例如，在深圳市检察机关办理的深圳钻石行业走私普通货物系列案中，检察机关向深圳市黄金珠宝首饰行业协会制发检察建议，行业协会陆续提交制发《深圳市钻石行业合规整改指引》和《深圳市钻石行业反走私合规管理指引》，对深圳钻石行业的长远健康发展产生积极作用，实现在黄金珠宝行业的综合治理。最后，涉案企业刑事合规有利于促进社会经济效益最大化。通过涉案企业刑事合规，进一步厘清了政府和市场的关系，积极发挥企业主观能动性，对改善市场营商环境，促进经济平稳健康发展具有重要意义，涉案企业刑事合规是国家和企业之间的正和博弈。

2.规制企业合法发展的现实需要。当今企业发展面临诸多风险，刑事合规也就顺理成章地成为企业合规中最基本，也是最重要的一环。然而问题的关键在于，并非所有企业都愿意搭建一套刑事合规体系以确保自身合法发展。由于企业的逐利性和合规建设的高成本性，大部分企业均未建立起自身的刑事合规体系，在这种情况下，对企业提供一定的激励就显得十分必要。通过涉案企业刑事合规立法，赋予刑事合规体系一定的减免将来罪责的能力，可以有效地激起企业的合规动力，从而达到规制企业合法发展的目的。即使是对于那些事前尚未构建起刑事合规体系的企业，通过合规不起诉等形式，将合规从一种选择变为一项义务，同样有利于其后续的合法发展。

3.涉案企业刑事合规法律存在空白。严格来说，我国并非完全没有涉案企业刑事合规领域的立法，只是目前这些立法还存在以下两方面问题。其一，规范较为分散。自2018年以来，我国关于刑事合规的规定散见于各类规范性文件，虽然数量繁多，但都缺少对刑事合规的体系性考虑，无法构建起一套完整的制度。其二，规范强制性较弱。当前涉及刑事合规的立法层级较低，大多数都是其他规范性文件，此外还涉及一些国家标准、团体规定等，自身效力有限，难以提供具有强制力的指引。事实上，涉案企业刑事合规改革对当前的刑事实体和程序制度都有较大程度的冲击，因此若要将这一制度法制化，就必须上升至法律层级，对现行刑法和刑事诉讼法进行一定程度的修改。借鉴域外经验可以发现，虽然一些国家采取的刑事合规模式不尽相同，但基本都是通过立法发展起来的，其中较为典型的有英国的《反腐败法》和法国的《萨宾第二法案》等。相比之下，我国涉案企业刑事合规目前已全面铺开，明确的规范性指引暂时缺位。严格来说，我国并非完全没有涉案企业刑事合规领域的立法。

（二）涉案企业刑事合规立法的可行性

1.刑事司法理念的进步。近年来，我国在刑事司法领域改革动作频出，成绩举世瞩目，不仅在制度层面提升了刑事司法体系的规范化水平，更重要的是在精神层面促进了我国刑事司法理念的丰富与发展，使得我国刑事治理能力不断提高。其中，刑事司法理念的两点转变与刑事合规的理念深度契合，为我国涉案企业刑事合规立法的开展铺平了道路。第一，刑事政策更加宽平。第二，深入参与社会治理。刑事司法理念的以上两点转变可以归纳为一种矛盾式进步：一方面，它要求刑事司法在国家和社会治理中扮演更重要的角色，发挥更关键的作用；另一方面，又要适时地"削其利爪，磨其尖牙"。这与刑事合规的理念不谋而合。当前刑事司法理念的进步与涉案企业刑事合规立法之间是相辅相成的，前者为后者的开展提供了可行性背景，而后者则为前者提供了一条具体路径。

2.既有规范制度的支撑。除了契合当前刑事司法理念的发展方向外，涉案企业刑事合规也得到了来自现有制度规范的供给与支持。一是涉案企业刑事合规的立法离不开认罪认罚从宽制度的经验。认罪认罚从宽与涉案企业刑事合规之间在理念层面是互通的，在某种程度上，可以将涉案企业制定合规计划并实施视为其认罪认罚的标志，而检察机关可据此作出不起诉决定或提出较低的量刑建议。二是相关制度如附条件不起诉制度和检察建议制度等制度的完善。虽然附条件不起诉目前只适用于未成年人刑事案件，但由于其基本形式与刑事合规类似，已经成为检察机关在试点实践中最常适用的模式之一。此外，在作出相对不起诉决定的同时，检察机关也可以利用检察建议责令涉案企业完善合规制度建设，也可以发挥一定作用。

3. 涉案企业合规改革试点经验积累。涉案企业合规改革试点范围的不断扩大意味着涉案企业刑事合规的科学性和全面性，同时不同地区检察机关所面临的合规试点工作存在差异，这些差异也为我国涉案企业刑事合规制度的设计打开了思路。由此也积累了相对丰富的经验：首先，在合规监管人制度的确立上适用第三方监督评估机制。其次，在监督考察制度的确立上，考察机制的实践经验也在不断增加。再次，逐步推进检察机关的合规工作贯穿合规改革的全流程。最后，涉案企业刑事合规制度的试点经验还包括采取宽严相济的刑事政策，将单位责任与个人责任区分。我国的试点经验还在不断地丰富，试点效果也在不断地完善和优化，让涉案企业刑事合规制度成为实质意义上的"合规"。

4. 相关配套法律法规日益完善。首先，随着刑事诉讼法的完善，涉案企业刑事合规有了嵌入现有制度的可能。其次，关于涉案企业刑事合规中合规监管人的规定，目前已有的制度依据包括全国工商联 2022 年出台的《涉案企业合规第三方监督评估机制专业人员选任管理办法》，以及最高检联合各部委出台的《关于建立涉案企业合规第三方监督评估机制的指导意见（试行）》等。最后，关于企业合规监督评估结果互认机制的制度依据主要是刑事诉讼法第 15 条以及《关于适用认罪认罚从宽制度的指导意见》中对于认罪认罚从宽制度的规定。

二、涉案企业刑事合规立法基础评估

刑罚积极一般预防理论的兴起，协商性司法模式的转型，以及宽严相济刑事政策的不断深入贯彻，为涉案企业刑事合规改革提供了充足的理论基础。当前以刑法、刑事诉讼法及相关规范性文件为规范体系的涉案企业刑事合规制度为企业合规改革试点提供了基本遵循，但由于综合性不够、适用空间不足、行刑衔接不畅等问题的存在，企业刑事合规的实践推进存在一系列疑难，需要立法进一步予以明确。

（一）涉案企业刑事合规的理论基础

积极一般预防刑罚理论的兴起、协商性司法模式的转型、宽严相济刑事政策的贯彻，为涉案企业刑事合规试点提供了契机，成为涉案企业刑事合规改革试点的理论基础。

1.刑罚理论的转向：积极一般预防刑罚理论的兴起。在风险社会的背景下，以指导、表彰公众遵守规范为核心的积极一般预防刑罚理论逐渐得到重视，2020年最高检开始推行的涉案企业合规改革试点工作，被视为积极推进实现刑罚的积极一般预防效果的有益探索。涉案企业刑事合规制度改革不仅可以使以建立合规体系的涉案企业在刑事追诉中获得宽大处理，切割企业和个人的刑事责任，从而保全企业，也可以向社会广大企业与个人传递一种积极信号：企业建立合规体系，遵纪守法，可以降低因犯罪而造成的不良效果，获得从宽处理。久而久之，不断激励广大企业建立合规体系，从而在社会层面形成合规守法之风，实现刑罚的积极一般预防目的。

2.司法模式的转型：从对抗式司法到协商性司法。2018年10月，认罪认罚从宽制度作为一项基本原则被写入刑事诉讼法，标志着我国刑事诉讼类型的历史性转型，这种对传统刑事诉讼程序的突破与创新，代表着我国刑事诉讼部分由对抗性司法向协商性司法的转型。涉案企业刑事合规改革的试点，扭转了协商性司法主要面向于自然人犯罪的局面，通过释放现有检察权能所蕴含的从宽处理空间（不批准逮捕、不起诉、变更强制措施等决定），来激励组织体进行"以合规为中心"的结构修正类处理举措，既避免了起诉定罪给其贴上"犯罪标签"所引发的"水波效应"，也比单一的经济类制裁措施更有助于预防犯罪的再次发生。

3.刑事政策的催生：宽严相济刑事政策的贯彻。涉案企业刑事合规改革是新时代背景下检察机关对宽严相济刑事政策的坚决贯彻。企业合规不起诉改革的背景是：随着我国社会、政治、经济的发展和转型，加强对民营企业和民营企业家的特殊保护，避免因为办理刑事案件而"毁掉企业"或"影响经济发展"，检察机关作为国家法律监督机关，从制度设置、管理机制和监控方式上预防和消除民营企业实施犯罪的制度根源，成为检察机关参与社会治理的一种方式。企业刑事合规改革从社会治理出发，着力推动民营经济的健康发展，营造安商惠企法治化营商环境，力求满足社会需求，突出以"宽"为侧重点的宽严相济刑事政策，对涉案企业开展合规整改，而不是直接通过刑事制裁"毁掉一个企业"，体现了检察机关对社会治理的积极参与和对落实宽严相济刑事政策的全面贯彻。

（二）企业刑事合规的规范体系

总体来看，当前我国企业刑事合规形成了以刑法、刑事诉讼法为主，相关规范性文件为辅的规范体系。

1. 涉案企业刑事合规的刑法体系。最高人民检察院《关于开展企业合规改革试点工作方案》明确企业范围包括各类市场主体，主要是指涉案企业以及与涉案企业相关联企业。单位犯罪的认定及其责任承担范围的厘清奠定了企业合规改革的正当性与合理性，更有学者论及，企业刑事合规全球考察清楚地表明，企业反腐与企业刑事合规法治建构当中尤其需要聚焦以单位主体刑事责任制度为焦点的核心制度，聚焦单位犯罪内涵构造的预防转型是我国企业刑事合规的核心要义。因此，刑法体系当中对单位犯罪的系列规定构成了当前涉案企业合规的刑法体系。我国单位犯罪的罪名体系经历了 1979 年的空白，到之后以单行刑法、附属刑法零星规定单位犯罪，再到 1997 年以法典的形式明确规定单位犯罪，历经数次刑法修正案的出台，单位犯罪法条数目逐渐增多。从实效上来看，单位犯罪治理成效不足，2017 年至 2021 年，全国检察机关共起诉单位犯罪 1.4 万件，其中，2017 年至 2020 年呈逐年递增趋势，2021 年明显下降，下降原因系涉案企业合规改革试点的不断推进。单位犯罪治理成效不足的原因既有单一国家控制模式下对企业犯罪治理的效能不足，也有追诉企业刑事责任存在附带性与恣意性，企业合规改革试点的推行为治理单位犯罪开辟了全新道路。

2. 涉案企业刑事合规的刑事诉讼法规定。在刑事诉讼法领域，域外国家广泛通过建立合规不起诉制度或将合规作为签署暂缓起诉协议和撤销起诉的依据。我国刑事诉讼法对于检察机关检察建议和不起诉裁量权的一系列规定为开展企业合规改革试点提供了程序法的激励空间。检察建议是检察机关督促涉案企业建立合规体系的有效方式，是指检察机关在审查起诉过程中，对于犯罪情节轻微同时又认罪认罚的涉案企业，在作出相对不起诉决定后，通过提出检察建议的方式，责令其建立合规管理体系的制度，这一模式被学者称为"检察建议模式"。此外，检察机关基于不起诉裁量权而作出的附条件不起诉或相对不起诉是激励企业建立合规体系的主要方式。实践中，检察机关往往对于可能判处3年有期徒刑以下的单位犯罪，采用相对不起诉制度，要求涉案单位进行合规整改。相对不起诉模式的优势主要在于检察机关进行涉案企业合规建设无须突破现有法律，对涉案企业进行相对不起诉仍然在刑事诉讼法框架之内，未突破现有法律。但其弊病在于对涉案企业合规建设的监督和制约不足，由于企业整改需花费一定时间，短则几个月，长则多达数年。

3. 涉案企业刑事合规的其他规范性文件。2021年最高人民检察院、司法部、财政部等九部门共同印发了《〈关于建立涉案企业合规第三方监督评估机制的指导意见（试行）〉实施细则》和《涉案企业合规第三方监督评估机制专业人员选任管理办法（试行）》的通知，进一步细化了第三方机制管委会的组成和职责、第三方机制的启动及运行，确立了第三方机制管委会联席会议机制，要求建立第三方机制管委会办公室，对第三方机制专业人员的选任、日常管理和工作保障作出明确规定。2022年1月，第三方机制管委会印发《涉案企业合规第三方监督评估机制管理委员会2022年工作要点》和《涉案企业合规第三方监督评估机制管理委员会办公室工作细则》。2022年4月，全国工商联、最高人民检察院、司法部等九部门印发《涉案企业合规建设、评估和审查办法（试行）》的通知，从涉案企业合规建设、合规评估、合规审查三个方面细化涉案企业合规改革的具体流程，为各地方开展企业合规试点提供了根本遵循。此外，2022年8月，国务院国有资产管理委员发布《中央企业合规管理办法》。

（三）涉案企业刑事合规的规范评析

涉案企业刑事合规制度存在综合性企业合规管理规范缺失、企业合规附条件不起诉空间不足，以及涉案企业合规改革行刑衔接不畅的难题，未来需要立法进一步予以明确。

1. 综合性涉案企业刑事合规管理规范缺失。现行涉案企业刑事合规管理规范呈分散式特征，不利于企业合规改革试点的统筹推进。总体来看，当前我国的企业合规规范建设呈现出一种分散式的特征，在中央层面，缺乏明确的改革统筹推进主体和位阶较高的法律规范，各地方依据中央较为模糊的指导意见再建立本辖区内的合规改革规范，从而导致企业合规实践做法不统一。为应对企业合规改革试点过程中出现的众多问题，必须建立综合性的管理规范，具有以下三方面的意义：第一，明确责任义务，形成合力；第二，有利于统一全国企业合规适用尺度；第三，加快构建高效、公平的企业合规制度体系。

2. 涉案企业刑事合规附条件不起诉空间不足。附条件不起诉是检察机关基于不起诉裁量权而作出的激励企业建立合规体系的主要方式，但囿于现行刑事诉讼法关于附条件不起诉的相关规定并未给予企业合规改革以充足的规范空间，导致各地方企业合规附条件不起诉动力不足。为应对检察机关适用附条件不起诉存在的实践疑难，理论界也积极呼吁在刑事诉讼法内进行相应修改。未来，刑事诉讼法关于附条件不起诉的修改将成为企业合规改革试点任务中的重中之重，其决定着企业合规改革试点的成效与可持续发展。

3. 涉案企业刑事合规改革行刑衔接不畅。涉案企业刑事合规改革涉及多方主体，涉案企业在涉嫌刑事犯罪的同时，往往也违反了行政管理法规，需要受到行政监管部门的处罚与追责。在面临行政处罚与刑事追责双重惩罚的背景下，当前涉案企业刑事合规改革存在行刑衔接不畅的问题，例如检察机关就责令涉案企业建立的专项合规管理体系能否进一步延伸至行政合规领域，尚且不明。涉案企业合规改革行刑衔接不畅的主要原因之一就在于规范层面并未就行刑衔接的相应问题作出规定，导致实践中各部门对处理这一问题出现不同做法，未来应当持续加强企业合规行刑衔接的理论研究，畅通行刑衔接的通道。

三、涉案企业刑事合规立法模式与基本原则

涉案企业刑事合规的立法模式与基本原则是指导刑事合规立法的基础性概念，能够为我国刑事合规立法提供根本遵循。在明确立法模式与基本原则的基础上，才能够对涉案整改、监管程序、考核标准等作进一步探讨。

（一）两种立法模式的选择

当前，主要由两种立法思路：一是认罪认罚从宽制度吸收模式；二是

479

特别程序增订模式。

1.认罪认罚从宽制度吸收模式。结合刑事诉讼法的相关规则，在其第182条之后增加相应条款对涉案企业合规附条件不起诉制度加以规定，采取认罪认罚从宽制度吸收的模式可以最大限度节约立法资源，有利于最大限度保持法律的稳定性。对此，我们认为，认罪认罚从宽制度与涉案企业合规附条件不起诉制度的本质属性难以相融。一方面，认罪认罚的从宽处理很大程度上是刑事司法政策的结果，而不是合规激励的结果，并不能很好地实现涉案企业合规整改制度激励的目的。另一方面，将两种价值导向不同的制度融合可能会在一些特殊案件的办理过程中引发争议，诚然，将企业认罪认罚作为涉案企业合规不起诉的一个考量因素并无不妥，因为这在一定程度上可以反映企业合规整改的态度，但是否应将其作为决定性因素有待商榷。例如实践中部分企业考虑到认罪认罚牵连无辜股东、损害商业信誉等问题，可能存在承认主要犯罪事实并愿意进行合规整改弥补损失但不认罪的情况；涉案企业合规刑事立法采取认罪认罚从宽制度吸收模式会将部分特殊的企业合规案件排除在改革实践之外，给改革的深入推进造成障碍。

2.特别程序增订模式。特别程序的共同特点是只适用于特定类型的案件，涉案企业合规案件属于特定类型的案件。有研究者基于企业与未成年人相似的特别性，建议在刑事诉讼法中为企业合规制定"特别程序"，以专章的形式将其作为特别程序体系中的第六种类型。笔者认为，采取在其中增加企业合规特别程序的立法模式更为合理。这样一方面可以在对企业合规刑事诉讼程序作出规定的同时不影响其他刑事程序的运行，另一方面也为将来可能需要的企业合规新立法提供充足空间和便利条件。但如果只确立"企业合规特别程序"，不仅与刑法对单位犯罪的规定不一致，也难以适应未来合规改革的发展需要（合规改革有可能扩展至所有单位组织），同时也无法解决责任主体的双重性等带来的固有诉讼问题。

笔者对立法模式建议如下：我国在进行涉案企业合规刑事立法时也应当在刑事诉讼法第五编特别程序中新增一章，对单位刑事案件诉讼程序进行"全流程"规范，确立"单位刑事案件诉讼程序"。"单位刑事案件诉讼程序"的整体性规范应包含单位刑事案件的方针与原则、程序启动、监督考察、第三方监管人、法律后果、责任主体分离追诉等条款。只有这样的全面规范才有助于改变我国现行刑事法制存在的明显"自然人中心主义"的特点，确保新的法律规则得以有效实施，真正实现制度激励的价值目标。

（二）涉案企业刑事合规立法的基本原则

1. 惩处与保护相结合原则。执法司法机关在办理涉案企业刑事案件时要坚持依法惩处和平等保护相结合的原则。一方面，要及时有效地惩治、预防企业违法犯罪，给企业以深刻警醒与教育；另一方面，要充分利用法治手段和法治温度帮助涉案企业合规经营，要避免"案子办了、企业垮了"的困局。惩处不是目的，涉案企业合规改革本质在于探索一种新的企业犯罪治理模式，就是要通过制度建设，吸引、激励涉案企业根据监管要求主动进行合规整改，不仅要求企业在合规要求下运作，更要保证企业的活力得到释放。通过涉案企业合规案件办理真正将"严管"与"厚爱"相结合，推动企业开展合规整改，让涉案企业剔除经营和管理结构中的违法犯罪基因，实现对违法犯罪行为的自我监管、自我发现和自我预防，从而促进企业守法经营和可持续发展，以实现良好的治理效果。

2. 责任主体分离追诉原则。在涉企业犯罪的场合，企业责任和企业成员责任应当是相互分离的。在立法上设立责任主体分离追诉原则可以解决单位和关联人员入罪、出罪一体化情况下，重大单位犯罪案件的关联责任人因企业合规整改而出罪所带来的明显有违刑罚正义性的问题，让单位真正摆脱为其组成人员的违法行为承担代位责任或者转嫁责任的命运，从而可以在更大范围内适用合规附条件不起诉制度，为涉案企业合规改革的持续深入探索提供充足制度空间。

四、涉案企业刑事合规具体立法条文设计

随着涉案企业合规改革的不断推进，法律支撑不足的瓶颈凸显。由此，通过立法修改进一步拓宽合规改革的空间已刻不容缓。

（一）涉案企业合规刑法立法的基本框架

为给予涉案企业合规改革以刑事实体法的支撑，激发涉案企业合规改革的动力，明确刑事实体法的激励措施，进一步对单位和个人责任进行有

效切割，本文尝试对涉案企业合规刑法立法的基本框架进行设计。

第三十条【单位犯罪】 公司、企业、事业单位、机关、团体实施的危害社会的行为，法律规定为单位犯罪的，应当负刑事责任。

单位有效制定并实行合规计划，犯罪较轻的，可以不负刑事责任。

第三十一条【单位犯罪的处罚】 单位犯罪的，对单位判处罚金，根据情况，禁止单位从事特定活动。

单位直接负责的主管人员和其他直接责任人员，根据刑法相关规定定罪处罚。

单位进行有效合规治理的，可以从轻、减轻或者免除处罚。

第六十五条第三款【单位累犯】 被判处刑罚的单位，刑罚执行完毕后，在五年内再犯应当判处刑罚之罪的，是累犯，应当从重处罚，但是过失犯罪除外。

第七十二条第四款【单位缓刑】 对被判处刑罚的单位，符合合规整改条件和第一款规定的，可以宣告缓刑。

（二）涉案企业合规刑事诉讼法立法的基本框架

如上所述，课题组建议在刑事诉讼法"特别程序"一编中增加"涉案企业合规诉讼程序"作为第二章，设计条款如下：

第二百八十八条【适用原则】 办理企业犯罪案件，应当秉持客观公正立场，贯彻宽严相济刑事政策，落实认罪认罚从宽制度。

监察机关、人民法院、人民检察院和公安机关办理企业犯罪案件，应当维护国家利益和社会公共利益，依法保障当事人合法权益，审查是否符合本法第二百八十九条规定的附条件不起诉适用条件。

涉案企业及其辩护人可以向监察机关、人民法院、人民检察院和公安机关提出承诺合规整改的申请，请求从宽处罚。

第二百八十九条【适用条件】 对于涉企刑事案件，犯罪嫌疑人可能判处十年有期徒刑以下刑罚，符合起诉条件，但同时符合下列条件的，人民检察院可以对涉案企业作出附条件不起诉的决定。人民检察院在作出附条件不起诉的决定以前，应当听取监察机关或者公安机关、被害人的意见，必要时可以组织公开听证。

（一）涉案企业、个人认罪认罚；

（二）涉案企业能够正常生产经营，承诺建立或者完善企业合规管理制度，具备合规整改的意愿和条件；

（三）积极采取退赃、赔偿损失、补缴税款、修复环境等补救挽损措施；

（四）积极配合监察机关、司法机关的调查、侦查。

对附条件不起诉的决定，监察机关或者公安机关要求复议、提请复核或者被害人申诉的，适用本法第一百七十九条、第一百八十条的规定。

涉案企业对人民检察院决定附条件不起诉有异议的，人民检察院应当作出起诉的决定。

第二百九十条【不适用情形】　对于具有下列情形之一的涉企刑事案件，不适用附条件不起诉：

（一）不构成单位犯罪的（属于自然人犯罪的）；

（二）涉嫌危害国家安全犯罪、恐怖活动犯罪的；

（三）其他不宜适用的情形。

第二百九十一条【监检/侦检衔接】　监察机关、公安机关办理涉企刑事案件，应当告知涉案企业适用附条件不起诉的诉讼权利义务。

监察机关在调查阶段、公安机关在侦查阶段经审查认为涉案企业符合本法第二百八十九条规定的适用条件，或者涉案企业提出承诺合规整改的申请，可以商请人民检察院提前介入，并可以在移送审查起诉时向人民检察院提出适用附条件不起诉的建议。

第二百九十二条【检法衔接】　人民法院在宣告判决前，经审查认为涉案企业符合本法第二百八十九条规定的适用条件，或者涉案企业提出承诺合规整改的申请，可以建议人民检察院撤回起诉并作出附条件不起诉的决定。

人民检察院在提起公诉后、宣告判决前，以需要对涉案企业作附条件不起诉为由申请撤回起诉的，人民法院应当进行审查，作出是否准许的裁定。

第二百九十三条【强制措施】　对被附条件不起诉的涉案企业，应当审慎采取查封、扣押、冻结等措施；已经采取措施的，人民检察院应当及时审查是否变更措施。

犯罪嫌疑人在押的，人民检察院应当启动羁押必要性审查程序，及时决定是否变更强制措施。

第二百九十四条【合规监督考察适用模式】 在附条件不起诉的考验期内，由人民检察院对被附条件不起诉的涉案企业开展合规监督考察。

人民检察院认为需要适用第三方监督评估机制的，由人民检察院商请第三方监督评估机制管委会启动第三方监督评估机制。

第三方监督评估机制由最高人民检察院会同国务院相关职能部门共同制定。

第二百九十五条【考验期限及考验要求】 附条件不起诉的考验期为六个月以上三年以下，从附条件不起诉决定作出之日起计算。考验期满以前，人民检察院应当对涉案企业的合规整改情况进行验收。

被附条件不起诉的涉案企业，应当遵守下列规定：

（一）遵守法律法规，接受合规监督考察；

（二）按照考察机关的要求制定并执行合规计划，履行合规承诺，报告合规整改进展情况；

（三）积极配合考察机关开展的调查、评估、监督和考察工作，如实提交相关文件材料，不得弄虚作假。

第二百九十六条【刑行衔接】 对被不起诉企业需要给予行政处罚的，人民检察院应当提出从宽处罚的检察意见，移送有关主管机关处理。

第六章

涉案企业合规制度完善

第一节　第三方监督评估机制的广东探索

1.《广东省涉案企业合规第三方监督评估机制实施办法（试行）》

为深入贯彻习近平总书记重要讲话和对广东重要指示批示精神，认真落实中央、省委重大决策部署，建立健全涉案企业合规第三方监督评估机制，有效惩治预防企业违法犯罪，服务保障我省经济社会高质量发展，根据《最高人民检察院、司法部、财政部、生态环境部、国务院国有资产监督管理委员会、国家税务总局、国家市场监督管理总局、全国工商联、中国国际贸易促进委员会关于建立涉案企业合规第三方监督评估机制的指导意见（试行）》（以下简称《指导意见》），结合我省实际，制定本办法。

第一章　总　则

第一条　广东省涉案企业合规第三方监督评估机制（以下简称第三方机制），是指检察机关在办理涉企犯罪案件时，对符合企业合规改革试点适用条件的，交由广东省涉案企业合规第三方监督评估机制管理委员会（以下简称第三方机制管委会）选任组成的第三方监督评估组织（以下简称第三方组织），对涉案企业的合规承诺、开展合规建设情况、合规整改效果等进行调查、评估、监督和考察。考察结果作为检察机关依法处理案件的重要参考。

第二条　第三方机制的建立和运行，应当遵循依法有序、公开公正、平等保护、标本兼治、务实高效的原则。

第三条　第三方机制适用于公司、企业等市场主体在生产经营活动中涉及的经济犯罪、职务犯罪等案件，既包括公司、企业等实施的单位犯罪案件，也包括公司、企业实际控制人、经营管理人员、关键技术人员等实施的与生产经营活动密切相关的犯罪案件。

公司、企业范围包括各类市场主体，主要是指涉案公司、企业以及与涉案公司、企业相关联的公司、企业。国企民企、内资外资、大中小微型企业，均可适用。

第四条 对于同时符合下列条件的涉企犯罪案件，检察机关可以根据案件情况适用本实施办法：

（一）涉案企业、个人认罪认罚；

（二）涉案企业能够正常生产经营，承诺建立或者完善企业合规制度，具备启动第三方机制的基本条件；

（三）涉案企业自愿适用第三方机制。

第五条 对于具有下列情形之一的涉企犯罪案件，不适用企业合规试点以及第三方机制：

（一）个人为进行违法犯罪活动而设立公司、企业，或者公司、企业设立后以实施犯罪为主要活动的；

（二）公司、企业人员盗用单位名义实施犯罪的；

（三）涉嫌危害国家安全、恐怖活动犯罪的；

（四）使国家和人民利益遭受重大损失，无补救挽损可能的；

（五）其他不宜适用的情形。

第二章　第三方机制管委会的组成和职责

第六条 省检察院、省国资委、省财政厅、省工商联会同省司法厅、省生态环境厅、国家税务总局广东省税务局、省市场监管局、中国国际贸易促进委员会广东省委员会等部门组建第三方机制管委会，并可以根据工作需要增加成员单位。省工商联负责承担管委会的日常工作，省国资委、省财政厅负责承担管委会中涉及国有企业的日常工作。

第七条 第三方机制管委会履行下列职责：

（一）研究制定涉及第三方机制的规范性文件；

（二）研究论证第三方机制涉及的重大疑难复杂问题；

（三）研究制定第三方机制专业人员名录库的入库条件和管理办法，并根据各方意见建议和工作实际进行动态管理；

（四）研究制定第三方组织及其人员的工作保障和激励制度，负责对第三方组织及其成员的日常选任、监督、考核工作，确保其依法依规履行职责；

（五）对我省试点地方第三方机制管委会和第三方组织开展日常监督和巡回检查；

（六）协调相关成员单位对所属或者主管的省律师协会、省注册会计师协会、省企业联合会、省注册税务师协会以及其他行业协会、商会、机构等在企业合规领域的业务指导，研究制定我省涉企犯罪的合规考察标准；

（七）对第三方组织成员违反本实施办法的规定，或者实施其他违反社会公德、职业伦理的行为，严重损害第三方组织形象或公信力的，及时向有关主管机关、协会等提出惩戒建议，涉嫌违法犯罪的，及时向公安、司法机关报案或者举报，并将其列入第三方机制专业人员名录库禁入名单；

（八）统筹协调我省范围内第三方机制的其他工作。

我省各试点地方的检察机关应当结合本地实际，参照本实施办法的相关规定组建本地区的第三方机制管委会。

第八条　第三方机制管委会各成员单位建立联席会议机制，由省检察院、省国资委、省财政厅、省工商联负责人担任召集人，根据工作需要定期或者不定期召开会议，研究有关重大事项和规范性文件，确定阶段性工作重点和措施。

各成员单位应当按照职责分工，认真落实联席会议确定的工作任务和议定事项，建立健全日常联系、联合调研、信息共享、宣传培训等机制，推动我省企业合规改革试点和第三方机制相关工作的顺利进行。

第九条　第三方机制管委会办公室牵头组建巡回检查小组，邀请人大代表、政协委员、人民监督员、退休法官、检察官以及会计、审计、法律、合规等相关领域的专家学者担任巡回检查小组成员，对试点地方第三方机制管委会和相关第三方组织及其组成人员的履职情况开展不预先告知的现场抽查和跟踪监督。

第三章　第三方机制的启动和运行

第十条　检察机关在办理涉企犯罪案件时，应当注意审查是否符合企业合规试点以及第三方机制的适用条件，并及时征询涉案企业、个人的意见。涉案企业、个人及其辩护人、诉讼代理人或者其他相关单位、人员提出适用企业合规试点以及第三方机制申请的，检察机关应当依法受理并进行审查。纪检监察机关、公安机关认为涉嫌犯罪的企业、个人，符合企业合规试点以及第三方机制适用条件，向检察机关提出建议的，检察机关应当进行审查。

检察机关经审查认为涉企犯罪案件符合第三方机制适用条件的，可以商请本地区第三方机制管委会启动第三方机制。如果涉案企业在辖区以外，也可以商请涉案企业所在地的检察机关或者报请上级检察机关协助启动第三方机制。第三方机制管委会应当综合考虑案件涉嫌罪名、复杂程度以及涉案企业类型、规模、经营范围、主营业务等因素，从专业人员名录库中分类随机抽取人员组成第三方组织，并向社会公示。专业人员名录库中没有相关领域专业人员的，第三方机制管委会可以采取协商邀请的方式，商请有关专业人员参加第三方组织。检察机关可以指派工作人员作为联络员，负责第三方组织与检察机关之间的对接工作。

第十一条 第三方组织一般由 3 至 7 名专业人员组成，针对小微企业的第三方组织也可以由 1 至 2 名专业人员组成，根据工作需要可以确定牵头负责人。

第三方组织组成人员名单应当报送负责办理案件的检察机关备案。检察机关或者涉案企业、个人、其他相关单位、人员对选任的第三方组织组成人员提出异议的，第三方机制管委会应当调查核实并视情况做出调整。

第十二条 第三方组织应当要求涉案企业提交专项或者多项合规计划，并明确合规计划的承诺完成时限，对于小微企业可以视情简化。

涉案企业提交的合规计划，主要围绕与企业涉嫌犯罪有密切联系的企业内部治理结构、规章制度、人员管理等方面存在的问题，制定可行的合规管理规范，构建有效的合规组织体系，完善相关业务管理流程，健全合规风险防范报告机制，弥补企业制度建设和监督管理漏洞，防止再次发生相同或者类似的违法犯罪。

第十三条 第三方组织应当对涉案企业合规计划的可行性、有效性与全面性进行审查，重点审查涉案企业完成合规计划的可能性、合规计划的可操作性、防治违法犯罪的实效性、涵盖薄弱环节和漏洞的全面性等。

第三方组织就合规计划向负责办理案件的检察机关征求意见后，一并向涉案企业提出修改完善的意见建议。

第十四条　第三方组织根据案件具体情况和涉案企业承诺履行的期限，并向负责办理案件的检察机关征求意见后，合理确定合规考察期限。合规考察可以根据企业合规计划分阶段进行，也可以根据实际情况，适当延长或者缩短。

第十五条　在合规考察期内，第三方组织可以定期或者不定期对涉案企业合规计划履行情况进行检查和评估，可以要求涉案企业定期书面报告合规计划的执行情况，同时抄送第三方机制管委会及负责办理案件的检察机关，并征求检察机关的意见。

第三方组织发现涉案企业执行合规计划存在偏差或错误的，应当及时进行指导、提出纠正意见。

第十六条　第三方组织发现涉案企业或其人员存在尚未被办案机关掌握的犯罪事实、新实施的犯罪行为、合规计划存在虚假记载或者重大遗漏、拒不实施合规计划、拒不配合考察等情形的，应当中止第三方监督评估程序，并向负责办理案件的检察机关报告。

第十七条　第三方组织在合规考察期届满后，应当对涉案企业的合规计划完成情况进行全面检查、评估和考核，并制作合规考察书面报告，报送负责选任第三方组织的第三方机制管委会和负责办理案件的检察机关。

第十八条　检察机关在办理涉企犯罪案件过程中，应当将第三方组织合规考察书面报告、涉案企业合规计划、定期书面报告等合规材料，作为依法作出批准或者不批准逮捕、起诉或者不起诉以及是否变更强制措施等决定，提出量刑建议或者检察建议、检察意见的重要参考。

检察机关发现涉案企业在预防违法犯罪方面制度不健全、不落实，管理不完善，存在违法犯罪隐患，需要及时消除的，可以结合合规材料，向涉案企业提出检察建议。

检察机关对涉案企业作出不起诉决定，认为需要给予行政处罚、处分或者没收其违法所得的，应当结合合规材料，依法向有关主管机关提出检察意见。

检察机关通过第三方机制，发现涉案企业或其人员存在其他违法违规情形的，应当依法将案件线索移送有关主管机关、公安机关或者纪检监察机关处理。

第十九条 检察机关对于拟作不批准逮捕、不起诉、变更强制措施等决定的涉企犯罪案件，可以根据《人民检察院审查案件听证工作规定》召开听证会，听取案件当事人及其法定代理人、诉讼代理人、辩护人、第三人、相关办案人员、人大代表、政协委员、人民监督员、专家学者等方面的意见，并邀请第三方组织组成人员到会发表意见。案件涉及国家秘密、商业秘密、个人隐私的，应当采取不公开听证的方式。

第二十条 负责办理案件的检察机关应当履行下列职责：

（一）对第三方组织组成人员名单进行备案审查，发现组成人员存在明显不适当情形的，及时向第三方机制管委会提出意见建议；

（二）对涉案企业合规计划、定期书面报告进行审查，向第三方组织提出意见建议；

（三）对第三方组织合规考察书面报告进行审查，向第三方机制管委会提出意见建议，必要时开展调查核实工作；

（四）依法办理涉案企业、个人及其辩护人、诉讼代理人或者其他相关单位、人员在第三方机制运行期间提出的申诉、控告或者有关申请、要求；

（五）刑事诉讼法、人民检察院刑事诉讼规则等法律、司法解释规定的其他法定职责。

第二十一条 对于涉案企业在纪检监察机关、行政机关、公安机关办案阶段已经作出合规承诺、开展合规整改，检察机关经审查认为符合企业合规适用条件的，对于已经开展的企业合规程序予以认可。

检察机关因涉案企业开展企业合规而作出不起诉决定后，行政机关、公安机关仍需对涉案企业进行行政处罚、处分或者没收其违法所得的，检察机关可以提出从宽处理的意见，并将企业合规计划、定期书面报告、合规考察报告等移送相关行政机关、公安机关。

第二十二条 第三方组织及其组成人员在合规考察期内，可以针对涉案企业合规计划、定期书面报告开展必要的检查、评估，涉案企业应当予以配合。

第三方组织及其组成人员应当履行下列义务：

（一）遵纪守法，勤勉尽责，客观中立；

（二）不得妨碍合规监督评估工作的公正开展；

（三）不得披露依照法律法规和有关规定不应当公开的案件信息；

（四）不得泄露履职过程中知悉的国家秘密、商业秘密、个人隐私；

（五）不得利用履职便利，索取、收受贿赂或者非法侵占涉案企业、个人的财物，不当会见当事人及其委托的人等违反廉洁纪律的行为；

（六）不得利用履职便利，干扰涉案企业正常生产经营活动。

第三方组织组成人员系律师、注册会计师、注册税务师（税务师）等人员的，在履行第三方监督评估职责期间不得违反规定接受可能有利益关系的业务；在履行第三方监督评估职责结束后一年以内，上述人员及其所在单位不得接受涉案企业、个人或者其他有利益关系的单位、人员的业务。

第二十三条　第三方组织组成人员具有下列情形之一的，由第三方机制管委会进行调查核实，作出免除其合规监督评估资格的决定，情节严重的，及时向有关主管机关、协会等提出惩戒建议，涉嫌违法犯罪的，及时向公安、司法机关报案或者举报，并将其列入企业合规监督评估专业人员名录库禁入名单：

（一）在选任时弄虚作假，提供不实材料的；

（二）应当如实披露应回避事项而未披露的；

（三）受到行政处罚或者行业处分，执法、司法人员受到政务处分，可能影响履行监督评估职责的；

（四）具有本办法第二十二条规定情形，情节严重的；

（五）在合规监督评估期间发表、实施与企业合规相关的不当言行，造成一定负面影响或者后果的；

（六）实施违反社会公德、职业道德以及其他严重有损合规监督评估公信力行为的；

（七）怠于履行企业合规监督评估职责，造成严重后果的。

第二十四条　涉案企业或其人员在第三方机制运行期间，认为第三方组织或其组成人员存在行为不当或者涉嫌违法犯罪的，可以向负责选任第三方组织的第三方机制管委会反映或者提出异议，或者向负责办理案件的检察机关提出申诉、控告。

涉案企业及其人员应当按照时限要求认真履行合规计划，不得拒绝履行或者变相不履行合规计划、拒不配合第三方组织合规考察或者实施其他严重违反合规计划的行为。

第四章 附 则

第二十五条 第三方机制专业人员选任管理工作所需业务经费和第三方机制专业人员履职所需费用，各试点地方可以结合本地实际，探索多种经费保障模式。

第二十六条 各试点地方检察机关可以会同相关部门结合本地实际，参照《指导意见》以及本实施办法，制定具体的工作办法，并按照试点要求报送备案。

第二十七条 本实施办法由第三方机制管委会负责解释，自发布之日起实施。

2.《广东省涉案企业合规第三方监督评估机制管理委员会工作规则（试行）》

为依法推进广东省企业合规改革试点工作，规范涉案企业合规第三方监督评估机制管理委员会相关工作有序开展，根据《最高人民检察院、司法部、财政部、生态环境部、国务院国有资产监督管理委员会、国家税务总局、国家市场监督管理总局、全国工商联、中国国际贸易促进委员会关于建立涉案企业合规第三方监督评估机制的指导意见（试行）》（以下简称《指导意见》）、《广东省涉案企业合规第三方监督评估机制实施办法（试行）》（以下简称《实施办法》），结合工作实际，制定本规则。

第一章　总　则

第一条　广东省涉案企业合规第三方监督评估机制管理委员会（以下简称第三方机制管委会）是承担对广东省涉案企业合规第三方监督评估机制（以下简称第三方机制）的宏观指导、具体管理、日常监督、统筹协调等职责，确保第三方机制依法、有序、规范运行，以及第三方监督评估组织（以下简称第三方组织）及其组成人员依法依规履行职责的议事协调机构。

第二条　省检察院、省国资委、省财政厅、省工商联会同省司法厅、省生态环境厅、国家税务总局广东省税务局、省市场监管局、中国国际贸易促进委员会广东省委员会等部门组建第三方机制管委会，并可以根据工作需要增加成员单位。

第三条　第三方机制管委会履行下列职责：

（一）研究制定涉及第三方机制的规范性文件；

（二）研究论证第三方机制涉及的重大疑难复杂问题；

（三）研究制定第三方机制专业人员名录库的入库条件和管理办法，并根据各方意见建议和工作实际进行动态管理；

（四）研究制定第三方组织及其人员的工作保障和激励制度，负责对第三方组织及其成员的日常选任、监督、考核工作，确保其依法依规履行职责；

（五）对我省试点地方第三方机制管委会和第三方组织开展日常监督和巡回检查；

（六）协调相关成员单位对所属或者主管的省律师协会、省注册会计师协会、省企业联合会、省注册税务师协会以及其他行业协会、商会、机构等在企业合规领域的业务指导，研究制定我省涉企犯罪的合规考察标准；

（七）对第三方组织成员违反本规则的规定，或者实施其他违反社会公德、职业伦理的行为，严重损害第三方组织形象或公信力的，及时向有关主管机关、协会等提出惩戒建议，涉嫌违法犯罪的，及时向公安、司法机关报案或者举报；

（八）统筹协调我省范围内第三方机制的其他工作。

本省各试点地方的检察机关应当结合本地实际，参照《指导意见》、《实施办法》以及本工作规则的相关规定组建本地区的第三方机制管委会。

第二章　第三方机制管委会联席会议的职责

第四条　第三方机制管委会建立联席会议机制，以联席会议形式研究制定重大规范性文件，研究论证重大疑难复杂问题，研究确定阶段性工作重点和措施，协调议定重大事项，推动管委会有效履职尽责。

第五条　联席会议由省检察院、省国资委、省财政厅、省工商联有关负责同志担任召集人，管委会其他成员单位有关负责同志担任联席会议成员。联席会议成员因工作变动需要调整的，由所在单位提出，联席会议确定。

第六条　联席会议原则上每半年召开一次，也可以根据工作需要临时召开。涉及企业合规改革试点工作及重大法律政策议题的由省检察院召集，涉及管委会日常工作及民营企业议题的由省工商联召集，涉及国有企业议题的由省国资委、省财政厅召集。召集人可以根据议题邀请其他相关部门、单位以及专家学者列席会议。

第七条　联席会议以纪要形式明确会议议定事项，印发管委会各成员单位及有关方面贯彻落实，重大事项按程序报批，落实情况定期报告联席会议。

试点地方第三方机制管委会联席会议纪要应当报送上一级第三方机制管委会办公室备案。

第三章 第三方机制管委会联络员及联系人的职责

第八条 第三方机制管委会设联络员，由各成员单位相关部门负责人担任。

第九条 联络员应当根据所在单位职能，履行下列职责：

（一）建立协调本单位与其他成员单位的工作联系；

（二）组织研究起草有关规范性文件，研究论证有关法律政策问题，对有关事项或者议题提出意见建议；

（三）组织研究提出本单位需提交联席会议讨论的议题；

（四）在联席会议成员因故不能参加会议时，受委托参加会议并发表意见；

（五）组织落实联席会议确定的工作任务和议定事项。

第十条 在联席会议召开之前，可以召开联络员会议，研究讨论联席会议议题和需提交联席会议议定的事项及其他有关工作。联络员会议由第三方机制管委会成员单位提议召开，由第三方机制管委会办公室负责召集。联络员应当按照要求参加第三方机制管委会联络员会议。

第十一条 第三方机制管委会设联系人，由管委会各成员单位指派工作人员担任，负责日常联系沟通工作，承办联席会议成员及联络员的交办事项。

第四章 第三方机制管委会办公室的职责

第十二条 第三方机制管委会下设办公室作为常设机构，负责承担管委会的日常工作，办公室设在省工商联，由省工商联有关负责人担任办公室主任，省检察院、省国资委、省财政厅有关部门负责人担任办公室副主任。省国资委、省财政厅负责承担管委会中涉及国有企业的日常工作。

第十三条 第三方机制管委会办公室履行下列职责：

（一）协调督促各成员单位落实联席会议确定的工作任务和议定事项；

（二）收集整理各成员单位提交联席会议研究讨论的议题，负责联席会议和联络员会议的组织筹备和会议记录纪要工作；

（三）协调指导管委会联系人开展日常联系沟通工作；

（四）负责第三方机制专业人员名录库的相关工作，包括接受申报、初步审查、入库建档、日常管理、动态调整，建立禁入名单等惩戒机制，提出拟入库和调整人员建议名单，报管委会审定；

（五）根据涉案企业类型和案件具体情况，从专业人员名录库中分类随机抽取人员形成第三方组织组成人员建议名单，报管委会审定后向社会公示；

（六）涉案企业合规考察期间及期限届满后，负责接收涉案企业合规计划、定期书面报告、第三方组织的书面纠正意见、合规考察书面报告等材料；

（七）对我省各试点地方第三方机制管委会和第三方组织开展日常监督和巡回检查；

（八）健全完善第三方机制管委会信息共享、相互配合、联合调研、案例指导、宣传培训等工作机制；

（九）负责承担第三方机制管委会及其联席会议交办的其他工作。

第十四条　第三方机制管委会办公室牵头组建巡回检查小组，邀请人大代表、政协委员、人民监督员、退休法官、检察官以及会计、审计、法律、合规等相关领域的专家学者担任巡回检查小组成员，对试点地方第三方机制管委会和相关第三方组织及其组成人员的履职情况开展不预先告知的现场抽查和跟踪监督。

第三方机制管委会办公室应当将巡回检查情况及时报告第三方机制管委会及其联席会议，并提出改进工作的意见建议。

第十五条　第三方机制管委会办公室可以根据工作需要，推动各成员单位之间互派干部挂职交流，探索相关单位工作人员兼任检察官助理制度，并视情况安排各成员单位派员参与第三方机制管委会办公室工作，提升企业合规工作的专业化和规范化水平。

第五章　其他工作机制

第十六条　第三方机制管委会各成员单位之间共享开展企业合规工作的有关数据，以便资源共享、信息互联。

第十七条　各成员单位在开展企业合规及第三方机制工作过程中，遇到涉及不同成员单位职权、不同法律适用程序以及需要共同完成的情况，需要其他成员单位予以配合的，其他成员单位应当予以支持和配合，确保形成工作合力。

对于非辖区内的涉案企业，需要跨区域开展企业合规及第三方机制工作的，成员单位之间可以提供必要的协助。

第十八条　第三方机制管委会各成员单位可以根据实际情况，对企业合规工作中的重大疑难复杂问题以及需要多部门联合解决的问题等开展联合调研，共同研究解决方案。

第十九条　第三方机制管委会应当注重培育、遴选、汇编第三方机制典型案例，通过典型案例指导第三方机制的运行工作，积极开展典型案例的报送和宣传工作。

第二十条　第三方机制管委会定期邀请企业合规方面的专业人员对成员单位工作人员以及第三方机制专业人员名录库成员进行理论和实务培训，以提升履职的能力和效率。

第六章　附　　则

第二十一条　全省各试点地方第三方机制管委会可以结合本地实际，参照本规则制定本地区的具体实施细则，并按照试点工作要求报送备案。

第二十二条　本规则由第三方机制管委会负责解释，自印发之日起施行。

3.《广东省涉案企业合规第三方监督评估机制专业人员选任管理办法（试行）》

为依法推进广东省企业合规改革试点工作，规范广东省第三方监督评估机制专业人员（以下简称第三方机制专业人员）选任管理工作，保障广东省涉案企业合规第三方监督评估机制（以下简称第三方机制）有效运行，根据《最高人民检察院、司法部、财政部、生态环境部、国务院国有资产监督管理委员会、国家税务总局、国家市场监督管理总局、全国工商联、中国国际贸易促进委员会关于建立涉案企业合规第三方监督评估机制的指导意见（试行）》（以下简称《指导意见》）、《广东省涉案企业合规第三方监督评估机制实施办法（试行）》（以下简称《实施办法》），结合工作实际，制定本办法。

第一章　总　则

第一条　第三方机制专业人员是指广东省涉案企业合规第三方监督评估机制管理委员会（以下简称第三方机制管委会）选任确定，参与涉案企业合规第三方监督评估工作的相关领域专业人员，主要包括律师、注册会计师、注册税务师（税务师）、企业合规师、相关领域专家学者以及有关行业协会、商会、机构、社会团体的专业人员。

生态环境、税务、市场监管等政府部门具有专业知识的人员可以被选任确定为第三方机制专业人员，也可以受第三方机制管委会邀请或所在单位委派参加第三方监督评估组织（以下简称第三方组织）及其相关工作，其选任管理由第三方机制管委会与其所在单位协商确定。有关政府部门所属事业单位专业技术人员可以被选任确定为第三方机制专业人员，参加第三方组织及其相关工作。

党政和司法机关等具有专门知识的退休人员参加第三方组织及其相关工作的，应同时符合有关退休人员的管理规定。

第二条　第三方机制专业人员选任管理应当遵循依法规范、分级负责、动态管理、公开公正的原则。

　　第三条　第三方机制专业人员的选任、培训、考核、奖惩、监督等工作应当在第三方机制管委会的领导下开展，具体工作可以由本级第三方机制管委会办公室负责。

　　上级第三方机制管委会履行对下级第三方机制专业人员选任管理、保障激励工作的业务指导职责。

第二章　第三方机制专业人员的选任

　　第四条　省、市第三方机制管委会应当建立本地区第三方机制专业人员名录库，县级第三方机制管委会可以根据工作需要视情组建。

　　名录库一般应当分类组建，总人数不少于五十人。人员数量、组成结构和各专业领域名额分配由负责组建名录库的第三方机制管委会根据工作需要自行确定，并可以根据情况进行调整。因专业人员数量不足达不到组建条件的，可以由上级第三方机制管委会统筹协调相邻地区联合建立名录库。在办理企业合规案件中，未组建名录库的地区可以临时调用其他地区名录库的专业人员开展第三方监督评估。

　　第五条　第三方机制专业人员应当拥有较好的政治素质和道德品质，具备履行第三方监督评估工作的专业知识和业务能力，其所在单位或者所属有关协会组织同意参与第三方监督评估工作。第三方机制专业人员一般应当具备下列条件：

　　（一）拥护中国共产党的领导，拥护社会主义法治；

　　（二）道德品行良好，具有良好职业操守；

　　（三）具有本行业从业资格，从事本行业工作满三年；

　　（四）工作业绩突出，近三年内考核为称职以上；

　　（五）熟悉企业运行管理或者具备相应专业知识。

　　具有以下情形之一的，不得进入名录库：

　　（一）近三年内受过与执业行为有关的行政处罚或者行业惩戒；

　　（二）受过刑事处罚、被开除公职或者开除党籍等情形；

　　（三）被列名录库禁入名单的；

　　（四）其他不适宜履职的情形。

　　第六条　第三方机制管委会一般应当按照制定计划、发布公告、本人申请、单位推荐、材料审核、考察了解、初定人选、公示监督、确定人选、颁发证书等程序组织实施第三方专业人员选任工作。

第七条 第三方机制管委会组建专业人员名录库，应当在有关成员单位或其所属或者主管的律师协会、注册会计师协会、注册税务师协会等有关协会组织的官方网站上发布公告。

公告应当载明选任名额、标准条件、报名方式、报名材料和选任工作程序等相关事项，公告期一般不少于二十个工作日。

第八条 第三方机制管委会可以通过审查材料、走访了解、面谈测试等方式对报名人员进行审核考察，并在此基础上提出拟入库人选。

第三方机制管委会可以通过成员单位所属或者主管的有关协会组织了解核实拟入库人选的相关情况。

第九条 第三方机制管委会应当将拟入库人选名单及监督联系方式向社会公示，接受社会监督。公示可以通过在拟入库人选所在单位或者有关新闻媒体、网站发布公示通知等形式进行，公示期限一般不少于七个工作日。

第三方机制管委会对于收到的举报材料、情况反映要及时进行调查核实，视情提出处理意见。调查核实过程中可以根据情况与举报人、反映人沟通联系。

第十条 第三方机制管委会在确定拟入库人选时应当综合考虑报名人员的执业（工作）时间、政治表现、工作业绩、研究成果和表彰奖励，以及所在单位的资质条件、人员规模、所获奖励、行业影响力等情况。同等条件下担任党代表、人大代表、政协委员的可以优先考虑。

第十一条 公示期满后无异议或者经审查异议不成立的，第三方机制管委会应当向入库人员颁发证书，通知其所在单位或者所属有关协会组织。名录库人员名单应当在第三方机制管委会各成员单位网站上公布，供社会查询。

第三方机制管委会应当明确入库人员的任职期限，一般为三至五年。经第三方机制管委会审核，期满后可以续任。

第三章　第三方机制专业人员的日常管理

第十二条 第三方机制专业人员有权根据履职需要获取相关文件资料，参加有关会议和考察活动，接受业务培训。

第十三条　第三方机制专业人员应当认真履职、勤勉尽责，严格遵守有关保密、回避、廉洁等规定。

第三方机制管委会对违反上述规定的人员，可以进行谈话提醒、批评教育，或者视情通报所在单位或者所属有关协会组织，情节严重或者造成严重后果的可以调整出库，并依法依规追究其责任。

第十四条　第三方机制管委会应当结合涉案企业合规第三方监督评估工作情况，定期组织第三方机制专业人员进行业务培训，开展经验交流，总结推广经验做法。

第三方机制管委会有关成员单位应当指导所属或者主管的有关协会组织，加强本领域内涉及第三方机制相关工作的理论实务研究，积极开展业务培训和工作指导。

第十五条　第三方机制管委会可以通过定期考核、一案一评和随机抽查等方式，对第三方机制专业人员进行考核评价。考核结果作为对第三方机制专业人员奖励激励、续任和调整出库的重要依据。第三方机制管委会应当及时将考核结果、奖励激励情况书面通知本人及所在单位或者所属有关协会组织，可以通过有关媒体向社会公布。

第十六条　第三方机制管委会应当建立健全第三方机制专业人员履职台账，全面客观记录第三方机制专业人员业务培训、参加活动和履职情况，作为确定考核结果的重要参考。

第十七条　第三方机制管委会在对第三方机制专业人员的履职情况进行考核评价时，应当主动征求办理案件的检察机关、巡回检查小组以及涉案企业的意见建议。

第十八条　具有下列情形之一的，第三方机制专业人员考核评价结果应当确定为不合格：

（一）两次以上无正当理由不参加第三方组织工作，或者不接受第三方机制管委会分配工作任务的；

（二）在履行第三方监督评估职责中不负责任，致使工作出现重大失误，造成不良影响的；

（三）在履行第三方监督评估职责中存在行为不当，涉案企业向第三方机制管委会反映或者提出异议，造成不良影响的；

（四）其他造成损害第三方组织形象、公信力等不良影响的情形。

第十九条　具有下列情形之一的，第三方机制管委会应当将第三方机制专业人员调整出库：

（一）在选任或者履职中弄虚作假，提供虚假、不实材料等情况的；

（二）受到刑事处罚、被开除公职或者开除党籍的；

（三）受到与执业行为有关的行政处罚或者行业惩戒；

（四）受到与执业行为无关的行政处罚或者行业惩戒，情节严重的；

（五）违反《指导意见》第十七条第二款第二至四项规定的；

（六）利用第三方机制专业人员身份发表与履职无关的言论、从事与履职无关的行为，造成严重不良影响的；

（七）考核评价结果两次确定为不合格的；

（八）实施严重违反社会公德、职业道德或者其他严重有损第三方机制专业人员形象、公信力行为的；

（九）其他不适于继续履行第三方监督评估职责的情形。

第三方机制管委会发现第三方机制专业人员的行为涉嫌违法犯罪的，应当及时向公安、司法机关报案或者举报。

第二十条　第三方机制管委会应当建立健全第三方机制专业人员名录库禁入名单制度，对于第三方机制专业人员因本办法第十九条被调整出库的，应当列入名录库禁入名单。

第三方机制管委会对列入名录库禁入名单的人员应当逐级汇总上报，实现信息共享。

第二十一条　第三方机制专业人员因客观原因不能履职、本人不愿继续履职或者发生影响履职重大事项的，应当及时向第三方机制管委会报告并说明情况，主动辞任第三方机制专业人员。第三方机制管委会应当及时进行审查并将其调整出库。

第二十二条　第三方机制管委会应当根据工作需要，结合履职台账、考核情况以及本人意愿、所在单位或者所属有关协会组织意见等，及时对名录库人员进行动态调整。名录库人员名单调整更新后，应当及时向社会公布。

第四章　工作保障

第二十三条　第三方机制管委会各成员单位、有关协会组织、第三方机制专业人员所在单位以及涉案企业，应当为第三方机制专业人员履行职责提供必要支持和便利条件。

第二十四条 第三方机制专业人员选任管理工作所需业务经费和第三方机制专业人员履职所需费用，各试点地方可以结合本地实际，探索多种经费保障模式。

第五章 附 则

第二十五条 各试点地方第三方机制管委会可以结合本地实际，参照本办法制定具体实施细则，并按照试点工作要求报送备案。

第二十六条 本办法由第三方机制管委会负责解释，自印发之日起施行。

4.《广东省涉案企业合规第三方监督评估组织运行规则（试行）》

为依法推进广东省企业合规改革试点工作，保障涉案企业合规第三方监督评估组织相关工作规范开展，根据《最高人民检察院、司法部、财政部、生态环境部、国务院国有资产监督管理委员会、国家税务总局、国家市场监督管理总局、全国工商联、中国国际贸易促进委员会关于建立涉案企业合规第三方监督评估机制的指导意见（试行）》（以下简称《指导意见》）、《广东省涉案企业合规第三方监督评估机制实施办法（试行）》（以下简称《实施办法》)，结合工作实际，制定本规则。

第一章　总　则

第一条　涉案企业合规第三方监督评估组织（以下简称第三方组织）是第三方监督评估机制管理委员会（以下简称第三方机制管委会）选任组成的负责对涉案企业的合规承诺及其完成情况进行调查、评估、监督和考察的临时性组织。

第二条　第三方组织的运行应当遵循依法依规、公开公正、客观中立、专业高效的原则。

第三条　第三方机制管委会负责对其选任组成的第三方组织及其组成人员履职期间的监督、检查、考核等工作，确保其依法依规履行职责。

第二章　第三方机制的启动

第四条　检察机关在办理涉企犯罪案件时，应当注意审查是否符合企业合规试点以及第三方机制的适用条件，并及时征询涉案企业、个人的意见。经审查认为符合适用条件的，应当商请本地区第三方机制管委会启动第三方机制。

第五条　涉案企业、个人及其辩护人、诉讼代理人以及其他相关单位、人员提出适用企业合规试点以及第三方机制申请的，检察机关应当依法受理并进行审查。经审查认为符合适用条件的，应当商请本地区第三方机制管委会启动第三方机制。

第六条　纪检监察机关、公安机关认为涉嫌犯罪的企业、个人，符合企业合规试点以及第三方机制适用条件，向检察机关提出建议，检察机关经审查认为符合适用条件的，应当商请本地区第三方机制管委会启动第三方机制。

第七条　涉案企业在辖区以外的，负责办理案件的检察机关可以商请涉案企业所在地的检察机关或者报请上级检察机关协助启动第三方机制。

第八条　第三方机制管委会收到检察机关商请后，应当根据案件涉嫌罪名、复杂程度以及涉案企业类型、规模、主营业务等因素，从专业人员名录库中分类随机抽取人员组成第三方组织。

专业人员名录库中没有相关领域专业人员的，第三方机制管委会可以采取协商邀请的方式，商请有关专业人员参加第三方组织。

第九条　第三方组织一般由3至7名专业人员组成，针对小微企业的第三方组织也可以由1至2名专业人员组成。

第三方机制管委会应当根据工作需要，指定第三方组织牵头负责人，也可由第三方组织组成人员民主推举负责人，并报第三方机制管委会审定。

第十条　第三方机制管委会应当将第三方组织组成人员名单及提出意见的方式向社会公示，接受社会监督。

公示期限由第三方机制管委会根据情况决定，但不得少于五个工作日。公示可以通过在涉案单位所在地或者有关新闻媒体、网站发布公示通知等形式进行。

第十一条　涉案企业、个人、其他相关单位、人员对选任的第三方组织组成人员提出异议，或者第三方组织组成人员申请回避的，第三方机制管委会应当及时调查核实并视情况作出调整。

公示期满后无异议或者经审查异议不成立的，第三方机制管委会应当将第三方组织组成人员名单报送负责办理案件的检察机关备案。检察机关发现组成人员存在明显不适当情形的，应当及时向第三方机制管委会提出意见建议，第三方机制管委会依照本条第一款的规定处理。

第十二条　检察机关经审查未提出不同意见的，第三方机制管委会应当作出选任决定，同时向社会宣告第三方组织成立。

第三方组织组成人员应当向第三方机制管委会出具书面承诺，承诺书的内容一般包括但不限于：遵纪守法、勤勉尽责、客观中立、保守秘密、廉洁纪律、无利益冲突、申请回避、责任承担等内容。

第三方组织存续期间，其组成人员一般不得变更。确需变更的，第三方机制管委会应当依照本规则第八条至第十一条的规定处理。

第十三条 第三方组织履行下列职责：

（一）审查涉案企业合规计划；

（二）检查合规建设进展情况；

（三）考察评估合规建设结果；

（四）撰写提交合规考察书面报告。

第三章　第三方机制的运行

第十四条 第三方组织成立后，应当在负责办理案件的检察机关的支持协助下，深入了解企业涉案情况，认真研判涉案企业在合规领域存在的薄弱环节和突出问题，合理确定涉案企业适用的合规计划类型，做好相关前期准备工作。负责办理案件的检察机关应当向第三方组织介绍涉案企业有关涉嫌犯罪的案由及案件情况。

第十五条 第三方组织根据前期工作情况，应当要求涉案企业提交专项或者多项合规计划，并明确合规计划的承诺完成时限，对于小微企业可以视情简化。

涉案企业提交的合规计划，主要围绕与企业涉嫌犯罪有密切联系的企业内部治理结构、规章制度、人员管理等方面存在的问题，制定可行的合规管理规范，构建有效的合规组织体系，完善相关业务管理流程，健全合规风险防范报告机制，弥补企业制度建设和监督管理漏洞，防止再次发生相同或者类似的违法犯罪。

第十六条 第三方组织应当对涉案企业合规计划的可行性、有效性与全面性进行审查，重点审查以下内容：

（一）涉案企业完成合规计划的可能性以及合规计划本身的可操作性；

（二）合规计划对涉案企业预防治理涉嫌的犯罪行为或者类似违法犯罪行为的实效性；

（三）合规计划是否全面涵盖企业涉案风险点在合规领域的薄弱环节

和明显漏洞。

第三方组织就合规计划向负责办理案件的检察机关征求意见后，一并向涉案企业提出修改完善的意见建议。

第十七条 第三方组织根据案件具体情况和涉案企业承诺履行的期限，并向负责办理案件的检察机关征求意见后，合理确定合规考察期限。合规考察可以根据企业合规计划分阶段进行，也可以根据实际情况，适当延长或者缩短。

第十八条 在合规考察期内，第三方组织可以定期或者不定期对涉案企业合规计划履行情况进行检查和评估，可以要求涉案企业定期书面报告合规计划的执行情况，同时抄送第三方机制管委会及负责办理案件的检察机关，并征求检察机关的意见。

第三方组织发现涉案企业执行合规计划存在偏差或错误的，应当及时进行指导、提出纠正意见。

第十九条 第三方组织发现涉案企业或其人员在考察期内具有下列情形之一的，应当中止第三方监督评估程序，并及时向负责办理案件的检察机关报告：

（一）有尚未被办案机关掌握的犯罪事实的；

（二）有新实施的犯罪行为的；

（三）合规计划存在虚假记载、重大遗漏的；

（四）拒不实施或变相不实施合规计划的；

（五）拒不配合第三方组织监督考察的；

（六）实施其他违反合规承诺及合规计划的行为，严重影响第三方监督评估工作开展的。

负责办理案件的检察机关接到报告后，依照刑事诉讼法及相关司法解释的规定依法处理。

第二十条 第三方组织在合规考察期届满后，应当对涉案企业的合规计划完成情况进行全面检查、评估和考核，并制作合规考察书面报告。

合规考察书面报告一般应当包括以下内容：

（一）涉案企业履行合规承诺、落实合规计划情况；

（二）第三方组织开展监督、检查、评估、考核情况；

（三）第三方组织监督评估的程序、方法和依据；

（四）监督评估结论及意见建议；

（五）其他需要说明的问题。

合规考察书面报告的评估结论应当及时告知涉案企业，涉案企业认为评估结论不当提出复查申请的，由第三方机制管委会对合规考察报告组织复查。

第二十一条 合规考察书面报告应当由第三方组织全体组成人员签名或者盖章后，报送负责选任第三方组织的第三方机制管委会和负责办理案件的检察机关。

第三方组织组成人员对合规考察报告有不同意见的，应当在报告中说明其不同意见及理由。

第二十二条 本规则第十八条、第二十条规定的检查、评估方法应当紧密联系企业涉嫌犯罪有关情况，包括但不限于以下方法：

（一）观察、访谈、文本审阅、问卷调查、知识测试；

（二）对涉案企业的相关业务与管理事项进行抽样检查，按照业务发生频率、重要性及合规风险的高低，从确定的抽样总体中抽取足额样本，并对样本的符合性做出判断；

（三）对涉案企业的相关业务处理流程开展穿透式检查，检查与其相关的原始文件，并根据文件上的业务处理踪迹，追踪流程，对相关管理制度与操作流程的实际运行情况进行验证；

（四）对涉案企业开展相关系统及数据检查，重点检查业务系统中权限、参数设置的合规性，并调取相关交易数据，将其与相应的业务凭证或其他工作记录相比对，以验证相关业务是否按规则运行。

第二十三条 涉案企业及其人员对第三方组织开展的检查、评估应当予以配合并提供便利，如实填写、提交相关材料，不得弄虚作假。

涉案企业或其人员认为第三方组织或其组成人员的检查、评估行为不当或者涉嫌违法犯罪的，可以向负责选任第三方组织的第三方机制管委会反映或者提出异议，或者向负责办理案件的检察机关提出申诉、控告。

第二十四条 负责选任第三方组织的第三方机制管委会和负责办理案件的检察机关收到第三方组织报送的合规考察书面报告后，应当及时进行审查，双方认为第三方组织已经完成监督评估工作的，由第三方机制管委会宣告第三方组织解散。

第二十五条 第三方组织组成人员存在下列情形之一的，应当自行回避，涉案企业或者相关人员也有权要求他们回避：

（一）是案件的当事人或者当事人的近亲属的；

（二）本人或者他的近亲属和案件有利害关系的；

（三）与案件有其他关系，可能影响公正开展监督评估工作的。

第三方组织组成人员系律师、注册会计师、注册税务师（税务师）等人员的，在履行第三方监督评估职责期间不得违反规定接受可能有利益关系的业务；在履行第三方监督评估职责结束后一年以内，上述人员及其所在单位不得接受涉案企业、个人或者其他有利益关系的单位、人员的业务。

第二十六条 第三方机制管委会或者负责办理案件的检察机关发现第三方组织故意提供虚假报告或者提供的报告严重失实的，应当依照《指导意见》《实施办法》的规定及时向有关主管机关、协会等提出惩戒建议，涉嫌违法犯罪的，及时向公安、司法机关报案或者举报，并将其列入第三方机制专业人员名录库禁入名单。

第四章 附 则

第二十七条 试点地方第三方机制管委会可以结合本地实际，参照本规则制定具体实施细则，并按照试点工作要求报送备案。

第二十八条 本规则由第三方机制管委会负责解释，自印发之日起施行。

第二节 涉案企业合规全流程适用

1. 韶关:《办理涉案小微企业合规案件工作规定（试行）》

为依法有序推进涉案企业合规改革试点工作，规范涉案小微企业合规案件办理，根据《中华人民共和国刑法》《中华人民共和国刑事诉讼法》等法律规定及《人民检察院检察建议工作规定》《关于建立涉案企业合规第三方监督评估机制的指导意见（试行）》《涉案企业合规建设、评估和审查办法（试行）》等文件精神，结合韶关市检察工作实际，制定本规定。

第一章 总 则

第一条 办理涉案小微企业合规案件，可以简化办案程序，以制发涉案企业合规检察建议的方式，督促涉案小微企业开展合规整改，建立健全企业合规体系。

第二条 办理涉小微企业犯罪案件时，经审查认为同时符合下列条件的，可以适用本规定开展涉案企业合规工作：

（一）案件事实总体已查清，或者案件基本事实已查清；

（二）涉案小微企业合规问题明确、监督评估专业性要求较为简单；

（三）涉案小微企业、个人认罪认罚；

（四）涉案小微企业能够正常生产经营，并承诺建立或者完善企业合规制度；

（五）涉案小微企业自愿适用企业合规。

第三条 具有下列情形之一的，不适用本规定开展涉案企业合规工作：

（一）个人为进行违法犯罪活动而设立公司、企业的；

（二）公司、企业设立后以实施犯罪为主要活动的；

（三）公司、企业人员盗用单位名义实施犯罪的；

（四）涉嫌危害国家安全犯罪、恐怖活动犯罪、有组织犯罪、重大毒品犯罪的；

（五）涉嫌开设赌场、交通肇事、故意伤害、传播淫秽物品牟利、销售假药等不符合涉案企业合规改革目的的案件；

（六）社会影响恶劣或者可能引发群体性事件的；

（七）其他不宜适用的情形。

第二章　启动程序

第四条　承办检察官在办理小微企业犯罪案件时，应当及时告知涉案企业、个人有申请适用涉案企业合规的权利，并征询其是否同意适用。涉案企业同意适用，且经审查符合本规定第二条情形的，由部门负责人审核后报分管检察长决定。

承办检察官在侦查阶段提前介入涉小微企业犯罪案件和审查逮捕相关犯罪嫌疑人时，经审查符合本规定第二条情形的，可以商请公安机关同意后启动企业合规程序。

第五条　涉案小微企业、个人及其辩护人、诉讼代理人或者相关单位、人员申请适用涉案企业合规的，承办检察官应当依法受理并进行审查，符合本规定第二条情形的，由部门负责人审核后报分管检察长决定。

涉案小微企业申请适用涉案企业合规的，应提交合规承诺书，并如实提供企业性质、规模、所属领域、既往违法违规情况、目前经营状况等资料。

第六条　承办检察官审查是否适用涉案企业合规时，应当根据涉案小微企业基本情况、实际经营状况、刑事处罚后可能造成的社会影响和企业后续发展潜力等，充分论证、评估适用涉案企业合规的必要性和可行性，形成书面评估报告，由部门负责人核定后报分管检察长审批。

在难以判断涉案小微企业是否符合企业合规条件时，应开展社会调查，实地调研企业状况。

第七条　涉案企业责任人可能判处三年以上有期徒刑的涉企犯罪案件，涉职务犯罪、上市公司和涉外企业的案件及其他重大疑难复杂案件，应层报省检察院审批同意后方可启动。其他涉案小微企业合规案件，由市检察院审批同意后方可启动，并层报省检察院备案。

检察机关决定启动企业合规程序的，应书面通知涉案企业，并告知适用涉案企业合规的权利义务。

第三章　调查办理

第八条　适用涉案企业合规的，承办检察官应当根据违法犯罪事实，对涉案小微企业开展合规调查，查明企业生产经营中的合规风险和违法犯罪隐患。

第九条　承办检察官可以采取《人民检察院检察建议工作规定》第十四条规定的措施进行调查核实，不得采取限制人身自由和查封、扣押、冻结财产等强制措施。

第十条　开展调查核实时，应当走访相关行政执法机关或者行业主管部门听取意见，也可以咨询专业人员或者行业协会对专门问题的意见。

有被害人或被害单位的案件，还应听取其对涉案企业合规的意见。

第十一条　确有必要，可以商请第三方机制管委会协调相关成员单位派员协助调查核实。

第十二条　承办检察官应当在两个月内完成调查核实。情况紧急的，应当及时办结。调查核实完毕，应当制作调查终结报告，起草涉案企业合规检察建议书，经部门负责人审定，送法律政策研究室审核后，报检察长或检察委员会决定。

第十三条　涉案企业合规检察建议书要阐明案件事实和依据，提出的合规建议应当符合法律、法规及其他规定，明确具体、说理充分、论证严谨、语言简洁、有操作性。

涉案企业合规检察建议书一般包括以下内容：

（一）案件或者问题的来源；

（二）经调查核实的事实及证据；

（三）涉案企业存在的合规风险、违法犯罪隐患；

（四）涉案企业合规整改建议；

（五）涉案企业提出异议的期限；

（六）涉案企业整改的期限；

（七）其他需要说明的事项。

第十四条　涉案企业合规检察建议书正式发出前，应当听取涉案小微企业的意见。

第十五条　涉案企业合规检察建议书应当以人民检察院的名义送达涉案小微企业。送达建议书，可以书面送达，也可以现场宣告送达。宣告送达建议书应当商被建议企业同意，可以在人民检察院、被建议单位或者其他适宜场所进行。必要时，可以邀请人大代表、政协委员或者人民监督员等第三方人员参加。

第十六条　发出的涉案企业合规检察建议书，应当于五日内报上一级人民检察院对口业务部门和法律政策研究室备案。

第四章　考察验收

第十七条　涉案企业合规检察建议书应当明确企业合规考察期，一般为两个月。整改难度较大的，经检察长决定，可视情延长，但不得超过半年。

第十八条　涉案小微企业应当在收到检察建议书后十五日内根据建议内容，制定企业合规计划，提交检察机关审核后实施。

第十九条　在合规考察期内，检察机关可以定期或者不定期对涉案企业合规计划履行情况进行监督和评估，要求涉案企业定期书面报告合规计划的执行情况。

承办检察官通过审查定期合规工作报告、反映整改进度及整改成效等方面的材料和实地检查等方式，综合评估企业整改进展情况。发现涉案企业执行合规计划存在明显偏差或错误的，应当及时进行指导、提出纠正意见。

第二十条　检察机关可以邀请第三方机制管委会成员单位、相关行政执法机关、行业主管部门参与企业合规监督评估工作。

第二十一条　涉案小微企业完成合规整改后，应当以书面形式向检察机关报告合规检察建议整改落实情况。

第二十二条　合规整改考察期结束后，检察机关应当对涉案小微企业整改落实情况开展评估验收。

评估验收可以采取以下方式进行：

（一）自行评估验收。检察机关成立由部门负责人、承办检察官、检务督察专员组成的评估验收工作组，自行对涉案小微企业合规整改情况选行评估验收。

（二）联合评估验收。检察机关邀请相关单位派员成立评估验收工作组，联合对涉案小微企业合规整改情况进行评估验收。

（三）委托评估验收。检察机关委托市第三方机制管委会组织第三方评估机制专业人员开展评估验收。

评估验收工作组或第三方组织一般由 3—5 人组成。

第二十三条　评估验收结束后，应当形成书面考察评估意见书。考察评估意见书应包括以下内容：

（一）涉案企业及犯罪嫌疑人基本情况；

（二）案件基本情况；

（三）涉案小微企业合规考察情况；

（四）评估验收意见（对涉案企业合规完成情况及考察结果提出意见）；

（五）其他需要说明的问题。

第二十四条　考察评估意见书应由参与评估验收人员签字确认。

第二十五条　涉案小微企业在合规整改考察期内，具有以下情形之一的，应当中止合规监管考察，依法作出案件处理：

（一）实施新的犯罪的；

（二）发现漏罪需要追诉的；

（三）合规整改造假的；

（四）主动提出放弃合规整改的；

（五）拒不配合监管考察的；

（六）实施其他违反合规承诺行为的。

第二十六条　决定中止合规整改考察的，应当按规定分别报市检察院或省检察院有关业务部门。

第五章　司法处理

第二十七条　承办检察官应当将涉案企业合规检察建议书、定期书面报告、评估验收意见书等合规材料，作为依法作出批准或者不批准逮捕、起诉或者不起诉以及是否变更强制措施等决定，提出量刑建议、检察意见的重要参考。

需要提起公诉的案件，承办检察官应当将上述合规材料一并移送人民法院。

第二十八条 在作出处理决定前，应当根据有关规定组织公开听证，并邀请第三方机制管委会成员、相关行政执法机关、行业主管部门参加听证。

听证会除遵守《人民检察院审查案件听证工作规定》外，还应当按照下列要求组织开展：

（一）承办检察官报告涉案企业社会调查情况；

（二）涉案企业、个人报告合规检察建议整改落实情况；

（三）适用第三方机制的，由第三方管委会代表报告第三方组织组建、公示程序、组成人员利益回避情况审查和履职情况；

（四）评估验收工作组、第三方组织代表报告考察评估情况。

第二十九条 检察机关根据企业合规整改落实情况，结合公开听证等社会意见，依法对案件作出相应的处理决定。

第三十条 刑事程序终结后，依法需对涉案企业给予行政处罚的案件，应当向有关行政机关发出检察意见书，同时移送合规整改评估验收意见书副本，建议行政机关将涉案企业合规整改情况作为是否作出从轻、减轻或免除行政处罚决定的参考。

第三十一条 建立涉案小微企业回访考察制度，承办检察官应当不定期抽查企业所涉合规风险因素的业务，巩固企业合规成果。

第六章 附 则

第三十二条 本规定所称小微企业，是指按照《统计上大中小微型企业划分办法（2017）》相关标准划分的小型企业、微型企业。

第三十三条 本规定由韶关市人民检察院负责解释，自印发之日起施行。

第三十四条 本规定未尽事宜，适用涉案企业合规其他规定。试行期间，上级机关出台新规定的，执行新规定。

2. 广州从化:《涉案企业合规考察工作办法(试行)》

为优化法治营商环境,根据《最高人民检察院关于开展企业合规改革试点工作方案》以及《广东省人民检察院关于开展企业合规改革试点工作方案》,进一步深入贯彻党中央重大决策部署、及时有效惩治预防企业违法犯罪,结合从化实际,制定此工作办法。

第一章 总 则

第一条【指导思想】 以习近平法治思想为指导,围绕把握新发展阶段,贯彻新发展理念,打造新发展格局战略支点,充分发挥检察职能和行政监管效能,平等保护公有制经济和非公有制经济,更好地营造公平公正的市场竞争环境,进一步激发各类市场主体活力。

第二条【总体目标】 区检察院和有关行政监管机关、工商联、第三方组织通过协同开展涉案企业合规考察,形成工作合力,切实保障企业的平等权利,减少与消除刑事诉讼对涉案企业的负面影响,促进企业合规经营、健康发展。

第三条【基本原则】 区检察院和行政监管机关在对涉案企业进行合规考察时应当遵循平等保护、客观公正、谦抑、审慎原则。

第四条【合规】 本办法所称的合规,是指涉案企业与涉案企业相关联企业及其员工的经营管理行为符合法律法规、监管规定、行业准则和企业章程、规章制度等要求。

第五条【合规考察】 本办法所称的涉案企业合规考察,是指在区检察院审查企业涉嫌犯罪案件过程中,在考察期内,区检察院主导,会同行政监管机关、区司法局、区工商联、第三方组织共同指导、督促、监督涉案企业制定合规计划,通过健全管理规章制度,规范生产经营方式,完善企业治理结构。

第六条【合规与刑事归责】 检察机关严格按照主客观相统一原则区分罪与非罪、单位犯罪与自然人犯罪。

第二章　适用条件

第七条【适用范围】 涉案企业合规考察既适用于单位犯罪案件，也适用于企业经营者、管理者、关键技术人员等重要生产经营人员与企业生产经营相关的个人犯罪案件。案件类型包括企业经济活动涉及的经济犯罪和职务犯罪。

对属于试点案件类型范围以外，但在本地区具有典型意义的案件，须逐级报告请示，经同意后方可开展企业合规程序。

第八条【企业适用条件】 具有下列条件之一的，涉案企业可以适用考察制度：

（一）在依法纳税、吸纳就业人口、带动当地经济发展等方面发挥一定作用；

（二）拥有自主知识产权、商誉、专有技术或商业秘密；

（三）符合现行产业政策或未来产业发展趋势；

（四）其经营状况影响所在行业、上下游产业链及区域竞争力；

（五）直接负责的主管人员和其他直接责任人员系该涉案企业负责人或实际控制人、核心技术人员等对经营发展起关键作用的人员。

第九条【案件适用条件】 对涉案企业适用合规考察的案件应当同时符合下列条件：

（一）犯罪事实清楚，证据确实、充分；

（二）直接负责的主管人员和其他直接责任人员依法可能被判处三年以下有期徒刑、拘役、管制或单处罚金；

（三）涉案企业及直接负责的主管人员和其他直接责任人员对主要犯罪事实无异议，且自愿认罪认罚；

（四）有造成经济损失的案件适用合规考察，除要求具备前款所列条件外，涉案企业须有赔礼道歉、积极赔偿损失、补足税款、滞纳金及罚款、足额缴纳环境资源修复相关资金或已恢复原状等情节；

（五）直接负责的主管人员和其他直接责任人员，涉罪法定刑为十年以下有期徒刑，且具有自首、立功或者在共同犯罪中系从犯等情节之一的，宣告刑可能是有期徒刑三年以下的。

第十条【适用例外】 具有下列情形之一的案件，不适用合规考察：

（一）涉嫌危害国家安全犯罪、恐怖活动犯罪、毒品犯罪、洗钱犯罪、涉黑涉恶犯罪的；

（二）未经国家或省金融监管部门批准，擅自从事金融业务或金融活动，给群众造成重大损失的；

（三）依法应当被判处十年以上有期徒刑、无期徒刑、死刑的；

（四）造成人员重大伤亡的；

（五）社会负面影响大、群众反映强烈的；

（六）涉案企业以犯罪所得作为主要收入和利润来源的；

（七）涉案企业不接受合规考察的。

第三章　启动程序及合规建设

第十一条【启动程序】 区检察院办理相关案件时经审查认为可以适用合规建设的，经检察长批准，可以启动合规考察。区检察院经审查不应适用或涉案企业不同意适用合规考察的，区检察院按照一般刑事案件处理程序对案件作出处理决定。

在对涉案企业决定启动合规考察前，区检察院可以听取被害人及其诉讼代理人的意见。

区检察院启动涉案企业合规考察应听取行政监管机关意见，行政监管机关不同意涉案企业适用合规考察制度的，应书面向区检察院说明理由，由区检察院进行审查决定是否采纳。

涉案企业和行政监管机关可向区检察院申请或建议启动企业合规考察，区检察院经审查后不同意启动的，应书面分别向涉案企业、行政监管机关说明理由。

第十二条【启动条件】 适用企业合规案件，涉案企业及直接负责的主管人员和其他直接责任人员应当在辩护人或者值班律师在场的情况下签署认罪认罚具结书和考察承诺书。

第十三条【人身强制措施】 适用企业合规的案件，对被采取羁押性强制措施的直接负责的主管人员或其他直接责任人员，在签署认罪认罚具结书后，经审查采取非羁押性强制措施足以防止发生《中华人民共和国刑事诉讼法》第八十一条第一款规定的社会危险性的，应当变更强制措施。

第十四条【财产强制措施】 适用企业合规的案件，对已查封、扣押、冻结的企业设备、资金和技术资料等，在保证诉讼顺利进行，相关行政、刑事处罚措施可以执行的条件下，可以解除查封、扣押或冻结。

第十五条【合规计划】 适用企业合规的涉案企业，应当在签署认罪认罚具结书后一个月内，按要求向第三方机制管委会和行政监管机关提交合规计划。

合规计划应针对企业涉嫌的罪名，对引发犯罪的企业内部治理结构、规章制度、人员培训等问题和漏洞进行全面梳理，通过制定完备的合规管理规范、构建有效的合规组织体系、健全合规风险防范及违规应对机制等方式，在制度上有效防止犯罪再次发生。

第四章　第三方组织

第十六条【第三方组织】 本办法所称的第三方组织，是指对涉案企业的合规承诺进行调查、评估、监督和考察的第三方组织。

第十七条【专业介入】 第三方组织根据执行合规计划对专业能力的要求，在合规考察期内可聘请会计师、税务师等专业人员作为第三方组织中的一员参与合规计划的执行与评估。

第十八条【费用支出】 涉案企业根据需求委托专业律师事务所的，委托费用应由涉案企业承担，但应承担独立的监督责任。

第十九条【第三方组织管理】 区人民检察院应当与区司法局、区工商联等有关部门建立工作协作机制，负责第三方组织的选任、培训、考核、监督和管理工作，保障第三方组织依法充分履行职责。第三方组织应选任专业的机构及人员纳入名录库，应当遵循平等自愿、公开公正、科学高效的原则。

第二十条【第三方组织职责】 第三方组织应就企业刑事合规情况进行调查，协助涉案企业制定合规计划以及协助区人民检察院监督合规计划的执行，并针对其履职情况、企业刑事合规考察出具阶段性书面监管报告，第三方组织中的相关专业人员应当依据自身专业知识，对于企业合规计划的执行情况独立发表意见。

第二十一条【第三方组织义务】 第三方组织应当遵守下列规定：

（一）遵守法律法规，恪尽职守并接受区人民检察院与区司法局等有关部门的监督；

（二）坚守诚实、守信、中立，依法客观、公正地实施合规评估并出具评估报告；

（三）定期向区人民检察院报告合规监督情况；

（四）发现犯罪嫌疑企业、犯罪嫌疑人隐匿的或者新出现的不合规行为，应及时向区人民检察院报告并督促犯罪嫌疑企业、犯罪嫌疑人整改；

（五）对监管过程中知悉的国家秘密、商业秘密、案件情况及个人隐私等信息予以保密；

（六）不得由与本案有利害关系的第三方机构担任第三方组织。

第二十二条【监管责任】 确有证据证实第三方组织故意违反第三方组织义务的，应对第三方组织追究相应的法律责任。

第二十三条【第三方组织考核】 针对企业刑事合规工作的开展情况，区检察院将会同区司法局、区工商联等有关部门应适时举办相关培训，对第三方组织进行评价与考核，考核结果作为对第三方组织免除资格、续任的重要依据。

第五章　合规计划的考察

第二十四条【合规执行】 涉案企业在合规考察期内，应当每个月以书面形式向区检察院报告合规计划执行情况，同时将执行情况抄报行政监管机关。

第二十五条【考察机关】 企业合规的考察由区检察院主导，由第三方组织对涉案企业的合规计划完成情况进行全面检查、评估和考核，并制作合规考察书面报告，报送第三方机制管委会和区检察院。

第二十六条【考察期限】 对涉案企业的合规考察期为三个月以上一年以下，自区检察院作出合规考察决定之日起计算。

第二十七条【简易考察程序】 企业合规考察应繁简分流，对小微企业，针对办案中发现的企业管理漏洞，区检察院通过向企业制发检察建议，提出整改建议要求，在合规考察期内，由区检察院对企业的合规计划及其执行情况进行考察，并形成评估报告。

第二十八条【一般考察程序】 对涉案的大、中型企业的合规考察期内，由第三方组织协助涉案企业制定合规计划，通过健全管理规章制度，规范生产经营方式，完善企业治理结构，由第三方组织形成考察报告作为为区检察院案件处理的参考依据。

第二十九条【银行业和保险业犯罪的考察】 对银行业和保险业涉案企业的合规考察，由区检察院听取银行保险业监管部门、地方金融监管部门意见。

第三方组织应结合职责和权限，对涉案企业完善内部审计监督、纪检监察、巡视巡察机制、外部举报、信访、投诉、审计、监管检查、舆情监测等提出考察意见。

第三十条【地方金融组织犯罪的考察】 对地方金融组织涉案企业的合规考察，由区检察院听取地方金融监管部门意见。

第三方组织应结合职责和权限，对涉案企业完善法人治理结构，加强内控监督机制，健全管理制度，依法依规开展业务经营行为、业务活动及其风险等综合提出考察意见。

第三十一条【涉税犯罪的考察】 对涉嫌危害税收征管犯罪企业的合规考察，由区检察院听取税务机关意见。

第三方组织应结合职责和权限，对涉案企业复核企业财务、会计制度或者财务会计处理办法是否符合税收规定，经营活动中发票的使用管理是否合法合规，享受税收优惠政策的合法有效性等综合提出考察意见。

第三十二条【商业贿赂、扰乱市场秩序犯罪的考察】 对涉嫌商业贿赂、扰乱市场秩序犯罪企业的合规考察，由区检察院听取市场监督管理部门意见。

第三方组织应结合职责和权限，对涉案企业建立完善防止商业贿赂、虚假广告、串通投标等犯罪的内控制度，协助企业建立内部举报、企业自查等综合提出考察意见。

第三十三条【生产、销售伪劣产品犯罪的考察】 对涉嫌生产、销售伪劣产品罪企业的合规考察，由区检察院听取市场监督管理部门意见。

第三方组织应结合职责和权限，对涉案企业关于质量首负责任制、产品三包、缺陷产品主动召回、工业产品质量企业自我声明机制、产品质量安全事故强制报告等制度的建立与落实情况，推动涉案企业强化质量安全主体责任，鼓励其建立先进的质量管理办法等综合提出考察意见。

第三十四条【污染环境犯罪的考察】 对涉嫌污染环境罪企业的合规考察，报请上级检察机关同意后开展企业合规考察，由区检察院听取负有环境保护监督管理职责的部门意见。

第三方组织应结合职责和权限，对涉案企业的合规计划，着重考察涉案企业关于减少污染物产生与排放、改进污染防治设施、环境应急监控预警、环境损害评估修复等制度的建立与落实情况，开展监督检查工作，推动涉案企业强化生态环境保护主体责任，建立生态环境保护责任制度等综合提出考察意见。

第三十五条【破坏自然资源犯罪的考察】 对涉嫌破坏自然资源罪企业的合规考察，报请上级检察机关同意后开展企业合规考察，由区检察院听取自然资源保护监督管理部门意见。

第三方组织应结合职责和权限，对涉案企业的合规计划，着重考察涉案企业关于封堵漏洞、改造治理、完备手续、赔偿损失、生态恢复、提高技术水平和资源利用率、强化自然资源保护主体责任、平衡企业发展与资源合理开发等制度的建立与落实情况等综合提出考察意见。

第三十六条【考察终止】 涉案企业在考察期内具有下列情形之一的，应当终止合规考察：

（一）实施新的犯罪的；

（二）发现漏罪需要追诉的；

（三）合规计划存在虚假记载、重大遗漏的；

（四）合规计划不符合实际，无法切实实施的；

（五）拒不实施或变相不实施合规计划的；

（六）拒不配合考察机关监督考察的；

（七）实施其他违反合规考察承诺行为的。

第三十七条【考察意见】 涉案企业合规考察期届满后，区检察院应当将第三方组织合规考察书面报告、涉案企业合规计划、定期书面报告等合规材料，作为作出决定的重要参考。

第三十八条【处理意见】 考察期结束后，区检察院将综合考虑犯罪事实、犯罪情节、合规计划完成情况、行政监管机关意见等因素，依法能不捕的不捕、能不诉的不诉、能不判实刑的提出适用缓刑的量刑建议。

第三十九条【公开听证】 对于拟作不起诉决定的合规考察案件，区检察院应当进行不起诉公开听证，有被害人的案件，应当通知被害人参加，允许公民旁听。

　　第四十条【听证参与人员】　可以邀请行政监管机关、参与合规考察的律师、会计师、税务师等专业人员参加，全面审查涉案企业的合规考察情况；可以根据案件需要或者当事人的请求，邀请有关专家及与案件有关人员参加；可以邀请人大代表、政协委员参加，经区检察院许可，新闻记者可以旁听和采访；对涉及国家财产、集体财产遭受损失的案件，可以通知有关单位派代表参加。

　　第四十一条【行政处罚】　区检察院对涉案企业作出不起诉决定后，经审查需要给予行政处罚的，应将不起诉决定书与应当行政处罚的检察意见书一并移送行政监管机关，由行政监管机关依法依规处理。行政监管机关应将处理情况及时通报区检察院。

　　第四十二条　本办法由本院负责解释，自区检察院检察委员会讨论通过之日起施行。

3. 珠海:《关于在开展涉案企业合规工作中加强协作配合的意见（试行）》

第一条【目的和依据】 为进一步推动和规范涉案企业合规工作，加强刑事诉讼各环节工作衔接，根据《中华人民共和国刑法》《中华人民共和国刑事诉讼法》以及最高检、公安部《关于健全完善侦查监督与协作配合机制的意见》、最高检等九部门《关于建立涉案企业合规第三方监督评估机制的指导意见（试行）》《涉案企业合规建设、评估和审查意见（试行）》等规定，结合我市工作实际，制定本意见。

第二条【适用范围】 本意见适用于企业涉嫌单位犯罪，或者企业实际控制人、经营管理人员、关键技术人员等涉嫌实施与生产经营活动密切相关的犯罪案件。

第三条【适用条件】 开展企业合规应当符合以下条件：

（一）有证据可以证明存在犯罪事实；

（二）涉案企业、人员认罪认罚；

（三）涉案企业能够正常生产经营且主动申请开展企业合规；

（四）涉案企业、人员积极采取退赃退赔、赔偿谅解、刑事和解等消除犯罪影响的措施；

（五）侦查机关对涉案企业在侦查阶段开展企业合规工作没有异议；

（六）审判机关对涉案企业在审判阶段开展合规工作能够积极参与。

第四条【侦查通报】 侦查机关在立案后，应当及时审查案件是否属于本意见的适用范围，并告知涉案企业、人员认罪认罚的法律规定以及可能导致的法律后果和涉案企业合规的相关规定，了解涉案企业是否有合规整改的意愿，并将审查结果通报检察机关，必要时可以邀请检察机关介入审查。

涉案企业在案件侦查期间申请开展合规整改的，侦查机关应当及时通报检察机关，检察机关及时派员介入审查。

第五条【审理通报】 审判机关在受理案件后，涉案企业在案件审理期间申请开展合规整改的，审判机关应当及时通报检察机关。决定开展合规整改的，审判机关应当积极参与。

第六条【案件移送】　对于符合本意见第二条规定范围的案件，涉案企业在案件侦查期间主动申请开展合规整改的，侦查机关应当在收到申请后一个月以内将以下材料移送检察机关：

（一）《认罪认罚从宽制度告知书》《犯罪嫌疑人诉讼权利义务告知书》《涉案企业合规整改权利义务告知书》《涉案企业开展合规整改意向书》等诉讼类文书；

（二）《合规案件调查报告》，侦查机关应当及时、全面收集涉案企业或个人是否符合合规适用条件的证据材料，同时收集涉案企业工商登记、纳税情况、就业情况、内部规章制度等与生产经营有密切联系的材料，并在调查报告中载明企业概况、经营情况、合规风险、已查明的犯罪事实及证据情况、侦查机关的合规意见等；

（三）证明涉案企业或人员构成犯罪的主要证据。

第七条【启动程序】　检察机关拟在侦查阶段启动企业合规的，应当听取侦查机关的意见。

检察机关拟在审判阶段启动企业合规的，应当听取审判机关的意见。

第八条【引导侦查】　检察机关依职权或应邀介入相关涉企案件时，可以针对企业概况、经营情况、合规风险等情况引导侦查机关进一步侦查取证。

第九条【审查把关】　检察机关应承担涉案企业合规适用的审查责任，对于符合适用范围和条件的案件能用尽用。合规整改一般应当在审查起诉期限届满以前完成。对于单位犯罪的合规案件，需要将涉案企业与涉案人员分案处理的，检察机关可以对涉案人员先行提起公诉。在案件审理期间继续开展合规整改的，审判机关应当积极参与。

第十条【材料移送】　检察机关对于在审查起诉阶段已完成合规整改并依法提起公诉的案件，应当在量刑建议书或者公诉意见书中阐明涉案企业开展合规建设情况及评估、审查情况，并将涉案企业合规计划、定期书面报告、合规考察书面报告等材料随案一并移送审判机关。

第十一条【法庭审理】　涉案企业合规整改情况作为量刑情节纳入法庭审理。审判机关可以针对合规整改情况、量刑建议等组织公诉人和相关诉讼参与人进行举证、质证和辩论，必要时可以委托专业人员对企业合规整改情况协助进行审查。

第十二条【量刑裁判】 对于有效合规整改的涉案企业、人员，检察机关应当在量刑建议书中将合规整改合格作为提出酌定从宽处罚的情节。

审判机关经审理认为合规整改有效的，应当将合规整改合格作为从宽处罚的情节在裁判文书中载明。

第十三条【量刑调整】 对于在审判阶段完成合规整改的案件，检察机关应当结合合规整改情况调整量刑建议。

第十四条【强制措施】 对涉案企业开展合规考察、审查的，应当综合考虑案件性质、情节、企业经营情况等因素。涉案人员已经被采取羁押强制措施的，应当及时开展羁押必要性审查；涉案企业设备、资金和技术资料等已经被采取查封、扣押、冻结等措施的，应当及时进行审查甄别。

第十五条【长效考察】 对于合规整改合格后依法作出不起诉决定、免予刑事处罚、判处缓刑等宽缓处理的涉案企业、人员，探索通过第三方监督评估机制强化合规整改中长期效果考察，进一步引导企业诚信守法经营；发现涉案企业、人员存在其他违法违规情形的，依法移送有关机关处理。

第十六条【沟通协调】 侦查机关、检察机关、审判机关应当分别设置涉案企业合规工作联络员，在合规推进、会商督办、信息共享等方面加强协作配合。

4. 广州番禺:《关于办理涉企业合规案件工作意见（试行）》

为全面贯彻党的二十大精神及习近平法治思想，依法推进涉案企业合规改革工作，进一步促进广州市番禺区人民检察院（以下简称番禺检察院）、广州市番禺区人民法院（以下简称番禺法院）在办理涉企业合规案件中的互相配合、互相制约，健全衔接顺畅的工作机制，共同引导和激励企业合规经营，营造法治化营商环境，服务保障经济社会高质量发展，助推国家治理体系和治理能力现代化，结合工作实际，制定本意见。

一、组织领导

第一条【成立领导小组】 成立涉企业合规案件办理工作领导小组，法检两院"一把手"担任小组组长，法检两院其他班子成员担任小组成员。

第二条【领导小组职责】 领导小组主要职责包括：统筹研究、协调推进和督促涉企业合规案件办理；培育有代表性、影响力的企业合规案件特别是适用第三方机制的典型案例；共同加强涉企业合规案件的理论研究和经验做法总结，为改革工作的制度成型、立法落地提供番禺方案和贡献番禺智慧；促进完善企业合规工作相关制度建设，为番禺企业健康稳定发展赋能。

二、工作目标

第三条【推动改革走深走实】 坚持"从政治上看"，胸怀"国之大者"，加强合作、汇聚合力，深化涉案企业合规案件办理协作，依法有序、协同推动涉案企业合规改革走深走实，为探索建立中国特色现代企业合规司法制度积极贡献实践经验。

三、基本原则

第四条【依法依规原则】 涉企业合规案件办理工作，应当确保案件办理程序、合规考察过程、合规审查方式、案件处理结果符合法律法规和政策文件的规定。

第五条【配合制约原则】 番禺检察院、番禺法院开展涉企业合规案件办理工作，应当互相配合，互相制约，以保证依法准确高效地推进涉案企业合规改革工作。

第六条【谦抑审慎原则】 坚持适用法律与执行政策相统一、惩治犯罪与优化营商环境相统一，依法保护涉案企业在法律政策范围内经营行为，引导企业合规经营，助力企业高质量发展，为企业创新发展营造良好氛围。

第七条【积极创新原则】 涉企业合规案件办理工作，应当鼓励在现行法律政策框架内能动履职，积极探索，总结形成符合合规案件办理工作规律的制度和方法。

四、检察主导

第八条【审查把关责任】 番禺检察院要承担涉案企业合规改革适用的审查把关责任，对于符合改革适用案件范围和条件的，能用尽用。番禺检察院对第三方监督评估组织的组成人员名单、涉案企业合规计划、定期书面报告以及第三方监督评估组织合规考察书面报告等负有审查职责，必要时，可以进行调查核实、组织听证等工作。

第九条【决定考察方式】 番禺检察院可以综合案件情况和企业状况等，决定对涉案企业开展合规考察方式，包括提请第三方机制考察、委托监管部门协助考察、委派检察官考察等。

第十条【阐明合规情况】 对于审查起诉阶段已完成合规整改并依法提起公诉的案件，番禺检察院可以在公诉意见书或者量刑建议书中阐明涉案企业合规建设、评估和审查的相关情况，并将涉案企业合规计划、定期书面报告、合规考察书面报告等合规材料原件随案卷一并移送番禺法院。

第十一条【决定合规启动】 涉案企业、涉案个人在审判阶段申请开展合规整改的，番禺法院应当将该申请转交给番禺检察院，由番禺检察院决定是否同意开展。番禺检察院决定开展企业合规整改的，应当告知番禺法院。番禺法院应当给予必要支持。

五、法院审核

第十二条【合规有效性审核标准】 番禺法院应当对人民检察院或第三方评估组织的评估、审查过程和结论进行审核。番禺法院在审核涉案企业合规整改的有效性时，可以参照适用最高人民检察院、司法部、财政部等九部委联合印发的《涉案企业合规建设、评估和审查办法（试行）》、《关于建立涉案企业合规第三方监督评估机制的指导意见（试行）》等文件。

第十三条【调查核实】 番禺法院可以针对企业合规整改情况，组织出庭公诉人和相关诉讼参与人进行举证、质证和辩论，必要时可以单独或者联同番禺检察院、第三方组织对合规整改情况进行审查。

番禺法院对于审查中发现的疑点和重点问题，可以要求人民检察院、第三方组织或其组成人员说明情况，也可以直接走访企业进行调查核实。

六、合规互认

第十四条【合规互认】 番禺法院经审核认为涉案企业已经针对与涉嫌犯罪有密切联系的合规风险、制定专项合规整改计划、完善企业治理结构、健全内部规章制度、形成有效合规管理体系，对番禺检察院或第三方评估组织的评估、审查意见应当依法予以认可。

第十五条【异议处理】 番禺法院经审核认为涉案企业经合规整改仍未形成有效合规管理体系，应当告知番禺检察院。番禺检察院经审查决定延长涉案企业合规整改期限的，应告知番禺法院；番禺检察院经审查决定不延长涉案企业合规整改期限的，番禺法院可以依法径行裁判。

七、合规从宽

第十六条【审查起诉阶段合规从宽】 涉案企业认罪认罚并承诺实行或者改进合规管理的，番禺检察院可以对其合规管理体系建设提出意见或者建议，并监督其实施，根据其合规管理体系建设的有效性作出从宽处理，包括作出不起诉决定、提出从宽处罚的量刑建议、向主管行政机关提出从轻处罚的检察意见等。

第十七条【审判阶段合规从宽】 对于提起公诉的有效合规整改涉案企业、涉案个人，番禺检察院可以在量刑建议书中明确表述将涉案企业合规整改合格作为酌定从宽处罚情节，提出量刑建议。番禺法院经审查认为涉案企业合规整改有效的，可以将合规整改合格作为酌定从宽处罚情节，参照量刑指导意见及其实施细则，确定从宽处罚幅度并在裁判文书中载明。

第十八条【合规无效的处理】 对于涉案企业实行虚假合规或者其合规管理体系经评估无效的，番禺检察院尚未作出不起诉决定的，应当作出起诉决定；对于作出合规承诺后又犯罪的，番禺检察院应当依法提起公诉，并提出从重处罚的检察意见、量刑建议。

第十九条【依法适用非羁押强制措施】 番禺检察院、番禺法院在办理涉企业合规案件过程中，应当依法适用非羁押强制措施。对于企业涉案人员主动配合调查、积极进行合规整改、认罪态度好、犯罪情节较轻，且没有社会危险性的，一般不采取逮捕强制措施。要加强羁押必要性审查，充分考虑涉案企业人员的具体情况，从案件性质、犯罪情节、证据收集和事实查证情况，犯罪嫌疑人或被告人的主观恶性、人身危险性大小、在犯罪中的地位、作用以及犯罪后的表现等方面综合评判是否具有社会危险性，将是否认罪认罚、进行合规整改、修复社会关系、积极赔偿和解等作为社会危险性的重要考量因素。对不需要继续羁押的，应及时建议办案机关予以释放或者变更强制措施。

第二十条【慎用查冻扣财产措施】 番禺检察院、番禺法院在办理涉企业案件过程中，应当常态化监督侦查机关准确适用涉民营企业案件的财产强制性措施。不得超权限、超范围、超数额、超时限查封扣押冻结。对于经过合规整改的涉案企业，及时评估、调整查封扣押冻结的企业财产范围，预留必要的流动资金和往来账户，减少对企业正常生产经营活动的影响。

八、依法规范

第二十一条【坚持依法规范】 人民检察院、人民法院办理企业合规案件时，没有法定免除、减轻处罚事由，不得降档处理。办理的企业合规案件有同案人或关联案件的，应当处理好从宽幅度的合理适用，避免刑罚或处理决定显失公平。

第二十二条【坚持严管厚爱】 人民检察院、人民法院对于合规整改合格后依法作出宽缓处理的涉案企业、涉案个人，探索通过第三方监督评估机制强化企业合规整改中长期效果考察，进一步引导企业诚信守法经营；发现涉案企业或者个人存在其他违法违规情形的，依法将案件线索移送有关主管机关、公安机关或者纪检监察机关处理。

第二十三条【治罪与治理并重】 人民检察院、人民法院在办理涉企业合规案件过程中，对存在行业监管漏洞和社会治理问题的，应当依法能动履职，加强与行政主管部门沟通，通过制发检察建议、司法建议，促进个案合规提升为行业合规，努力实现"办理一起案件、扶助一批企业、规范一个行业"，推进系统治理、诉源治理。

九、附则

第二十四条【联合宣传】 人民检察院、人民法院在开展涉案企业合规案件宣传、案例发布时，应当统一对外发布口径。对外发布涉及对方单位工作内容的，应事先征得对方单位同意。

第二十五条【随势变更】 相关工作要求如遇上级规范性文件发布或者修改，执行上级规定。

第二十六条【施行日期】 本工作意见自发布之日起施行。

附件：领导小组成员名单（略）

广州市番禺区人民检察院

广州市番禺区人民法院

2023 年 4 月 17 日

第三节 异地协作与行刑衔接

1. 上海市徐汇区人民检察院、广东省东莞市第一市区人民检察院《关于开展涉案企业合规异地协作机制的意见》

为依法有序推进两地涉案企业合规改革试点工作，强化两地跨区域协作，为珠三角、长三角区域涉案企业合规检察一体化提供范本，根据《关于建立涉案企业合规第三方监督评估机制的指导意见（试行）》等改革文件要求，上海市徐汇区人民检察院、广东省东莞市第一市区人民检察院在前期涉案企业合规个案检察协作的基础上，开展异地协作机制，形成如下意见。

第一章 一般规定

第一条【总体思想】 为深入推进涉案企业合规改革，深化新时代企业合规检察工作实践创新、制度创新，立足珠三角与长三角区域企业发展实际情况，积极落实党和国家关于保护民营经济的方针政策，护航当地经济高质量发展。

第二条【适用情形】 在办理涉案企业合规案件时，涉案企业的生产经营地、注册地在对方检察机关辖区且符合企业合规条件的，办案地检察机关可商请协作地同级检察机关就涉案企业合规事项提供跨区域协作。

第三条【协作配合】 办案地检察机关应结合案件情况，就异地涉案企业合规的社会调查、检察建议送达、监督评估考察、合规验收及其他相关事项商请协作地检察机关提供协助。协作地检察机关应根据相关法律规范、合作机制要求及职权范围进行必要协助。

第四条【保密义务】 办案地检察机关、协作地检察机关应当严格执行办案规定，加强对调查事项、企业商业秘密、重大经营事项或未披露信息等的保密。

第二章　异地涉案企业合规的开展

第五条【合规形式选择】 办案地检察机关作为委托方，负责合规案件办理工作，并书面向协作地检察机关说明委托协作事项与具体要求。协作地检察机关作为受委托方，根据办案地检察机关的委托事项与要求协助开展涉案企业合规。

在决定开展涉案企业合规前，办案地检察机关应对涉案企业开展社会调查，查明企业情况，确定合规问题。对于合规问题明确、监督评估专业性要求较为简单的小微企业，一般应当委托协作地检察机关协助开展简式合规。对于合规问题较为复杂、具备适用第三方监督评估机制条件的，可探索适用异地第三方机制开展范式合规。

第六条【社会调查】 对于需要协作地检察机关协助开展社会调查的案件，办案地检察机关应向协作地检察机关制发社会调查委托函并附涉案企业基本情况、案件情况和调查提纲，商请协助开展社会调查。

社会调查由办案地检察机关主导，由协作地检察机关自行或委托有关机构、组织通过采取实地走访、座谈交流、调取资料、查询违法犯罪记录等形式开展调查。社会调查完成后，协作地检察机关应按照调查委托函及调查提纲要求形成书面调查结果，并及时将调查材料与结果文书一并移送办案地检察机关，协作地检察机关可结合调查结果提出合规建议。

第七条【简式合规的开展】 办案地检察机关开展简式合规的，由办案地检察机关向涉众企业制发合规检察建议，明确企业合规整改方向、整改计划以及整改期限。

办案地检察机关在制发检察建议过程中征询协作地检察机关意见的，协作地检察机关应及时以书面形式回复意见。

第八条【合规检察建议】 在制发合规检察建议时，应针对中小企业所涉罪名、合规治理风险点、合规制度设计点等问题进行针对性建议；如存在行业普遍性社会治理问题的，可在征得协作地检察机关同意的情况下向相关主管部门、行业协会等单位制发社会治理检察建议。

第九条【简式合规的考察】 在简式合规考察期内，由协作地检察机关按照协作要求，协助接受与转交涉案企业提交的材料，考察涉案企业是否按照合规检察建议要求完成整改。

第十条【范式合规的开展】 办案地检察机关采取第三方机制开展范式合规的，一般通过本地第三方机制管委会书面发函会商协作地第三方机制管委会启动第三方机制，由第三方机制开展对涉案企业的监督考察，具体合规工作计划、内容、报酬支付等事项由第三方机制商议确定。

协作地检察机关可根据个案情况为办案地检察机关提供与第三方机制管委会的协助联系、加强沟通等必要帮助，推动异地第三方机制顺利开展。

第十一条【验收方式】 在企业合规考察期限届满时，办案地检察机关对企业提交的合规整改报告、第三方组织报送的合规考察书面报告以及相应的佐证材料进行审查，必要时可委托协作地检察机关，通过实地走访考察对异地涉案企业进行合规验收。

协作地检察机关关于协作合规监督考察的书面意见是办案地检察机关决定涉案企业合规后续处理的重要参考。

第十二条【案后回访】 在对涉案企业作出处理决定后，办案地检察机关可自行或委托协作地检察机关对企业后续合规落实情况进行考察回访。

第三章 互助协作

第十三条【协作要求】 办案地与协作地检察机关应加强协作互助，在开始委托后及时确定具体联络人员，按照检察一体原则妥善完成本章规定之事项。

涉案企业所在地在协作地检察机关辖区外的，由办案地检察机关与企业所在地检察机关进行对接，协作地检察机关可视情为办案地检察机关提供协助联系等帮助。

第十四条【文书送达】 对于需要向涉案企业等第三方送达文书且直接送达存在困难的，协作地检察机关可按照办案地检察机关要求协助送达文书。

第十五条【远程听证】 对于需要进行听证审查的案件，一般以远程视频形式开展异地听证。协作地检察机关应当提供必要的场所、技术保障，协助通知相关人员到场，且一般应列席或参与听证审查。

第十六条【行刑衔接】 对于需要协作地行政机关对涉案企业、个人给予行政处理的，由协作地检察机关协助办案地检察机关完成法律文书转交、行政处理结案通报等工作。

第十七条【控告申诉】 协作地检察机关可以协助受理涉案企业、个人及其辩护人、诉讼代理人或其他单位、个人的申诉、控告或有关申请、要求，并及时转送办案地检察机关，必要时可以进行协助调查核实。

第十八条【信息互通】 办案地检察机关与协作地检察机关在协作过程中应当注意信息互通，确保涉案企业合规跨区域检察协作事项顺利办理。

协作地检察机关发现第三方组织成员、涉案企业或其人员涉嫌违法犯罪、存在行为不当或有其他违法违规事项的，应当及时通报办案地检察机关依法处理。

第十九条【案例宣传】 办案地检察机关与协作地检察机关应推动各司法环节有效衔接，搭建协同宣传平台，加强典型案件的宣传工作。

第四章 附 则

第二十条【沟通协调】 办案地检察机关与协作地检察机关在协作过程中应当加强沟通交流，确保涉案企业合规跨区域协作事项顺利办理。

第二十一条【解释主体】 本意见由上海市徐汇区人民检察院、广东省东莞市第一市区人民检察院统一负责解释。若本意见的相关规定与上级文件的相关规定不一致，按照上级文件规定执行。

第二十二条【生效日期】 本协议自 2023 年 4 月 7 日起生效。

2. 上海市静安区人民检察院、广东省广州市番禺区 人民检察院《跨区域开展涉案企业合规异地协作备忘录》

第一条【制定目的】 为扎实推进上海市静安区人民检察院（以下简称静安检察院）、广东省广州市番禺区人民检察院（以下简称番禺检察院）企业合规一体化协作工作，促进涉案企业合规工作落地见效，服务保障长三角、珠三角区域中心城市法治化营商环境建设，结合长三角、珠三角区域涉案企业合规工作实际，制定本备忘录。

第二条【基本要求】 静安检察院、番禺检察院应当根据依法规范、多方协同、便利高效原则，规范异地协作流程，提升企业合规质效，协同推动行刑衔接，联动开展延伸治理，提升检察协作水平。

第三条【启动异地协作】 在开展涉案企业合规工作时，静安检察院、番禺检察院发现涉案企业在对方所在城市的，案件承办检察院可以商请启动异地协作机制，由协作检察院根据案件承办检察院对涉案企业的社会调查情况启动第三方机制。对于异地协作开展的企业合规案件重大、疑难、复杂的，两院可以分别层报省级检察院协调。

协作检察院应当在人员力量、联络协调、社会调查、技术保障等方面为案件承办检察院提供必要支持。

第四条【异地协作方式】 案件承办检察院与协作检察院开展涉案企业合规异地协作时，应当主动加强联系，及时沟通案件进展，确保案件顺利办理；必要时，通过派员协助、联动监管等方式共同监督、指导涉案企业开展合规。

协作检察院对涉案企业发生重大、突发情况的，应当及时向案件承办检察院通报，并研究调整相关涉案企业合规工作。

第五条【选任第三方组织】 协作检察院在商请协作地第三方机制管委会选任第三方组织专家人员前，应当听取案件承办检察院的意见和建议。

第六条【联合开展涉案企业合规】 静安检察院、番禺检察院在共同开展涉案企业合规时，应当协调联动、统筹分工，通过线上视频会议、实地走访检察、办案人员专线联络等方式，在线上线下联动开展社会调查、合规指导、考察评估、公开听证、监督回访等工作。

第七条【联合开展行业合规】　针对在涉案企业合规案件办理过程中发现的"商业潜规则"、监管"盲区"等行业性违法违规现象，静安检察院、番禺检察院应当联合对行业开展合规治理，制定行业合规指引和合规验收标准，为行业合规经营、第三方监督评估提供依据。

第八条【异地行刑衔接】　静安检察院、番禺检察院应当联合探索异地行刑衔接互认机制，研究行刑衔接配套措施，与行政部门加强沟通联络，疏通行政、刑事的双向移送渠道，促进行政处罚与刑事处罚相协调，推动多部门协同为企业合规经营提供指导帮助，提升企业合规整体效能。

第九条【常态化联络】　静安检察院、番禺检察院应当构建常态化联络机制，加强信息互通、数据互用、经验共享，定期就涉案企业合规、司法政策适用、行业合规治理、行刑衔接等工作召开联席会议，及时、有效互通动态情况。

第十条【学习交流】　静安检察院、番禺检察院应当建立健全学习交流机制，开展涉案企业合规业务交流、联合调研等工作，实现经验互鉴，加快培养涉案企业合规专门人才。

第十一条【联合宣传】　静安检察院、番禺检察院在开展涉案企业合规案件宣传、案例发布时，应当统一对外发布口径。对外发布涉及对方单位工作内容的，应事先征得对方单位同意。

第十二条【施行日期】　本备忘录自发布之日起施行。